법원에서보는

채무자회생법

채무자회생법실무자

법률&출판

머리말

이 책은 채무자회생법률을 근거로 회생과 파산에 관한 법률 업무를 하는 실무자를 위한 지침서 이며, 또한 실 채무자와 채권자인 일반인 에게도 법률과 규칙을 알려줌으로서 도움이 될 것으로 보는 책입니다.

채무자회생법률이 해마다 변해가는 것을 알 수 있습니다,

이에 개정된 채무자회생및파산에관한법률 과 채무자회생법률 시행령 / 채무자회생및파산에관한규칙 / 서울중앙회생법원 실무준칙 / 이러한 순서에 따라 정리 하였습니다. 부디 이 책을 봄으로서 업무에 편한 실무와 참고하는 일에 도움이 되었으면 하는 바입니다.

2020년 8월

채무자회생법실무자

<제목 차례>

채무자 회생 및 파산에 관한 법률

제 3 편 파 산

제 5 편 국 제 도 산

채무자 회생 및 파산에 관한 법률
(약칭: 채무자회생법)

[시행 2020. 6. 9] [법률 제17364호, 2020. 6. 9, 일부개정]

법무부(상사법무과) 02-2110-3167

제1편 총칙

제1조(목적) 이 법은 재정적 어려움으로 인하여 파탄에 직면해 있는 채무자에 대하여 채권자·주주·지분권자 등 이해관계인의 법률관계를 조정하여 채무자 또는 그 사업의 효율적인 회생을 도모하거나, 회생이 어려운 채무자의 재산을 공정하게 환가·배당하는 것을 목적으로 한다.

제2조(외국인 및 외국법인의 지위) 외국인 또는 외국법인은 이 법의 적용에 있어서 대한민국 국민 또는 대한민국 법인과 동일한 지위를 가진다.

제3조(재판관할) ① 회생사건, 간이회생사건 및 파산사건 또는 개인회생사건은 다음 각 호의 어느 한 곳을 관할하는 회생법원의 관할에 전속한다. <개정 2014. 5. 20., 2014. 12. 30., 2016. 12. 27.>

1. 채무자의 보통재판적이 있는 곳

2. 채무자의 주된 사무소나 영업소가 있는 곳 또는 채무자가 계속하여 근무하는 사무소나 영업소가 있는 곳

3. 제1호 또는 제2호에 해당하는 곳이 없는 경우에는 채무자의 재산이 있는 곳(채권의 경우에는 재판상의 청구를 할 수 있는 곳을 말한다)

② 제1항에도 불구하고 회생사건 및 파산사건은 채무자의 주된 사무소 또는 영업소의 소재지를 관할하는 고등법원 소재지의 회생법원에도 신청할 수 있다. <개정 2014. 5. 20., 2016. 12. 27.>

③ 제1항에도 불구하고 다음 각 호의 신청은 다음 각 호의 구분에 따

른 회생법원에도 할 수 있다. <개정 2014. 5. 20., 2014. 12. 30., 2016. 12. 27.>

1. 「독점규제 및 공정거래에 관한 법률」 제2조제3호에 따른 계열회사에 대한 회생사건 또는 파산사건이 계속되어 있는 경우 계열회사 중 다른 회사에 대한 회생절차개시·간이회생절차개시의 신청 또는 파산신청: 그 계열회사에 대한 회생사건 또는 파산사건이 계속되어 있는 회생법원
2. 법인에 대한 회생사건 또는 파산사건이 계속되어 있는 경우 그 법인의 대표자에 대한 회생절차개시·간이회생절차개시의 신청, 파산신청 또는 개인회생절차개시의 신청: 그 법인에 대한 회생사건 또는 파산사건이 계속되어 있는 회생법원
3. 다음 각 목의 어느 하나에 해당하는 자에 대한 회생사건, 파산사건 또는 개인회생사건이 계속되어 있는 경우 그 목에 규정된 다른 자에 대한 회생절차개시·간이회생절차개시의 신청, 파산신청 또는 개인회생절차개시의 신청: 그 회생사건, 파산사건 또는 개인회생사건이 계속되어 있는 회생법원

  가. 주채무자 및 보증인

  나. 채무자 및 그와 함께 동일한 채무를 부담하는 자

  다. 부부

④ 제1항에도 불구하고 채권자의 수가 300인 이상으로서 대통령령으로 정하는 금액 이상의 채무를 부담하는 법인에 대한 회생사건 및 파산사건은 서울회생법원에도 신청할 수 있다. <신설 2016. 5. 29., 2016. 12. 27.>

⑤ 개인이 아닌 채무자에 대한 회생사건 또는 파산사건은 제1항부터 제4항까지의 규정에 따른 회생법원의 합의부의 관할에 전속한다. <개정 2014. 5. 20., 2016. 5. 29., 2016. 12. 27.>

⑥상속재산에 관한 파산사건은 상속개시지를 관할하는 회생법원의 관할에 전속한다. <개정 2014. 5. 20., 2016. 5. 29., 2016. 12. 27.>

⑦ 「신탁법」 제114조에 따라 설정된 유한책임신탁에 속하는 재산(이하 "유한책임신탁재산"이라 한다)에 관한 파산사건은 수탁자의 보통재판적 소재지(수탁자가 여럿인 경우에는 그 중 1인의 보통재판적 소재지를 말한다)를 관할하는 회생법원의 관할에 전속한다. <신설 2013. 5. 28., 2014. 5. 20., 2016. 5. 29., 2016. 12. 27.>

⑧ 제7항에 따른 관할법원이 없는 경우에는 유한책임신탁재산의 소재지(채권의 경우에는 재판상의 청구를 할 수 있는 곳을 그 소재지로 본다)를 관할하는 회생법원의 관할에 전속한다. <신설 2013. 5. 28., 2014. 5. 20., 2016. 5. 29., 2016. 12. 27.>

⑨ 삭제 <2016. 12. 27.>

⑩ 제1항에도 불구하고 제579조제1호에 따른 개인채무자의 보통재판적 소재지가 강릉시·동해시·삼척시·속초시·양양군·고성군인 경우에 그 개인채무자에 대한 파산선고 또는 개인회생절차개시의 신청은 춘천지방법원 강릉지원에도 할 수 있다. <신설 2014. 5. 20., 2016. 5. 29.>

제4조(손해나 지연을 피하기 위한 이송) 법원은 현저한 손해 또는 지연을 피하기 위하여 필요하다고 인정하는 때에는 직권으로 회생사건·파산사건 또는 개인회생사건을 다음 각호의 어느 하나에 해당하는 회생법원으로 이송할 수 있다. <개정 2014. 5. 20., 2016. 12. 27.>

1. 채무자의 다른 영업소 또는 사무소나 채무자재산의 소재지를 관할하는 회생법원
2. 채무자의 주소 또는 거소를 관할하는 회생법원
3. 제3조제2항 또는 제3항에 따른 회생법원
4. 제3조제2항 또는 제3항에 따라 해당 회생법원에 회생사건·파산사건 또는 개인회생사건이 계속되어 있는 때에는 제3조제1항에 따른 회생법원

제5조(법원간의 공조) 이 법에 의한 절차에서 법원은 서로 법률상의 협조를 구할 수 있다.

제6조(회생절차폐지 등에 따른 파산선고) ①파산선고를 받지 아니한 채무자에 대하여 회생계획인가가 있은 후 회생절차폐지 또는 간이회생절차폐지의 결정이 확정된 경우 법원은 그 채무자에게 파산의 원인이 되는 사실이 있다고 인정하는 때에는 직권으로 파산을 선고하여야 한다. <개정 2014. 12. 30.>

②파산선고를 받지 아니한 채무자에 대하여 다음 각호의 어느 하나에 해당하는 결정이 확정된 경우 법원은 그 채무자에게 파산의 원인이 되는 사실이 있다고 인정하는 때에는 채무자 또는 관리인의 신청에 의하거나 직권으로 파산을 선고할 수 있다. <개정 2014. 12. 30.>

1. 회생절차개시신청 또는 간이회생절차개시신청의 기각결정(제293조의5제2항제2호가목의 회생절차개시결정이 있는 경우는 제외한다)
2. 회생계획인가 전 회생절차폐지결정 또는 간이회생절차폐지결정(제293조의5제3항에 따른 간이회생절차폐지결정 시 같은 조 제4항에 따라 회생절차가 속행된 경우는 제외한다)
3. 회생계획불인가결정

③제1항 및 제2항의 규정에 의하여 파산선고를 한 경우 다음 각호의 어느 하나에 해당하는 등기 또는 등록의 촉탁은 파산의 등기 또는 등록의 촉탁과 함께 하여야 한다.

1. 제23조제1항, 제24조제4항·제5항의 규정에 의한 등기의 촉탁
2. 제27조에서 준용하는 제24조제4항 및 제5항의 규정에 의한 등록의 촉탁

④제1항 또는 제2항의 규정에 의한 파산선고가 있는 경우 제3편(파산절차)의 규정을 적용함에 있어서 그 파산선고 전에 지급의 정지 또는 파산의 신청이 없는 때에는 다음 각호의 어느 하나에 해당하는 행위를 지급의 정지 또는 파산의 신청으로 보며, 공익채권은 재단채권으로 한다. <개정 2014. 12. 30.>

1. 회생절차개시 또는 간이회생절차개시의 신청
2. 제650조의 사기파산죄에 해당하는 법인인 채무자의 이사(업무집행사원 그 밖에 이에 준하는 자를 포함한다. 이하 같다)의 행위

⑤회생계획인가결정 전에 제2항의 규정에 의한 파산선고가 있는 경우 제3편(파산절차)의 규정을 적용함에 있어서 제2편(회생절차)에 의한 회생채권의 신고, 이의와 조사 또는 확정은 파산절차에서 행하여진 파산채권의 신고, 이의와 조사 또는 확정으로 본다. 다만, 제134조 내지 제138조의 규정에 의한 채권의 이의, 조사 및 확정에 관하여는 그러하지 아니하다.

⑥제1항 또는 제2항의 규정에 의한 파산선고가 있는 때에는 관리인 또는 보전관리인이 수행하는 소송절차는 중단된다. 이 경우 파산관재인 또는 그 상대방이 이를 수계할 수 있다.

⑦제1항 또는 제2항의 규정에 의한 파산선고가 있는 때에는 제2편(회생절차)의 규정에 의하여 회생절차에서 행하여진 다음 각호의 어느 하나에 해당하는 자의 처분·행위 등은 그 성질에 반하지 아니하는 한 파산절차에서도 유효한 것으로 본다. 이 경우 법원은 필요하다고 인정

하는 때에는 유효한 것으로 보는 처분·행위 등의 범위를 파산선고와 동시에 결정으로 정할 수 있다. <개정 2014. 12. 30.>

1. 법원
2. 관리인·보전관리인·조사위원·간이조사위원·관리위원회·관리위원·채권자협의회
3. 채권자·담보권자·주주·지분권자(주식회사가 아닌 회사의 사원 및 그 밖에 이와 유사한 지위에 있는 자를 말한다. 이하 같다)
4. 그 밖의 이해관계인

⑧파산선고를 받은 채무자에 대한 회생계획인가결정으로 파산절차가 효력을 잃은 후 제288조에 따라 회생절차폐지결정 또는 간이회생절차폐지결정이 확정된 경우에는 법원은 직권으로 파산을 선고하여야 한다. <개정 2014. 12. 30.>

⑨제8항의 경우 제3편(파산절차)의 규정을 적용함에 있어서 회생계획인가결정으로 효력을 잃은 파산절차에서의 파산신청이 있은 때에 파산신청이 있은 것으로 보며, 공익채권은 재단채권으로 한다.

⑩제3항·제6항 및 제7항의 규정은 제8항의 경우에 관하여 준용한다.

제7조(파산절차가 속행되는 경우의 공익채권 등) ①파산선고를 받은 채무자에 대하여 다음 각호의 어느 하나에 해당하는 결정이 확정되어 파산절차가 속행되는 때에는 공익채권은 재단채권으로 한다. <개정 2014. 12. 30.>

1. 회생절차개시신청 또는 간이회생절차개시신청의 기각결정(제293조의5제2항제2호가목의 회생절차개시결정이 있는 경우는 제외한다)
2. 회생계획인가 전 회생절차폐지결정 또는 간이회생절차폐지결정(제293조의5제3항에 따른 간이회생절차폐지결정 시 같은 조 제4항에 따라 회생절차가 속행된 경우는 제외한다)
3. 회생계획불인가결정

②제6조제5항 내지 제7항의 규정은 파산선고를 받은 채무자에 대하여 제1항 각호의 어느 하나에 해당하는 결정이 확정되어 파산절차가 속행되는 경우에 관하여 준용한다.

제8조(송달) ①이 법의 규정에 의한 재판은 직권으로 송달하여야 한다.

②회사인 채무자의 사채권자 또는 주주·지분권자에 대한 송달은 사채권자 또는 주주·지분권자가 이 법에 의하여 주소를 신고한 때에는 그

주소에, 주소를 신고하지 아니한 때에는 사채원부·주주명부·사원명부 또는 등기부에 기재된 주소 또는 그 자가 회사인 채무자에 통지한 주소에 서류를 우편으로 발송하여 할 수 있다.

③등기된 담보권을 가진 담보권자에 대한 송달은 그 담보권자가 이 법의 규정에 의하여 주소를 신고한 때에는 그 주소에, 주소를 신고하지 아니한 때에는 등기부에 기재된 주소에 서류를 우편으로 발송하여 할 수 있다.

④제2항 및 제3항의 규정에 의하여 서류를 우편으로 발송한 때에는 그 우편물이 보통 도달할 수 있는 때에 송달된 것으로 본다.

⑤제2항 및 제3항의 경우 법원서기관·법원사무관·법원주사 또는 법원주사보(이하 "법원사무관등"이라 한다)는 서면을 작성하여 다음 각호의 사항을 기재하고 기명날인하여야 한다.

1. 송달을 받을 자의 성명 및 주소

2. 발송의 연·월·일·시

⑥제1항 내지 제5항의 규정은 이 법에 특별한 정함이 있는 때에는 적용하지 아니한다.

제9조(공고) ①이 법의 규정에 의한 공고는 관보에의 게재 또는 대법원규칙이 정하는 방법에 의하여 행한다.

②제1항의 규정에 의한 공고는 관보에 게재된 날의 다음 날 또는 대법원규칙이 정하는 방법에 의한 공고가 있은 날의 다음 날에 그 효력이 생긴다.

③제1항의 규정에 의하여 재판의 공고가 있는 때에는 모든 관계인에 대하여 그 재판의 고지가 있은 것으로 본다. 다만, 이 법에 특별한 정함이 있는 때에는 그러하지 아니하다.

제10조(송달에 갈음하는 공고) ①이 법의 규정에 의하여 송달을 하여야 하는 경우 송달하여야 하는 장소를 알기 어렵거나 대법원규칙이 정하는 사유가 있는 때에는 공고로써 송달을 갈음할 수 있다.

②제1항의 규정은 이 법에 특별한 정함이 있는 때에는 적용하지 아니한다.

제11조(공고 및 송달을 모두 하여야 하는 경우) ①이 법의 규정에 의하여 공고 및 송달을 모두 하여야 하는 경우에는 송달은 서류를 우편으로 발송하여 할 수 있다.

②제1항의 규정에 의한 공고는 모든 관계인에 대하여 송달의 효력이 있다.

제12조(임의적 변론과 직권조사) ①이 법의 규정에 의한 재판은 변론을 열지 아니하고 할 수 있다.

②법원은 직권으로 회생사건·파산사건·개인회생사건 및 국제도산사건에 관하여 필요한 조사를 할 수 있다.

제13조(즉시항고) ①이 법의 규정에 의한 재판에 대하여 이해관계를 가진 자는 이 법에 따로 규정이 있는 때에 한하여 즉시항고를 할 수 있다.

②제1항의 규정에 의한 즉시항고는 재판의 공고가 있는 때에는 그 공고가 있은 날부터 14일 이내에 하여야 한다.

③제1항의 규정에 의한 즉시항고는 집행정지의 효력이 있다. 다만, 이 법에 특별한 정함이 있는 경우에는 그러하지 아니하다.

제14조(불복의 방법) 이 법의 규정에 의한 재판에 대한 불복은 서면으로 하여야 한다.

제15조(관리위원회의 설치) 이 법의 규정에 의한 절차를 적정·신속하게 진행하기 위하여 대법원규칙이 정하는 회생법원에 관리위원회를 둔다. <개정 2016. 12. 27.>

제16조(관리위원회의 구성 등) ①관리위원회는 위원장 1인을 포함한 3인 이상 15인 이내의 관리위원으로 구성한다.

②관리위원의 임기는 3년으로 한다.

③관리위원은 다음 각호의 어느 하나에 해당하는 자 중에서 회생법원장이 위촉한다. <개정 2010. 5. 17., 2016. 12. 27.>

1. 변호사 또는 공인회계사의 자격이 있는 자
2. 「은행법」에 의한 은행 그 밖에 대통령령이 정하는 법인에서 15년 이상 근무한 경력이 있는 자
3. 상장기업의 임원으로 재직한 자
4. 법률학·경영학·경제학 또는 이와 유사한 학문의 석사학위 이상을 취득한 자로서 이와 관련된 분야에서 7년 이상 종사한 자
5. 제1호 내지 제4호에 규정된 자에 준하는 자로서 학식과 경험을 갖춘 자

④다음 각호의 어느 하나에 해당하는 자는 관리위원이 될 수 없다. <개정 2016. 5. 29.>

1. 피성년후견인·피한정후견인 또는 파산선고를 받은 자로서 복권되지 아니한 자
2. 금고 이상의 실형의 선고를 받고 그 집행이 종료(집행이 종료된 것으로 보는 경우를 포함한다)되거나 집행이 면제된 날부터 5년이 경과되지 아니한 자
3. 금고 이상의 형의 집행유예선고를 받고 그 유예기간이 만료된 날부터 2년이 경과되지 아니한 자
4. 금고 이상의 형의 선고유예를 받고 그 유예기간 중에 있는 자
5. 다른 법률 또는 법원의 판결에 의하여 자격이 정지 또는 상실된 자

⑤관리위원회는 재적위원 과반수의 출석과 출석위원 과반수의 찬성으로 의결한다.

⑥관리위원회의 설치·조직 및 운영, 관리위원의 자격요건·신분보장 및 징계 등에 관하여는 대법원규칙으로 정한다.

⑦관리위원은 「형법」그 밖의 법률의 규정에 의한 벌칙의 적용에 있어서는 이를 공무원으로 본다.

제17조(관리위원회의 업무 및 권한) ①관리위원회는 법원의 지휘를 받아 다음 각호의 업무를 행한다. <개정 2014. 12. 30.>

1. 관리인·보전관리인·조사위원·간이조사위원·파산관재인·회생위원 및 국제도산관리인의 선임에 대한 의견의 제시
2. 관리인·보전관리인·조사위원·간이조사위원·파산관재인 및 회생위원의 업무수행의 적정성에 관한 감독 및 평가
3. 회생계획안·변제계획안에 대한 심사
4. 채권자협의회의 구성과 채권자에 대한 정보의 제공
5. 이 법의 규정에 의한 절차의 진행상황에 대한 평가
6. 관계인집회 및 채권자집회와 관련된 업무
7. 그 밖에 대법원규칙 또는 법원이 정하는 업무

②관리위원회는 제1항 각호의 업무를 효율적으로 수행하기 위하여 관리위원에게 업무의 일부를 위임할 수 있다.

③법원은 제2항의 규정에 의하여 업무를 수행하는 관리위원이 그 업무를 수행하는 것이 적절하지 아니하다고 인정하는 때에는 관리위원회에 그 업무를 다른 관리위원에게 위임할 것을 요구할 수 있다.

④관리위원회가 설치되어 있지 아니한 때에는 다음 각호의 사항을 적용하지 아니한다.

1. 제6조제7항, 제18조, 제19조 및 제30조제1항중 관리위원에 관한 사항
2. 제6조제7항, 제42조, 제43조제1항・제3항・제4항, 제50조제1항, 제62조제2항, 제87조제1항, 제92조, 제114조제4항, 제132조제3항, 제257조제3항・제4항, 제287조제3항, 제288조제2항 및 제355조제1항 중 관리위원회에 관한 사항

제18조(관리위원에 대한 허가사무의 위임) 법원은 제61조제1항 각호의 행위 중 통상적인 업무에 관한 허가사무 또는 파산절차에 관한 허가사무를 관리위원에게 위임할 수 있다. 이 경우 위임의 범위・절차 등에 관하여 필요한 사항은 대법원규칙으로 정한다.

제19조(관리위원의 행위에 대한 이의신청) ①제18조의 규정에 의하여 위임을 받아 관리위원이 행한 결정 또는 처분에 불복하는 자는 관리위원에게 이의신청서를 제출하여야 한다.

②관리위원은 제1항의 규정에 의한 이의신청이 이유있다고 인정하는 때에는 지체없이 그에 따른 상당한 처분을 하고 이를 법원에 통지하여야 한다.

③관리위원은 제1항의 규정에 의한 이의신청이 이유없다고 인정하는 때에는 이의신청서를 제출받은 날부터 3일 이내에 이의신청서를 법원에 송부하여야 한다.

④제1항의 규정에 의한 이의신청은 집행정지의 효력이 없다.

⑤법원은 제3항의 규정에 의하여 이의신청서를 송부받은 때에는 이유를 붙여 결정을 하여야 하며, 이의신청이 이유있다고 인정하는 때에는 관리위원에게 상당한 처분을 명하고 그 뜻을 이의신청인에게 통지하여야 한다.

제19조의2(보고서의 발간 및 국회 상임위원회 보고) ① 회생법원장은 관리위원회를 통한 관리・감독 업무에 관한 실적을 매년 법원행정처장에게 보고하여야 한다.

② 법원행정처장은 제1항에 따른 관리·감독 업무에 관한 실적과 다음 연도 추진계획을 담은 연간 보고서를 발간하여야 하며, 그 보고서는 국회 소관 상임위원회에 보고하여야 한다.

[본조신설 2016. 12. 27.]

제20조(채권자협의회의 구성) ①관리위원회(관리위원회가 설치되지 아니한 때에는 법원을 말한다. 이하 이 조에서 같다)는 회생절차개시신청·간이회생절차개시신청 또는 파산신청이 있은 후 채무자의 주요채권자를 구성원으로 하는 채권자협의회를 구성하여야 한다. 다만, 채무자가 개인 또는 「중소기업기본법」 제2조제1항의 규정에 의한 중소기업자(이하 "중소기업자"라 한다)인 때에는 채권자협의회를 구성하지 아니할 수 있다. <개정 2014. 12. 30.>

②채권자협의회는 10인 이내로 구성한다.

③관리위원회는 필요하다고 인정하는 때에는 소액채권자를 채권자협의회의 구성원으로 참여하게 할 수 있다.

④ 제1항의 경우 채무자의 주요채권자는 관리위원회에 채권자협의회 구성에 관한 의견을 제시할 수 있다. <신설 2016. 5. 29.>

제21조(채권자협의회의 기능 등) ①채권자협의회는 채권자간의 의견을 조정하여 다음 각호의 행위를 할 수 있다.

1. 회생절차 및 파산절차에 관한 의견의 제시
2. 관리인·파산관재인 및 보전관리인의 선임 또는 해임에 관한 의견의 제시
3. 법인인 채무자의 감사(「상법」 제415조의2의 규정에 의한 감사위원회의 위원을 포함한다. 이하 같다) 선임에 대한 의견의 제시
4. 회생계획인가 후 회사의 경영상태에 관한 실사의 청구
5. 그 밖에 법원이 요구하는 회생절차 및 파산절차에 관한 사항
6. 그 밖에 대통령령이 정하는 행위

②채권자협의회의 의사는 출석한 구성원 과반수의 찬성으로 결정한다.

③법원은 결정으로 채권자협의회의 활동에 필요한 비용을 채무자에게 부담시킬 수 있다.

④채권자협의회의 구성 및 운영에 관하여 필요한 사항은 대법원규칙으로 정한다.

⑤채권자협의회가 구성되어 있지 아니한 때에는 제50조제1항・제62조제2항・제132조제3항・제203조제4항・제259조・제287조제3항 및 제288조제2항 중 채권자협의회에 관한 사항은 적용하지 아니한다.

제22조(채권자협의회에 대한 자료제공) ①법원은 회생절차 또는 파산절차의 신청에 관한 서류・결정서・감사보고서 그 밖에 대법원규칙이 정하는 주요자료의 사본을 채권자협의회에 제공하여야 한다.

②관리인 또는 파산관재인은 법원에 대한 보고서류 중 법원이 지정하는 주요서류를 채권자협의회에 분기별로 제출하여야 한다.

③채권자협의회는 대법원규칙이 정하는 바에 따라 관리인 또는 파산관재인에게 필요한 자료의 제공을 청구할 수 있다.

④제3항의 규정에 의하여 자료제공을 요청받은 자는 대법원규칙이 정하는 바에 따라 자료를 제공하여야 한다.

⑤채권자협의회에 속하지 아니하는 채권자의 요청이 있는 때에는 채권자협의회는 제1항 내지 제3항의 규정에 의하여 제공받은 자료를 제공하여야 한다.

제22조의2(신규자금대여자의 의견제시권한 및 그에 대한 자료제공) ① 제179조제1항제5호 및 제12호에 따라 자금을 대여한 공익채권자는 다음 각 호의 행위를 할 수 있다.

1. 채무자의 영업 또는 사업의 전부 또는 중요한 일부를 양도하는 것에 대한 의견의 제시
2. 회생계획안에 대한 의견의 제시
3. 회생절차의 폐지 또는 종결에 대한 의견의 제시

② 제179조제1항제5호 및 제12호에 따라 자금을 대여한 공익채권자는 대법원규칙으로 정하는 바에 따라 관리인에게 필요한 자료의 제공을 청구할 수 있다. 이 경우 관리인은 대법원규칙으로 정하는 바에 따라 자료를 제공하여야 한다.

[본조신설 2016. 5. 29.]

제23조(법인에 관한 등기의 촉탁) ①법인인 채무자에 대하여 다음 각호의 어느 하나에 해당하는 사유가 있는 경우에는 법원사무관등은 직권으로 지체 없이 촉탁서에 결정서의 등본 또는 초본 등 관련 서류를 첨부하여 채무자의 각 사무소 및 영업소(외국에 주된 사무소 또는 영업소가 있는 때에는 대한민국에 있는 사무소 또는 영업소를 말한다. 이하

이 조에서 같다)의 소재지의 등기소에 그 등기를 촉탁하여야 한다. <개정 2014. 12. 30.>

1. 회생절차개시(제293조의5제4항에 따라 회생절차가 속행된 경우를 포함한다)·간이회생절차개시 또는 파산선고의 결정이 있는 경우
2. 회생절차개시결정취소·간이회생절차개시결정취소, 회생절차폐지·간이회생절차폐지 또는 회생계획불인가의 결정이 확정된 경우
3. 회생계획인가 또는 회생절차종결·간이회생절차종결의 결정이 있는 경우
4. 제266조의 규정에 의한 신주발행, 제268조의 규정에 의한 사채발행, 제269조의 규정에 의한 주식의 포괄적 교환, 제270조의 규정에 의한 주식의 포괄적 이전, 제271조의 규정에 의한 합병, 제272조의 규정에 의한 분할 또는 분할합병이나 제273조 및 제274조의 규정에 의한 신회사의 설립이 있는 경우
5. 파산취소·파산폐지 또는 파산종결의 결정이 있는 경우

②법인인 채무자에 대하여 제43조제3항·제74조제1항·제355조 또는 제636조제1항제4호의 규정에 의한 처분이 있는 때에는 법원사무관등은 직권으로 지체 없이 촉탁서에 그 처분의 등본 또는 초본을 첨부하여 그 처분의 등기를 채무자의 각 사무소 및 영업소의 소재지의 등기소에 촉탁하여야 한다. 등기된 처분이 변경 또는 취소된 때에도 또한 같다.

③제2항의 규정에 의한 처분의 등기에는 관리인·보전관리인·파산관재인 또는 국제도산관리인의 성명 또는 명칭과 주소 또는 사무소를 기재하여야 한다. 이 경우 기재사항이 변경된 때에는 법원사무관등은 지체 없이 그 변경의 등기를 채무자의 각 사무소 및 영업소의 소재지의 등기소에 촉탁하여야 한다.

제24조(등기된 권리에 관한 등기 등의 촉탁) ①다음 각호의 경우 법원사무관등은 직권으로 지체 없이 촉탁서에 결정서의 등본 또는 초본을 첨부하여 회생절차개시·간이회생절차개시의 등기 또는 그 보전처분의 등기를 촉탁하여야 한다. 제2호 또는 제3호의 보전처분이 변경 또는 취소되거나 효력을 상실한 때에도 또한 같다. <개정 2014. 12. 30.>

1. 법인이 아닌 채무자에 대하여 회생절차개시 또는 간이회생절차개시의 결정이 있는 경우 그 채무자의 재산에 속하는 권리 중에 등기된 것이 있는 때

2. 처분대상인 채무자의 재산에 속하는 권리로서 등기된 것에 관하여 제43조제1항의 규정에 의한 보전처분이 있는 때

3. 등기된 권리에 관하여 제114조제1항 또는 제3항의 규정에 의한 보전처분이 있는 때

②법원은 회생계획의 수행이나 이 법의 규정에 의하여 회생절차가 종료되기 전에 등기된 권리의 득실이나 변경이 생긴 경우에는 직권으로 지체 없이 그 등기를 촉탁하여야 한다. 다만, 채무자·채권자·담보권자·주주·지분권자와 신회사 외의 자를 권리자로 하는 등기의 경우에는 그러하지 아니하다.

③법원사무관등은 법인이 아닌 파산선고를 받은 채무자에 관한 등기가 있는 것을 안 때에는 직권으로 지체 없이 촉탁서에 파산결정서의 등본을 첨부하여 파산등기를 촉탁하여야 한다. 파산재단에 속하는 권리로서 등기된 것이 있음을 안 때에도 또한 같다.

④법원사무관등은 파산관재인이 파산등기가 되어 있는 권리를 파산재단으로부터 포기하고 그 등기촉탁의 신청을 하는 경우에는 촉탁서에 권리포기허가서의 등본을 첨부하여 권리포기의 등기를 촉탁하여야 한다.

⑤제1항 및 제3항의 규정은 제23조제1항제1호 내지 제3호·제5호의 경우에 관하여 준용한다.

⑥법원사무관등은 채무자의 재산에 속하는 권리로서 등기된 것에 대하여 개인회생절차에 의한 보전처분 및 그 취소 또는 변경이 있는 때에는 직권으로 지체 없이 촉탁서에 결정서의 등본 또는 초본을 첨부하여 그 처분의 등기를 촉탁하여야 한다.

⑦법원사무관등은 제636조제1항제3호 또는 제4호의 규정에 의한 처분이 있는 경우 채무자의 재산에 속하는 권리로서 등기된 것이 있음을 안 때에는 직권으로 지체 없이 촉탁서에 결정서의 등본 또는 초본을 첨부하여 그 처분의 등기를 촉탁하여야 한다. 제635조제1항의 규정에 의하여 외국도산절차의 승인결정 전에 제636조제1항제3호의 처분이 있는 경우에도 또한 같다.

제25조(등기소의 직무 및 등록세 면제) ①등기소는 제23조 또는 제24조의 규정에 의한 등기의 촉탁을 받은 때에는 지체 없이 그 등기를 하여야 한다.

②등기소는 회생계획인가의 등기를 하는 경우 채무자에 대하여 파산등기가 있는 때에는 직권으로 그 등기를 말소하여야 한다.

③등기소는 회생계획인가취소의 등기를 하는 경우 제2항의 규정에 의하여 말소한 등기가 있는 때에는 직권으로 그 등기를 회복하여야 한다.

④제1항 내지 제3항의 규정에 의한 등기에 관하여는 등록세를 부과하지 아니한다.

제26조(부인의 등기) ①등기의 원인인 행위가 부인된 때에는 관리인, 파산관재인 또는 개인회생절차에서의 부인권자는 부인의 등기를 신청하여야 한다. 등기가 부인된 때에도 또한 같다.

②제1항의 규정에 의한 등기에 관하여는 등록세를 부과하지 아니한다.

③제23조제1항제1호 내지 제3호 및 제5호의 규정은 제1항의 경우에 관하여 준용한다.

④법원은 관리인 또는 파산관재인이 제1항의 부인의 등기가 된 재산을 임의매각한 경우에 그 임의매각을 원인으로 하는 등기가 된 때에는 이해관계인의 신청에 의하여 제1항의 부인의 등기, 부인된 행위를 원인으로 하는 등기, 부인된 등기 및 위 각 등기의 뒤에 되어 있는 등기로서 회생채권자 또는 파산채권자에게 대항할 수 없는 것의 말소를 촉탁하여야 한다.

제27조(등록된 권리에의 준용) 제24조 내지 제26조의 규정은 채무자의 재산, 파산재단 또는 개인회생재단에 속하는 권리로서 등록된 것에 관하여 준용한다.

제28조(사건기록의 열람 등) ①이해관계인은 법원에 사건기록(문서 그 밖의 물건을 포함한다)의 열람·복사, 재판서·조서의 정본·등본이나 초본의 교부 또는 사건에 관한 증명서의 교부를 청구할 수 있다.

②제1항의 규정은 사건기록 중 녹음테이프 또는 비디오테이프(이에 준하는 방법에 의하여 일정한 사항을 기록한 물건을 포함한다. 이하 이 조에서 같다)에 관하여는 적용하지 아니한다. 다만, 이해관계인의 신청이 있는 때에는 법원은 그 복제를 허용할 수 있다.

③제1항 및 제2항의 규정에 불구하고 다음 각호의 자는 해당 각호의 각목에서 정하는 재판의 어느 하나가 있을 때까지는 제1항 및 제2항의 규정에 의한 신청을 할 수 없다. 다만, 그 자가 회생절차개시 또는 간이회생절차개시의 신청인인 때에는 그러하지 아니하다. <개정 2014. 12. 30.>

1. 채무자 외의 이해관계인

가. 제43조제1항의 규정에 의한 보전처분

나. 제43조제3항의 규정에 의한 보전관리명령

다. 제44조제1항의 규정에 의한 중지명령

라. 제45조제1항의 규정에 의한 포괄적 금지명령

마. 회생절차개시 또는 간이회생절차개시의 신청에 대한 재판

2. 채무자

가. 제1호 각목의 재판

나. 회생절차개시 또는 간이회생절차개시의 신청에 관한 변론기일의 지정

다. 채무자를 소환하는 심문기일의 지정

④법원은 채무자의 사업유지 또는 회생에 현저한 지장을 초래할 우려가 있거나 채무자의 재산에 현저한 손해를 줄 우려가 있는 때에는 제1항 및 제2항의 규정에 의한 열람·복사, 정본·등본이나 초본의 교부 또는 녹음테이프 또는 비디오테이프의 복제를 허가하지 아니할 수 있다.

⑤제4항의 규정에 의한 불허가결정에 대하여는 즉시항고를 할 수 있다.

제29조(채무자의 재산 등에 관한 조회) ①법원은 필요한 경우 관리인·파산관재인 그 밖의 이해관계인의 신청에 의하거나 직권으로 채무자의 재산 및 신용에 관한 전산망을 관리하는 공공기관·금융기관·단체 등에 채무자명의의 재산에 관하여 조회할 수 있다.

②면책의 효력을 받을 이해관계인이 제1항의 규정에 의한 신청을 하는 때에는 조회할 공공기관·금융기관 또는 단체를 특정하여야 한다. 이 경우 법원은 조회에 드는 비용을 미리 납부하도록 명하여야 한다.

③제1항의 규정에 의한 조회에 관하여는 「민사집행법」 제74조(재산조회)제3항·제4항 및 제75조 (재산조회의 결과 등)제1항의 규정을 준용한다.

④제1항 내지 제3항의 규정에 따라 조회를 할 공공기관·금융기관 또는 단체 등의 범위 및 조회절차, 이해관계인이 납부하여야 할 비용, 조회결과의 관리에 관한 사항 등은 대법원규칙으로 정한다.

제30조(관리인 등의 보수 등) ①다음 각호의 자는 비용을 미리 받거나

보수 또는 특별보상금을 받을 수 있다. 이 경우 보수 및 특별보상금의 액은 법원이 정한다. <개정 2014. 12. 30.>

1. 관리인·관리인대리·보전관리인·파산관재인·파산관재인대리
2. 조사위원·간이조사위원·회생위원·고문
3. 그 직무를 수행하는 관리위원

②제1항의 규정에 의한 보수 및 특별보상금은 그 직무와 책임에 상응한 것이어야 한다.

③제1항의 규정에 의한 결정에 대하여는 즉시항고를 할 수 있다.

제31조(대리위원 등의 보상금 등) ①법원은 다음 각호의 자에 대하여 적절한 범위 안에서 비용을 상환하거나 보상금을 지급할 것을 허가할 수 있다. 이 경우 비용 또는 보상금의 액은 법원이 정한다.

1. 회생절차에서 회생에 공적이 있는 채권자·담보권자·주주·지분권자나 그 대리위원 또는 대리인
2. 파산절차에서 파산재단의 관리 또는 환가에 공적이 있는 자

②제1항의 규정에 의한 결정에 대하여는 즉시항고를 할 수 있다.

제32조(시효의 중단) 다음 각호의 경우에는 시효중단의 효력이 있다.

1. 제147조의 목록의 제출 그 밖의 회생절차참가. 다만, 그 목록에 기재되어 있지 아니한 회생채권자 또는 회생담보권자가 그 신고를 취하하거나 그 신고가 각하된 때에는 그러하지 아니하다.
2. 파산절차참가. 다만, 파산채권자가 그 신고를 취하하거나 그 신고가 각하된 때에는 그러하지 아니하다.
3. 제589조제2항의 개인회생채권자목록의 제출 그 밖의 개인회생절차참가. 다만, 그 목록에 기재되어 있지 아니한 개인회생채권자가 그 조사확정재판신청을 취하하거나 그 신청이 각하된 때에는 그러하지 아니하다.

제32조의2(차별적 취급의 금지) 누구든지 이 법에 따른 회생절차·파산절차 또는 개인회생절차 중에 있다는 이유로 정당한 사유 없이 취업의 제한 또는 해고 등 불이익한 처우를 받지 아니한다.

[본조신설 2006. 3. 24.]

제33조(「민사소송법」 및 「민사집행법」의 준용) 회생절차·파산절차·개인회생절차 및 국제도산절차에 관하여 이 법에 규정이 없는 때에

는 「민사소송법」 및 「민사집행법」을 준용한다.

제2편 회생절차

제1장 회생절차의 개시

제1절 회생절차개시의 신청

제34조(회생절차개시의 신청) ①다음 각호의 어느 하나에 해당하는 경우 채무자는 법원에 회생절차개시의 신청을 할 수 있다.

1. 사업의 계속에 현저한 지장을 초래하지 아니하고는 변제기에 있는 채무를 변제할 수 없는 경우
2. 채무자에게 파산의 원인인 사실이 생길 염려가 있는 경우

②제1항제2호의 경우에는 다음 각호의 구분에 따라 당해 각호의 각목에서 정하는 자도 회생절차개시를 신청할 수 있다.

1. 채무자가 주식회사 또는 유한회사인 때
   가. 자본의 10분의 1이상에 해당하는 채권을 가진 채권자
   나. 자본의 10분의 1이상에 해당하는 주식 또는 출자지분을 가진 주주·지분권자
2. 채무자가 주식회사 또는 유한회사가 아닌 때
   가. 5천만원 이상의 금액에 해당하는 채권을 가진 채권자
   나. 합명회사·합자회사 그 밖의 법인 또는 이에 준하는 자에 대하여는 출자총액의 10분의 1이상의 출자지분을 가진 지분권자

③법원은 제2항의 규정에 의하여 채권자·주주·지분권자가 회생절차개시의 신청을 한 때에는 채무자에게 경영 및 재산상태에 관한 자료를 제출할 것을 명할 수 있다.

제35조(파산신청의무와 회생절차개시의 신청) ①채무자의 청산인은 다른

법률에 의하여 채무자에 대한 파산을 신청하여야 하는 때에도 회생절차개시의 신청을 할 수 있다.

②청산 중이거나 파산선고를 받은 회사인 채무자가 회생절차개시의 신청을 하는 때에는 「상법」 제229조(회사의 계속)제1항, 제285조(해산, 계속)제2항, 제519조(회사의 계속) 또는 제610조(회사의 계속)의 규정을 준용한다.

제36조(신청서) 회생절차개시의 신청은 다음 각호의 사항을 기재한 서면으로 하여야 한다.

1. 신청인 및 그 법정대리인의 성명 및 주소
2. 채무자가 개인인 경우에는 채무자의 성명·주민등록번호(주민등록번호가 없는 사람의 경우에는 외국인등록번호 또는 국내거소번호를 말한다. 이하 같다) 및 주소
3. 채무자가 개인이 아닌 경우에는 채무자의 상호, 주된 사무소 또는 영업소(외국에 주된 사무소 또는 영업소가 있는 때에는 대한민국에 있는 주된 사무소 또는 영업소를 말한다)의 소재지, 채무자의 대표자(외국에 주된 사무소 또는 영업소가 있는 때에는 대한민국에서의 대표자를 말한다. 이하 같다)의 성명
4. 신청의 취지
5. 회생절차개시의 원인
6. 채무자의 사업목적과 업무의 상황
7. 채무자의 발행주식 또는 출자지분의 총수, 자본의 액과 자산, 부채 그 밖의 재산상태
8. 채무자의 재산에 관한 다른 절차 또는 처분으로서 신청인이 알고 있는 것
9. 회생계획에 관하여 신청인에게 의견이 있는 때에는 그 의견
10. 채권자가 회생절차개시를 신청하는 때에는 그가 가진 채권의 액과 원인
11. 주주·지분권자가 회생절차개시를 신청하는 때에는 그가 가진 주식 또는 출자지분의 수 또는 액

제37조(서류의 비치) 회생절차개시의 신청에 관한 서류는 이해관계인의 열람을 위하여 법원에 비치하여야 한다.

제38조(소명) ①회생절차개시의 신청을 하는 자는 회생절차개시의 원인인 사실을 소명하여야 한다. 이 경우 채무자에 대하여 제628조제1호의 규정에 의한 외국도산절차가 진행되고 있는 때에는 그 채무자에게 파산의 원인인 사실이 있는 것으로 추정한다.

②채권자·주주·지분권자가 회생절차개시의 신청을 하는 때에는 그가 가진 채권의 액 또는 주식이나 출자지분의 수 또는 액도 소명하여야 한다.

제39조(비용의 예납 등) ①회생절차개시의 신청을 하는 때에는 신청인은 회생절차의 비용을 미리 납부하여야 한다.

②제1항의 규정에 의한 비용은 사건의 대소 등을 고려하여 법원이 정한다. 이 경우 채무자 외의 자가 신청을 하는 때에는 회생절차개시 후의 비용에 관하여 채무자의 재산에서 지급할 수 있는 금액도 고려하여야 한다.

③채무자 외의 자가 회생절차개시를 신청하여 회생절차개시결정이 있는 때에는 신청인은 채무자의 재산으로부터 제1항의 규정에 의하여 납부한 비용을 상환받을 수 있다.

④제3항의 규정에 의한 신청인의 비용상환청구권은 공익채권으로 한다.

제39조의2(회생절차의 진행에 관한 법원의 감독 등) ① 법원은 채권자 일반의 이익과 채무자의 회생 가능성을 해하지 아니하는 범위에서 회생절차를 신속·공정하고 효율적으로 진행하여야 한다.

② 법원은 필요하다고 인정하는 경우 이해관계인의 신청이나 직권으로 다음 각 호의 조치를 취할 수 있다. <개정 2016. 5. 29.>

1. 회생절차의 진행에 관한 이해관계인과의 협의
2. 회생절차의 진행에 관한 일정표의 작성·운용
3. 채무자, 관리인 또는 보전관리인에게 다음 각 목의 사항에 관한 보고 또는 자료 제출의 요청
   가. 채무자의 업무 및 재산의 관리 상황
   나. 회생절차의 진행 상황
   다. 제179조제1항제5호 및 제12호에 따라 차입된 자금의 사용목적이 정하여진 경우 그 자금집행 사항

라. 그 밖에 채무자의 회생에 필요한 사항

4. 관계인집회의 병합

5. 제98조의2에 따른 관계인설명회의 개최 명령

6. 그 밖에 채무자의 회생에 필요한 조치

[본조신설 2014. 12. 30.]

제40조(감독행정청에의 통지 등) ①주식회사인 채무자에 대하여 회생절차개시의 신청이 있는 때에는 법원은 다음 각호의 자에게 그 뜻을 통지하여야 한다. <개정 2008. 2. 29.>

1. 채무자의 업무를 감독하는 행정청

2. 금융위원회

3. 채무자의 주된 사무소 또는 영업소(외국에 주된 사무소 또는 영업소가 있는 때에는 대한민국에 있는 주된 사무소 또는 영업소를 말한다)의 소재지를 관할하는 세무서장

②법원은 필요하다고 인정하는 때에는 다음 각호의 어느 하나에 해당하는 자에 대하여 회생절차에 관한 의견의 진술을 요구할 수 있다. <개정 2008. 2. 29., 2010. 3. 31., 2016. 12. 27.>

1. 채무자의 업무를 감독하는 행정청

2. 금융위원회

3. 「국세징수법」 또는 「지방세징수법」에 의하여 징수할 수 있는 청구권(국세징수의 예, 국세 또는 지방세 체납처분의 예에 의하여 징수할 수 있는 청구권으로서 그 징수우선순위가 일반 회생채권보다 우선하는 것을 포함한다)에 관하여 징수의 권한을 가진 자

③제2항 각호의 어느 하나에 해당하는 자는 법원에 대하여 회생절차에 관하여 의견을 진술할 수 있다.

제41조(심문) ①회생절차개시의 신청이 있는 때에는 법원은 채무자 또는 그 대표자를 심문하여야 한다.

②제1항의 규정에 불구하고 다음 각호의 사유가 있는 때에는 심문을 하지 아니할 수 있다.

1. 채무자 또는 그 대표자가 외국에 거주하여 채무자에 대한 심문이 절차를 현저히 지체시킬 우려가 있는 때

2. 채무자 또는 그 대표자의 소재를 알 수 없는 때

제42조(회생절차개시신청의 기각사유) 다음 각호의 어느 하나에 해당하는 경우 법원은 회생절차개시의 신청을 기각하여야 한다. 이 경우 관리위원회의 의견을 들어야 한다.

1. 회생절차의 비용을 미리 납부하지 아니한 경우
2. 회생절차개시신청이 성실하지 아니한 경우
3. 그 밖에 회생절차에 의함이 채권자 일반의 이익에 적합하지 아니한 경우

제43조(가압류·가처분 그 밖의 보전처분) ①법원은 회생절차개시의 신청이 있는 때에는 이해관계인의 신청에 의하거나 직권으로 회생절차개시신청에 대한 결정이 있을 때까지 채무자의 업무 및 재산에 관하여 가압류·가처분 그 밖에 필요한 보전처분을 명할 수 있다. 이 경우 법원은 관리위원회의 의견을 들어야 한다.

②이해관계인이 제1항의 규정에 의한 보전처분을 신청한 때에는 법원은 신청일부터 7일 이내에 보전처분 여부를 결정하여야 한다.

③법원은 제1항의 규정에 의한 보전처분 외에 필요하다고 인정하는 때에는 관리위원회의 의견을 들어 보전관리인에 의한 관리를 명할 수 있다. 이 경우 법원은 1인 또는 여럿의 보전관리인을 선임하여야 한다.

④법원은 관리위원회의 의견을 들어 제1항의 규정에 의한 보전처분 또는 제3항의 규정에 의한 보전관리명령을 변경하거나 취소할 수 있다.

⑤제1항·제3항 및 제4항의 규정에 의한 재판 및 그 신청을 기각하는 재판은 결정으로 한다.

⑥제5항의 규정에 의한 결정에 대하여는 즉시항고를 할 수 있다.

⑦제6항의 즉시항고는 집행정지의 효력이 없다.

⑧법원은 제3항의 규정에 의한 보전관리명령을 하거나 이를 변경 또는 취소한 때에는 이를 공고하여야 한다.

제44조(다른 절차의 중지명령 등) ①법원은 회생절차개시의 신청이 있는 경우 필요하다고 인정하는 때에는 이해관계인의 신청에 의하거나 직권으로 회생절차개시의 신청에 대한 결정이 있을 때까지 다음 각호의 어느 하나에 해당하는 절차의 중지를 명할 수 있다. 다만, 제2호의 규정에 의한 절차의 경우 그 절차의 신청인인 회생채권자 또는 회생담보권자에게 부당한 손해를 끼칠 염려가 있는 때에는 그러하지 아니하다.

<개정 2010. 3. 31., 2016. 12. 27.>

1. 채무자에 대한 파산절차
2. 회생채권 또는 회생담보권에 기한 강제집행, 가압류, 가처분 또는 담보권실행을 위한 경매절차(이하 "회생채권 또는 회생담보권에 기한 강제집행등"이라 한다)로서 채무자의 재산에 대하여 이미 행하여지고 있는 것
3. 채무자의 재산에 관한 소송절차
4. 채무자의 재산에 관하여 행정청에 계속되어 있는 절차
5. 「국세징수법」 또는 「지방세징수법」에 의한 체납처분, 국세징수의 예(국세 또는 지방세 체납처분의 예를 포함한다. 이하 같다)에 의한 체납처분 또는 조세채무담보를 위하여 제공된 물건의 처분. 이 경우 징수의 권한을 가진 자의 의견을 들어야 한다.

②제1항제5호의 규정에 의한 처분의 중지기간 중에는 시효는 진행하지 아니한다.

③법원은 제1항의 규정에 의한 중지명령을 변경하거나 취소할 수 있다.

④법원은 채무자의 회생을 위하여 특히 필요하다고 인정하는 때에는 채무자(보전관리인이 선임되어 있는 때에는 보전관리인을 말한다)의 신청에 의하거나 직권으로 중지된 회생채권 또는 회생담보권에 기한 강제집행등의 취소를 명할 수 있다. 이 경우 법원은 담보를 제공하게 할 수 있다.

제45조(회생채권 또는 회생담보권에 기한 강제집행등의 포괄적 금지명령) ①법원은 회생절차개시의 신청이 있는 경우 제44조제1항의 규정에 의한 중지명령에 의하여는 회생절차의 목적을 충분히 달성하지 못할 우려가 있다고 인정할 만한 특별한 사정이 있는 때에는 이해관계인의 신청에 의하거나 직권으로 회생절차개시의 신청에 대한 결정이 있을 때까지 모든 회생채권자 및 회생담보권자에 대하여 회생채권 또는 회생담보권에 기한 강제집행등의 금지를 명할 수 있다.

②제1항의 규정에 의한 금지명령(이하 "포괄적 금지명령"이라 한다)을 할 수 있는 경우는 채무자의 주요한 재산에 관하여 다음 각호의 처분 또는 명령이 이미 행하여 졌거나 포괄적 금지명령과 동시에 다음 각호의 처분 또는 명령을 행하는 경우에 한한다.

1. 제43조제1항의 규정에 의한 보전처분

2. 제43조제3항의 규정에 의한 보전관리명령

③포괄적 금지명령이 있는 때에는 채무자의 재산에 대하여 이미 행하여진 회생채권 또는 회생담보권에 기한 강제집행등은 중지된다.

④법원은 포괄적 금지명령을 변경하거나 취소할 수 있다.

⑤법원은 채무자의 사업의 계속을 위하여 특히 필요하다고 인정하는 때에는 채무자(보전관리인이 선임되어 있는 때에는 보전관리인을 말한다)의 신청에 의하여 제3항의 규정에 의하여 중시된 회생채권 또는 회생담보권에 기한 강제집행등의 취소를 명할 수 있다. 이 경우 법원은 담보를 제공하게 할 수 있다.

⑥포괄적 금지명령, 제4항의 규정에 의한 결정 및 제5항의 규정에 의한 취소명령에 대하여는 즉시항고를 할 수 있다.

⑦제6항의 즉시항고는 집행정지의 효력이 없다.

⑧포괄적 금지명령이 있는 때에는 그 명령이 효력을 상실한 날의 다음 날부터 2월이 경과하는 날까지 회생채권 및 회생담보권에 대한 시효는 완성되지 아니한다.

제46조(포괄적 금지명령에 관한 공고 및 송달 등) ①포괄적 금지명령이나 이를 변경 또는 취소하는 결정이 있는 때에는 법원은 이를 공고하고 그 결정서를 채무자(보전관리인이 선임되어 있는 때에는 보전관리인을 말한다) 및 신청인에게 송날하여야 하며, 그 결정의 주문을 기재한 서면을 법원이 알고 있는 회생채권자·회생담보권자 및 채무자(보전관리인이 선임되어 있는 때에 한한다)에게 송달하여야 한다.

②포괄적 금지명령 및 이를 변경 또는 취소하는 결정은 채무자(보전관리인이 선임되어 있는 때에는 보전관리인을 말한다)에게 결정서가 송달된 때부터 효력을 발생한다.

③제45조제5항의 규정에 의한 취소명령과 같은 조 제6항의 즉시항고에 대한 재판(포괄적 금지명령을 변경 또는 취소하는 결정을 제외한다)이 있는 때에는 법원은 그 결정서를 당사자에게 송달하여야 한다. 이 경우 제10조 및 제11조의 규정은 적용하지 아니한다.

제47조(포괄적 금지명령의 적용 배제) ①법원은 포괄적 금지명령이 있는 경우 회생채권 또는 회생담보권에 기한 강제집행등의 신청인인 회생채권자 또는 회생담보권자에게 부당한 손해를 끼칠 우려가 있다고 인정하는 때에는 그 회생채권자 또는 회생담보권자의 신청에 의하여 그 회생채권자 또는 회생담보권자에 대하여 결정으로 포괄적 금지명령의 적

용을 배제할 수 있다. 이 경우 그 회생채권자 또는 회생담보권자는 채무자의 재산에 대하여 회생채권 또는 회생담보권에 기한 강제집행등을 할 수 있으며, 포괄적 금지명령이 있기 전에 그 회생채권자 또는 회생담보권자가 행한 회생채권 또는 회생담보권에 기한 강제집행등의 절차는 속행된다.

②제1항의 규정에 의한 결정을 받은 자에 대하여 제45조제8항의 규정을 적용하는 때에는 제45조제8항 중 "그 명령이 효력을 상실한 날"은 "제47조제1항의 규정에 의한 결정이 있은 날"로 한다.

③제1항의 규정에 의한 신청에 관한 재판에 대하여는 즉시항고를 할 수 있다.

④제3항의 즉시항고는 집행정지의 효력이 없다.

⑤제1항의 규정에 의한 신청에 대한 재판과 제3항의 즉시항고에 대한 재판이 있는 때에는 법원은 그 결정서를 당사자에게 송달하여야 한다. 이 경우 제10조의 규정은 적용하지 아니한다.

第48条(회생절차개시신청 등의 취하의 제한) ①회생절차개시의 신청을 한 자는 회생절차개시결정 전에 한하여 그 신청을 취하할 수 있다.

②다음 각호의 결정이 있은 후에는 법원의 허가를 받지 아니하면 회생절차개시신청 및 보전처분신청을 취하할 수 없다.

1. 제43조제1항의 규정에 의한 보전처분
2. 제43조제3항의 규정에 의한 보전관리명령
3. 제44조제1항의 규정에 의한 중지명령
4. 제45조제1항의 규정에 의한 포괄적 금지명령

제2절 회생절차개시의 결정

第49条(회생절차개시의 결정) ①채무자가 회생절차개시를 신청한 때에는 법원은 회생절차개시의 신청일부터 1월 이내에 회생절차개시 여부를 결정하여야 한다.

②회생절차개시결정서에는 결정의 연·월·일·시를 기재하여야 한다.

③회생절차개시결정은 그 결정시부터 효력이 생긴다.

제50조(회생절차개시결정과 동시에 정하여야 할 사항) ①법원은 회생절차개시결정과 동시에 관리위원회와 채권자협의회의 의견을 들어 1인 또는 여럿의 관리인을 선임하고 다음 각호의 사항을 정하여야 한다. <개정 2014. 12. 30., 2016. 5. 29.>

1. 관리인이 제147조제1항에 규정된 목록을 작성하여 제출하여야 하는 기간(제223조제4항에 따른 목록이 제출된 경우는 제외한다). 이 경우 기간은 회생절차개시결정일부터 2주 이상 2월 이하이어야 한다.
2. 회생채권·회생담보권·주식 또는 출자지분의 신고기간(이하 이 편에서 "신고기간"이라 한다). 이 경우 신고기간은 제1호에 따라 정하여 진 제출기간의 말일(제223조제4항에 따른 목록이 제출된 경우에는 회생절차개시결정일)부터 1주 이상 1월 이하이어야 한다.
3. 목록에 기재되어 있거나 신고된 회생채권·회생담보권의 조사기간(이하 이 편에서 "조사기간"이라 한다). 이 경우 조사기간은 신고기간의 말일부터 1주 이상 1월 이하이어야 한다.
4. 회생계획안의 제출기간. 이 경우 제출기간은 조사기간의 말일(제223조제1항에 따른 회생계획안이 제출된 경우에는 회생절차개시결정일)부터 4개월 이하(채무자가 개인인 경우에는 조사기간의 말일부터 2개월 이하)여야 한다.

②법원은 특별한 사정이 있는 때에는 제1항제1호부터 제3호까지의 규정에 따른 기일을 늦추거나 기간을 늘일 수 있다. <개정 2014. 12. 30.>

③ 법원은 이해관계인의 신청에 의하거나 직권으로 제1항제4호에 따른 제출기간을 2개월 이내에서 늘일 수 있다. 다만, 채무자가 개인이거나 중소기업자인 경우에는 제출기간의 연장은 1개월을 넘지 못한다. <신설 2014. 12. 30.>

제51조(회생절차개시의 공고와 송달) ①법원은 회생절차개시의 결정을 한 때에는 지체 없이 다음 각호의 사항을 공고하여야 한다. <개정 2014. 12. 30.>

1. 회생절차개시결정의 주문
2. 관리인의 성명 또는 명칭
3. 제50조의 규정에 의하여 정하여진 기간 및 기일
4. 회생절차가 개시된 채무자의 재산을 소지하고 있거나 그에게 채무

를 부담하는 자는 회생절차가 개시된 채무자에게 그 재산을 교부하여서는 아니된다는 뜻이나 그 채무자에게 그 채무를 변제하여서는 아니된다는 뜻과 회생절차가 개시된 채무자의 재산을 소지하고 있거나 그에게 채무를 부담하고 있다는 사실을 일정한 기간 안에 관리인에게 신고하여야 한다는 뜻의 명령

5. 제221조와 제223조제1항에 규정된 내용의 취지

②법원은 다음 각호의 자에게 제1항 각호의 사항을 기재한 서면을 송달하여야 한다.

1. 관리인

2. 채무자

3. 알고 있는 회생채권자·회생담보권자·주주·지분권자

4. 회생절차가 개시된 채무자의 재산을 소지하고 있거나 그에게 채무를 부담하는 자

③제1항 및 제2항의 규정은 제1항제2호 내지 제4호의 사항에 변경이 생긴 경우에 관하여 준용한다. 다만, 조사기간의 변경은 공고하지 아니할 수 있다.

④고의 또는 과실로 제1항제4호의 규정에 의한 신고를 게을리한 자는 이로 인하여 채무자의 재산에 생긴 손해를 배상하여야 한다.

제52조(회생절차개시의 통지) 주식회사인 채무자에 대하여 회생절차개시의 결정을 한 때에는 법원은 제51조제1항 각호의 사항을 채무자의 업무를 감독하는 행정청, 법무부장관과 금융위원회에 통지하여야 한다. 제51조제1항제2호 및 제3호의 사항에 변경이 생긴 경우도 또한 같다. <개정 2008. 2. 29.>

제53조(회생절차개시신청에 관한 재판에 대한 즉시항고) ①회생절차개시의 신청에 관한 재판에 대하여는 즉시항고를 할 수 있다.

②제43조 내지 제47조의 규정은 회생절차개시신청을 기각하는 결정에 대하여 제1항의 즉시항고가 있는 경우에 관하여 준용한다.

③제1항의 규정에 의한 즉시항고는 집행정지의 효력이 없다.

④항고법원은 즉시항고의 절차가 법률에 위반되거나 즉시항고가 이유없다고 인정하는 때에는 결정으로 즉시항고를 각하 또는 기각하여야 한다.

⑤항고법원은 즉시항고가 이유있다고 인정하는 때에는 원심법원의 결

정을 취소하고 사건을 원심법원에 환송하여야 한다.

제54조(회생절차개시결정의 취소) ①법원은 회생절차개시결정을 취소하는 결정이 확정된 때에는 즉시 그 주문을 공고하여야 한다.

②제51조제2항 및 제52조의 규정은 제1항의 경우에 관하여 준용한다.

③관리인은 회생절차개시결정을 취소하는 결정이 확정된 때에는 공익채권을 변제하여야 하며, 이의있는 공익채권의 경우에는 그 채권자를 위하여 공탁하여야 한다.

제55조(회생절차개시 후의 자본감소 등) ①회생절차개시 이후부터 그 회생절차가 종료될 때까지는 채무자는 회생절차에 의하지 아니하고는 다음 각호의 행위를 할 수 없다.

1. 자본 또는 출자액의 감소
2. 지분권자의 가입, 신주 또는 사채의 발행
3. 자본 또는 출자액의 증가
4. 주식의 포괄적 교환 또는 주식의 포괄적 이전
5. 합병·분할·분할합병 또는 조직변경
6. 해산 또는 회사의 계속
7. 이익 또는 이자의 배당

②회생절차개시 이후부터 그 회생절차가 종료될 때까지 회생절차에 의하지 아니하고 법인인 채무자의 정관을 변경하고자 하는 때에는 법원의 허가를 받아야 한다.

제56조(회생절차개시 후의 업무와 재산의 관리) ①회생절차개시결정이 있는 때에는 채무자의 업무의 수행과 재산의 관리 및 처분을 하는 권한은 관리인에게 전속한다.

②개인인 채무자 또는 개인이 아닌 채무자의 이사는 제1항에 규정에 의한 관리인의 권한을 침해하거나 부당하게 그 행사에 관여할 수 없다.

제57조(정보 등의 제공) 관리인은 다음 각호의 어느 하나에 해당하는 행위를 하고자 하는 자에 대하여는 대법원규칙이 정하는 바에 따라 채무자의 영업·사업에 관한 정보 및 자료를 제공하여야 한다. 다만, 정당한 사유가 있는 때에는 관리인은 정보 및 자료의 제공을 거부할 수 있다.

1. 채무자의 영업, 사업, 중요한 재산의 전부나 일부의 양수

2. 채무자의 경영권을 인수할 목적으로 하는 주식 또는 출자지분의 양수
3. 채무자의 주식의 포괄적 교환, 주식의 포괄적 이전, 합병 또는 분할합병

제58조(다른 절차의 중지 등) ①회생절차개시결정이 있는 때에는 다음 각호의 행위를 할 수 없다.

1. 파산 또는 회생절차개시의 신청
2. 회생채권 또는 회생담보권에 기한 강제집행등
3. 국세징수의 예에 의하여 징수할 수 있는 청구권으로서 그 징수우선순위가 일반 회생채권보다 우선하지 아니한 것에 기한 체납처분

②회생절차개시결정이 있는 때에는 다음 각호의 절차는 중지된다.

1. 파산절차
2. 채무자의 재산에 대하여 이미 행한 회생채권 또는 회생담보권에 기한 강제집행등
3. 국세징수의 예에 의하여 징수할 수 있는 청구권으로서 그 징수우선순위가 일반 회생채권보다 우선하지 아니한 것에 기한 체납처분

③회생절차개시결정이 있는 때에는 다음 각호의 기간 중 말일이 먼저 도래하는 기간 동안 회생채권 또는 회생담보권에 기한 채무자의 재산에 대한 「국세징수법」 또는 「지방세징수법」에 의한 체납처분, 국세징수의 예에 의하여 징수할 수 있는 청구권으로서 그 징수우선순위가 일반 회생채권보다 우선하는 것에 기한 체납처분과 조세채무담보를 위하여 제공된 물건의 처분은 할 수 없으며, 이미 행한 처분은 중지된다. 이 경우 법원은 필요하다고 인정하는 때에는 관리인의 신청에 의하거나 직권으로 1년 이내의 범위에서 그 기간을 늘일 수 있다. <개정 2010. 3. 31., 2016. 12. 27.>

1. 회생절차개시결정이 있는 날부터 회생계획인가가 있는 날까지
2. 회생절차개시결정이 있는 날부터 회생절차가 종료되는 날까지
3. 회생절차개시결정이 있는 날부터 2년이 되는 날까지

④제3항의 규정에 의하여 처분을 할 수 없거나 처분이 중지된 기간 중에는 시효는 진행하지 아니한다.

⑤법원은 회생에 지장이 없다고 인정하는 때에는 관리인이나 제140조

제2항의 청구권에 관하여 징수의 권한을 가진 자의 신청에 의하거나 직권으로 제2항의 규정에 의하여 중지한 절차 또는 처분의 속행을 명할 수 있으며, 회생을 위하여 필요하다고 인정하는 때에는 관리인의 신청에 의하거나 직권으로 담보를 제공하게 하거나 제공하게 하지 아니하고 제2항의 규정에 의하여 중지한 절차 또는 처분의 취소를 명할 수 있다. 다만, 파산절차에 관하여는 그러하지 아니하다.

⑥제5항의 규정에 의하여 속행된 절차 또는 처분에 관한 채무자에 대한 비용청구권은 공익채권으로 한다.

제59조(소송절차의 중단 등) ①회생절차개시결정이 있는 때에는 채무자의 재산에 관한 소송절차는 중단된다.

②제1항의 규정에 의하여 중단한 소송절차 중 회생채권 또는 회생담보권과 관계없는 것은 관리인 또는 상대방이 이를 수계할 수 있다. 이 경우 채무자에 대한 소송비용청구권은 공익채권으로 한다.

③제2항의 규정에 의한 수계가 있기 전에 회생절차가 종료한 때에는 채무자는 당연히 소송절차를 수계한다.

④제2항의 규정에 의한 수계가 있은 후에 회생절차가 종료한 때에는 소송절차는 중단된다. 이 경우 채무자는 소송절차를 수계하여야 한다.

⑤제4항의 경우에는 상대방도 소송절차를 수계할 수 있다.

⑥제1항 내지 제5항의 규정은 채무자의 재산에 관한 사건으로서 회생절차개시 당시 행정청에 계속되어 있는 것에 관하여 준용한다.

제60조(이송) ①회생계속법원(회생사건이 계속되어 있는 회생법원을 말한다. 이하 같다)은 회생절차개시 당시 채무자의 재산에 관한 소송이 다른 법원에 계속되어 있는 때에는 결정으로써 그 이송을 청구할 수 있다. 회생절차개시 후 다른 법원에 계속되어 있게 된 것에 관하여도 또한 같다. <개정 2016. 12. 27.>

②제1항의 결정이 있는 때에는 이송의 청구를 받은 법원은 소송을 회생계속법원에 이송 하여야 한다. <개정 2016. 12. 27.>

③제2항의 규정에 의한 이송은 소송절차의 중단 또는 중지 중에도 할 수 있다.

④제1항 내지 제3항의 규정은 상소심법원에 계속되어 있는 소송에 관하여는 적용하지 아니한다.

제61조(법원의 허가를 받아야 하는 행위) ①법원은 필요하다고 인정하는

때에는 관리인이 다음 각호의 어느 하나에 해당하는 행위를 하고자 하는 때에 법원의 허가를 받도록 할 수 있다.

1. 재산의 처분
2. 재산의 양수
3. 자금의 차입 등 차재
4. 제119조의 규정에 의한 계약의 해제 또는 해지
5. 소의 제기
6. 화해 또는 중재계약
7. 권리의 포기
8. 공익채권 또는 환취권의 승인
9. 그 밖에 법원이 지정하는 행위

②관리인은 법원의 허가를 받지 아니하고는 다음 각호의 행위를 하지 못한다.

1. 채무자의 영업 또는 재산을 양수하는 행위
2. 채무자에 대하여 자기의 영업 또는 재산을 양도하는 행위
3. 그 밖에 자기 또는 제3자를 위하여 채무자와 거래하는 행위

③법원의 허가를 받지 아니하고 한 제1항 각호 또는 제2항 각호의 행위는 무효로 한다. 다만, 선의의 제3자에게 대항하지 못한다.

제62조(영업 등의 양도) ①회생절차개시 이후 회생계획인가 전이라도 관리인은 채무자의 회생을 위하여 필요한 경우 법원의 허가를 받아 채무자의 영업 또는 사업의 전부 또는 중요한 일부를 양도할 수 있다.

②제1항의 규정에 의한 허가를 하는 때에는 법원은 다음 각호의 자의 의견을 들어야 한다.

1. 관리위원회
2. 채권자협의회
3. 채무자의 근로자의 과반수로 조직된 노동조합
4. 제3호의 노동조합이 없는 때에는 채무자의 근로자의 과반수를 대표하는 자

③제1항의 규정에 의한 허가를 하는 경우 법원은 양도대가의 사용방법

을 정하여야 한다.

④제1항의 허가를 하는 경우 주식회사인 채무자의 부채총액이 자산총액을 초과하는 때에는 법원은 관리인의 신청에 의하여 결정으로 「상법」 제374조(영업양도·양수·임대 등)제1항의 규정에 의한 주주총회의 결의에 갈음하게 할 수 있다. 이 경우 「상법」 제374조(영업양도·양수·임대 등)제2항 및 제374조의2(반대주주의 주식매수청구권)와 「자본시장과 금융투자업에 관한 법률」 제165조의5(주식매수청구권의 특례)의 규정은 적용하지 아니한다. <개정 2014. 5. 20.>

⑤제61조제3항의 규정은 제1항의 규정에 의한 허가를 받지 아니하고 행한 행위에 관하여 준용한다.

第63条(주식회사의 영업 등의 양도에 대한 허가결정의 송달 등) ①법원은 제62조제4항의 규정에 의한 결정을 한 때에는 그 결정서를 관리인에게 송달하고 그 결정의 요지를 기재한 서면을 주주에게 송달하여야 한다.

②제62조제4항의 규정에 의한 결정은 그 결정서가 관리인에게 송달된 때에 효력이 발생한다.

③제62조제4항의 규정에 의한 결정에 대하여 주주는 즉시항고를 할 수 있다.

第64条(회생절차개시 후의 채무자의 행위) ①채무자가 회생절차개시 이후 채무자의 재산에 관하여 법률행위를 한 때에는 회생절차와의 관계에 있어서는 그 효력을 주장하지 못한다.

②제1항의 규정을 적용하는 경우 채무자가 회생절차개시가 있은 날에 행한 법률행위는 회생절차개시 이후에 한 것으로 추정한다.

第65条(회생절차개시 후의 권리취득) ①회생절차개시 이후 회생채권 또는 회생담보권에 관하여 채무자의 재산에 대한 권리를 채무자의 행위에 의하지 아니하고 취득한 때에도 회생절차와의 관계에 있어서는 그 효력을 주장하지 못한다.

②제64조제2항의 규정은 제1항의 규정에 의한 취득에 관하여 준용한다.

第66条(회생절차개시 후의 등기와 등록) ①부동산 또는 선박에 관하여 회생절차개시전에 생긴 등기원인으로 회생절차개시 후에 한 등기 및 가등기는 회생절차와의 관계에 있어서는 그 효력을 주장하지 못한다. 다만, 등기권리자가 회생절차개시의 사실을 알지 못하고 한 본등기는

그러하지 아니하다.

②제1항의 규정은 권리의 설정·이전 또는 변경에 관한 등록 또는 가등록에 관하여 준용한다.

제67조(회생절차개시 후의 채무자에 대한 변제) ①회생절차개시 이후 그 사실을 알지 못하고 한 채무자에 대한 변제는 회생절차와의 관계에 있어서도 그 효력을 주장할 수 있다.

②회생절차개시 이후 그 사실을 알고 한 채무자에 대한 변제는 채무자의 재산이 받은 이익의 한도에서만 회생절차와의 관계에 있어서 그 효력을 주장할 수 있다.

제68조(선의 또는 악의의 추정) 제66조 및 제67조의 규정을 적용함에 있어서 회생절차개시의 공고 전에는 그 사실을 알지 못한 것으로 추정하고, 공고 후에는 그 사실을 안 것으로 추정한다.

제69조(공유관계) ①채무자가 타인과 공동으로 재산권을 가진 경우 채무자와 그 타인 사이에 그 재산권을 분할하지 아니한다는 약정이 있더라도 회생절차가 개시된 때에는 관리인은 분할의 청구를 할 수 있다.

②제1항의 경우 다른 공유자는 상당한 대가를 지급하고 채무자의 지분을 취득할 수 있다.

제70조(환취권) 회생절차개시는 채무자에게 속하지 아니하는 재산을 채무자로부터 환취하는 권리에 영향을 미치지 아니한다.

제71조(운송 중인 매도물의 환취) ①매도인이 매매의 목적인 물건을 매수인에게 발송하였으나 매수인이 그 대금의 전액을 변제하지 아니하고, 도달지에서 그 물건을 수령하지 아니한 상태에서 매수인에 관하여 회생절차가 개시된 때에는 매도인은 그 물건을 환취할 수 있다. 이 경우 관리인은 법원의 허가를 받아 대금 전액을 지급하고 그 물건의 인도를 청구할 수 있다.

②제1항의 규정은 제119조의 적용을 배제하지 아니한다.

제72조(위탁매매인의 환취권) 제71조제1항의 규정은 물건매수의 위탁을 받은 위탁매매인이 그 물건을 위탁자에게 발송한 경우에 관하여 준용한다.

제73조(대체적 환취권) ①채무자가 회생절차개시 전에 환취권의 목적인 재산을 양도한 때에는 환취권자는 반대급부의 이행청구권의 이전을 청구할 수 있다. 관리인이 환취권의 목적인 재산을 양도한 때에도 또한

같다.

②제1항의 경우 관리인이 반대급부의 이행을 받은 때에는 환취권자는 관리인이 반대급부로 받은 재산의 반환을 청구할 수 있다.

제2장 회생절차의 기관

제1절 관리인

제74조(관리인의 선임) ①법원은 관리위원회와 채권자협의회의 의견을 들어 관리인의 직무를 수행함에 적합한 자를 관리인으로 선임하여야 한다.

②법원은 다음 각호에 해당하는 때를 제외하고 개인인 채무자나 개인이 아닌 채무자의 대표자를 관리인으로 선임하여야 한다.

1. 채무자의 재정적 파탄의 원인이 다음 각목의 어느 하나에 해당하는 자가 행한 재산의 유용 또는 은닉이나 그에게 중대한 책임이 있는 부실경영에 기인하는 때

가. 개인인 채무자

나. 개인이 아닌 채무자의 이사

다. 채무자의 지배인

2. 채권자협의회의 요청이 있는 경우로서 상당한 이유가 있는 때

3. 그 밖에 채무자의 회생에 필요한 때

③제1항의 규정에 불구하고 채무자가 개인, 중소기업, 그 밖에 대법원규칙이 정하는 자인 경우에는 관리인을 선임하지 아니할 수 있다. 다만, 회생절차의 진행 중에 제2항 각호의 사유가 있다고 인정되는 경우에는 관리인을 선임할 수 있다.

④관리인이 선임되지 아니한 경우에는 채무자(개인이 아닌 경우에는 그 대표자를 말한다)는 이 편의 규정에 의한 관리인으로 본다.

⑤관리인을 선임하는 경우 법원은 급박한 사정이 있는 때를 제외하고는 채무자나 채무자의 대표자를 심문하여야 한다.

⑥법인은 관리인이 될 수 있다. 이 경우 그 법인은 이사 중에서 관리인

의 직무를 행할 자를 지명하고 법원에 신고하여야 한다.

⑦ 채권자협의회는 제2항 각 호에 해당하는 경우 법원에 관리인 후보자를 추천할 수 있다. <신설 2016. 5. 29.>

제75조(여럿인 관리인의 직무집행) ①관리인이 여럿인 때에는 공동으로 그 직무를 행한다. 이 경우 법원의 허가를 받아 직무를 분장할 수 있다.

②관리인이 여럿인 때에는 제3자의 의사표시는 그 1인에 대하여 하면 된다.

제76조(관리인대리) ①관리인은 필요한 때에는 그 직무를 행하게 하기 위하여 자기의 책임으로 1인 또는 여럿의 관리인대리를 선임할 수 있다.

②제1항의 규정에 의한 관리인대리의 선임은 법원의 허가를 받아야 한다.

③법원은 제2항의 규정에 의한 허가를 한 때에는 이를 공고하여야 한다. 관리인대리의 선임에 관한 허가를 변경하거나 취소한 때에도 또한 같다.

④채무자가 법인인 경우 제2항의 규정에 의한 허가가 있는 때에는 법원사무관등은 직권으로 지체 없이 촉탁서에 결정서의 등본을 첨부하여 관리인대리의 선임에 관한 등기를 촉탁하여야 한다. 관리인대리의 선임에 관한 허가가 변경 또는 취소된 때에도 또한 같다.

⑤관리인대리는 관리인에 갈음하여 재판상 또는 재판 외의 모든 행위를 할 수 있다.

제77조(고문) 관리인은 필요한 때에는 법원의 허가를 받아 법률 또는 경영에 관한 전문가를 고문으로 선임할 수 있다.

제78조(당사자적격) 채무자의 재산에 관한 소송에서는 관리인이 당사자가 된다.

제79조(관리인의 검사 등) ①관리인은 다음 각호의 어느 하나에 해당하는 자에 대하여 채무자의 업무와 재산의 상태에 관하여 보고를 요구할 수 있으며, 채무자의 장부·서류·금전 그 밖의 물건을 검사할 수 있다.

1. 개인인 채무자나 그 법정대리인

2. 개인이 아닌 채무자의 이사·감사·청산인 및 이에 준하는 자

3. 채무자의 지배인 또는 피용자

②관리인은 필요한 경우 법원의 허가를 받아 감정인을 선임하여 감정을 하게 할 수 있다.

③관리인이 제1항의 규정에 의한 검사를 하는 때에는 법원의 허가를 받아 집행관의 원조를 요구할 수 있다.

제80조(우편물의 관리 및 그 해제) ①법원은 체신관서·운송인 그 밖의 자에 대하여 채무자에게 보내오는 우편물·전보 그 밖의 운송물을 관리인에게 배달할 것을 촉탁할 수 있다.

②관리인은 그가 받은 제1항의 규정에 의한 우편물·전보 그 밖의 운송물을 열어볼 수 있다.

③채무자는 제2항의 규정에 의한 우편물·전보 그 밖의 운송물의 열람을 요구할 수 있으며, 채무자의 재산과 관련이 없는 것의 교부를 요구할 수 있다.

④법원은 채무자의 청구에 의하거나 직권으로 관리인의 의견을 들어 제1항의 규정에 의한 촉탁을 취소 또는 변경할 수 있다.

⑤회생절차가 종료한 때에는 법원은 제1항의 규정에 의한 촉탁을 취소하여야 한다.

제81조(관리인에 대한 감독) ①관리인은 법원의 감독을 받는다.

②법원은 관리인에게 그 선임을 증명하는 서면을 교부하여야 한다.

③관리인은 그 직무를 수행하는 경우 이해관계인의 요구가 있는 때에는 제2항의 규정에 의한 서면을 제시하여야 한다.

제82조(관리인의 의무 등) ①관리인은 선량한 관리자의 주의로써 직무를 수행하여야 한다.

②관리인은 제1항의 규정에 의한 주의를 게을리한 때에는 이해관계인에게 손해를 배상할 책임이 있다. 이 경우 주의를 게을리한 관리인이 여럿 있는 때에는 연대하여 손해를 배상할 책임이 있다.

제83조(관리인의 사임 및 해임) ①관리인은 정당한 사유가 있는 때에는 법원의 허가를 얻어 사임할 수 있다.

②법원은 다음 각호의 어느 하나에 해당하는 사유가 있는 때에는 이해관계인의 신청에 의하거나 직권으로 관리인을 해임할 수 있다. 이 경우 법원은 그 관리인을 심문하여야 한다.

1. 관리인으로 선임된 후 그 관리인에게 제74조제2항제1호의 사유가 발견된 때
2. 관리인이 제82조제1항의 규정에 의한 의무를 위반한 때
3. 관리인이 경영능력이 부족한 때
4. 그 밖에 상당한 이유가 있는 때

③제2항의 규정에 의한 관리인의 해임결정에 대하여는 즉시항고를 할 수 있다.

④제3항의 즉시항고는 집행정지의 효력이 없다.

⑤법원은 제2항의 규정에 의하여 관리인을 해임한 후 새로운 관리인을 선임하는 때에는 제74조제2항의 규정을 적용하지 아니한다.

제84조(임무종료의 경우의 보고의무 등) ①관리인의 임무가 종료된 때에는 관리인 또는 그 승계인은 지체 없이 법원에 계산에 관한 보고를 하여야 한다.

②관리인의 임무가 종료된 경우 급박한 사정이 있는 때에는 관리인 또는 그 승계인은 후임의 관리인 또는 채무자가 재산을 관리할 수 있게 될 때까지 필요한 처분을 하여야 한다.

제2절 보전관리인

제85조(보전관리인의 권한) 제43조제3항의 규정에 의한 보전관리명령이 있는 때에는 회생절차개시결정 전까지 채무자의 업무수행, 재산의 관리 및 처분을 하는 권한은 보전관리인에게 전속한다.

제86조(관리인에 관한 규정 등의 준용) ①제61조, 제74조, 제75조, 제78조 내지 제84조 및 제89조의 규정은 보전관리인에 관하여 준용한다.

②제59조제1항 및 제2항의 규정은 보전관리명령이 있는 경우에, 제59조제3항 내지 제5항의 규정은 보전관리명령이 효력을 상실한 경우에 관하여 각각 준용한다.

③제59조제1항 내지 제5항의 규정은 채무자의 재산에 관한 사건으로서 보전관리명령 당시 행정청에 계속되어 있는 것에 관하여 준용한다.

이 경우 제59조제3항 및 제4항 중 "회생절차가 종료한 때"는 "보전관리명령이 효력을 상실한 때"로 본다.

제3절 조사위원

제87조(조사위원) ①법원은 필요하다고 인정하는 때에는 채권자협의회 및 관리위원회의 의견을 들어 1인 또는 여럿의 조사위원을 선임할 수 있다. <개정 2016. 5. 29.>

②조사위원은 조사에 필요한 학식과 경험이 있는 자로서 그 회생절차에 이해관계가 없는 자 중에서 선임하여야 한다.

③법원은 조사위원을 선임한 때에는 기간을 정하여 조사위원에게 제90조 내지 제92조에 규정된 사항을 조사하게 하고, 회생절차를 진행함이 적정한지의 여부에 관한 의견을 제출하게 할 수 있다.

④법원은 필요하다고 인정하는 때에는 조사위원에게 제3항의 규정에 의한 사항 외의 사항을 조사하여 보고하게 할 수 있다.

⑤법원은 상당한 이유가 있는 때에는 이해관계인의 신청에 의하여 또는 직권으로 조사위원을 해임할 수 있다. 이 경우 법원은 그 조사위원을 심문하여야 한다.

⑥ 법원은 회생절차개시 후 채무자에 자금을 대여하려는 자가 채무자의 업무 및 자산·부채, 그 밖의 재산상태에 관한 자료를 요청하는 경우 그 자금 차입이 채무자의 사업을 계속하는 데에 필요하고 자료 요청에 상당한 이유가 있다고 인정하는 때에는 조사위원에게 그 요청과 관련한 사항을 조사하여 보고하게 한 후 조사결과의 전부 또는 일부를 자금차입에 필요한 범위에서 자료요청자에게 제공할 수 있다. <신설 2016. 5. 29.>

제88조(관리인에 관한 규정의 준용) 제79조 및 제81조 내지 제83조제1항의 규정은 조사위원에 관하여 준용한다.

제3장 채무자재산의 조사 및 확보

제1절 채무자의 재산상황의 조사

제89조(채무자의 업무와 재산의 관리) 관리인은 취임 후 즉시 채무자의 업무와 재산의 관리에 착수하여야 한다.

제90조(재산가액의 평가) 관리인은 취임 후 지체 없이 채무자에게 속하는 모든 재산의 회생절차개시 당시의 가액을 평가하여야 한다. 이 경우 지체될 우려가 있는 때를 제외하고는 채무자가 참여하도록 하여야 한다.

제91조(재산목록과 대차대조표의 작성) 관리인은 취임 후 지체 없이 회생절차개시 당시 채무자의 재산목록 및 대차대조표를 작성하여 법원에 제출하여야 한다.

제92조(관리인의 조사보고) ①관리인은 지체 없이 다음 각호의 사항을 조사하여 법원이 정한 기한까지 법원과 관리위원회에 보고하여야 한다. 다만, 제223조제4항에 따라 다음 각 호의 사항을 기재한 서면이 제출된 경우에는 그러하지 아니하다. <개정 2014. 12. 30., 2016. 5. 29.>

1. 채무자가 회생절차의 개시에 이르게 된 사정
2. 채무자의 업무 및 재산에 관한 사항
3. 제114조제1항의 규정에 의한 보전처분 또는 제115조제1항의 규정에 의한 조사확정재판을 필요로 하는 사정의 유무
4. 그 밖에 채무자의 회생에 관하여 필요한 사항

② 제1항에 따라 법원이 정하는 기한은 회생절차개시결정일부터 4개월을 넘지 못한다. 다만, 법원은 특별한 사정이 있는 경우에는 그 기한을 늦출 수 있다. <신설 2014. 12. 30.>

제93조(그 밖의 보고 등) 관리인은 제90조 내지 제92조의 규정에 의한 것 외에 법원이 정하는 바에 따라 채무자의 업무와 재산의 관리상태 그 밖에 법원이 명하는 사항을 법원에 보고하고, 회생계획인가의 시일 및 법원이 정하는 시기의 채무자의 재산목록 및 대차대조표를 작성하여 그 등본을 법원에 제출하여야 한다.

제94조(영업용 고정재산의 평가) ①관리인이 채무자의 재산목록 및 대차대조표를 작성하는 때에는 일반적으로 공정·타당하다고 인정되는 회계관행에 따라야 한다.

② 삭제 <2010. 5. 14.>

제95조(서류의 비치) 제87조·제91조 내지 제93조의 규정에 의하여 법원에 제출된 서류는 이해관계인이 열람할 수 있도록 법원에 비치하여야 한다.

제96조(영업의 휴지) 채무자의 영업을 계속하는 것이 부적당하다고 인정할 만한 특별한 사정이 있는 경우에는 관리인은 법원의 허가를 얻어 그 영업을 휴지시킬 수 있다.

제97조(재산의 보관방법 등) 법원은 금전 그 밖의 재산의 보관방법과 금전의 수입과 지출에 관하여 필요한 사항을 정할 수 있다.

제98조(관리인 보고를 위한 관계인집회) ① 법원은 필요하다고 인정하는 경우 관리인으로 하여금 제92조제1항 각 호에 규정된 사항에 관하여 보고하게 하기 위한 관계인집회를 소집할 수 있다. 이 경우 관리인은 제92조제1항 각 호에 규정된 사항의 요지를 관계인집회에 보고하여야 한다.

② 법원은 제1항의 관계인집회를 소집하게 할 필요성이 인정되지 아니하는 경우에는 관리인에 대하여 다음 각 호 중 하나 이상의 조치를 취할 것을 명하여야 한다. 이 경우 관리인은 해당 조치를 취한 후 지체 없이 그 결과를 법원에 보고하여야 한다.

1. 회생계획 심리를 위한 관계인집회의 개최 또는 제240조제1항에 따른 서면결의에 부치는 결정 전에 법원이 인정하는 방법으로 제92조제1항 각 호에 규정된 사항의 요지를 제182조제1항 각 호의 자에게 통지할 것
2. 제98조의2제2항에 따른 관계인설명회의 개최
3. 그 밖에 법원이 필요하다고 인정하는 적절한 조치

③ 관리인은 제2항 각 호에 따른 조치를 취하는 경우에는 제182조제1항 각 호의 자에게 제92조제1항 각 호에 규정된 사항에 관한 의견을 법원에 서면으로 제출할 수 있다는 뜻을 통지하여야 한다.

[전문개정 2014. 12. 30.]

제98조의2(관계인설명회) ① 채무자(보전관리인이 선임되어 있는 경우에는 보전관리인을 포함한다. 이하 이 조에서 같다)는 회생절차의 개시 전에 회생채권자·회생담보권자·주주에게 다음 각 호의 사항에 관하여 설명하기 위하여 관계인설명회를 개최할 수 있다.

1. 채무자의 업무 및 재산에 관한 현황

2. 회생절차의 진행 현황

3. 그 밖에 채무자의 회생에 필요한 사항

② 관리인은 회생절차의 개시 후에 제182조제1항 각 호의 자에게 제92조제1항 각 호에 규정된 사항에 관하여 설명하기 위하여 관계인설명회를 개최할 수 있다.

③ 채무자 또는 관리인은 제1항 또는 제2항의 관계인설명회를 개최한 경우에는 그 결과의 요지를 지체 없이 법원에 보고하여야 한다.

[본조신설 2014. 12. 30.]

제99조(법원의 의견청취) 법원은 제98조제1항에 따른 관리인 보고를 위한 관계인집회에서 다음 각호의 자로부터 관리인 및 조사위원ㆍ간이조사위원의 선임, 채무자의 업무 및 재산의 관리, 회생절차를 계속 진행함이 적정한지의 여부 등에 관한 의견을 들어야 한다. <개정 2014. 12. 30.>

1. 관리인ㆍ조사위원ㆍ간이조사위원

2. 채무자

3. 제147조제1항의 규정에 의한 목록에 기재되어 있거나 신고한 회생채권자ㆍ회생담보권자ㆍ주주ㆍ지분권자

제2절 부인권

제100조(부인할 수 있는 행위) ①관리인은 회생절차개시 이후 채무자의 재산을 위하여 다음 각호의 행위를 부인할 수 있다.

1. 채무자가 회생채권자 또는 회생담보권자를 해하는 것을 알고 한 행위. 다만, 이로 인하여 이익을 받은 자가 그 행위 당시 회생채권자 또는 회생담보권자를 해하는 사실을 알지 못한 경우에는 그러하지 아니하다.

2. 채무자가 지급의 정지, 회생절차개시의 신청 또는 파산의 신청(이하 이 조 내지 제103조에서 "지급의 정지등"이라 한다)이 있은 후에 한 회생채권자 또는 회생담보권자를 해하는 행위와 담보의 제공 또는 채무의 소멸에 관한 행위. 다만, 이로 인하여 이익을 받은 자가 그 행위

당시 지급의 정지등이 있는 것 또는 회생채권자나 회생담보권자를 해하는 사실을 알고 있은 때에 한한다.

3. 채무자가 지급의 정지등이 있은 후 또는 그 전 60일 이내에 한 담보의 제공 또는 채무의 소멸에 관한 행위로서 채무자의 의무에 속하지 아니하거나 그 방법이나 시기가 채무자의 의무에 속하지 아니한 것. 다만, 채권자가 그 행위 당시 채무자가 다른 회생채권자 또는 회생담보권자와의 평등을 해하게 되는 것을 알지 못한 경우(그 행위가 지급의 정지등이 있은 후에 행한 것인 때에는 지급의 정지등이 있은 것도 알지 못한 경우에 한한다)에는 그러하지 아니하다.

4. 채무자가 지급의 정지등이 있은 후 또는 그 전 6월 이내에 한 무상행위 및 이와 동일시할 수 있는 유상행위

②제1항의 규정은 채무자가 제140조제1항 및 제2항의 청구권에 관하여 그 징수의 권한을 가진 자에 대하여 한 담보의 제공 또는 채무의 소멸에 관한 행위에 관하여는 적용하지 아니한다.

제101조(특수관계인을 상대방으로 한 행위에 대한 특칙) ①제100조제1항제2호 단서를 적용하는 경우 이익을 받은 자가 채무자와 대통령령이 정하는 범위의 특수관계에 있는 자(이하 이 조에서 "특수관계인"이라 한다)인 때에는 그 특수관계인이 그 행위 당시 지급의 정지등이 있은 것과 회생채권자 또는 회생담보권자를 해하는 사실을 알고 있었던 것으로 추정한다.

②제100조제1항제3호의 규정을 적용하는 경우 특수관계인을 상대방으로 하는 행위인 때에는 같은 호 본문에 규정된 "60일"을 "1년"으로 하고, 같은 호 단서를 적용하는 경우에는 그 특수관계인이 그 행위 당시 채무자가 다른 회생채권자 또는 회생담보권자와의 평등을 해하게 되는 것을 알았던 것으로 추정한다.

③제100조제1항제4호의 규정을 적용하는 경우 특수관계인을 상대방으로 하는 행위인 때에는 같은 호에 규정된 "6월"을 "1년"으로 한다.

제102조(어음채무지급의 예외) ①제100조제1항의 규정은 채무자로부터 어음의 지급을 받은 자가 그 지급을 받지 아니하면 채무자의 1인 또는 여럿에 대한 어음상의 권리를 상실하게 된 경우에는 적용하지 아니한다.

②제1항의 경우 최종의 상환의무자 또는 어음의 발행을 위탁한 자가 그 발행 당시 지급의 정지등이 있는 것을 알았거나 과실로 인하여 알지 못한 때에는 관리인은 그로 하여금 채무자가 지급한 금액을 상환하게 할 수 있다.

제103조(권리변동의 성립요건 또는 대항요건의 부인) ①지급의 정지등이 있은 후 권리의 설정·이전 또는 변경을 제3자에게 대항하기 위하여 필요한 행위를 한 경우 그 행위가 권리의 설정·이전 또는 변경이 있은 날부터 15일을 경과한 후에 지급의 정지등이 있음을 알고 한 것인 때에는 이를 부인할 수 있다. 다만, 가등기 또는 가등록을 한 후 이에 의하여 본등기 또는 본등록을 한 때에는 그러하지 아니하다.

②제1항의 규정은 권리취득의 효력을 발생하는 등기 또는 등록에 관하여 준용한다.

제104조(집행행위의 부인) 부인권은 부인하고자 하는 행위에 관하여 집행력있는 집행권원이 있는 때 또는 그 행위가 집행행위에 의한 것인 때에도 행사할 수 있다.

제105조(부인권의 행사방법) ①부인권은 소, 부인의 청구 또는 항변의 방법으로 관리인이 행사한다.

②법원은 회생채권자·회생담보권자·주주·지분권자의 신청에 의하거나 직권으로 관리인에게 부인권의 행사를 명할 수 있다.

③제1항의 규정에 의한 소와 부인의 청구사건은 회생계속법원의 관할에 전속한다. <개정 2016. 12. 27.>

제106조(부인의 청구) ①관리인은 부인의 청구를 하는 때에는 그 원인인 사실을 소명하여야 한다.

②부인의 청구를 인용하거나 그것을 기각하는 재판은 이유를 붙인 결정으로 하여야 한다.

③법원은 제2항의 결정을 하는 때에는 상대방을 심문하여야 한다.

④법원은 부인의 청구를 인용하는 결정을 한 때에는 그 결정서를 당사자에게 송달하여야 한다.

제107조(부인의 청구를 인용하는 결정에 대한 이의의 소) ①부인의 청구를 인용하는 결정에 불복이 있는 자는 그 송달을 받은 날부터 1월 이내에 이의의 소를 제기할 수 있다.

②제1항의 규정에 의한 기간은 불변기간으로 한다.

③제1항의 규정에 의한 소는 회생계속법원의 관할에 전속한다. <개정 2016. 12. 27.>

④제1항의 규정에 의한 소에 대한 판결에서는 부인의 청구를 인용하는

결정을 인가·변경 또는 취소한다. 다만, 부적법한 것으로 각하하는 때에는 그러하지 아니하다.

⑤부인의 청구를 인용하는 결정의 전부 또는 일부를 인가하는 판결이 확정된 때에는 그 결정(그 판결에서 인가된 부분에 한한다)은 확정판결과 동일한 효력이 있다. 제1항의 소가 같은 항에서 규정한 기간 이내에 제기되지 아니한 때, 취하된 때 또는 각하된 경우의 부인의 청구를 인용하는 결정에 관하여도 또한 같다.

제108조(부인권행사의 효과 등) ①부인권의 행사는 채무자의 재산을 원상으로 회복시킨다.

②제100조제1항제4호의 규정에 의한 행위가 부인된 경우 상대방이 그 행위 당시 지급정지 등을 알지 못한 때에는 이익이 현존하는 한도 안에서 상환하면 된다.

③채무자의 행위가 부인된 경우 상대방은 다음 각호의 구분에 따라 권리를 행사할 수 있다.

1. 채무자가 받은 반대급부가 채무자의 재산 중에 현존하는 때에는 그 반대급부의 반환을 청구하는 권리
2. 채무자가 받은 반대급부에 의하여 생긴 이익의 전부가 채무자의 재산 중에 현존하는 때에는 공익채권자로서 현존이익의 반환을 청구하는 권리
3. 채무자가 받은 반대급부에 의하여 생긴 이익이 채무자의 재산 중에 현존하지 아니하는 때에는 회생채권자로서 반대급부의 가액상환을 청구하는 권리
4. 채무자가 받은 반대급부에 의하여 생긴 이익의 일부가 채무자의 재산 중에 현존하는 때에는 공익채권자로서 그 현존이익의 반환을 청구하는 권리와 회생채권자로서 반대급부와 현존이익과의 차액의 상환을 청구하는 권리

제109조(상대방의 채권의 회복) ①채무자의 행위가 부인된 경우 상대방이 그가 받은 급부를 반환하거나 그 가액을 상환한 때에는 상대방의 채권은 원상으로 회복된다.

②채무자의 행위가 회생계획안 심리를 위한 관계인집회가 끝난 후 또는 제240조의 규정에 의한 서면결의에 부치는 결정이 있은 후에 부인된 때에는 제152조제3항의 규정에 불구하고 상대방은 부인된 날부터 1월 이내에 신고를 추후 보완할 수 있다.

제110조(전득자에 대한 부인권) ①다음 각호의 어느 하나에 해당하는 경우에는 부인권은 전득자(轉得者)에 대하여도 행사할 수 있다.

1. 전득자가 전득 당시 각각 그 전자(前者)에 대하여 부인의 원인이 있음을 안 때
2. 전득자가 제101조의 규정에 의한 특수관계인인 때. 다만, 전득 당시 각각 그 전자(前者)에 대하여 부인의 원인이 있음을 알지 못한 때에는 그러하지 아니하다.
3. 전득자가 무상행위 또는 그와 동일시할 수 있는 유상행위로 인하여 전득한 경우 각각 그 전자(前者)에 대하여 부인의 원인이 있는 때

②제108조제2항의 규정은 제1항제3호의 규정에 의하여 부인권이 행사된 경우에 관하여 준용한다.

제111조(지급정지를 안 것을 이유로 하는 부인의 제한) 회생절차개시의 신청이 있은 날부터 1년 전에 한 행위는 지급정지의 사실을 안 것을 이유로 하여 부인하지 못한다.

제112조(부인권행사의 기간) 부인권은 회생절차개시일부터 2년이 경과한 때에는 행사할 수 없다. 제100조제1항 각호의 행위를 한 날부터 10년이 경과한 때에도 또한 같다.

제113조(채권자취소소송 등의 중단) ①「민법」 제406조제1항이나 「신탁법」 제8조에 따라 회생채권자가 제기한 소송 또는 파산절차에 의한 부인의 소송이 회생절차개시 당시 계속되어 있는 때에는 소송절차는 중단된다. <개정 2013. 5. 28.>

②제59조제2항 내지 제5항의 규정은 제1항의 경우에 관하여 준용한다. 이 경우 제59조제3항 및 제4항 중 "채무자"는 이를 "회생채권자 또는 파산관재인"으로 본다. <개정 2013. 5. 28.>

[제목개정 2013. 5. 28.]

제113조의2(신탁행위의 부인에 관한 특칙) ① 채무자가 「신탁법」에 따라 위탁자로서 한 신탁행위를 부인할 때에는 수탁자, 수익자 또는 그 전득자를 상대방으로 한다.

② 신탁행위가 제100조제1항제1호, 제2호 또는 제3호의 행위에 해당하여 수탁자를 상대방으로 하여 신탁행위를 부인할 때에는 같은 조 제1항제1호 단서, 제2호 단서 또는 제3호 단서를 적용하지 아니한다.

③ 신탁행위가 제100조제1항제1호 또는 제2호의 행위에 해당하여 수

익자를 상대방으로 하여 신탁행위를 부인하는 경우 같은 조 제1항제1호 단서 또는 제2호 단서를 적용할 때에는 "이로 인하여 이익을 받은 자"를 부인의 상대방인 수익자로 본다.

④ 관리인은 수익자(수익권의 전득자가 있는 경우에는 그 전득자를 말한다) 전부에 대하여 부인의 원인이 있을 때에만 수탁자에게 신탁재산의 원상회복을 청구할 수 있다. 이 경우 부인의 원인이 있음을 알지 못한 수탁자에게는 현존하는 신탁재산의 범위에서 원상회복을 청구할 수 있다.

⑤ 관리인은 수익권 취득 당시 부인의 원인이 있음을 알고 있는 수익자(전득자가 있는 경우 전득자를 포함한다)에게 그가 취득한 수익권을 채무자의 재산으로 반환할 것을 청구할 수 있다.

⑥ 채무자가 위탁자로서 한 신탁행위가 부인되어 신탁재산이 원상회복된 경우 그 신탁과 관련하여 수탁자와 거래한 선의의 제3자는 그로 인하여 생긴 채권을 원상회복된 신탁재산의 한도에서 공익채권자로서 행사할 수 있다.

[본조신설 2013. 5. 28.]

제3절 법인의 이사등의 책임

제114조(법인의 이사등의 재산에 대한 보전처분) ①법원은 법인인 채무자에 대하여 회생절차개시결정이 있는 경우 필요하다고 인정하는 때에는 관리인의 신청에 의하거나 직권으로 채무자의 발기인·이사(「상법」 제401조의2제1항의 규정에 의하여 이사로 보는 자를 포함한다)·감사·검사인 또는 청산인(이하 이 조 내지 제116조에서 "이사등"이라 한다)에 대한 출자이행청구권 또는 이사등의 책임에 기한 손해배상청구권을 보전하기 위하여 이사등의 재산에 대한 보전처분을 할 수 있다.

②관리인은 제1항의 규정에 의한 청구권이 있음을 알게 된 때에는 법원에 제1항의 규정에 의한 보전처분을 신청하여야 한다.

③법원은 긴급한 필요가 있다고 인정하는 때에는 회생절차개시결정 전이라도 채무자(보전관리인이 선임되어 있는 때에는 보전관리인을 말한다)의 신청에 의하거나 직권으로 제1항의 규정에 의한 보전처분을 할 수 있다.

④법원은 관리위원회의 의견을 들어 제1항 또는 제3항의 규정에 의한 보전처분을 변경 또는 취소할 수 있다.

⑤제1항 또는 제3항의 규정에 의한 보전처분이나 제4항의 규정에 의한 결정에 대하여는 즉시항고를 할 수 있다.

⑥제5항의 즉시항고는 집행정지의 효력이 없다.

⑦제1항 또는 제3항의 규정에 의한 보전처분이나 제4항의 규정에 의한 결정과 이에 대한 즉시항고에 대한 재판이 있는 때에는 그 결정서를 당사자에게 송달하여야 한다.

제115조(손해배상청구권 등의 조사확정재판) ①법원은 법인인 채무자에 대하여 회생절차개시결정이 있는 경우 필요하다고 인정하는 때에는 관리인의 신청에 의하거나 직권으로 이사등에 대한 출자이행청구권이나 이사등의 책임에 기한 손해배상청구권의 존부와 그 내용을 조사확정하는 재판을 할 수 있다.

②관리인은 제1항의 규정에 의한 청구권이 있음을 알게 된 때에는 법원에 제1항의 규정에 의한 재판을 신청하여야 한다.

③관리인은 제1항의 규정에 의한 신청을 하는 때에는 그 원인되는 사실을 소명하여야 한다.

④법원은 직권으로 조사확정절차를 개시하는 때에는 그 취지의 결정을 하여야 한다.

⑤제1항의 규정에 의한 신청이 있거나 제4항의 규정에 의한 조사확정절차개시결정이 있은 때에는 시효의 중단에 관하여는 재판상의 청구가 있은 것으로 본다.

⑥제1항의 규정에 의한 조사확정의 재판과 조사확정의 신청을 기각하는 재판은 이유를 붙인 결정으로 하여야 한다.

⑦법원은 제6항의 규정에 의한 결정을 하는 때에는 미리 이해관계인을 심문하여야 한다.

⑧조사확정절차(조사확정결정이 있은 후의 것을 제외한다)는 회생절차가 종료한 때에는 종료한다.

⑨조사확정결정이 있은 때에는 그 결정서를 당사자에게 송달하여야 한다.

제116조(이의의 소) ①제115조제1항의 규정에 의한 조사확정의 재판에 불복이 있는 자는 결정을 송달받은 날부터 1월 이내에 이의의 소를 제

기할 수 있다.

②제1항의 규정에 의한 기간은 불변기간으로 한다.

③제1항의 소는 이를 제기하는 자가 이사등인 때에는 관리인을, 관리인인 때에는 이사등을 각각 피고로 하여야 한다.

④제1항의 소는 회생계속법원의 관할에 전속하며, 변론은 결정을 송달받은 날부터 1월을 경과한 후가 아니면 개시할 수 없다. <개정 2016. 12. 27.>

⑤여러 개의 소가 동시에 계속되어 있는 때에는 법원은 변론을 병합하여야 한다.

⑥제1항의 규정에 의한 소에 대한 판결에서는 같은 항의 결정을 인가·변경 또는 취소한다. 다만, 부적법한 것으로 각하하는 때에는 그러하지 아니하다.

⑦조사확정의 결정을 인가하거나 변경한 판결은 강제집행에 관하여는 이행을 명한 확정판결과 동일한 효력이 있다.

第117조(조사확정재판의 효력) 제116조제1항의 규정에 의한 소가 같은 항의 기간 안에 제기되지 아니하거나 취하된 때 또는 각하된 때에는 조사확정의 재판은 이행을 명한 확정판결과 동일한 효력이 있다.

제4장 회생채권자·회생담보권자·주주·지분권자

제1절 회생채권자·회생담보권자·주주·지분권자의 권리

第118조(회생채권) 다음 각호의 청구권은 회생채권으로 한다.

1. 채무자에 대하여 회생절차개시 전의 원인으로 생긴 재산상의 청구권
2. 회생절차개시 후의 이자
3. 회생절차개시 후의 불이행으로 인한 손해배상금 및 위약금
4. 회생절차참가의 비용

第119조(쌍방미이행 쌍무계약에 관한 선택) ①쌍무계약에 관하여 채무자와 그 상대방이 모두 회생절차개시 당시에 아직 그 이행을 완료하지

아니한 때에는 관리인은 계약을 해제 또는 해지하거나 채무자의 채무를 이행하고 상대방의 채무이행을 청구 할 수 있다. 다만, 관리인은 회생계획안 심리를 위한 관계인집회가 끝난 후 또는 제240조의 규정에 의한 서면결의에 부치는 결정이 있은 후에는 계약을 해제 또는 해지할 수 없다.

②제1항의 경우 상대방은 관리인에 대하여 계약의 해제나 해지 또는 그 이행의 여부를 확답할 것을 최고할 수 있다. 이 경우 관리인이 그 최고를 받은 후 30일 이내에 확답을 하지 아니하는 때에는 관리인은 제1항의 규정에 의한 해제권 또는 해지권을 포기한 것으로 본다.

③법원은 관리인 또는 상대방의 신청에 의하거나 직권으로 제2항의 규정에 의한 기간을 늘이거나 줄일 수 있다.

④제1항 내지 제3항의 규정은 단체협약에 관하여는 적용하지 아니한다.

⑤ 제1항에 따라 관리인이 국가를 상대방으로 하는 「방위사업법」 제3조에 따른 방위력개선사업 관련 계약을 해제 또는 해지하고자 하는 경우 방위사업청장과 협의하여야 한다. <신설 2014. 5. 20.>

제120조(지급결제제도 등에 대한 특칙) ①지급결제의 완결성을 위하여 한국은행총재가 금융위원회와 협의하여 지정한 지급결제제도(이 항에서 "지급결제제도"라고 한다)의 참가자에 대하여 회생절차가 개시된 경우, 그 참가자에 관련된 이체지시 또는 지급 및 이와 관련된 이행, 정산, 차감, 증거금 등 담보의 제공·처분·충당 그 밖의 결제에 관하여는 이 법의 규정에 불구하고 그 지급결제제도를 운영하는 자가 정한 바에 따라 효력이 발생하며 해제, 해지, 취소 및 부인의 대상이 되지 아니한다. 지급결제제도의 지정에 관하여 필요한 구체적인 사항은 대통령령으로 정한다. <개정 2008. 2. 29.>

②「자본시장과 금융투자업에 관한 법률」, 그 밖의 법령에 따라 증권·파생금융거래의 청산결제업무를 수행하는 자 그 밖에 대통령령에서 정하는 자가 운영하는 청산결제제도의 참가자에 대하여 회생절차가 개시된 경우 그 참가자와 관련된 채무의 인수, 정산, 차감, 증거금 그 밖의 담보의 제공·처분·충당 그 밖의 청산결제에 관하여는 이 법의 규정에 불구하고 그 청산결제제도를 운영하는 자가 정한 바에 따라 효력이 발생하며 해제, 해지, 취소 및 부인의 대상이 되지 아니한다. <개정 2007. 8. 3.>

③일정한 금융거래에 관한 기본적 사항을 정한 하나의 계약(이 항에서

"기본계약"이라 한다)에 근거하여 다음 각호의 거래(이 항에서 "적격금융거래"라고 한다)를 행하는 당사자 일방에 대하여 회생절차가 개시된 경우 적격금융거래의 종료 및 정산에 관하여는 이 법의 규정에 불구하고 기본계약에서 당사자가 정한 바에 따라 효력이 발생하고 해제, 해지, 취소 및 부인의 대상이 되지 아니하며, 제4호의 거래는 중지명령 및 포괄적 금지명령의 대상이 되지 아니한다. 다만, 채무자가 상대방과 공모하여 회생채권자 또는 회생담보권자를 해할 목적으로 적격금융거래를 행한 경우에는 그러하지 아니하다.

1. 통화, 유가증권, 출자지분, 일반상품, 신용위험, 에너지, 날씨, 운임, 주파수, 환경 등의 가격 또는 이자율이나 이를 기초로 하는 지수 및 그 밖의 지표를 대상으로 하는 선도, 옵션, 스왑 등 파생금융거래로서 대통령령이 정하는 거래
2. 현물환거래, 유가증권의 환매거래, 유가증권의 대차거래 및 담보콜거래
3. 제1호 내지 제2호의 거래가 혼합된 거래
4. 제1호 내지 제3호의 거래에 수반되는 담보의 제공·처분·충당

제121조(쌍방미이행 쌍무계약의 해제 또는 해지) ①제119조의 규정에 의하여 계약이 해제 또는 해지된 때에는 상대방은 손해배상에 관하여 회생채권자로서 그 권리를 행사할 수 있다.

②제1항의 규정에 의한 해제 또는 해지의 경우 채무자가 받은 반대급부가 채무자의 재산 중에 현존하는 때에는 상대방은 그 반환을 청구할 수 있으며, 현존하지 아니하는 때에는 상대방은 그 가액의 상환에 관하여 공익채권자로서 그 권리를 행사할 수 있다.

제122조(계속적 급부를 목적으로 하는 쌍무계약) ①채무자에 대하여 계속적 공급의무를 부담하는 쌍무계약의 상대방은 회생절차개시신청 전의 공급으로 발생한 회생채권 또는 회생담보권을 변제하지 아니함을 이유로 회생절차개시신청 후 그 의무의 이행을 거부할 수 없다.

②제1항의 규정은 단체협약에 관하여는 적용하지 아니한다.

제123조(개시 후의 환어음의 인수 등) ①환어음의 발행인 또는 배서인인 채무자에 관하여 회생절차가 개시된 경우 지급인 또는 예비지급인이 그 사실을 알지 못하고 인수 또는 지급을 한 때에는 그 지급인 또는 예비지급인은 이로 인하여 생긴 채권에 관하여 회생채권자로서 그 권리를 행사할 수 있다.

②제1항의 규정은 수표와 금전 그 밖의 물건 또는 유가증권의 지급을 목적으로 하는 유가증권에 관하여 준용한다.

③제68조의 규정은 제1항 및 제2항의 적용에 관하여 준용한다.

제124조(임대차계약 등) ①임대인인 채무자에 대하여 회생절차가 개시된 때에는 차임의 선급 또는 차임채권의 처분은 회생절차가 개시된 때의 당기(當期)와 차기(次期)에 관한 것을 제외하고는 회생절차의 관계에서는 그 효력을 주장할 수 없다.

②제1항의 규정에 의하여 회생절차의 관계에서 그 효력을 주장하지 못함으로 인하여 손해를 받은 자는 회생채권자로서 손해배상청구권을 행사할 수 있다.

③제1항 및 제2항의 규정은 지상권에 관하여 준용한다.

④임대인인 채무자에 관하여 회생절차가 개시된 경우 임차인이 다음 각호의 어느 하나에 해당하는 때에는 제119조의 규정을 적용하지 아니한다.

1. 「주택임대차보호법」 제3조(대항력 등)제1항의 대항요건을 갖춘 때
2. 「상가건물 임대차보호법」 제3조(대항력 등)의 대항요건을 갖춘 때

제125조(상호계산) ①상호계산은 당사자의 일방에 관하여 회생절차가 개시된 때에는 종료한다. 이 경우 각 당사자는 계산을 폐쇄하고 잔액의 지급을 청구할 수 있다.

②채무자의 상대방이 갖게 된 제1항의 규정에 의한 청구권은 회생채권으로 한다.

제126조(채무자가 다른 자와 더불어 전부의 이행을 할 의무를 지는 경우) ①여럿이 각각 전부의 이행을 하여야 하는 의무를 지는 경우 그 전원 또는 일부에 관하여 회생절차가 개시된 때에는 채권자는 회생절차개시 당시 가진 채권의 전액에 관하여 각 회생절차에서 회생채권자로서 그 권리를 행사할 수 있다.

②제1항의 경우에 다른 전부의 이행을 할 의무를 지는 자가 회생절차개시 후에 채권자에 대하여 변제 그 밖에 채무를 소멸시키는 행위(이하 이 조에서 "변제 등"이라고 한다)를 한 때라도 그 채권의 전액이 소멸한 경우를 제외하고는 그 채권자는 회생절차의 개시시에 가지는 채권의 전액에 관하여 그 권리를 행사할 수 있다.

③제1항의 경우에 채무자에 대하여 장래에 행사할 가능성이 있는 구상

권을 가진 자는 그 전액에 관하여 회생절차에 참가할 수 있다. 다만, 채권자가 회생절차개시시에 가지는 채권 전액에 관하여 회생절차에 참가한 때에는 그러하지 아니하다.

④제1항의 규정에 의하여 채권자가 회생절차에 참가한 경우 채무자에 대하여 장래에 행사할 가능성이 있는 구상권을 가지는 자가 회생절차개시 후에 채권자에 대한 변제 등으로 그 채권의 전액이 소멸한 경우에는 그 구상권의 범위 안에서 채권자가 가진 권리를 행사할 수 있다.

⑤제2항 내지 제4항의 규정은 채무자의 채무를 위하여 담보를 제공한 제3자가 채권자에게 변제 등을 하거나 채무에 대하여 장래에 행사할 가능성이 있는 구상권을 가지는 경우에 준용한다.

제127조(채무자가 보증채무를 지는 경우) 보증인인 채무자에 관하여 회생절차가 개시된 때에는 채권자는 회생절차개시 당시 가진 채권의 전액에 관하여 회생채권자로서 권리를 행사할 수 있다.

제128조(법인의 채무에 대해 무한의 책임을 지는 자에 대하여 회생절차가 개시된 경우의 절차 참가) 법인의 채무에 대하여 무한의 책임을 지는 자에 관하여 회생절차 개시의 결정이 있는 경우에 해당 법인의 채권자는 회생절차개시시에 가진 채권의 전액에 관하여 회생절차에 참가할 수 있다.

제129조(법인의 채무에 대해 유한책임을 지는 자에 대하여 회생절차가 개시된 경우의 절차 참가 등) ①법인의 채무에 관하여 유한책임을 지는 사원에 대하여 회생절차개시의 결정이 있는 경우에 법인의 채권자는 회생절차에 참가할 수 없다.

②법인에 대하여 회생절차개시의 결정이 있는 경우에 법인의 채권자는 법인의 채무에 관하여 유한의 책임을 지는 사원에 대하여 그 권리를 행사할 수 없다.

제130조(일부보증의 경우) 제126조 및 제127조의 규정은 여럿의 보증인이 각각 채무의 일부를 부담하는 경우 그 부담부분에 관하여 준용한다.

제131조(회생채권의 변제금지) 회생채권에 관하여는 회생절차가 개시된 후에는 이법에 특별한 규정이 있는 경우를 제외하고는 회생계획에 규정된 바에 따르지 아니하고는 변제하거나 변제받는 등 이를 소멸하게 하는 행위(면제를 제외한다)를 하지 못한다. 다만, 관리인이 법원의 허가를 받아 변제하는 경우와 제140조제2항의 청구권에 해당하는 경우

로서 다음 각호의 어느 하나에 해당하는 경우에는 그러하지 아니하다.

1. 그 체납처분이나 담보물권의 처분 또는 그 속행이 허용되는 경우
2. 체납처분에 의한 압류를 당한 채무자의 채권(압류의 효력이 미치는 채권을 포함한다)에 관하여 그 체납처분의 중지 중에 제3채무자가 징수의 권한을 가진 자에게 임의로 이행하는 경우

제132조(회생채권의 변제허가) ①채무자의 거래상대방인 중소기업자가 그가 가지는 소액채권을 변제받지 아니하면 사업의 계속에 지장을 초래할 우려가 있는 때에는 법원은 회생계획인가결정 전이라도 관리인·보전관리인 또는 채무자의 신청에 의하여 그 전부 또는 일부의 변제를 허가할 수 있다. <개정 2016. 5. 29.>

②법원은 회생채권의 변제가 채무자의 회생을 위하여 필요하다고 인정하는 때에는 회생계획인가결정 전이라도 관리인·보전관리인 또는 채무자의 신청에 의하여 그 전부 또는 일부의 변제를 허가할 수 있다. <개정 2016. 5. 29.>

③법원은 제1항 및 제2항의 규정에 의한 허가를 함에 있어서는 관리위원회 및 채권자협의회의 의견을 들어야 하며, 채무자와 채권자의 거래상황, 채무자의 자산상태, 이해관계인의 이해 등 모든 사정을 참작하여야 한다.

제133조(회생채권자의 권리) ①회생채권자는 그가 가진 회생채권으로 회생절차에 참가할 수 있다.

②회생채권자는 제134조 내지 제138조에 규정된 채권에 관하여는 그 규정에 의하여 산정한 금액에 따라, 그 밖의 채권에 관하여는 그 채권액에 따라 의결권을 가진다.

제134조(이자없는 기한부채권) 기한이 회생절차개시 후에 도래하는 이자없는 채권은 회생절차가 개시될 때부터 기한에 이르기까지의 법정이율에 의한 이자와 원금의 합계가 기한 도래 당시의 채권액이 되도록 계산한 다음 그 채권액에서 그 이자를 공제한 금액으로 한다.

제135조(정기금채권) 제134조는 금액과 존속기간이 확정되어 있는 정기금채권에 준용한다.

제136조(이자없는 불확정기한채권 등) 기한이 불확정한 이자없는 채권은 회생절차가 개시된 때의 평가금액으로 한다. 정기금채권의 금액 또는 존속기간이 불확정한 때에도 또한 같다.

제137조(비금전채권 등) 채권의 목적이 금전이 아니거나 그 액이 불확정한 때와 외국의 통화로서 정하여진 때에는 회생절차가 개시된 때의 평가금액으로 한다.

제138조(조건부채권과 장래의 청구권) ①조건부채권은 회생절차가 개시된 때의 평가금액으로 한다.

②제1항의 규정은 채무자에 대하여 행사할 수 있는 장래의 청구권에 관하여 준용한다.

제139조(우선권의 기간의 계산) 일정한 기간 안의 채권액에 관하여 우선권이 있는 때에는 그 기간은 회생절차가 개시된 때부터 소급하여 계산한다.

제140조(벌금·조세 등의 감면) ①회생절차개시 전의 벌금·과료·형사소송비용·추징금 및 과태료의 청구권에 관하여는 회생계획에서 감면 그 밖의 권리에 영향을 미치는 내용을 정하지 못한다.

②회생계획에서 「국세징수법」 또는 「지방세징수법」에 의하여 징수할 수 있는 청구권(국세징수의 예에 의하여 징수할 수 있는 청구권으로서 그 징수우선순위가 일반 회생채권보다 우선하는 것을 포함한다)에 관하여 3년 이하의 기간 동안 징수를 유예하거나 체납처분에 의한 재산의 환가를 유예하는 내용을 정하는 때에는 징수의 권한을 가진 자의 의견을 들어야 한다. <개정 2010. 3. 31., 2016. 12. 27.>

③회생계획에서 제2항의 규정에 의한 청구권에 관하여 3년을 초과하는 기간 동안 징수를 유예하거나 체납처분에 의한 재산의 환가를 유예하는 내용을 정하거나, 채무의 승계, 조세의 감면 또는 그 밖에 권리에 영향을 미치는 내용을 정하는 때에는 징수의 권한을 가진 자의 동의를 얻어야 한다.

④제2항의 규정에 의한 청구권에 관하여 징수의 권한을 가진 자는 제3항의 규정에 의한 동의를 할 수 있다.

⑤제2항 및 제3항의 규정에 의하여 징수를 유예하거나 체납처분에 의한 재산의 환가를 유예하는 기간 중에는 시효는 진행하지 아니한다.

제141조(회생담보권자의 권리) ①회생채권이나 회생절차개시 전의 원인으로 생긴 채무자 외의 자에 대한 재산상의 청구권으로서 회생절차개시 당시 채무자의 재산상에 존재하는 유치권·질권·저당권·양도담보권·가등기담보권·「동산·채권 등의 담보에 관한 법률」에 따른 담보권·전세권 또는 우선특권으로 담보된 범위의 것은 회생담보권으로

한다. 다만, 이자 또는 채무불이행으로 인한 손해배상이나 위약금의 청구권에 관하여는 회생절차개시결정 전날까지 생긴것에 한한다. <개정 2010. 6. 10.>

②제126조 내지 제131조 및 제139조의 규정은 회생담보권에 관하여 준용한다.

③회생담보권자는 그가 가진 회생담보권으로 회생절차에 참가할 수 있다.

④회생담보권자는 그 채권액 중 담보권의 목적의 가액(선순위의 담보권이 있는 때에는 그 담보권으로 담보된 채권액을 담보권의 목적의 가액으로부터 공제한 금액을 말한다. 이하 이 조에서 같다)을 초과하는 부분에 관하여는 회생채권자로서 회생절차에 참가할 수 있다.

⑤회생담보권자는 그 담보권의 목적의 가액에 비례하여 의결권을 가진다. 다만, 피담보채권액이 담보권의 목적의 가액보다 적은 때에는 그 피담보채권액에 비례하여 의결권을 가진다.

⑥제133조제2항 및 제134조 내지 제138조의 규정은 회생담보권자의 의결권에 관하여 준용한다.

제142조(대리위원) ①회생채권자·회생담보권자·주주·지분권자는 법원의 허가를 받아 공동으로 또는 각각 1인 또는 여럿의 대리위원을 선임할 수 있다.

②대리위원의 권한은 서면으로 증명하여야 한다.

③대리위원은 그를 선임한 회생채권자·회생담보권자·주주·지분권자를 위하여 회생절차에 관한 모든 행위를 할 수 있다.

④대리위원이 여럿인 때에는 공동으로 그 권한을 행사한다. 그러나 제3자의 의사표시는 그중 1인에 대하여 하면 된다.

⑤법원은 대리위원의 권한의 행사가 현저하게 불공정하다고 인정하는 때에는 제1항의 규정에 의한 허가를 취소할 수 있다.

⑥회생채권자·회생담보권자·주주·지분권자는 대리위원을 해임한 때에는 지체 없이 그 사실을 법원에 신고하여야 한다.

제143조(수탁회사) ①「담보부사채신탁법」의 규정에 의한 수탁회사는 사채권자집회의 결의에 의하여 총사채권자를 위하여 회생채권 또는 회생담보권의 신고, 의결권의 행사 그 밖의 회생절차에 관한 모든 행위를 할 수 있다.

②수탁회사가 총사채권자를 위하여 제1항의 규정에 의한 행위를 하는 때에는 각각의 사채권자를 표시하지 아니할 수 있다.

第144條(상계권) ①회생채권자 또는 회생담보권자가 회생절차개시 당시 채무자에 대하여 채무를 부담하는 경우 채권과 채무의 쌍방이 신고기간만료 전에 상계할 수 있게 된 때에는 회생채권자 또는 회생담보권자는 그 기간 안에 한하여 회생절차에 의하지 아니하고 상계할 수 있다. 채무가 기한부인 때에도 같다.

②회생채권자 또는 회생담보권자의 회생절차개시 후의 차임채무에 관하여는 당기(當期)와 차기(次期)의 것에 한하여 제1항의 규정에 의하여 상계할 수 있다. 다만, 보증금이 있는 때에는 그 후의 차임채무에 관하여도 상계할 수 있다.

③제2항의 규정은 지료(地料)에 관하여 준용한다.

第145條(상계의 금지) 다음 각호의 어느 하나에 해당하는 때에는 상계하지 못한다.

1. 회생채권자 또는 회생담보권자가 회생절차개시 후에 채무자에 대하여 채무를 부담한 때

2. 회생채권자 또는 회생담보권자가 지급의 정지, 회생절차개시의 신청 또는 파산의 신청이 있음을 알고 채무자에 대하여 채무를 부담한 때. 다만, 다음 각목의 어느 하나에 해당하는 때를 제외한다.

 가. 그 부담이 법률에 정한 원인에 기한 때

 나. 회생채권자 또는 회생담보권자가 지급의 정지, 회생절차개시의 신청 또는 파산의 신청이 있은 것을 알기 전에 생긴 원인에 의한 때

 다. 회생절차개시시점 및 파산선고시점 중 가장 이른 시점보다 1년 이상 전에 생긴 원인에 의한 때

3. 회생절차가 개시된 채무자의 채무자가 회생절차개시 후에 타인의 회생채권 또는 회생담보권을 취득한 때

4. 회생절차가 개시된 채무자의 채무자가 지급의 정지, 회생절차개시의 신청 또는 파산의 신청이 있음을 알고 회생채권 또는 회생담보권을 취득한 때. 다만, 제2호 각목의 어느 하나에 해당하는 때를 제외한다.

第146條(주주·지분권자의 권리) ①주주·지분권자는 그가 가진 주식 또는 출자지분으로 회생절차에 참가할 수 있다.

②주주・지분권자는 그가 가진 주식 또는 출자지분의 수 또는 액수에 비례하여 의결권을 가진다.

③회생절차의 개시 당시 채무자의 부채총액이 자산총액을 초과하는 때에는 주주・지분권자는 의결권을 가지지 아니한다. 다만, 제282조의 규정에 의한 회생계획의 변경계획안을 제출할 당시 채무자의 자산총액이 부채총액을 초과하는 때에는 그러하지 아니하다.

④제282조의 규정에 의한 회생계획의 변경계획안을 제출할 당시 채무자의 부채총액이 자산총액을 초과하는 때에는 주주・지분권자는 그 변경계획안에 대하여 의결권을 가지지 아니한다.

제2절 회생채권자・회생담보권자・주주・지분권자의 목록작성 및 신고

第147조(회생채권자・회생담보권자・주주・지분권자의 목록) ①관리인은 회생채권자의 목록, 회생담보권자의 목록과 주주・지분권자의 목록(이 편에서 "목록"이라 한다)을 작성하여 제50조제1항제1호에 따른 기간 안에 제출하여야 한다. <개정 2014. 12. 30.>

②목록에는 다음 각호의 사항을 기재하여야 한다.

1. 회생채권자의 목록
   가. 회생채권자의 성명과 주소
   나. 회생채권의 내용과 원인
   다. 의결권의 액수
   라. 일반의 우선권 있는 채권이 있는 때에는 그 뜻
2. 회생담보권자의 목록
   가. 회생담보권자의 성명 및 주소
   나. 회생담보권의 내용 및 원인, 담보권의 목적 및 그 가액, 회생절차가 개시된 채무자 외의 자가 채무자인 때에는 그 성명 및 주소
   다. 의결권의 액수
3. 주주・지분권자의 목록
   가. 주주・지분권자의 성명 및 주소

나. 주식 또는 출자지분의 종류 및 수

③법원은 신고기간 동안 이해관계인이 목록을 열람할 수 있도록 하여야 한다.

④관리인은 신고기간의 말일까지 대법원규칙이 정하는 바에 따라 법원의 허가를 받아 목록에 기재된 사항을 변경 또는 정정할 수 있다.

제148조(회생채권의 신고) ①회생절차에 참가하고자 하는 회생채권자는 신고기간 안에 다음 각호의 사항을 법원에 신고하고 증거서류 또는 그 등본이나 초본을 제출하여야 한다.

1. 성명 및 주소
2. 회생채권의 내용 및 원인
3. 의결권의 액수
4. 일반의 우선권 있는 채권인 때에는 그 뜻

②회생채권 중에서 일반의 우선권 있는 부분은 따로 신고하여야 한다.

③회생채권에 관하여 회생절차개시 당시 소송이 계속되는 때에는 회생채권자는 제1항 및 제2항에 규정된 사항 외에 법원·당사자·사건명 및 사건번호를 신고하여야 한다.

제149조(회생담보권의 신고) ①회생절차에 참가하고자 하는 회생담보권자는 신고기간 안에 다음 각호의 사항을 법원에 신고하고 증거서류 또는 그 등본이나 초본을 제출하여야 한다.

1. 성명 및 주소
2. 회생담보권의 내용 및 원인
3. 회생담보권의 목적 및 그 가액
4. 의결권의 액수
5. 회생절차가 개시된 채무자 외의 자가 채무자인 때에는 그 성명 및 주소

②제148조제3항의 규정은 제1항의 경우에 관하여 준용한다.

제150조(주식 또는 출자지분의 신고) ①회생절차에 참가하고자 하는 주주·지분권자는 신고기간 안에 다음 각호의 사항을 법원에 신고하고 주권 또는 출자지분증서 그 밖의 증거서류 또는 그 등본이나 초본을 제출하여야 한다.

1. 성명 및 주소

2. 주식 또는 출자지분의 종류 및 수 또는 액수

②법원은 기간을 정하여 주주명부를 폐쇄할 수 있다. 이 경우 그 기간은 2월을 넘지 못한다.

③제148조제3항의 규정은 제1항의 경우에 관하여 준용한다.

제151조(신고의 의제) 목록에 기재된 회생채권·회생담보권·주식 또는 출자지분은 제148조 내지 제150조의 규정에 의하여 신고된 것으로 본다.

제152조(신고의 추후 보완) ①회생채권자 또는 회생담보권자는 그 책임을 질 수 없는 사유로 인하여 신고기간 안에 신고를 하지 못한 때에는 그 사유가 끝난 후 1월 이내에 그 신고를 보완할 수 있다.

②제1항의 규정에 의한 기간은 불변기간으로 한다.

③제1항의 규정에 의한 신고는 다음 각호의 어느 하나에 해당하는 때에는 하지 못한다.

1. 회생계획안심리를 위한 관계인집회가 끝난 후

2. 회생계획안을 제240조의 규정에 의한 서면결의에 부친다는 결정이 있은 후

④제1항 내지 제3항의 규정은 회생채권자 또는 회생담보권자가 그 책임을 질 수 없는 사유로 인하여 신고한 사항에 관하여 다른 회생채권자 또는 회생담보권자의 이익을 해하는 내용으로 변경하는 경우에 관하여 준용한다.

제153조(신고기간 경과 후 생긴 회생채권 등의 신고) ①신고기간이 경과한 후에 생긴 회생채권과 회생담보권에 관하여는 그 권리가 발생한 후 1월 이내에 신고하여야 한다.

②제152조제2항 내지 제4항의 규정은 제1항의 규정에 의한 신고에 관하여 준용한다.

제154조(명의의 변경) ①목록에 기재되거나 신고된 회생채권 또는 회생담보권을 취득한 자는 신고기간이 경과한 후에도 신고명의를 변경할 수 있다.

②제1항의 규정에 의한 명의변경을 하고자 하는 자는 다음 각호의 사항을 법원에 신고하고 증거서류 또는 그 등본이나 초본을 제출하여야

한다.

1. 성명 및 주소

2. 취득한 권리와 그 취득의 일시 및 원인

제155조(주식 또는 출자지분의 추가신고) ①법원은 상당하다고 인정하는 때에는 신고기간이 경과한 후 다시 기간을 정하여 주식 또는 출자지분의 추가신고를 하게 할 수 있다. 이 경우 법원은 그 뜻을 공고하고, 다음 각호의 자에게 그 뜻을 기재한 서면을 송달하여야 한다.

1. 관리인

2. 채무자

3. 알고 있는 주주·지분권자로서 신고를 하지 아니한 자

②제162조 내지 제165조의 규정은 제1항의 경우에 관하여 준용한다.

제156조(벌금·조세 등의 신고) ①제140조제1항 및 제2항의 청구권을 가지고 있는 자는 지체 없이 그 액 및 원인과 담보권의 내용을 법원에 신고하여야 한다.

②제167조제1항의 규정은 제1항의 규정에 의하여 신고된 청구권에 관하여 준용한다.

제157조(회생절차개시 전의 벌금 등에 대한 불복) ①관리인은 제156조제1항의 규정에 의하여 신고된 청구권의 원인이 행정심판, 소송 그 밖의 불복이 허용되는 처분인 때에는 그 청구권에 관하여 채무자가 할 수 있는 방법으로 불복을 신청할 수 있다.

②제172조, 제175조 및 제176조제1항의 규정은 제1항에 의한 불복의 신청에 관하여 준용한다.

제3절 회생채권·회생담보권 등의 조사 및 확정

제158조(회생채권자표·회생담보권자표와 주주·지분권자표) 법원사무관등은 목록에 기재되거나 신고된 회생채권, 회생담보권, 주식 또는 출자지분에 대하여 회생채권자표·회생담보권자표와 주주·지분권자표를 작성하여 권리의 성질에 따라 분류하고 각각 다음 각호의 사항을 기재하여야 한다.

1. 회생채권자표
가. 회생채권자의 성명과 주소
나. 회생채권의 내용과 원인
다. 의결권의 액수
라. 일반의 우선권이 있는 채권이 있는 때에는 그 뜻
2. 회생담보권자표
가. 회생담보권자의 성명과 주소
나. 회생담보권의 내용 및 원인, 담보권의 목적 및 그 가액, 채무자 외의 자가 채무자인 때에는 그 성명 및 주소
다. 의결권의 액수
3. 주주·지분권자표
가. 주주·지분권자의 성명 및 주소
나. 주식 또는 출자지분의 종류와 수 또는 액수

제159조(등본의 교부) 법원사무관등은 회생채권자표·회생담보권자표와 주주·지분권자표의 등본을 관리인에게 교부하여야 한다.

제160조(조사기간 동안의 서류열람) 다음 각호의 서류는 조사기간 동안 이해관계인의 열람을 위하여 법원에 비치하여야 한다.
1. 목록
2. 신고 및 이의에 관한 서류
3. 회생채권자표·회생담보권자표와 주주·지분권자표

제161조(회생채권 및 회생담보권에 대한 이의 등) ①다음 각호의 자는 조사기간 안에 목록에 기재되거나 신고된 회생채권 및 회생담보권에 관하여 서면으로 법원에 이의를 제출할 수 있다.
1. 관리인
2. 채무자
3. 목록에 기재되거나 신고된 회생채권자·회생담보권자·주주·지분권자

②조사기간을 변경하는 결정을 한 때에는 법원은 그 결정서를 제1항 각호의 자에게 송달하여야 한다.

③제2항의 규정에 의한 송달은 서류를 우편으로 발송하여 할 수 있다.

제162조(신고기간 후에 신고된 회생채권 및 회생담보권의 조사) 법원은 제152조제1항 및 제153조제1항의 규정에 의하여 신고된 회생채권 및 회생담보권을 조사하기 위한 특별기일(이하 "특별조사기일"이라 한다)을 정하여야 한다. 이 경우 조사비용은 그 회생채권자 또는 회생담보권자의 부담으로 한다.

제163조(특별조사기일의 송달) 법원은 특별조사기일을 정하는 결정을 한 때에는 그 결정서를 다음 각호의 자에게 송달하여야 한다.

1. 관리인
2. 채무자
3. 목록에 기재되거나 신고된 회생채권자·회생담보권자·주주·지분권자

제164조(관계인의 출석) ①개인인 채무자 또는 개인이 아닌 채무자의 대표자는 특별조사기일에 출석하여 의견을 진술하여야 한다. 다만, 정당한 사유가 있는 때에는 대리인을 출석하게 할 수 있다.

②목록에 기재되거나 신고된 회생채권자·회생담보권자·주주·지분권자나 그 대리인은 특별조사기일에 출석하여 다른 회생채권 또는 회생담보권에 관하여 이의를 할 수 있다.

③제1항 및 제2항의 규정에 의한 대리인은 대리권을 증명하는 서면을 제출하여야 한다.

제165조(관리인의 출석) 특별조사기일에 관리인이 출석하지 아니한 때에는 회생채권과 회생담보권을 조사하지 못한다.

제166조(회생채권 및 회생담보권 등의 확정) 조사기간 안에 또는 특별조사기일에 관리인·회생채권자·회생담보권자·주주·지분권자의 이의가 없는 때에는 다음 각호의 권리의 내용과 의결권의 액수가 확정되며, 우선권 있는 채권에 관하여는 우선권 있는 것이 확정된다.

1. 신고된 회생채권 및 회생담보권
2. 신고된 회생채권 또는 회생담보권이 없는 때에는 관리인이 제출한 목록에 기재되어 있는 회생채권 또는 회생담보권

제167조(회생채권자표 및 회생담보권자표에의 기재) ①법원사무관등은 회생채권 및 회생담보권에 대한 조사결과를 회생채권자표 및 회생담보

권자표에 기재하여야 한다. 채무자가 제출한 이의도 또한 같다.

②법원사무관등은 확정된 회생채권 및 회생담보권의 증서에 확정된 뜻을 기재하고 법원의 인(印)을 찍어야 한다.

③법원사무관등은 회생채권자 또는 회생담보권자의 청구에 의하여 그 권리에 관한 회생채권자표 또는 회생담보권자표의 초본을 교부하여야 한다.

제168조(기재의 효력) 확정된 회생채권 및 회생담보권을 회생채권자표 및 회생담보권자표에 기재한 때에는 그 기재는 회생채권자·회생담보권자·주주·지분권자 전원에 대하여 확정판결과 동일한 효력이 있다.

제169조(이의의 통지) 회생채권 또는 회생담보권에 관하여 이의가 있는 때에는 법원은 이를 그 권리자에게 통지하여야 한다.

제170조(회생채권 및 회생담보권 조사확정의 재판) ①목록에 기재되거나 신고된 회생채권 및 회생담보권에 관하여 관리인·회생채권자·회생담보권자·주주·지분권자가 이의를 한 때에는 그 회생채권 또는 회생담보권(이하 이 편에서 "이의채권"이라 한다)을 보유한 권리자는 그 권리의 확정을 위하여 이의자 전원을 상대방으로 하여 법원에 채권조사확정의 재판(이하 이 편에서 "채권조사확정재판"이라 한다)을 신청할 수 있다. 다만, 제172조 및 제174조의 경우에는 그러하지 아니하다.

②제1항 본문의 규정에 의한 신청은 조사기간의 말일 또는 특별조사기일부터 1월 이내에 하여야 한다.

③채권조사확정재판에서는 이의채권의 존부 또는 그 내용을 정한다.

④법원은 채권조사확정재판을 하는 때에는 이의자를 심문하여야 한다.

⑤법원은 채권조사확정재판의 결정서를 당사자에게 송달하여야 한다.

제171조(채권조사확정재판에 대한 이의의 소) ①채권조사확정재판에 불복하는 자는 그 결정서의 송달을 받은 날부터 1월 이내에 이의의 소를 제기할 수 있다.

②제1항의 소는 회생계속법원의 관할에 전속한다. <개정 2016. 12. 27.>

③제1항의 소를 제기하는 자가 이의채권을 보유하는 권리자인 때에는 이의자 전원을 피고로 하고, 이의자인 때에는 그 회생채권자 또는 회생담보권자를 피고로 하여야 한다.

④제1항의 소의 변론은 결정서를 송달받은 날부터 1월을 경과한 후가

아니면 개시할 수 없다.

⑤동일한 이의채권에 관하여 여러 개의 소가 계속되어 있는 때에는 법원은 변론을 병합하여야 한다.

⑥제1항의 소에 대하여 법원은 그 소가 부적법하여 각하하는 경우를 제외하고는 채권조사확정재판을 인가하거나 변경하는 판결을 하여야 한다.

제172조(이의채권에 관한 소송의 수계) ①회생절차개시 당시 이의채권에 관하여 소송이 계속하는 경우 회생채권자 또는 회생담보권자가 그 권리의 확정을 구하고자 하는 때에는 이의자 전원을 그 소송의 상대방으로 하여 소송절차를 수계하여야 한다.

②제167조제3항 및 제170조제2항의 규정은 제1항의 규정에 의하여 소송절차를 수계하기 위한 신청에 관하여 준용한다.

제173조(주장의 제한) 회생채권자 또는 회생담보권자는 채권조사확정재판, 제171조제1항의 규정에 의한 채권조사확정재판에 대한 이의의 소 및 제172조제1항의 규정에 의하여 수계한 소송절차에서 이의채권의 원인 및 내용에 관하여 회생채권자표 및 회생담보권자표에 기재된 사항만을 주장할 수 있다.

제174조(집행력있는 집행권원이 있는 채권 등에 대한 이의) ①이의채권 중 집행력있는 집행권원 또는 종국판결이 있는 것에 대하여는 이의자는 채무자가 할 수 있는 소송절차에 의하여서만 이의를 주장할 수 있다.

②회생절차개시 당시 제1항의 규정에 의한 회생채권 또는 회생담보권에 관하여 법원에 소송이 계속되는 경우 이의자가 같은 항의 규정에 의한 이의를 주장하고자 하는 때에는 이의자는 그 회생채권 또는 회생담보권을 보유한 회생채권자 또는 회생담보권자를 상대방으로 하여 소송절차를 수계하여야 한다.

③제170조제2항의 규정은 제1항의 규정에 의한 이의의 주장 또는 제2항의 규정에 의한 수계에 대하여 준용하고, 제171조제4항 및 제5항과 제173조의 규정은 제1항 및 제2항에 관하여 준용한다. 이 경우 제171조제4항중 "결정서를 송달받은 날부터 1월"은 "이의채권에 관계되는 조사기간의 말일 또는 특별조사기일부터 1월의 불변기간"으로 본다.

④제3항의 규정에 의하여 준용하는 제170조제2항의 규정에 의한 기간안에 제1항의 규정에 의한 이의의 주장이나 제2항의 규정에 의한 수계

가 행하여지지 아니한 경우 이의자가 회생채권자 또는 회생담보권자인 때에는 제161조제1항 또는 제164조제2항의 규정에 의한 이의는 없었던 것으로 보며, 이의자가 관리인인 때에는 관리인이 그 회생채권 또는 회생담보권을 인정한 것으로 본다.

제175조(회생채권 및 회생담보권의 확정에 관한 소송결과의 기재) 법원사무관등은 관리인·회생채권자 또는 회생담보권자의 신청에 의하여 회생채권 또는 회생담보권의 확정에 관한 소송결과(채권조사확정재판에 대한 이의의 소가 제171조제1항의 규정에 의한 기간 안에 제기되지 아니하거나 각하된 때에는 그 재판의 내용을 말한다)를 회생채권자표 및 회생담보권자표에 기재하여야 한다.

제176조(회생채권 및 회생담보권의 확정에 관한 소송의 판결 등의 효력) ①회생채권 및 회생담보권의 확정에 관한 소송에 대한 판결은 회생채권자·회생담보권자·주주·지분권자 전원에 대하여 그 효력이 있다.

②채권조사확정재판에 대한 이의의 소가 제171조제1항의 규정에 의한 기간 안에 제기되지 아니하거나 각하된 때에는 그 재판은 회생채권자·회생담보권자·주주·지분권자 전원에 대하여 확정판결과 동일한 효력이 있다.

제177조(소송비용의 상환) 채무자의 재산이 회생채권 또는 회생담보권의 확정에 관한 소송(채권조사확정재판을 포함한다)으로 이익을 받은 때에는 이의를 주장한 회생채권자 또는 회생담보권자, 주주·지분권자는 그 이익의 한도 안에서 공익채권자로서 소송비용의 상환을 청구할 수 있다.

제178조(회생채권 또는 회생담보권 확정소송의 목적의 가액) 회생채권 또는 회생담보권의 확정에 관한 소송의 목적의 가액은 회생계획으로 얻을 이익의 예정액을 표준으로 하여 회생계속법원이 정한다. <개정 2016. 12. 27.>

제4절 공익채권과 개시후기타채권

제179조(공익채권이 되는 청구권) ①다음 각호의 어느 하나에 해당하는 청구권은 공익채권으로 한다. <개정 2006. 12. 30., 2007. 12. 31., 2009. 10. 21., 2014. 5. 20., 2016. 5. 29.>

1. 회생채권자, 회생담보권자와 주주·지분권자의 공동의 이익을 위하여 한 재판상 비용청구권
2. 회생절차개시 후의 채무자의 업무 및 재산의 관리와 처분에 관한 비용청구권
3. 회생계획의 수행을 위한 비용청구권. 다만, 회생절차종료 후에 생긴 것을 제외한다.
4. 제30조 및 제31조의 규정에 의한 비용·보수·보상금 및 특별보상금청구권
5. 채무자의 업무 및 재산에 관하여 관리인이 회생절차개시 후에 한 자금의 차입 그 밖의 행위로 인하여 생긴 청구권
6. 사무관리 또는 부당이득으로 인하여 회생절차개시 이후 채무자에 대하여 생긴 청구권
7. 제119조제1항의 규정에 의하여 관리인이 채무의 이행을 하는 때에 상대방이 갖는 청구권
8. 계속적 공급의무를 부담하는 쌍무계약의 상대방이 회생절차개시신청 후 회생절차개시 전까지 한 공급으로 생긴 청구권

8의2. 회생절차개시신청 전 20일 이내에 채무자가 계속적이고 정상적인 영업활동으로 공급받은 물건에 대한 대금청구권

9. 다음 각목의 조세로서 회생절차개시 당시 아직 납부기한이 도래하지 아니한 것
   가. 원천징수하는 조세. 다만, 「법인세법」 제67조(소득처분)의 규정에 의하여 대표자에게 귀속된 것으로 보는 상여에 대한 조세는 원천징수된 것에 한한다.
   나. 부가가치세·개별소비세·주세 및 교통·에너지·환경세
   다. 본세의 부과징수의 예에 따라 부과징수하는 교육세 및 농어촌특별세
   라. 특별징수의무자가 징수하여 납부하여야 하는 지방세
10. 채무자의 근로자의 임금·퇴직금 및 재해보상금
11. 회생절차개시 전의 원인으로 생긴 채무자의 근로자의 임치금 및 신원보증금의 반환청구권
12. 채무자 또는 보전관리인이 회생절차개시신청 후 그 개시 전에 법

원의 허가를 받아 행한 자금의 차입, 자재의 구입 그 밖에 채무자의 사업을 계속하는 데에 불가결한 행위로 인하여 생긴 청구권

13. 제21조제3항의 규정에 의하여 법원이 결정한 채권자협의회의 활동에 필요한 비용

14. 채무자 및 그 부양을 받는 자의 부양료

15. 제1호부터 제8호까지, 제8호의2, 제9호부터 제14호까지에 규정된 것 외의 것으로서 채무자를 위하여 지출하여야 하는 부득이한 비용

② 제1항제5호 및 제12호에 따른 자금의 차입을 허가함에 있어 법원은 채권자협의회의 의견을 들어야 하며, 채무자와 채권자의 거래상황, 채무자의 재산상태, 이해관계인의 이해 등 모든 사정을 참작하여야 한다. <신설 2009. 10. 21., 2016. 5. 29.>

제179조(공익채권이 되는 청구권) ①다음 각호의 어느 하나에 해당하는 청구권은 공익채권으로 한다. <개정 2006. 12. 30., 2007. 12. 31., 2009. 1. 30., 2009. 10. 21., 2014. 5. 20., 2016. 5. 29.>

1. 회생채권자, 회생담보권자와 주주·지분권자의 공동의 이익을 위하여 한 재판상 비용청구권

2. 회생절차개시 후의 채무자의 업무 및 재산의 관리와 처분에 관한 비용청구권

3. 회생계획의 수행을 위한 비용청구권. 다만, 회생절차종료 후에 생긴 것을 제외한다.

4. 제30조 및 제31조의 규정에 의한 비용·보수·보상금 및 특별보상금청구권

5. 채무자의 업무 및 재산에 관하여 관리인이 회생절차개시 후에 한 자금의 차입 그 밖의 행위로 인하여 생긴 청구권

6. 사무관리 또는 부당이득으로 인하여 회생절차개시 이후 채무자에 대하여 생긴 청구권

7. 제119조제1항의 규정에 의하여 관리인이 채무의 이행을 하는 때에 상대방이 갖는 청구권

8. 계속적 공급의무를 부담하는 쌍무계약의 상대방이 회생절차개시신청 후 회생절차개시 전까지 한 공급으로 생긴 청구권

8의2. 회생절차개시신청 전 20일 이내에 채무자가 계속적이고 정상적인 영업활동으로 공급받은 물건에 대한 대금청구권

9. 다음 각목의 조세로서 회생절차개시 당시 아직 납부기한이 도래하지 아니한 것
   가. 원천징수하는 조세. 다만, 「법인세법」 제67조(소득처분)의 규정에 의하여 대표자에게 귀속된 것으로 보는 상여에 대한 조세는 원천징수된 것에 한한다.
   나. 부가가치세·개별소비세 및 주세
   다. 본세의 부과징수의 예에 따라 부과징수하는 교육세 및 농어촌특별세
   라. 특별징수의무자가 징수하여 납부하여야 하는 지방세
10. 채무자의 근로자의 임금·퇴직금 및 재해보상금
11. 회생절차개시 전의 원인으로 생긴 채무자의 근로자의 임치금 및 신원보증금의 반환청구권
12. 채무자 또는 보전관리인이 회생절차개시신청 후 그 개시 전에 법원의 허가를 받아 행한 자금의 차입, 자재의 구입 그 밖에 채무자의 사업을 계속하는 데에 불가결한 행위로 인하여 생긴 청구권
13. 제21조제3항의 규정에 의하여 법원이 결정한 채권자협의회의 활동에 필요한 비용
14. 채무자 및 그 부양을 받는 자의 부양료
15. 제1호부터 제8호까지, 제8호의2, 제9호부터 제14호까지에 규정된 것 외의 것으로서 채무자를 위하여 지출하여야 하는 부득이한 비용

② 제1항제5호 및 제12호에 따른 자금의 차입을 허가함에 있어 법원은 채권자협의회의 의견을 들어야 하며, 채무자와 채권자의 거래상황, 채무자의 재산상태, 이해관계인의 이해 등 모든 사정을 참작하여야 한다. <신설 2009. 10. 21., 2016. 5. 29.>

[시행일 : 2022. 1. 1.] 제179조

제180조(공익채권의 변제 등) ①공익채권은 회생절차에 의하지 아니하고 수시로 변제한다.

②공익채권은 회생채권과 회생담보권에 우선하여 변제한다.

③법원은 다음 각호의 어느 하나에 해당하는 때에는 관리인의 신청에 의하거나 직권으로 담보를 제공하게 하거나 담보를 제공하게 하지 아니하고 공익채권에 기하여 채무자의 재산에 대하여 한 강제집행 또는

가압류의 중지나 취소를 명할 수 있다.

1. 그 강제집행 또는 가압류가 회생에 현저하게 지장을 초래하고 채무자에게 환가하기 쉬운 다른 재산이 있는 때
2. 채무자의 재산이 공익채권의 총액을 변제하기에 부족한 것이 명백하게 된 때

④법원은 제3항의 규정에 의한 중지명령을 변경하거나 취소할 수 있다.

⑤제3항의 규정에 의한 중지 또는 취소의 명령과 제4항의 규정에 의한 결정에 대하여는 즉시항고를 할 수 있다.

⑥제5항의 즉시항고는 집행정지의 효력이 없다.

⑦채무자의 재산이 공익채권의 총액을 변제하기에 부족한 것이 명백하게 된 때에는 제179조제1항제5호 및 제12호의 청구권 중에서 채무자의 사업을 계속하기 위하여 법원의 허가를 받아 차입한 자금에 관한 채권을 우선적으로 변제하고 그 밖의 공익채권은 법령에 정하는 우선권에 불구하고 아직 변제하지 아니한 채권액의 비율에 따라 변제한다. 다만, 공익채권을 위한 유치권·질권·저당권·「동산·채권 등의 담보에 관한 법률」에 따른 담보권·전세권 및 우선특권의 효력에는 영향을 미치지 아니한다. <개정 2009. 10. 21., 2010. 6. 10.>

제181조(개시후기타채권) ①회생절차개시 이후의 원인에 기하여 발생한 재산상의 청구권으로서 공익채권, 회생채권 또는 회생담보권이 아닌 청구권(이하 "개시후기타 채권"이라 한다)에 관하여는, 회생절차가 개시된 때부터 회생계획으로 정하여진 변제기간이 만료하는 때(회생계획인가의 결정 전에 회생절차가 종료된 경우에는 회생절차가 종료된 때, 그 기간만료 전에 회생계획에 기한 변제가 완료된 경우에는 변제가 완료된 때를 말한다)까지의 사이에는 변제를 하거나 변제를 받는 행위 그 밖에 이를 소멸시키는 행위(면제를 제외한다)를 할 수 없다.

②제1항에 규정된 기간 중에는 개시후기타채권에 기한 채무자의 재산에 대한 강제집행, 가압류, 가처분 또는 담보권 실행을 위한 경매의 신청을 할 수 없다.

제5장 관계인집회

第182條(기일의 통지) ①법원은 다음 각호의 자에게 관계인집회의 기일을 통지하여야 한다. <개정 2014. 12. 30.>

1. 관리인
2. 조사위원 · 간이조사위원
3. 채무자
4. 목록에 기재되어 있거나 신고한 회생채권자 · 회생담보권자 · 주주 · 지분권자
5. 회생을 위하여 채무를 부담하거나 담보를 제공한 자가 있는 때에는 그 자

②제1항의 규정에 불구하고 의결권을 행사할 수 없는 회생채권자 · 회생담보권자 · 주주 · 지분권자에게는 관계인집회의 기일을 통지하지 아니할 수 있다. <개정 2014. 12. 30.>

第183條(기일의 통지) 법원은 주식회사인 채무자의 업무를 감독하는 행정청과 법무부장관 및 금융위원회에게 관계인집회의 기일을 통지하여야 한다. <개정 2008. 2. 29.>

第184條(법원의 지휘) 관계인집회는 법원이 지휘한다.

第185條(기일과 목적의 공고) ①법원은 관계인집회의 기일과 회의의 목적인 사항을 공고하여야 한다.

②관계인집회의 연기 또는 속행에 관하여 선고가 있는 때에는 송달 또는 공고를 하지 아니하여도 된다.

第186條(관계인집회의 기일과 특별조사기일의 병합) 법원은 상당하다고 인정하는 때에는 관리인의 신청에 의하거나 직권으로 관계인집회의 기일과 특별조사기일을 병합할 수 있다.

第187條(의결권에 대한 이의) 다음 각호의 자는 관계인집회에서 회생채권자 · 회생담보권자 · 주주 · 지분권자의 의결권에 관하여 이의를 할 수 있다. 다만, 이 편 제4장제3절의 규정에 의한 조사절차에서 확정된 회생채권 또는 회생담보권을 가진 회생채권자 또는 회생담보권자의 의결권에 관하여는 그러하지 아니하다.

1. 관리인
2. 목록에 기재되어 있거나 신고된 회생채권자 · 회생담보권자 · 주주 · 지분권자

제188조(의결권의 행사) ①확정된 회생채권 또는 회생담보권을 가진 회생채권자 또는 회생담보권자는 그 확정된 액이나 수에 따라, 이의없는 의결권을 가진 주주·지분권자는 목록에 기재되거나 신고한 액이나 수에 따라 의결권을 행사할 수 있다.

②법원은 이의있는 권리에 관하여는 의결권을 행사하게 할 것인지 여부와 의결권을 행사하게 할 액 또는 수를 결정한다.

③법원은 이해관계인의 신청에 의하거나 직권으로 언제든지 제2항의 규정에 의한 결정을 변경할 수 있다.

④제2항 및 제3항의 규정에 의한 결정은 송달을 하지 아니하여도 된다.

제189조(의결권의 불통일행사) ①의결권자는 의결권을 통일하지 아니하고 행사할 수 있다.

②제1항의 경우 의결권자는 관계인집회 7일 전까지 법원에 그 취지를 서면으로 신고하여야 한다.

제190조(부당한 의결권자의 배제) ①법원은 권리취득의 시기, 대가 그 밖의 사정으로 보아 의결권을 가진 회생채권자·회생담보권자·주주·지분권자가 결의에 관하여 재산상의 이익을 수수하는 등 부당한 이익을 얻을 목적으로 그 권리를 취득한 것으로 인정되는 때에는 그에 대하여 그 의결권을 행사하지 못하게 할 수 있다.

②법원은 제1항의 규정에 의한 처분을 하기 전에 그 의결권자를 심문하여야 한다.

제191조(의결권을 행사할 수 없는 자) 다음 각호의 어느 하나에 해당하는 자는 의결권을 행사하지 못한다.

1. 회생계획으로 그 권리에 영향을 받지 아니하는 자
2. 제140조제1항 및 제2항의 청구권을 가지는 자
3. 제118조제2호 내지 제4호의 청구권을 가지는 자
4. 제188조 및 제190조의 규정에 의하여 의결권을 행사할 수 없는 자
5. 제244조제2항의 규정에 의하여 보호되는 자

제192조(의결권의 대리행사) ①회생채권자·회생담보권자·주주·지분권자는 대리인에 의하여 그 의결권을 행사할 수 있다. 이 경우 대리인은 대리권을 증명하는 서면을 제출하여야 한다.

②대리인이 위임받은 의결권을 통일하지 아니하고 행사하는 경우에는 제189조제2항을 준용한다.

제6장 회생계획

제1절 회생계획의 내용

제193조(회생계획의 내용) ①회생계획에는 다음 각호의 사항을 정하여야 한다.

1. 회생채권자·회생담보권자·주주·지분권자의 권리의 전부 또는 일부의 변경
2. 공익채권의 변제
3. 채무의 변제자금의 조달방법
4. 회생계획에서 예상된 액을 넘는 수익금의 용도
5. 알고 있는 개시후기타채권이 있는 때에는 그 내용

②회생계획에는 다음 각호의 사항을 정할 수 있다.

1. 영업이나 재산의 양도, 출자나 임대, 경영의 위임
2. 정관의 변경
3. 이사·대표이사(채무자가 주식회사가 아닌 때에는 채무자를 대표할 권한이 있는 자를 포함한다)의 변경
4. 자본의 감소
5. 신주나 사채의 발행
6. 주식의 포괄적 교환 및 이전, 합병, 분할, 분할합병
7. 해산
8. 신회사의 설립
9. 그 밖에 회생을 위하여 필요한 사항

③제92조제1항에 따라 법원이 정한 기한까지 전부 또는 일부의 채권자들 사이에 그들이 가진 채권의 변제순위에 관한 합의가 되어 있는

때에는 회생계획안 중 다른 채권자를 해하지 아니하는 범위 안에서 변제순위에 관한 합의가 되어 있는 채권에 관한 한 그에 반하는 규정을 정하여서는 아니된다. 이 경우 채권자들은 합의를 증명하는 자료를 제92조제1항에 따라 법원이 정한 기한까지 법원에 제출하여야 한다. <개정 2014. 12. 30.>

第194條(회생채권자 등의 권리) ①회생채권자·회생담보권자·주주·지분권자의 권리를 변경하는 때에는 회생계획에 변경되는 권리를 명시하고, 변경 후의 권리의 내용을 정하여야 한다.

②회생채권자·회생담보권자·주주·지분권자로서 회생계획에 의하여 그 권리에 영향을 받지 아니하는 자가 있는 때에는 그 자의 권리를 명시하여야 한다.

第195條(채무의 기한) 회생계획에 의하여 채무를 부담하거나 채무의 기한을 유예하는 경우 그 채무의 기한은 담보가 있는 때에는 그 담보물의 존속기간을 넘지 못하며, 담보가 없거나 담보물의 존속기간을 판정할 수 없는 때에는 10년을 넘지 못한다. 다만, 회생계획의 정함에 의하여 사채를 발행하는 경우에는 그러하지 아니하다.

第196條(담보의 제공과 채무의 부담) ①채무자 또는 채무자 외의 자가 회생을 위하여 담보를 제공하는 때에는 회생계획에 담보를 제공하는 자를 명시하고 담보권의 내용을 정하여야 한다.

②채무자 외의 자가 채무를 인수하거나 보증인이 되는 등 회생을 위하여 채무를 부담하는 때에는 회생계획에 그 자를 명시하고 그 채무의 내용을 정하여야 한다.

第197條(미확정의 회생채권 등) ①이의있는 회생채권 또는 회생담보권으로서 그 확정절차가 종결되지 아니한 것이 있는 때에는 그 권리확정의 가능성을 고려하여 회생계획에 이에 대한 적당한 조치를 정하여야 한다.

②회생계획에는 제109조제2항의 규정에 의하여 신고할 수 있는 채권에 관하여 적당한 조치를 정하여야 한다.

第198條(변제한 회생채권 등) 회생채권 및 회생담보권 중 제131조 단서, 제132조제1항 및 제2항의 규정에 의하여 변제한 것은 회생계획에 이를 명시하여야 한다.

第199條(공익채권) 공익채권에 관하여는 회생계획에 이미 변제한 것을 명시하고 장래 변제할 것에 관하여 정하여야 한다.

제200조(영업 또는 재산의 양도 등) ①다음 각호의 어느 하나에 해당하는 경우에는 회생계획에 그 목적물·대가·상대방 그 밖의 사항을 정하여야 한다.

1. 채무자의 영업이나 재산의 전부나 일부를 양도·출자 또는 임대하는 경우
2. 채무자의 사업의 경영의 전부나 일부를 위임하는 경우
3. 타인과 영업의 손익을 같이 하는 계약 그 밖에 이에 준하는 계약을 체결·변경 또는 해약하는 경우
4. 타인의 영업이나 재산의 전부나 일부를 양수하는 경우

②제1항의 경우 대가를 회생채권자·회생담보권자·주주·지분권자에게 분배하는 때에는 그 분배의 방법도 정하여야 한다.

제201조(분쟁이 해결되지 아니한 권리) 채무자에게 속하는 권리로서 분쟁이 해결되지 아니한 것이 있는 때에는 회생계획에 화해나 조정의 수락에 관한 사항을 정하거나 관리인에 의한 소송의 수행 그 밖에 권리의 실행에 관한 방법을 정하여야 한다.

제202조(정관의 변경) 채무자의 정관을 변경하는 때에는 회생계획에 그 변경의 내용을 정하여야 한다.

제203조(이사 등의 변경) ①법인인 채무자의 이사를 선임하거나 대표이사(채무자가 주식회사가 아닌 때에는 채무자를 대표할 권한이 있는 자를 포함한다. 이하 이 조에서 "대표이사"라 한다)를 선정하는 때에는 회생계획에 선임이나 선정될 자와 임기 또는 선임이나 선정의 방법과 임기를 정하여야 한다.

②법인인 채무자의 이사 또는 대표이사 중 유임하게 할 자가 있는 때에는 회생계획에 그 자와 임기를 정하여야 한다. 다만, 이사 또는 대표이사에 의한 채무자 재산의 도피, 은닉 또는 고의적인 부실경영 등의 원인에 의하여 회생절차가 개시된 때에는 유임하게 할 수 없다.

③제1항 및 제2항의 경우 여럿의 대표이사에게 공동으로 채무자를 대표하게 하는 때에는 회생계획에 그 뜻을 정하여야 한다.

④법인인 채무자의 감사는 채권자협의회의 의견을 들어 법원이 이를 선임한다. 이 경우에 임기를 정하여야 한다.

⑤제1항 및 제2항의 규정에 의한 이사의 임기는 1년을 넘지 못한다.

제204조(이사 등의 선임 등에 관한 사항) 법인인 채무자 또는 신회사(합병 또는 분할합병으로 인하여 설립되는 신회사를 제외한다)의 이사·대표이사 또는 감사의 선임·선정 또는 유임이나 그 선임 또는 선정의 방법에 관한 회생계획은 형평에 맞아야 하며, 회생채권자·회생담보권자·주주·지분권자 일반의 이익에 합치하여야 한다.

제205조(주식회사 또는 유한회사의 자본감소) ①주식회사인 채무자의 자본을 감소하는 때에는 회생계획에 다음 각호의 사항을 정하여야 한다.

1. 감소할 자본의 액

2. 자본감소의 방법

② 제1항에 따른 자본감소는 다음 각 호의 사항을 참작하여 정하여야 한다. <개정 2014. 5. 20.>

1. 채무자의 자산 및 부채와 수익능력

2. 제206조에서 규정하는 신주발행에 관한 사항

③ 삭제 <2014. 5. 20.>

④주식회사인 채무자의 이사나 지배인의 중대한 책임이 있는 행위로 인하여 회생절차개시의 원인이 발생한 때에는 회생계획에 그 행위에 상당한 영향력을 행사한 주주 및 그 친족 그 밖에 대통령령이 정하는 범위의 특수관계에 있는 주주가 가진 주식의 3분의 2이상을 소각하거나 3주 이상을 1주로 병합하는 방법으로 자본을 감소할 것을 정하여야 한다.

⑤제4항의 규정에 의한 자본감소 후 제206조의 규정에 의하여 신주를 발행하는 때에는 제4항의 규정에 의한 주주는 신주를 인수할 수 없다. 다만, 제4항의 규정에 의한 주주에 대하여 「상법」 제340조의2(주식매수선택권)의 규정에 의한 주식매수 선택권을 부여할 수 있다.

⑥제1항 내지 제4항 및 제5항 본문의 규정은 유한회사의 경우에 준용한다.

제206조(주식회사 또는 유한회사의 신주발행) ①주식회사인 채무자가 회생채권자·회생담보권자 또는 주주에 대하여 새로 납입 또는 현물출자를 하게 하지 아니하고 신주를 발행하는 때에는 회생계획에 다음 각호의 사항을 정하여야 한다.

1. 신주의 종류와 수

2. 신주의 배정에 관한 사항

3. 신주의 발행으로 인하여 증가하게 되는 자본과 준비금의 액
4. 신주의 발행으로 감소하게 되는 부채액

②주식회사인 채무자가 회생채권자·회생담보권자 또는 주주로 하여금 새로 납입 또는 현물출자를 하게 하고 신주를 발행하는 때에는 회생계획에 다음 각호의 사항을 정하여야 한다.

1. 제1항제1호 및 제3호의 사항
2. 납입금액 그 밖에 신주의 배정에 관한 사항과 신주의 납입기일
3. 새로 현물출자를 하는 자가 있는 때에는 그 자, 출자의 목적인 재산, 그 가격과 이에 대하여 부여할 주식의 종류와 수

③제1항 및 제2항의 경우를 제외하고 주식회사인 채무자가 신주를 발행하는 때에는 회생계획에 다음 각호의 사항을 정하여야 한다.

1. 제1항제1호의 사항
2. 제2항제3호의 사항
3. 신주의 발행가액과 납입기일
4. 신주의 발행가액 중 자본에 추가되지 아니하는 금액

④제1항의 규정에 의하여 신주를 발행하는 경우에는 다음 각호의 규정을 적용하지 아니한다. <개정 2007. 8. 3., 2011. 5. 19., 2019. 11. 26.>

1. 「은행법」 제37조 및 제38조제1호
2. 「보험업법」 제19조
3. 「자본시장과 금융투자업에 관한 법률」 제344조
4. 「금융산업의 구조개선에 관한 법률」 제24조
5. 그 밖의 금융기관(「한국자산관리공사 설립 등에 관한 법률」 제2조 및 「금융산업의 구조개선에 관한 법률」 제2조에 의한 금융기관을 말한다)의 출자, 유가증권취득 및 재산운용을 제한하는 내용의 법령

⑤제1항 내지 제3항의 규정은 유한회사의 경우에 준용한다.

제207조(주식회사의 주식의 포괄적 교환) 주식회사인 채무자가 다른 회사와 주식의 포괄적 교환을 하는 때에는 회생계획에 다음 각호의 사항을 정하여야 한다.

1. 다른 회사의 상호
2. 다른 회사가 「상법」 제360조의2(주식의 포괄적 교환에 의한 완전모회사의 설립)제1항의 규정에 의한 완전모회사(이하 "완전모회사"라 한다)로 되는 경우 그 회사가 주식의 포괄적 교환에 의하여 정관을 변경하는 때에는 그 규정
3. 완전모회사로 되는 회사가 주식의 포괄적 교환을 위하여 발행하는 신주의 총수·종류 및 종류별 주식의 수와 「상법」 제360조의2(주식의 포괄적 교환에 의한 완전모회사의 설립)제1항의 규정에 의한 완전자회사(이하 "완전자회사"라 한다)가 되는 회사의 주주에 대한 신주의 배정에 관한 사항
4. 완전모회사로 되는 회사의 증가하게 되는 자본의 액과 준비금에 관한 사항
5. 다른 회사의 주주에게 금전을 지급하거나 사채를 배정할 것을 정하는 때에는 그 규정
6. 다른 회사의 주식의 포괄적 교환계약서 승인결의를 위한 주주총회의 일시(그 회사가 주주총회의 승인을 얻지 아니하고 주식의 포괄적 교환을 하는 때에는 그 뜻)
7. 주식의 포괄적 교환을 하는 날
8. 다른 회사가 주식의 포괄적 교환을 하는 날까지 이익을 배당하거나 「상법」 제462조의3(중간배당)제1항의 규정에 의하여 금전으로 이익배당을 하는 때에는 그 한도액
9. 「상법」 제360조의6(신주발행에 갈음할 자기주식의 이전)의 규정에 의하여 완전모회사가 되는 회사가 자기의 주식을 이전하는 때에는 이전할 주식의 총수 및 종류와 종류별 주식의 수
10. 완전모회사가 되는 회사에 취임하는 이사 및 감사를 정하는 때에는 그 성명 및 주민등록번호

제208조(주식회사의 주식의 포괄적 이전) 주식회사인 채무자가 주식의 포괄적 이전을 하여 완전모회사인 신회사를 설립하는 때에는 회생계획에 다음 각호의 사항을 정하여야 한다.

1. 신회사의 상호
2. 신회사의 정관의 규정
3. 신회사가 주식의 포괄적 이전을 위하여 발행하는 주식의 종류 및

수와 완전자회사가 되는 채무자의 회생채권자·회생담보권자 또는 주주에 대한 주식의 배정에 관한 사항

4. 신회사의 자본의 액과 준비금에 관한 사항

5. 완전자회사가 되는 채무자의 주주에게 금전을 지급하거나 사채를 배정할 것을 정하는 때에는 그 규정

6. 주식의 포괄적 이전을 하는 시기

7. 완전자회사가 되는 채무자가 주식의 포괄적 이전의 날까지 이익을 배당하거나 「상법」 제462조의3(중간배당)제1항의 규정에 의하여 금전으로 이익배당을 하는 때에는 그 한도액

8. 신회사의 이사 및 감사의 성명 및 주민등록번호

제209조(주식회사의 사채발행) 주식회사인 채무자가 사채를 발행하는 때에는 회생계획에 다음 각호의 사항을 정하여야 한다.

1. 사채의 총액

2. 각 사채의 금액, 사채의 이율, 사채상환의 방법 및 기한, 이자지급의 방법 그 밖에 사채의 내용

3. 사채발행의 방법과 회생채권자·회생담보권자 또는 주주에 대하여 새로 납입하게 하거나 납입하게 하지 아니하고 사채를 발행하는 때에는 그 배정에 관한 사항

4. 담보부사채인 때에는 그 담보권의 내용

제210조(회사의 흡수합병) 회사인 채무자가 다른 회사와 합병하여 그 일방이 합병 후 존속하는 때에는 회생계획에 다음 각호의 사항을 정하여야 한다.

1. 다른 회사의 상호

2. 존속하는 회사가 합병시 발행하는 주식 또는 출자지분의 종류와 수, 그 주식 또는 출자지분에 대한 주주·지분권자의 신주인수권 또는 출자지분인수권의 제한에 관한 사항과 특정한 제3자에 부여할 것을 정하는 때에는 이에 관한 사항

3. 합병으로 인하여 소멸하는 회사의 회생채권자·회생담보권자·주주·지분권자에 대하여 발행할 주식 또는 출자지분의 종류 및 수와 그 배정에 관한 사항

4. 존속하는 회사의 증가할 자본과 준비금의 액

5. 합병으로 인하여 소멸하는 회사의 주주·지분권자에게 금전을 지급하거나 사채를 배정할 것을 정하는 때에는 그 규정
6. 합병계약서의 승인결의를 위한 다른 회사의 주주총회 또는 사원총회의 일시
7. 합병을 하는 날
8. 존속하는 회사가 합병으로 인하여 정관을 변경하기로 정한 경우에는 그 규정
9. 다른 회사가 합병으로 인하여 이익의 배당 또는 「상법」 제462조의3(중간배당)제1항의 규정에 의하여 금전으로 이익배당을 하는 때에는 그 한도액
10. 합병으로 인하여 존속하는 회사에 취임하게 될 이사 및 감사(감사위원회 위원을 포함한다. 이하 이 조 내지 제213조에서 같다)를 정하는 때에는 그 성명 및 주민등록번호

제211조(회사의 신설합병) 회사인 채무자가 다른 회사와 합병하여 신회사를 설립하는 때에는 회생계획에 다음 각호의 사항을 정하여야 한다.

1. 다른 회사의 상호
2. 신회사의 상호, 목적, 본점 및 지점의 소재지, 자본과 준비금의 액 및 공고방법
3. 신회사가 발행하는 주식 또는 출자지분의 종류와 수 및 그 배정에 관한 사항
4. 신회사설립시에 정하는 신회사가 발행하는 주식 또는 출자지분에 대한 주주·지분권자의 신주인수권 또는 출자지분인수권의 제한에 관한 사항과 특정한 제3자에 부여할 것을 정하는 때에는 이에 관한 사항
5. 회생채권자·회생담보권자 또는 각 채무자의 주주·지분권자 또는 다른 회사의 주주·지분권자에 대하여 발행하는 주식 또는 출자지분의 종류 및 수와 그 배정에 관한 사항
6. 각 회사의 주주·지분권자에게 금전을 지급하거나 사채를 배정하는 것을 정하는 때에는 그 규정
7. 합병계약서 승인결의를 위한 다른 회사의 주주총회 또는 사원총회의 일시
8. 합병을 하는 날

9. 다른 회사가 합병으로 인하여 이익의 배당 또는 「상법」 제462조의3(중간배당)제1항의 규정에 의하여 금전으로 이익배당을 하는 때에는 그 한도액

10. 합병으로 인하여 존속하는 회사에 취임하게 될 이사 및 감사를 정하는 때에는 그 성명 및 주민등록번호

제212조(주식회사의 분할) ①주식회사인 채무자가 분할되어 신회사를 설립하는 때에는 회생계획에 다음 각호의 사항을 정하여야 한다.

1. 신회사의 상호, 목적, 본점 및 지점의 소재지, 발행할 주식의 수, 1주의 금액, 자본과 준비금의 액 및 공고의 방법

2. 신회사가 발행하는 주식의 총수, 종류 및 종류별 주식의 수

3. 신회사설립시에 정하는 신회사가 발행하는 주식에 대한 주주의 신주인수권의 제한에 관한 사항과 특정한 제3자에게 신주인수권을 부여하는 것을 정하는 때에는 그에 관한 사항

4. 채무자의 회생채권자·회생담보권자 또는 주주에 대하여 새로이 납입을 시키지 아니하고 신회사의 주식을 배정하는 때에는 발행하는 주식의 총수 및 종류, 종류별 주식의 수 및 그 배정에 관한 사항과 배정에 따라 주식의 병합 또는 분할을 하는 때에는 그에 관한 사항

5. 채무자의 주주에게 금전을 지급하거나 사채를 배정하는 것을 정하는 때에는 그 규정

6. 신회사에 이전되는 재산과 그 가액

7. 「상법」 제530조의9(분할 및 분할합병 후의 회사의 책임)제2항의 규정에 의한 정함이 있는 때에는 그 내용

8. 신회사의 이사·대표이사 및 감사가 될 자나 그 선임 또는 선정의 방법 및 임기. 이 경우 임기는 1년을 넘을 수 없다.

9. 신회사가 사채를 발행하는 때에는 제209조 각호의 사항

10. 회생채권자·회생담보권자·주주 또는 제3자에 대하여 새로 납입하게 하고 주식을 발행하는 때에는 그 납입금액 그 밖에 주식의 배정에 관한 사항과 납입기일

11. 현물출자를 하는 자가 있는 때에는 그 성명 및 주민등록번호, 출자의 목적인 재산, 그 가격과 이에 대하여 부여하는 주식의 종류 및 수

12. 그 밖에 신회사의 정관에 기재하고자 하는 사항

13. 자본과 준비금의 액
14. 분할하는 날

②분할 후 채무자가 존속하는 때에는 회생계획에 채무자에 관하여 다음 각호의 사항을 정하여야 한다.

1. 감소하는 자본과 준비금의 액
2. 자본감소의 방법
3. 분할로 인하여 이전하는 재산과 그 가액
4. 분할 후의 발행주식의 총수
5. 채무자가 발행하는 주식의 총수를 감소하는 때에는 그 감소하는 주식의 총수·종류 및 종류별 주식의 수
6. 그 밖에 정관변경을 가져 오게 하는 사항

제213조(주식회사의 분할합병) ①주식회사인 채무자가 분할되어 그 일부가 다른 회사와 합병하여 그 다른 회사가 존속하는 때와 다른 회사가 분할되어 그 일부가 주식회사인 채무자와 합병하여 그 채무자가 존속하는 때에는 회생계획에 다음 각호의 사항을 정하여야 한다.

1. 다른 회사의 상호
2. 존속하는 회사가 분할합병으로 인하여 발행하여야 하는 주식의 총수가 증가하는 때에는 증가하는 주식의 총수·종류 및 종류별 주식의 수, 그 주식에 대한 주주의 신주인수권의 제한에 관한 사항과 특정한 제3자에게 신주인수권을 부여하는 것을 정하는 때에는 그에 관한 사항
3. 분할되는 채무자의 회생채권자·회생담보권자 또는 주주에 대하여 발행하는 신주의 총수 및 종류, 종류별 주식의 수 및 그 배정에 관한 사항과 배정에 따른 주식의 병합 또는 분할을 하는 때에는 그에 관한 사항
4. 분할되는 회사의 주주에게 금전을 지급하거나 사채를 배정하는 것을 정하는 때에는 그에 관한 사항
5. 존속하는 회사의 증가하는 자본의 총액과 준비금에 관한 사항
6. 분할되는 채무자가 존속하는 회사에 이전하는 재산과 그 가액
7. 「상법」 제530조의9(분할 및 분할합병 후의 회사의 책임)제3항의 규정에 의한 정함이 있는 때에는 그에 관한 사항
8. 분할합병계약서를 승인하는 결의를 하기 위한 다른 회사의 주주총

회의 일시

9. 분할합병을 하는 날

10. 다른 회사가 존속하는 경우 그 회사의 이사 및 감사를 정하는 때에는 그 성명 및 주민등록번호

11. 그 밖에 존속하는 채무자의 정관변경을 가져오게 하는 사항

②채무자가 분할되어 그 일부가 다른 회사 또는 다른 회사의 일부와 분할합병을 하여 신회사를 설립하는 때와 다른 회사가 분할되어 그 일부가 채무자 또는 채무자의 일부와 분할합병을 하여 신회사를 설립하는 때에는 회생계획에 다음 각호의 사항을 정하여야 한다.

1. 다른 회사의 상호

2. 신회사의 상호, 목적, 본점 및 지점의 소재지, 발행할 주식의 수, 1주의 금액, 자본과 준비금의 액 및 공고방법

3. 신회사설립시에 정하는 신회사가 발행하는 주식에 대한 주주의 신주인수권의 제한에 관한 사항과 특정한 제3자에게 신주인수권을 부여하는 것을 정하는 때에는 그에 관한 사항

4. 채무자 또는 다른 회사가 신회사에 이전하는 재산과 그 가액

5. 「상법」 제530조의9(분할 및 분할합병 후의 회사의 책임)제2항의 규정에 의한 정함이 있는 때에는 그 내용

6. 그 밖에 신회사의 정관에 기재하고자 하는 사항

7. 채무자의 회생채권자·회생담보권자·주주 또는 다른 회사의 주주에 대하여 발행하는 주식의 총수 및 종류, 종류별 주식의 수 및 그 배정에 관한 사항과 배정에 따른 주식의 병합 또는 분할을 하는 때에는 그에 관한 사항

8. 채무자 또는 다른 회사의 주주에게 금전을 지급하거나 사채를 배정하는 것을 정하는 때에는 그 사항

9. 다른 회사에서 분할합병계약서를 승인하는 결의를 하기 위한 주주총회의 일시

10. 분할합병을 하는 날

11. 신회사의 이사·대표이사 및 감사가 될 자나 그 선임 또는 선정의 방법 및 임기. 이 경우 임기는 1년을 넘을 수 없다.

③제212조의 규정은 제1항 및 제2항의 규정에 의하여 채무자의 분할

합병을 하지 아니하는 부분을 정하는 경우에 관하여 준용한다.

제214조(주식회사의 물적분할) 제212조 및 제213조의 규정은 분할되는 주식회사인 채무자가 분할 또는 분할합병으로 인하여 설립되는 회사의 주식의 총수를 취득하는 경우에 관하여 준용한다.

제215조(주식회사 또는 유한회사의 신회사 설립) ①회생채권자·회생담보권자·주주·지분권자에 대하여 새로 납입 또는 현물출자를 하지 아니하고 주식 또는 출자지분을 인수하게 함으로써 신회사(주식회사 또는 유한회사에 한한다. 이하 이 조에서 같다)를 설립하는 때에는 회생계획에 다음 각호의 사항을 정하여야 한다.

1. 신회사의 상호, 목적, 본점 및 지점의 소재지와 공고의 방법
2. 신회사가 발행하는 주식 또는 출자지분의 종류와 수
3. 1주 또는 출자 1좌의 금액
4. 신회사설립시에 정하는 신회사가 발행하는 주식 또는 출자지분에 대한 주주의 신주인수권 또는 지분권자의 출자지분인수권의 제한에 관한 사항과 특정한 제3자에 부여하는 것을 정하는 때에는 이에 관한 사항
5. 회생채권자·회생담보권자·주주·지분권자에 대하여 발행하는 주식 또는 출자지분의 종류 및 수와 그 배정에 관한 사항
6. 그 밖에 신회사의 정관에 기재하는 사항
7. 신회사의 자본 또는 출자액의 준비금의 액
8. 채무자에서 신회사로 이전하는 재산과 그 가액
9. 신회사의 이사·대표이사 및 감사가 될 자나 그 선임 또는 선정의 방법 및 임기. 이 경우 임기는 1년을 넘을 수 없다.
10. 신회사가 사채를 발행하는 때에는 제209조 각호의 사항

②제1항에 규정된 경우를 제외하고 주식의 포괄적 이전·합병·분할 또는 분할합병에 의하지 아니하고 신회사를 설립하는 때에는 회생계획에 다음 각호의 사항을 정하여야 한다.

1. 제1항제1호 내지 제3호, 제6호 및 제8호 내지 제10호의 사항
2. 신회사설립 당시 발행하는 주식 또는 출자지분의 종류 및 수와 회생채권자·회생담보권자 또는 주주·지분권자에 대하여 새로 납입 또는 현물출자를 하게 하거나 하게 하지 아니하고 주식 또는 출자지분

을 인수하게 하는 때에는 제1항제5호의 사항

3. 새로 현물출자를 하는 자가 있는 때에는 그 성명 및 주민등록번호, 출자의 목적인 재산, 그 가액과 이에 대하여 부여하는 주식 또는 출자지분의 종류와 수

제216조(해산) 채무자가 합병·분할 또는 분할합병에 의하지 아니하고 해산하는 때에는 회생계획에 그 뜻과 해산의 시기를 정하여야 한다.

제217조(공정하고 형평한 차등) ①회생계획에서는 다음 각호의 규정에 의한 권리의 순위를 고려하여 회생계획의 조건에 공정하고 형평에 맞는 차등을 두어야 한다.

1. 회생담보권

2. 일반의 우선권 있는 회생채권

3. 제2호에 규정된 것 외의 회생채권

4. 잔여재산의 분배에 관하여 우선적 내용이 있는 종류의 주주·지분권자의 권리

5. 제4호에 규정된 것 외의 주주·지분권자의 권리

②제1항의 규정은 제140조제1항 및 제2항의 청구권에 관하여는 적용하지 아니한다.

제218조(평등의 원칙) ①회생계획의 조건은 같은 성질의 권리를 가진 자 간에는 평등하여야 한다. 다만, 다음 각호의 어느 하나에 해당하는 때에는 그러하지 아니하다. <개정 2016. 5. 29.>

1. 불이익을 받는 자의 동의가 있는 때

2. 채권이 소액인 회생채권자, 회생담보권자 및 제118조제2호 내지 제4호의 청구권을 가지는 자에 대하여 다르게 정하거나 차등을 두어도 형평을 해하지 아니하는 때

3. 채무자의 거래상대방인 중소기업자의 회생채권에 대하여 그 사업의 계속에 현저한 지장을 초래할 우려가 있어 다른 회생채권보다 우대하여 변제하는 때

4. 그 밖에 동일한 종류의 권리를 가진 자 사이에 차등을 두어도 형평을 해하지 아니하는 때

②회생계획에서는 다음 각호의 청구권을 다른 회생채권과 다르게 정하거나 차등을 두어도 형평을 해하지 아니한다고 인정되는 경우에는 다

른 회생채권보다 불이익하게 취급할 수 있다.

1. 회생절차개시 전에 채무자와 대통령령이 정하는 범위의 특수관계에 있는 자의 채무자에 대한 금전소비대차로 인한 청구권
2. 회생절차개시 전에 채무자가 대통령령이 정하는 범위의 특수관계에 있는 자를 위하여 무상으로 보증인이 된 경우의 보증채무에 대한 청구권
3. 회생절차개시 전에 채무자와 대통령령이 정하는 범위의 특수관계에 있는 자가 채무자를 위하여 보증인이 된 경우 채무자에 대한 보증채무로 인한 구상권

제219조(특별한 이익을 주는 행위의 무효) 채무자가 자신 또는 제3자의 명의로 회생계획에 의하지 아니하고 일부 회생채권자·회생담보권자·주주·지분권자에게 특별한 이익을 주는 행위는 무효로 한다.

제2절 회생계획안의 제출

제220조(회생계획안의 제출) ① 관리인은 제50조제1항제4호 또는 같은 조 제3항에 따라 법원이 정한 기간 안에 회생계획안을 작성하여 법원에 제출하여야 한다.

② 관리인은 제1항의 기간 안에 회생계획안을 작성할 수 없는 때에는 그 기간 안에 그 사실을 법원에 보고하여야 한다.

[전문개정 2014. 12. 30.]

제221조(회생채권자 등의 회생계획안 제출) 다음 각 호의 어느 하나에 해당하는 자는 제220조제1항에 따른 기간 안에 회생계획안을 작성하여 법원에 제출할 수 있다.

1. 채무자
2. 목록에 기재되어 있거나 신고한 회생채권자·회생담보권자·주주·지분권자

[전문개정 2014. 12. 30.]

제222조(청산 또는 영업양도 등을 내용으로 하는 회생계획안) ①법원은 채무자의 사업을 청산할 때의 가치가 채무자의 사업을 계속할 때의 가치보다 크다고 인정하는 때에는 다음 각호의 어느 하나에 해당하는 자

의 신청에 의하여 청산(영업의 전부 또는 일부의 양도, 물적 분할을 포함한다)을 내용으로 하는 회생계획안의 작성을 허가할 수 있다. 다만, 채권자 일반의 이익을 해하는 때에는 그러하지 아니하다.

1. 관리인

2. 채무자

3. 목록에 기재되어 있거나 신고한 회생채권자·회생담보권자·주주·지분권자

②제1항의 규정은 회생절차개시 후 채무자의 존속, 합병, 분할, 분할합병, 신회사의 설립 등에 의한 사업의 계속을 내용으로 하는 회생계획안의 작성이 곤란함이 명백하게 된 경우에 관하여 준용한다.

③법원은 회생계획안을 결의에 부칠 때까지는 언제든지 제1항 또는 제2항의 규정에 의한 허가를 취소할 수 있다.

④제236조제4항의 규정은 제1항 및 제2항에 의한 허가에 관하여 준용한다.

제223조(회생계획안의 사전제출) ①채무자의 부채의 2분의 1이상에 해당하는 채권을 가진 채권자 또는 이러한 채권자의 동의를 얻은 채무자는 회생절차개시의 신청이 있은 때부터 회생절차개시 전까지 회생계획안을 작성하여 법원에 제출할 수 있다. <개정 2014. 12. 30., 2016. 5. 29.>

②법원은 제1항의 규정에 의하여 제출된 회생계획안(제228조 또는 제229조제2항의 규정에 의하여 회생계획안을 수정한 때에는 그 수정된 회생계획안을 말한다. 이하 이 조에서 "사전계획안"이라 한다)을 법원에 비치하여 이해관계인에게 열람하게 하여야 한다.

③사전계획안을 제출한 채권자 외의 채권자는 회생계획안의 결의를 위한 관계인집회의 기일 전날 또는 제240조제2항에 따라 법원이 정하는 기간 초일의 전날까지 그 사전계획안에 동의한다는 의사를 서면으로 법원에 표시할 수 있다. <개정 2016. 5. 29.>

④ 사전계획안을 제출하는 자는 회생절차개시 전까지 회생채권자·회생담보권자·주주·지분권자의 목록(제147조제2항 각 호의 내용을 포함하여야 한다), 제92조제1항 각 호에 규정된 사항을 기재한 서면 및 그 밖에 대법원규칙으로 정하는 서면을 법원에 제출하여야 한다. <신설 2016. 5. 29.>

⑤ 제4항의 회생채권자·회생담보권자·주주·지분권자의 목록이 제출

된 때에는 이 목록을 제147조제1항의 목록으로 본다. <신설 2016. 5. 29.>

⑥사전계획안이 제출된 때에는 관리인은 법원의 허가를 받아 회생계획안을 제출하지 아니하거나 제출한 회생계획안을 철회할 수 있다. <개정 2016. 5. 29.>

⑦사전계획안을 제출하거나 그 사전계획안에 동의한다는 의사를 표시한 채권자는 결의를 위한 관계인집회에서 그 사전계획안을 가결하는 때에 동의한 것으로 본다. 다만, 사전계획안의 내용이 그 채권자에게 불리하게 수정되거나, 현저한 사정변경이 있거나 그 밖에 중대한 사유가 있는 때에는 결의를 위한 관계인집회의 기일 전날까지 법원의 허가를 받아 동의를 철회할 수 있다. <개정 2014. 12. 30., 2016. 5. 29.>

⑧ 사전계획안을 제240조제1항에 따라 서면결의에 부친 경우 사전계획안을 제출하거나 같은 조 제2항의 회신기간 전에 그 사전계획안에 동의한다는 의사를 표시한 채권자는 위 회신기간 안에 동의한 것으로 본다. 다만, 사전계획안의 내용이 그 채권자에게 불리하게 수정되거나, 현저한 사정변경이 있거나 그 밖에 중대한 사유가 있는 때에는 위 회신기간 종료일까지 법원의 허가를 받아 동의를 철회할 수 있다. <신설 2016. 5. 29.>

第224조(회생계획안심리를 위한 관계인집회) 회생계획안의 제출이 있는 때에는 법원은 그 회생계획안을 심리하기 위하여 기일을 정하여 관계인집회를 소집하여야 한다. 다만, 제240조의 규정에 의한 서면결의에 부치는 때에는 그러하지 아니하다.

第225조(회생계획안에 대한 의견청취) 제224조의 규정에 의한 관계인집회에서는 회생계획안의 제출자로부터 회생계획안에 대한 설명을 들은 후 법원은 다음 각호의 자로부터 회생계획안에 대한 의견을 들어야 한다.

1. 관리인
2. 채무자
3. 목록에 기재되어 있거나 신고한 회생채권자·회생담보권자·주주·지분권자

第226조(감독행정청 등의 의견) ①법원은 필요하다고 인정하는 때에는 채무자의 업무를 감독하는 행정청, 법무부장관, 금융위원회 그 밖의 행정기관에 대하여 회생계획안에 대한 의견의 진술을 요구할 수 있다.

<개정 2008. 2. 29.>

②행정청의 허가·인가·면허 그 밖의 처분을 요하는 사항을 정하는 회생계획안에 관하여는 법원은 그 사항에 관하여 그 행정청의 의견을 들어야 한다.

③채무자의 업무를 감독하는 행정청, 법무부장관 또는 금융위원회는 언제든지 법원에 대하여 회생계획안에 관하여 의견을 진술할 수 있다. <개정 2008. 2. 29.>

第227條(채무자의 노동조합 등의 의견) 법원은 회생계획안에 관하여 다음 각호의 어느 하나에 해당하는 자의 의견을 들어야 한다.

1. 채무자의 근로자의 과반수로 조직된 노동조합

2. 제1호의 규정에 의한 노동조합이 없는 때에는 채무자의 근로자의 과반수를 대표 하는 자

第228條(회생계획안의 수정) 회생계획안의 제출자는 회생계획안의 심리를 위한 관계인집회의 기일 또는 제240조의 규정에 의한 서면결의에 부치는 결정이 있는 날까지는 법원의 허가를 받아 회생계획안을 수정할 수 있다.

第229條(회생계획안의 수정명령) ①법원은 이해관계인의 신청에 의하거나 직권으로 회생계획안의 제출자에 대하여 회생계획안을 수정할 것을 명할 수 있다.

②제1항의 규정에 의한 법원의 명령이 있는 때에는 회생계획안의 제출자는 법원이 정하는 기한 안에 회생계획안을 수정하여야 한다.

第230條(관계인집회의 재개) ①회생계획안 심리를 위한 관계인집회의 기일 후에 제229조의 규정에 의한 수정이 있는 때에는 법원은 그 수정안을 심리하기 위하여 다시 기일을 정하여 관계인집회를 소집할 수 있다.

②제225조의 규정은 제1항의 관계인집회에 관하여 준용한다.

第231條(회생계획안의 배제) 회생계획안이 다음 각호의 어느 하나에 해당하는 경우에는 법원은 회생계획안을 관계인집회의 심리 또는 결의에 부치지 아니할 수 있다.

1. 회생계획안이 법률의 규정을 위반한 경우

2. 회생계획안이 공정하지 아니하거나 형평에 맞지 아니한 경우

3. 회생계획안의 수행이 불가능한 경우

제231조의2(회생계획안의 배제에 대한 특칙) ① 회생계획안이 제57조 각 호의 어느 하나에 해당하는 행위를 내용으로 하는 경우로서 다음 각 호의 요건을 모두 충족하는 경우에는 법원은 회생계획안을 관계인집회의 심리 또는 결의에 부치지 아니할 수 있다.

1. 다음 각 목의 어느 하나에 해당하는 자의 중대한 책임이 있는 행위로 인하여 회생절차개시의 원인이 발생하였다고 인정될 것

  가. 회사인 채무자의 이사(「상법」 제401조의2제1항에 따라 이사로 보는 자를 포함한다)나 해당 이사와 제101조제1항에 따른 특수관계에 있는 자

  나. 회사인 채무자의 감사

  다. 회사인 채무자의 지배인

2. 제57조 각 호의 어느 하나에 해당하는 행위를 하려는 자가 다음 각 목의 어느 하나의 경우에 해당할 것

  가. 제1호에 해당하는 자의 자금제공, 담보제공이나 채무보증 등을 통하여 제57조 각 호의 어느 하나에 해당하는 행위를 하는 데에 필요한 자금을 마련한 경우

  나. 현재 및 과거의 거래관계, 지분소유관계 및 자금제공관계 등을 고려할 때 제1호에 해당하는 자와 채무자의 경영권 인수 등 사업운영에 관하여 경제적 이해관계를 같이하는 것으로 인정되는 경우

  다. 제1호에 해당하는 자와 배우자, 직계혈족 등 대통령령으로 정하는 특수관계에 있는 경우

② 회생계획안이 제57조 각 호의 어느 하나에 해당하는 행위를 내용으로 하는 경우로서 그 행위를 하려는 자 또는 그와 대통령령으로 정하는 특수관계에 있는 자가 다음 각 호의 어느 하나에 해당하는 경우에는 법원은 회생계획안을 관계인집회의 심리 또는 결의에 부쳐서는 아니 된다.

1. 채무자를 상대로 「형법」 제347조(사기)·제347조의2(컴퓨터등 사용사기)·제349조(부당이득)·제355조(횡령, 배임)·제356조(업무상의 횡령과 배임)·제357조(배임수증재)의 죄(「형법」 또는 다른 법률에 따라 가중 처벌되는 경우 및 미수범을 포함한다)를 범하여 금고 이상의 실형을 선고받고 그 집행이 끝나거나(집행이 끝난 것으로 보는 경우를 포함한다) 집행이 면제된 날부터 10년이 지나지 아니한 경우

2. 채무자를 상대로 제1호의 죄를 범하여 금고 이상의 형의 집행유예 또는 선고유예를 선고받고 그 유예기간 중에 있는 경우

3. 이 법을 위반하여 금고 이상의 실형을 선고받고 그 집행이 끝나거나(집행이 끝난 것으로 보는 경우를 포함한다) 집행이 면제된 날부터 5년이 지나지 아니한 경우

4. 이 법을 위반하여 금고 이상의 형의 집행유예 또는 선고유예를 선고받고 그 유예기간 중에 있는 경우

③ 법원은 제1항 또는 제2항의 내용을 확인하기 위하여 필요한 경우에는 채무자, 관리인, 보전관리인, 그 밖의 이해관계인 등에게 정보의 제공 또는 자료의 제출을 명할 수 있다.

[본조신설 2014. 10. 15.]

제232조(회생계획안의 결의를 위한 관계인집회) ①제224조 또는 제230조의 규정에 의한 관계인집회의 심리를 거친 회생계획안에 관하여 수정명령을 하지 아니하는 때에는 법원은 회생계획안에 관하여 결의를 하기 위하여 기일을 정하여 관계인집회를 소집하여야 한다.

②제1항의 경우 법원은 미리 그 계획안의 사본 또는 그 요지를 다음 각호의 자에게 송달하여야 한다.

1. 관리인

2. 채무자

3. 목록에 기재되어 있거나 신고한 회생채권자·회생담보권자·주주·지분권자(의결권을 행사할 수 없는 자를 제외한다)

4. 회생을 위하여 채무를 부담하거나 담보를 제공하는 자

③제2항의 규정에 의한 송달은 서류를 우편으로 발송하여 할 수 있다.

④제3항의 송달에 관하여는 제8조제4항·제5항의 규정을 준용한다.

제233조(회생을 위하여 채무를 부담하는 자 등의 출석) ①회생을 위하여 채무를 부담하거나 담보를 제공하는 자는 제232조제1항의 규정에 의한 기일에 출석하여 그 뜻을 진술하여야 한다. 다만, 정당한 사유가 있는 때에는 대리인을 출석하게 할 수 있다.

②제1항 단서의 규정에 의한 대리인은 대리권을 증명하는 서면을 제출하여야 한다.

③제240조의 규정에 의한 서면결의에 부치는 때에는 그 채무를 부담

하거나 그 담보를 제공하는 자의 동의를 얻어 회생계획안에 그 내용을 정함으로써 제1항의 규정에 의한 진술에 갈음한다.

제234조(회생계획안의 변경) 회생계획안의 제출자는 회생채권자·회생담보권자·주주·지분권자에게 불리한 영향을 주지 아니하는 때에 한하여 제232조제1항의 규정에 의한 관계인집회에서 법원의 허가를 받아 회생계획안을 변경할 수 있다.

제3절 회생계획안의 결의

제235조(결의의 시기) 회생계획안은 조사기간의 종료 전에는 결의에 부치지 못한다.

제236조(결의의 방법과 회생채권자 등의 분류) ①제232조제1항의 규정에 의하여 관계인집회에서 결의하거나 제240조의 규정에 의하여 서면결의에 의하는 때에는 회생채권자·회생담보권자·주주·지분권자는 제2항, 제3항 및 제5항의 규정에 의하여 분류된 조별로 결의하여야 한다.

②회생채권자·회생담보권자·주주·지분권자는 회생계획안의 작성과 결의를 위하여 다음 각호의 조로 분류한다. 다만, 제140조제1항 및 제2항의 청구권을 가진 자는 그러하지 아니한다.

1. 회생담보권자

2. 일반의 우선권 있는 채권을 가진 회생채권자

3. 제2호에 규정된 회생채권자 외의 회생채권자

4. 잔여재산의 분배에 관하여 우선적 내용을 갖는 종류의 주식 또는 출자지분을 가진 주주·지분권자

5. 제4호에 규정된 주주·지분권자 외의 주주·지분권자

③법원은 제2항 각호의 자가 가진 권리의 성질과 이해관계를 고려하여 2개 이상의 호의 자를 하나의 조로 분류하거나 하나의 호에 해당하는 자를 2개 이상의 조로 분류할 수 있다. 다만, 회생담보권자·회생채권자·주주·지분권자는 각각 다른 조로 분류하여야 한다.

④다음 각호의 어느 하나에 해당하는 자는 제3항의 규정에 의한 분류에 관하여 의견을 진술할 수 있다.

1. 관리인
2. 채무자
3. 목록에 기재되어 있거나 신고한 회생채권자·회생담보권자·주주·지분권자

⑤법원은 회생계획안을 결의에 부칠 때까지는 언제든지 제2항 및 제3항의 규정에 의한 분류를 변경할 수 있다.

⑥제163조의 규정은 제3항 및 제5항의 규정에 의한 결정의 송달에 관하여 준용한다. 다만, 관계인집회의 기일에 선고가 있는 때에는 송달을 하지 아니할 수 있다.

제237조(가결의 요건) 관계인집회에서는 다음 각호의 구분에 의하여 회생계획안을 가결한다.

1. 회생채권자의 조

의결권을 행사할 수 있는 회생채권자의 의결권의 총액의 3분의 2이상에 해당하는 의결권을 가진 자의 동의가 있을 것

2. 회생담보권자의 조

가. 제220조의 규정에 의한 회생계획안에 관하여는 의결권을 행사할 수 있는 회생담보권자의 의결권의 총액의 4분의 3이상에 해당하는 의결권을 가진 자의 동의가 있을 것

나. 제222조의 규정에 의한 회생계획안에 관하여는 의결권을 행사할 수 있는 회생담보권자의 의결권의 총액의 5분의 4이상에 해당하는 의결권을 가진 자의 동의가 있을 것

3. 주주·지분권자의 조

회생계획안의 가결을 위한 관계인집회에서 의결권을 행사하는 주주·지분권자의 의결권의 총수의 2분의 1이상에 해당하는 의결권을 가진 자의 동의가 있을 것

제238조(속행기일의 지정) 관계인집회에서 회생계획안이 가결되지 아니한 경우 다음 각호의 자가 모두 기일의 속행에 동의한 때에는 법원은 관리인 또는 채무자나 의결권을 행사할 수 있는 회생채권자·회생담보권자·주주·지분권자의 신청에 의하거나 직권으로 속행기일을 정할 수 있다. <개정 2014. 12. 30.>

1. 회생채권자의 조에서 의결권을 행사할 수 있는 회생채권자의 의결

권의 총액의 3분의 1이상에 해당하는 의결권을 가진 자

2. 회생담보권자의 조에서 의결권을 행사할 수 있는 회생담보권자의 의결권의 총액의 2분의 1이상에 해당하는 의결권을 가진 자

3. 주주·지분권자의 조에서 의결권을 행사하는 주주·지분권자의 의결권의 총수의 3분의 1이상에 해당하는 의결권을 가진 자

제239조(가결의 시기) ①회생계획안의 가결은 제232조제1항의 규정에 의한 관계인집회의 제1기일부터 2월 이내에 하여야 한다.

②법원은 필요하다고 인정하는 때에는 계획안제출자의 신청에 의하거나 직권으로 제1항의 규정에 의한 기간을 늘일 수 있다. 이 경우 그 기간은 1월을 넘지 못한다.

③회생계획안의 가결은 회생절차개시일부터 1년 이내에 하여야 한다. 다만, 불가피한 사유가 있는 때에는 법원은 6월의 범위 안에서 그 기간을 늘일 수 있다.

제240조(서면에 의한 결의) ①법원은 회생계획안이 제출된 때에 상당하다고 인정하는 때에는 회생계획안을 서면에 의한 결의(이하 이 편에서 "서면결의"라 한다)에 부치는 취지의 결정을 할 수 있다. 이 경우 법원은 그 뜻을 공고하여야 한다.

②제1항의 규정에 의한 서면결의를 결정한 때에는 법원은 제182조제1항에 규정된 자에 대하여 회생계획안의 사본 또는 그 요지를 송달함과 동시에 의결권자에 대하여는 회생계획안에 동의하는지 여부와 인가 여부에 관한 의견, 회생계획안이 가결되지 아니한 경우 속행기일의 지정에 동의하는지 여부(제223조제2항의 사전계획안이 제출된 때에는 속행기일의 지정에 동의하는지 여부는 묻지 아니한다)를 법원이 정하는 기간(이하 이 장에서 "회신기간"이라 한다)안에 서면으로 회신하여야 한다는 뜻을 기재한 서면을 송달하여야 한다. 이 경우 회신기간은 제1항의 규정에 의한 결정일부터 2월을 넘을 수 없다. <개정 2016. 5. 29.>

③제2항의 규정에 의한 송달은 서류를 우편으로 발송하여 할 수 있다.

④제2항의 규정에 의하여 회생계획안을 송달한 때에는 제224조의 회생계획안 심리를 위한 관계인집회가 완료된 것으로 본다.

⑤회신기간 안에 회생계획안에 동의한다는 뜻을 서면으로 회신하여 법원에 도달한 의결권자의 동의가 제237조의 규정에 의한 가결요건을 충족하는 때에는 그 회생계획안은 가결된 것으로 본다.

⑥제188조제1항 내지 제3항 및 제189조의 규정은 서면결의에 관하여 준용한다.

⑦서면결의로 가결되지 아니한 회생계획안에 대하여 제238조의 규정에 의한 속행기일이 지정된 때에는 속행기일에서 결의에 부쳐야 하고 다시 서면결의에 부칠 수 없다.

제241조(회생계획안이 가결된 경우의 법인의 존속) 청산 중이거나 파산선고를 받은 사단법인 또는 재단법인인 채무자에 대하여 회생절차가 개시되어 회생계획안이 가결된 때에는 그 사단법인은 정관의 변경에 관한 규정에 따라, 재단법인은 주무관청의 인가를 받아 법인을 존속하게 할 수 있다.

제4절 회생계획의 인가 등

제242조(회생계획의 인가 여부) ①관계인집회에서 회생계획안을 가결한 때에는 법원은 그 기일에 또는 즉시로 선고한 기일에 회생계획의 인가 여부에 관하여 결정을 하여야 한다.

②제1항의 규정에 의한 기일에서 다음 각호의 어느 하나에 해당하는 자는 회생계획의 인가 여부에 관하여 의견을 진술할 수 있다. <개정 2008. 2. 29.>

1. 제182조제1항 각호의 자
2. 채무자의 업무를 감독하는 행정청·법무부장관 및 금융위원회

③회생계획의 인가 여부의 기일을 정하는 결정은 선고를 한 때에는 공고와 송달을 하지 아니할 수 있다.

④ 삭제 <2016. 5. 29.>

⑤ 삭제 <2016. 5. 29.>

제242조의2(서면결의를 거친 경우 회생계획의 인가 여부) ① 서면결의에 의하여 회생계획안이 가결된 때에는 법원은 지체 없이 회생계획의 인가 여부에 관하여 결정을 하여야 한다.

② 법원은 제1항에 따른 회생계획의 인가 여부에 관한 결정에 앞서 제240조제2항의 회신기간 이후로 기일을 정하여 회생계획 인가 여부에 관한 이해관계인의 의견을 들을 수 있다.

③ 제242조제2항 각 호의 어느 하나에 해당하는 자는 제2항에 따른 기일에서 회생계획의 인가 여부에 관하여 의견을 진술할 수 있다.

④ 제2항에 따른 기일을 정하는 결정이 있는 때에는 법원은 이를 공고하고 그 결정서를 제240조제2항에 따라 회생계획 인가 여부에 관한 의견을 서면으로 회신한 자에게 송달하여야 한다.

⑤ 법원은 상당하다고 인정하는 때에는 관리인의 신청에 의하거나 직권으로 제2항에 따른 기일과 특별조사기일을 병합할 수 있다.

⑥ 법원은 제1항에 따라 회생계획의 인가 또는 불인가의 결정을 한 때에는 제182조제1항 각 호의 자에게 그 주문 및 이유의 요지를 기재한 서면을 송달하여야 한다.

[본조신설 2016. 5. 29.]

제243조(회생계획인가의 요건) ①법원은 다음의 요건을 구비하고 있는 경우에 한하여 회생계획인가의 결정을 할 수 있다.

1. 회생절차 또는 회생계획이 법률의 규정에 적합할 것
2. 회생계획이 공정하고 형평에 맞아야 하며 수행이 가능할 것
3. 회생계획에 대한 결의를 성실·공정한 방법으로 하였을 것
4. 회생계획에 의한 변제방법이 채무자의 사업을 청산할 때 각 채권자에게 변제하는 것보다 불리하지 아니하게 변제하는 내용일 것. 다만, 채권자가 동의한 경우에는 그러하지 아니하다.
5. 합병 또는 분할합병을 내용으로 한 회생계획에 관하여는 다른 회사의 주주총회 또는 사원총회의 합병계약서 또는 분할합병계약서의 승인결의가 있었을 것. 다만, 그 회사가 주주총회 또는 사원총회의 승인결의를 요하지 아니하는 경우를 제외한다.
6. 회생계획에서 행정청의 허가·인가·면허 그 밖의 처분을 요하는 사항이 제226조제2항의 규정에 의한 행정청의 의견과 중요한 점에서 차이가 없을 것
7. 주식의 포괄적 교환을 내용으로 하는 회생계획에 관하여는 다른 회사의 주주총회의 주식의 포괄적 교환계약서의 승인결의가 있을 것. 다만, 그 회사가 「상법」 제360조의9(간이주식교환) 및 제360조의10(소규모 주식교환)의 규정에 의하여 주식의 포괄적 교환을 하는 경우를 제외한다.

②회생계획의 인가 여부 결정에 이르기까지의 절차가 법률의 규정에

위반되는 경우에도 그 위반의 정도, 채무자의 현황 그 밖의 모든 사정을 고려하여 회생계획을 인가하지 아니하는 것이 부적당하다고 인정되는 때에는 법원은 회생계획인가의 결정을 할 수 있다.

제243조의2(회생계획의 불인가) ① 회생계획안이 제57조 각 호의 어느 하나에 해당하는 행위를 내용으로 하는 경우로서 제231조의2제1항 각 호의 요건을 모두 충족하는 경우에는 법원은 회생계획불인가의 결정을 할 수 있다.

② 회생계획안이 제57조 각 호의 어느 하나에 해당하는 행위를 내용으로 하는 경우로서 그 행위를 하려는 자 또는 그와 대통령령으로 정하는 특수관계에 있는 자가 제231조의2제2항 각 호의 어느 하나에 해당하는 경우에는 법원은 회생계획불인가의 결정을 하여야 한다.

③ 법원은 제1항 또는 제2항의 내용을 확인하기 위하여 필요한 경우에는 채무자, 관리인, 보전관리인, 그 밖의 이해관계인 등에게 정보의 제공 또는 자료의 제출을 명할 수 있다.

[본조신설 2014. 10. 15.]

제244조(동의하지 아니하는 조가 있는 경우의 인가) ①회생계획안에 관하여 관계인집회에서 결의하거나 제240조의 규정에 의한 서면결의에 부치는 경우 법정의 액 또는 수 이상의 의결권을 가진 자의 동의를 얻지 못한 조가 있는 때에도 법원은 회생계획안을 변경하여 그 조의 회생채권자·회생담보권자·주주·지분권자를 위하여 다음 각호의 어느 하나에 해당하는 방법에 의하여 그 권리를 보호하는 조항을 정하고 회생계획인가의 결정을 할 수 있다.

1. 회생담보권자에 관하여 그 담보권의 목적인 재산을 그 권리가 존속되도록 하면서 신회사에 이전하거나 타인에게 양도하거나 채무자에게 유보하는 방법
2. 회생담보권자에 관하여는 그 권리의 목적인 재산을, 회생채권자에 관하여는 그 채권의 변제에 충당될 채무자의 재산을, 주주·지분권자에 관하여는 잔여재산의 분배에 충당될 채무자의 재산을 법원이 정하는 공정한 거래가격(담보권의 목적인 재산에 관하여는 그 권리로 인한 부담이 없는 것으로 평가한다) 이상의 가액으로 매각하고 그 매각대금에서 매각비용을 공제한 잔금으로 변제하거나 분배하거나 공탁하는 방법
3. 법원이 정하는 그 권리의 공정한 거래가액을 권리자에게 지급하는 방법

4. 그 밖에 제1호 내지 제3호의 방법에 준하여 공정하고 형평에 맞게 권리자를 보호하는 방법

②회생계획안에 관하여 관계인집회에서 결의하거나 제240조의 규정에 의한 서면결의에 부치는 경우 회생계획안의 가결요건을 충족하는 데에 필요한 동의를 얻지 못할 것이 명백한 조가 있는 때에는 법원은 회생계획안을 작성한 자의 신청에 의하여 미리 그 조의 회생채권자·회생담보권자·주주·지분권자를 위하여 제1항 각호의 방법에 의하여 그 권리를 보호하는 조항을 정하고 회생계획안을 작성할 것을 허가 할 수 있다.

③제2항의 규정에 의한 신청이 있는 때에는 법원은 신청인과 동의를 얻지 못할 것이 명백한 조의 권리자 1인 이상의 의견을 들어야 한다.

제245조(회생계획인가 여부 결정의 선고 등) ①법원은 회생계획의 인가 여부의 결정을 선고하고 그 주문, 이유의 요지와 회생계획이나 그 요지를 공고하여야 한다. 이 경우 송달은 하지 아니할 수 있다.

②제41조제1항의 규정은 제1항의 규정에 의한 결정이 있는 경우에 관하여 준용한다.

③제1항의 규정에 불구하고 제1항의 규정에 의한 회생계획인가 여부의 결정이 제240조의 규정에 의한 서면결의에 관한 것인 때에는 법원은 그 주문, 이유의 요지와 회생계획 및 그 요지를 다음 각호의 자에게 송달하여야 한다. <개정 2008. 2. 29.>

1. 제182조제1항 각호의 자

2. 채무자가 주식회사인 경우에는 채무자의 업무를 감독하는 행정청·법무부장관 및 금융위원회

제246조(회생계획의 효력발생시기) 회생계획은 인가의 결정이 있은 때부터 효력이 생긴다.

제247조(항고) ①회생계획의 인가 여부의 결정에 대하여는 즉시항고를 할 수 있다. 다만, 목록에 기재되지 아니하거나 신고하지 아니한 회생채권자·회생담보권자·주주·지분권자는 그러하지 아니하다.

②의결권이 없는 회생채권자·회생담보권자·주주·지분권자는 제1항의 규정에 의한 즉시항고를 하는 때에는 회생채권자·회생담보권자·주주·지분권자인 것을 소명하여야 한다.

③회생계획인가의 결정에 대한 항고는 회생계획의 수행에 영향을 미치

지 아니한다. 다만, 항고법원 또는 회생계속법원은 항고가 이유있다고 인정되고 회생계획의 수행으로 생길 회복할 수 없는 손해를 예방하기 위하여 긴급한 필요가 있음을 소명한 때에는 신청에 의하여 항고에 관하여 결정이 있을 때까지 담보를 제공하게 하거나 담보를 제공하게 하지 아니하고 회생계획의 전부나 일부의 수행을 정지하거나 그 밖에 필요한 처분을 할 수 있다. <개정 2016. 12. 27.>

④회생계획불인가의 결정에 대한 항고가 있는 때에는 회생계속법원은 기간을 정하여 항고인에게 보증으로 대법원규칙이 정하는 범위 안에서 금전 또는 법원이 인정하는 유가증권을 공탁하게 할 수 있다. <개정 2016. 12. 27.>

⑤제4항의 경우 항고인이 법원이 정하는 기간 안에 보증을 제공하지 아니하는 때에는 법원은 결정으로 항고를 각하하여야 한다.

⑥제4항의 규정에 의한 항고가 기각되고 채무자에 대하여 파산선고가 있거나 파산절차가 속행되는 때에는 보증으로 제공한 금전 또는 유가증권은 파산재단에 속한다.

⑦제1항의 즉시항고에 관한 재판의 불복은 「민사소송법」 제442조(재항고)의 규정에 의한다. 이 경우 제1항 내지 제6항의 규정은 이에 준용한다.

제248조(회생계획불인가의 결정이 확정된 경우) 제291조 및 제292조의 규정은 회생계획불인가의 결정이 확정된 경우에 관하여 준용한다.

제249조(회생채권자표 등의 기재) 회생계획인가의 결정이 확정된 때에는 법원사무관등은 회생계획에서 인정된 권리를 회생채권자표, 회생담보권자표와 주주·지분권자표에 기재하여야 한다.

제250조(회생계획의 효력범위) ①회생계획은 다음 각호의 자에 대하여 효력이 있다.

1. 채무자
2. 회생채권자·회생담보권자·주주·지분권자
3. 회생을 위하여 채무를 부담하거나 담보를 제공하는 자
4. 신회사(합병 또는 분할합병으로 설립되는 신회사를 제외한다)

②회생계획은 다음 각호의 권리 또는 담보에 영향을 미치지 아니한다.

1. 회생채권자 또는 회생담보권자가 회생절차가 개시된 채무자의 보증인 그 밖에 회생절차가 개시된 채무자와 함께 채무를 부담하는 자에

대하여 가지는 권리

2. 채무자 외의 자가 회생채권자 또는 회생담보권자를 위하여 제공한 담보

제251조(회생채권 등의 면책 등) 회생계획인가의 결정이 있는 때에는 회생계획이나 이 법의 규정에 의하여 인정된 권리를 제외하고는 채무자는 모든 회생채권과 회생담보권에 관하여 그 책임을 면하며, 주주·지분권자의 권리와 채무자의 재산상에 있던 모든 담보권은 소멸한다. 다만, 제140조제1항의 청구권은 그러하지 아니하다.

제252조(권리의 변경) ①회생계획인가의 결정이 있는 때에는 회생채권자·회생담보권자·주주·지분권자의 권리는 회생계획에 따라 변경된다.

②「상법」 제339조(질권의 물상대위) 및 제340조(주식의 등록질)제3항은 주주·지분권자가 제1항의 규정에 의한 권리의 변경으로 받을 금전 그 밖의 물건, 주식 또는 출자지분, 채권 그 밖의 권리와 주권에 관하여 준용한다. <개정 2014. 5. 20.>

제253조(회생채권자 및 회생담보권자의 권리) 회생계획에 의하여 정하여진 회생채권자 또는 회생담보권자의 권리는 확정된 회생채권 또는 회생담보권을 가진 자에 대하여만 인정된다.

제254조(신고하지 아니한 주주·지분권자의 권리) 회생계획에 의하여 인정된 주주·지분권자의 권리는 주식 또는 출자지분의 신고를 하지 아니한 주주·지분권자에 대하여도 인정된다.

제255조(회생채권자표 등의 기재의 효력) ①회생채권 또는 회생담보권에 기하여 회생계획에 의하여 인정된 권리에 관한 회생채권자표 또는 회생담보권자표의 기재는 회생계획인가의 결정이 확정된 때에 다음 각호의 자에 대하여 확정판결과 동일한 효력이 있다.

1. 채무자

2. 회생채권자·회생담보권자·주주·지분권자

3. 회생을 위하여 채무를 부담하거나 또는 담보를 제공하는 자

4. 신회사(합병 또는 분할합병으로 설립되는 신회사를 제외한다)

②제1항의 규정에 의한 권리로서 금전의 지급 그 밖의 이행의 청구를 내용으로 하는 권리를 가진 자는 회생절차종결 후 채무자와 회생을 위하여 채무를 부담한 자에 대하여 회생채권자표 또는 회생담보권자표에 의하여 강제집행을 할 수 있다. 이 경우 보증인은 「민법」 제437조

(보증인의 최고, 검색의 항변)의 규정에 의한 항변을 할 수 있다.

③「민사집행법」 제2조(집행실시자) 내지 제18조(집행비용의 예납 등), 제20조(공공기관의 원조), 제28조(집행력 있는 정본) 내지 제55조(외국에서 할 집행)의 규정은 제2항의 경우에 관하여 준용한다. 다만, 「민사집행법」 제33조(집행문부여의 소), 제44조(청구에 관한 이의의 소) 및 제45조(집행문부여에 대한 이의의 소)의 규정에 의한 소는 회생계속법원의 관할에 전속한다. <개정 2016. 12. 27.>

제256조(중지 중의 절차의 실효) ①회생계획인가의 결정이 있은 때에는 제58조제2항의 규정에 의하여 중지한 파산절차, 강제집행, 가압류, 가처분, 담보권실행 등을 위한 경매절차는 그 효력을 잃는다. 다만, 같은 조 제5항의 규정에 의하여 속행된 절차 또는 처분은 그러하지 아니한다.

②제1항의 규정에 의하여 효력을 잃은 파산절차에서의 재단채권(제473조제2호 및 제9호에 해당하는 것을 제외한다)은 공익채권으로 한다.

제7장 회생계획인가 후의 절차

제257조(회생계획의 수행) ①회생계획인가의 결정이 있는 때에는 관리인은 지체 없이 회생계획을 수행하여야 한다.

②회생계획에 의하여 신회사를 설립하는 때에는 관리인이 발기인 또는 설립위원의 직무를 행한다.

③관리위원회는 매년 회생계획이 적정하게 수행되고 있는지의 여부에 관하여 평가하고 그 평가결과를 법원에 제출하여야 한다.

④관리위원회는 법원에 회생절차의 종결 또는 폐지 여부에 관한 의견을 제시할 수 있다.

제258조(회생계획수행에 관한 법원의 명령) ①법원은 다음 각호의 자에 대하여 회생계획의 수행에 필요한 명령을 할 수 있다.

1. 채무자
2. 회생채권자・회생담보권자・주주・지분권자
3. 회생을 위하여 채무를 부담하거나 담보를 제공하는 자

4. 신회사(합병 또는 분할합병으로 설립되는 신회사를 제외한다)
5. 관리인

②법원은 회생계획의 수행을 확실하게 하기 위하여 필요하다고 인정하는 때에는 회생계획 또는 이 법의 규정에 의하여 채권을 가진 자와 이의있는 회생채권 또는 회생담보권으로서 그 확정절차가 끝나지 아니한 것을 가진 자를 위하여 상당한 담보를 제공하게 할 수 있다.

③「민사소송법」 제122조(담보제공방식), 제123조(담보물에 대한 피고의 권리), 제125조(담보의 취소) 및 제126조(담보물변경)의 규정은 제2항의 규정에 의한 담보에 관하여 준용한다.

제259조(채무자에 대한 실사) 다음 각호의 어느 하나에 해당하는 경우 법원은 채권자협의회의 신청에 의하거나 직권으로 조사위원 또는 간이조사위원으로 하여금 채무자의 재산 및 영업상태를 실사하게 할 수 있다. <개정 2014. 12. 30.>

1. 회생계획을 제대로 수행하지 못하는 경우
2. 회생절차의 종결 또는 폐지 여부의 판단을 위하여 필요한 경우
3. 회생계획의 변경을 위하여 필요한 경우

제260조(주주총회 또는 사원총회의 결의 등에 관한 법령의 규정 등의 배제) 회생계획을 수행함에 있어서는 법령 또는 정관의 규정에 불구하고 법인인 채무자의 창립총회·주주총회 또는 사원총회(종류주주총회 또는 이에 준하는 사원총회를 포함한다) 또는 이사회의 결의를 하지 아니하여도 된다.

제261조(영업양도 등에 관한 특례) ①제200조의 규정에 의하여 회생계획에서 다음 각호의 행위를 정한 때에는 회생계획에 따라 그 행위를 할 수 있다.

1. 다음 각목의 어느 하나에 해당하는 계약 또는 이에 준하는 계약의 체결·변경 또는 해약
   가. 채무자의 영업이나 재산의 전부나 일부를 양도·출자 또는 임대하는 계약
   나. 채무자의 사업의 경영의 전부나 일부를 위임하는 계약
   다. 타인과 영업의 손익을 같이 하는 계약 그 밖에 이에 준하는 계약
2. 타인의 영업이나 재산의 전부나 일부를 양수할 것에 대한 약정

②제1항의 경우 「상법」 제374조(영업양도, 양수, 임대등)제2항 및 제374조의2(반대주주의 주식매수청구권)와 「자본시장과 금융투자업에 관한 법률」 제165조의5(주식매수청구권의 특례)의 규정은 적용하지 아니한다. <개정 2014. 5. 20.>

제262조(정관변경에 관한 특례) 제202조의 규정에 의하여 회생계획에서 채무자의 정관을 변경할 것을 정한 경우에는 정관은 회생계획인가결정이 있는 때에 회생계획에 의하여 변경된다.

제263조(이사 등의 변경에 관한 특례) ①제203조의 규정에 의하여 회생계획에서 이사의 선임이나 대표이사의 선정을 정한 경우 이들은 회생계획이 인가된 때에 선임 또는 선정된 것으로 본다.

②제203조의 규정에 의하여 회생계획에서 이사의 선임이나 대표이사의 선정의 방법을 정한 때에는 회생계획에서 정한 방법으로 이사를 선임하거나 대표이사를 선정할 수 있다. 이 경우 이사의 선임이나 대표이사의 선정에 관한 다른 법령이나 정관의 규정은 적용하지 아니한다.

③제203조제4항의 규정에 의하여 법원이 감사를 선임하는 때에는 감사의 선임에 관한 다른 법령이나 정관의 규정을 적용하지 아니한다.

④회생계획에서 유임할 것으로 정하지 아니한 이사 또는 대표이사는 회생계획이 인가된 때에 해임된 것으로 보며, 감사로서 제203조제4항의 규정에 의하여 감사로 선임되지 아니한 자는 법원이 제203조제4항의 규정에 의하여 감사를 선임한 때에 해임된 것으로 본다.

⑤제1항 및 제2항의 규정에 의하여 선임 또는 선정되거나 회생계획에 의하여 유임된 이사 또는 대표이사의 임기와 대표이사의 대표의 방법은 회생계획에 의하며, 제203조제4항의 규정에 의하여 선임된 감사의 임기는 법원이 정한다.

제264조(자본감소에 관한 특례) ①제205조의 규정에 의하여 회생계획에서 자본의 감소를 정한 때에는 회생계획에 의하여 자본을 감소할 수 있다.

②제1항의 경우 「상법」 제343조(주식의 소각)제2항, 제439조(자본감소의 방법, 절차)제2항ㆍ제3항, 제440조(주식병합의 절차), 제441조(주식병합의 절차), 제445조(감자무효의 소) 및 제446조(준용규정)의 규정은 적용하지 아니하며, 같은 법 제443조(단주의 처리)제1항 단서에 규정된 사건은 회생계속법원의 관할로 한다. <개정 2016. 12. 27.>

③제1항의 경우 채무자의 자본감소로 인한 변경등기의 신청서에는 회

생계획인가결정서의 등본 또는 초본을 첨부하여야 한다.

제265조(납입 등이 없는 신주발행에 관한 특례) ①제206조제1항 및 제4항의 규정에 의하여 회생계획에서 채무자가 회생채권자·회생담보권자 또는 주주에 대하여 새로 납입 또는 현물출자를 하게 하지 아니하고 신주를 발행할 것을 정한 때에는 이 권리자는 회생계획인가가 결정된 때에 주주가 된다. 다만, 회생계획에서 특별히 정한 때에는 그 정한 때에 주주가 된다.

②제1항의 경우에는 신주인수권에 관한 정관의 규정을 적용하지 아니한다.

③「상법」 제440조(주식병합의 절차) 내지 제444조(단주의 처리)의 규정은 주주에 대하여 배정할 주식에 단수(端數)가 생긴 경우에 관하여 준용한다. 이 경우 같은 법 제443조(단주의 처리)제1항 단서에 규정된 사건은 회생계속법원의 관할로 하고, 「비송사건절차법」 제83조(단주매각의 허가신청)의 규정을 준용한다. <개정 2016. 12. 27.>

제266조(납입 등이 있는 신주발행에 관한 특례) ①제206조제2항·제3항의 규정에 의하여 회생계획에서 채무자가 신주를 발행할 것을 정한 때에는 회생계획에 의하여 신주를 발행할 수 있다.

②제1항의 경우에는 「상법」 제418조(신주인수권의 내용 및 배정일의 지정·공고), 제422조(현물출자의 검사), 제424조(유지청구권), 제424조의2(불공정한 가액으로 주식을 인수한 자의 책임), 제428조(이사의 인수담보책임) 및 제429조(신주발행무효의 소) 내지 제432조(무효판결과 주주에의 환급)의 규정은 적용하지 아니한다.

③제1항의 경우에는 신주인수권에 관한 정관의 규정을 적용하지 아니하며, 「상법」 제425조(준용규정)제1항에서 준용하는 같은 법 제306조 (납입금의 보관자 등의 변경)에 규정된 사건은 회생계속법원의 관할로 한다. <개정 2016. 12. 27.>

④제1항의 경우 「상법」 제419조(신주인수권자에 대한 최고)의 규정을 준용한다. 이 경우 「상법」 제419조(신주인수권자에 대한 최고)제2항 중 "주권"은 "주권 또는 사채권"으로 본다.

⑤회생채권자·회생담보권자 또는 주주에 대하여 새로 납입 또는 현물출자를 하게 하여 신주를 발행하는 때에는 이들 권리자는 회생계획에서 정한 금액을 납입하거나 현물출자를 하면 된다.

⑥제265조제3항의 규정은 주주에 대하여 새로 납입 또는 현물출자를 하게 하여 배정할 주식에 단수(端數)가 생긴 경우에 관하여 준용한다.

다만, 종전의 주주에 교부할 대금에서 단주(端株)에 대하여 납입할 금액 또는 이행할 현물출자에 상당하는 금액을 공제하여야 한다.

⑦제1항의 경우 채무자의 신주발행으로 인한 변경등기의 촉탁서 또는 신청서에는 회생계획인가결정서의 등본 또는 초본 외에 주식의 청약과 인수를 증명하는 서면과 납입금의 보관에 관한 증명서를 첨부하여야 한다.

제267조(주식회사의 납입 등이 없는 사채발행에 관한 특례) ①제209조의 규정에 의하여 회생계획에서 주식회사인 채무자가 회생채권자·회생담보권자 또는 주주에 대하여 새로 납입을 하게 하지 아니하고 사채를 발행할 것을 정한 때에는 이들 권리자는 회생계획인가가 결정된 때에 사채권자가 된다.

②제1항의 경우에는 「상법」 제471조(사채모집의 제한)의 규정은 적용하지 아니한다.

③제1항의 경우 회생계획의 규정에 의하여 회생채권자 또는 회생담보권자에 대하여 발행하는 사채의 액은 「상법」 제470조(총액의 제한)의 규정에서 정하는 사채의 총액에 산입하지 아니한다.

제268조(주식회사의 납입 등이 있는 사채발행에 관한 특례) ①제267조에 규정된 경우를 제외하고 제209조의 규정에 의하여 회생계획에서 주식회사인 채무자가 사채를 발행할 것을 정한 때에는 회생계획에 의하여 사채를 발행할 수 있다.

②회생채권자·회생담보권자 또는 주주에 대하여 새로 납입을 하게 하여 사채를 발행하는 때에는 이들 권리자는 회생계획에 정한 금액을 납입한 때에 사채권자가 된다.

③제266조제4항 및 제267조제2항·제3항의 규정은 제1항의 경우에 관하여 준용한다.

④제1항의 경우 전환사채 또는 신주인수권부사채의 등기의 촉탁서 또는 신청서에는 다음 각호의 서면을 첨부하여야 한다.

1. 회생계획인가결정서의 등본 또는 초본
2. 전환사채 또는 신주인수권부사채의 청약 및 인수를 증명하는 서면
3. 각 전환사채 또는 신주인수권부사채에 대하여 납입이 있은 것을 증명하는 서면

제269조(주식회사의 주식의 포괄적 교환에 관한 특례) ①제207조의 규

정에 의하여 회생계획에서 주식회사인 채무자가 다른 회사와 주식의 포괄적 교환을 하는 것을 정한 때에는 회생계획에 의하여 주식의 포괄적 교환을 할 수 있다.

②제1항의 경우 완전모회사로 되는 회사의 주식의 배정을 받는 회생채권자 또는 회생담보권자는 회생계획인가시에 주식인수인으로 되고, 주식의 포괄적 교환의 효력이 생긴 때에 주주로 된다.

③제1항의 경우 「상법」 제360조의4(주식교환계약서등의 공시), 제360조의5(반대주주의 주식매수청구권), 제360조의7(완전모회사의 자본증가의 한도액) 및 제360조의14(주식교환무효의 소)의 규정은 적용하지 아니한다.

④제1항의 경우 채무자에 대한 「상법」 제360조의8(주권의 실효절차)의 규정을 적용하는 때에는 같은 조에서 "제360조의3제1항의 규정에 의한 승인"은 "주식의 포괄적 교환을 내용으로 하는 회생계획인가"로 본다.

⑤제1항 내지 제4항의 규정은 주식의 포괄적 교환의 상대방인 다른 회사에 대한 「상법」의 적용에 영향을 미치지 아니한다.

⑥제1항의 경우 채무자가 완전모회사로 되는 때에 주식의 포괄적 교환에 의한 회사의 변경등기의 촉탁서 또는 신청서에는 다음 각호의 서류를 첨부하여야 한다.

1. 회생계획인가결정서의 등본 또는 초본

2. 주식의 포괄적 교환계약서

⑦제1항의 경우 주식의 포괄적 교환의 상대방인 다른 회사가 완전모회사로 되는 때에는 그 회사의 주식의 포괄적 교환에 의한 변경등기의 신청서에는 다음 각호의 서류를 첨부하여야 한다.

1. 회생계획인가결정서의 등본 또는 초본

2. 그 회사의 주주총회의 의사록(그 회사가 주주총회의 승인을 얻지 아니하고 주식의 포괄적 교환을 한 때에는 그 회사의 이사회의 의사록)

제270조(주식회사의 주식의 포괄적 이전에 관한 특례) ①제208조의 규정에 의하여 회생계획에서 주식회사인 채무자가 주식의 포괄적 이전을 할 것을 정한 때에는 회생계획에 따라 주식의 포괄적 이전을 할 수 있다.

②제1항의 경우 설립된 완전모회사인 신회사의 주식의 배정을 받는 회

생채권자 또는 회생담보권자는 회생계획의 인가시에 주식인수인으로 되고 주식의 포괄적 이전의 효력이 생긴 때에 주주로 된다.

③제1항의 경우 「상법」 제360조의17(주식이전계획서 등의 서류의 공시), 제360조의18(완전모회사의 자본의 한도액), 제360조의22(주식교환 규정의 준용)에서 준용하는 같은 법 제360조의5(반대주주의 주식매수청구권) 및 제360조의23(주식이전무효의 소)의 규정은 적용하지 아니한다.

④제1항의 경우 회사에 대한 「상법」 제360조의19(주권의 실효절차)의 규정의 적용에 관하여는 같은 조에서 "제360조의16제1항의 규정에 의한 결의"는 "주식의 포괄적 이전을 내용으로 하는 회생계획인가"로 본다.

⑤주식의 포괄적 이전에 의한 설립등기의 촉탁서 또는 신청서에는 다음 각호의 서류를 첨부하여야 한다.

1. 회생계획인가결정서의 등본 또는 초본

2. 대표이사에 관한 이사회의 의사록

제271조(합병에 관한 특례) ①제210조 또는 제211조의 규정에 의하여 회생계획에서 채무자가 다른 회사와 합병할 것을 정한 때에는 회생계획에 따라 합병할 수 있다.

②제1항의 경우 합병 후 존속하는 회사나 합병으로 설립되는 신회사의 주식 또는 출자지분의 배정을 받은 회생채권자 또는 회생담보권자는 회생계획인가가 결정된 때에 주식 또는 출자지분의 인수인이 되며, 합병의 효력이 생긴 때에 주주 또는 사원이 된다.

③제1항의 경우 「상법」 제522조의2(합병계약서 등의 공시), 제522조의3(합병반대주주의 주식매수청구권), 제527조의5(채권자보호절차), 제527조의6(합병에 관한 서류의 사후공시) 및 제529조(합병무효의 소)와 「자본시장과 금융투자업에 관한 법률」 제165조의5(주식매수청구권의 특례)의 규정은 적용하지 아니한다. <개정 2014. 5. 20.>

④「상법」 제530조(준용규정)제3항 또는 제603조(준용규정)에서 준용하는 같은 법 제443조(단주의 처리)제1항 단서에 규정된 사건은 회생계속법원의 관할로 한다. <개정 2016. 12. 27.>

⑤제1항의 경우 「상법」 제530조(준용규정)제2항 또는 제603조(준용규정)의 규정에 불구하고 같은 법 제237조(준용규정) 내지 제240조(준용규정), 제374조(영업양도, 양수, 임대등)제2항, 제374조의2(반대

주주의 주식매수청구권)제2항 내지 제4항 및 제439조(자본감소의 방법, 절차)제3항의 규정은 준용하지 아니한다.

⑥제1항 내지 제5항의 규정은 합병의 상대방인 다른 회사에 대한 「상법」의 규정의 적용에 영향을 미치지 아니한다.

⑦제267조의 규정은 제210조제5호 또는 제211조제6호의 규정에 의하여 주주에게 사채를 배정한 경우에 관하여 준용한다. 이 경우 주주는 합병의 효력이 생긴 때에 사채권자가 된다.

⑧제1항의 경우 합병으로 인한 채무자의 해산 또는 변경의 등기의 촉탁서 또는 신청서에는 다음 각호의 서류를 첨부하여야 한다.

1. 회생계획인가결정서의 등본 또는 초본

2. 합병계약서

⑨제1항의 경우 합병으로 인한 신회사의 설립등기의 촉탁서 또는 신청서에는 다음 각호의 서류를 첨부하여야 한다.

1. 회생계획인가결정서의 등본 또는 초본

2. 합병계약서

3. 정관

4. 창립총회의 의사록

5. 대표이사에 관한 이사회의 의사록

6. 합병의 상대방인 다른 채무자가 선임한 설립위원의 자격을 증명하는 서면

제272조(분할 또는 분할합병에 관한 특례) ①제212조 내지 제214조의 규정에 의하여 회생계획에 의하여 주식회사인 채무자가 분할되거나 주식회사인 채무자 또는 그 일부가 다른 회사 또는 다른 회사의 일부와 분할합병할 것을 정한 때에는 회생계획에 의하여 분할 또는 분할합병할 수 있다.

②제1항의 경우 분할합병 후 존속하는 채무자 또는 분할합병으로 설립되는 신회사의 주식을 배정받은 채무자의 주주·회생채권자 또는 회생담보권자는 회생계획인가가 결정된 때에 주식인수인이 되며, 분할합병의 효력이 생긴 때에 주주가 된다.

③제1항의 경우 「상법」 제530조의7(분할대차대조표 등의 공시), 「상법」 제522조의3(합병반대주주의 주식매수청구권)과 「자본시장과 금융투자업에 관한 법률」 제165조의5(주식매수청구권의 특례)의

규정은 적용하지 아니하며, 「상법」 제530조의11(준용규정)제1항에서 준용하는 같은 법 제443조(단주의 처리)제1항 단서에 규정된 사건은 회생계속법원의 관할로 한다. <개정 2014. 5. 20., 2016. 12. 27.>

④제1항의 경우 「상법」 제530조의9(분할 및 분할합병 후의 회사의 책임)제4항 및 제530조의11(준용규정)의 규정에 불구하고 같은 법 제237조(준용규정) 내지 제240조(준용규정), 제374조(영업양도·양수·임대 등)제2항, 제439조(자본감소의 방법, 절차)제3항, 제522조의3(합병반대주주의 주식매수청구권), 제527조의5(채권자보호절차) 및 제529조(합병무효의 소)의 규정은 준용하지 아니한다.

⑤제1항 내지 제4항의 규정은 분할합병의 상대방인 다른 회사에 대한 「상법」의 규정의 적용에 영향을 미치지 아니한다.

⑥제267조의 규정은 제212조제1항제5호, 제213조제1항제4호 또는 제2항제8호의 규정에 의하여 주주에게 사채를 배정한 경우에 관하여 준용한다. 이 경우 주주는 분할 또는 분할합병의 효력이 생긴 때에 사채권자가 된다.

⑦제1항의 경우 분할로 인한 채무자의 해산등기 또는 변경등기의 촉탁서 또는 신청서에는 회생계획인가결정서의 등본 또는 초본을 첨부하여야 하며, 분할합병으로 인한 채무자의 해산등기 또는 변경등기의 촉탁서 또는 신청서에는 회생계획인가결정서의 등본 또는 초본 외에 분할합병계약서를 첨부하여야 한다.

⑧제1항의 경우 분할합병으로 인한 설립등기의 촉탁서 또는 신청서에는 다음 각호의 서류를 첨부하여야 한다.

1. 회생계획인가결정서의 등본 또는 초본

2. 분할합병계약서

3. 정관

4. 창립총회의 의사록

5. 대표이사에 관한 이사회의 의사록

제273조(새로운 출자가 없는 신회사의 설립에 관한 특례) ①제212조제1항 또는 제214조의 규정에 의하여 회생계획에서 주식회사인 채무자를 분할하여 채무자의 출자만으로 신회사를 설립할 것을 정하거나 제215조의 규정에 의하여 회생계획에서 회생채권자·회생담보권자·주주·지분권자에 대하여 새로 납입 또는 현물출자를 하게 하지 아니하고 주식 또는 출자지분을 인수하게 함으로써 신회사를 설립할 것을 정한 때

에는 신회사는 정관을 작성하고 회생계속법원의 인증을 얻은 후 설립등기를 한 때에 성립한다. <개정 2016. 12. 27.>

②제1항의 경우 신회사가 성립한 때에 회생계획에 의하여 신회사에 이전할 채무자의 재산은 신회사에 이전하고, 신회사의 주식, 출자지분 또는 사채를 배정받은 채무자의 회생채권자·회생담보권자·주주·지분권자는 주주·지분권자 또는 사채권자가 된다.

③제263조제1항·제2항·제5항, 제265조제3항 및 제268조의 규정은 제1항 및 제2항의 경우에 관하여 준용한다.

④제1항의 경우 신회사의 설립등기의 촉탁서에는 다음 각호의 서류를 첨부하여야 한다.

1. 회생계획인가결정서의 등본 또는 초본

2. 정관

3. 회생계획에서 이사 또는 감사의 선임이나 대표이사의 선정의 방법을 정한 때에는 그 선임이나 선정에 관한 서류

4. 명의개서대리인을 둔 때에는 이를 증명하는 서면

제274조(그 밖에 신회사의 설립에 관한 특례) ①제273조에 규정된 경우를 제외하고 제212조제1항 또는 제214조의 규정에 의하여 회생계획에서 주식회사인 채무자를 분할하여 신회사를 설립할 것을 정하거나 합병·분할 또는 분할합병에 의하지 아니하고 제215조의 규정에 의하여 회생계획에서 신회사를 설립할 것을 정한 때에는 회생계획에 의하여 신회사를 설립할 수 있다.

②제1항의 경우 「상법」 제288조(발기인), 제291조(설립 당시의 주식발행사항의 결정) 내지 제293조(발기인의 주식인수), 제295조(발기설립의 경우의 납입과 현물출자의 이행)제1항, 제296조(발기설립의 경우의 임원선임), 제299조(검사인의 조사, 보고), 제300조(법원의 변경처분), 제302조(주식인수의 청약, 주식청약서의 기재사항)제2항제4호, 제310조(변태설립의 경우의 조사), 제311조(발기인의 보고), 제313조(이사, 감사의 조사, 보고)제2항, 제314조(변태설립사항의 변경), 제315조(발기인에 대한 손해배상청구), 제321조(발기인의 인수, 납입담보책임) 내지 제324조(발기인의 책임면제, 주주의 대표소송), 제327조(유사발기인의 책임) 및 제328조(설립무효의 소)의 규정은 적용하지 아니한다.

③제1항의 경우 정관은 회생계속법원의 인증을 받아야 하고, 「상법」

제306조(납입금의 보관자 등의 변경)에 규정된 사건은 회생계속법원의 관할로 하며, 창립총회에서는 회생계획의 취지에 반하여 정관을 변경할 수 없고, 같은 법 제326조(회사불성립의 경우의 발기인의 책임)의 규정에 의한 발기인의 책임은 채무자가 진다. <개정 2016. 12. 27.>

④제1항의 경우 채무자·회생채권자·회생담보권자·주주·지분권자에 대하여 새로 납입 또는 현물출자를 하게 하지 아니하고 주식 또는 출자지분을 인수하게 하거나 새로 납입을 하게 하지 아니하고 사채를 인수하게 하는 때에는 이 권리자는 신회사가 성립한 때에 주주나 지분권자 또는 사채권자가 된다.

⑤제1항의 경우 회생채권자·회생담보권자·주주 또는 제3자에 대하여 새로 납입 또는 현물출자를 하게 하고 주식을 인수하게 하는 때에는 이 자에 대하여 발행할 주식 중에서 인수가 없는 주식에 관하여는 「상법」 제289조(정관의 작성, 절대적 기재사항)제2항의 규정에 반하지 아니하는 한 새로 주주를 모집하지 아니하고 그 주식의 수를 신회사설립시에 발행하는 주식의 총수에서 뺄 수 있다.

⑥제263조제1항·제2항·제5항, 제265조제3항, 제266조제4항 내지 제6항, 제267조제3항 및 제268조의 규정은 제1항 내지 제5항의 경우에 관하여 준용한다.

⑦제1항의 경우 신회사의 설립등기의 촉탁서 또는 신청서에는 다음 각 호의 서류를 첨부하여야 한다.

1. 제273조제4항 각호의 서류

2. 주식의 청약 및 인수를 증명하는 서면

3. 이사 및 감사의 조사보고서와 그 부속서류

4. 창립총회의 의사록

5. 납입금을 보관한 금융기관의 납입금보관증명서

제275조(해산에 관한 특례) ①제216조의 규정에 의하여 회생계획에서 채무자가 합병·분할 또는 분할합병에 의하지 아니하고 해산할 것을 정한 때에는 채무자는 회생계획이 정하는 시기에 해산한다.

②제1항의 경우 해산등기의 신청서에는 회생계획인가결정서의 등본 또는 초본을 첨부하여야 한다.

제276조(주식 등의 인수권의 양도) 회생채권자·회생담보권자·주주·지분권자는 회생계획에 의하여 채무자 또는 신회사의 주식·출자지분 또

는 사채를 인수할 권리가 있는 때에는 이를 타인에게 양도할 수 있다.

제277조(「자본시장과 금융투자업에 관한 법률」의 적용 배제) 주식회사인 채무자 또는 신회사가 주식 또는 사채를 발행하는 때에는 「자본시장과 금융투자업에 관한 법률」 제119조(모집 또는 매출의 신고)의 규정을 적용하지 아니한다. <개정 2007. 8. 3.>

[제목개정 2007. 8. 3.]

제278조(공장재단 등에 관한 처분제한의 특례) 회생계획에 의하여 채무자의 재산을 처분하는 때에는 공장재단 그 밖의 재단 또는 재단에 속하는 재산의 처분제한에 관한 법령은 적용하지 아니한다.

제279조(허가·인가 등에 의한 권리의 승계) 회생계획에서 채무자가 행정청으로부터 얻은 허가·인가·면허 그 밖의 처분으로 인한 권리의무를 신회사에 이전할 것을 정한 때에는 신회사는 다른 법령의 규정에 불구하고 그 권리의무를 승계한다.

제280조(조세채무의 승계) 회생계획에서 신회사가 채무자의 조세채무를 승계할 것을 정한 때에는 신회사는 그 조세를 납부할 책임을 지며, 채무자의 조세채무는 소멸한다.

제281조(퇴직금 등) ①회생절차개시 후 채무자의 이사·대표이사·감사 또는 근로자이었던 자로서 계속하여 신회사의 이사·대표이사·감사 또는 근로자가 된 자는 채무자에서 퇴직한 것을 이유로 하여 퇴직금 등을 지급받을 수 없다.

②제1항에 규정된 자가 채무자에서 재직한 기간은 퇴직금 등의 계산에 관하여는 신회사에서 재직한 기간으로 본다.

제282조(회생계획의 변경) ①회생계획인가의 결정이 있은 후 부득이한 사유로 회생계획에 정한 사항을 변경할 필요가 생긴 때에는 회생절차가 종결되기 전에 한하여 법원은 관리인, 채무자 또는 목록에 기재되어 있거나 신고한 회생채권자·회생담보권자·주주·지분권자의 신청에 의하여 회생계획을 변경할 수 있다.

②제1항의 규정에 의하여 회생채권자·회생담보권자·주주·지분권자에게 불리한 영향을 미칠 것으로 인정되는 회생계획의 변경신청이 있는 때에는 회생계획안의 제출이 있는 경우의 절차에 관한 규정을 준용한다. 다만, 이 경우에는 회생계획의 변경으로 인하여 불리한 영향을 받지 아니하는 권리자를 절차에 참가시키지 아니할 수 있다.

③제246조 및 제247조의 규정은 회생계획변경의 결정이 있은 경우에

관하여 준용한다.

④다음 각호의 어느 하나에 해당하는 경우 종전의 회생계획에 동의한 자는 변경회생계획안에 동의한 것으로 본다.

1. 변경회생계획안에 관하여 결의를 하기 위한 관계인집회에 출석하지 아니한 경우

2. 변경회생계획안에 대한 서면결의절차에서 회신하지 아니한 경우

제283조(회생절차의 종결) ①회생계획에 따른 변제가 시작되면 법원은 다음 각호의 어느 하나에 해당하는 자의 신청에 의하거나 직권으로 회생절차종결의 결정을 한다. 다만, 회생계획의 수행에 지장이 있다고 인정되는 때에는 그러하지 아니하다.

1. 관리인

2. 목록에 기재되어 있거나 신고한 회생채권자 또는 회생담보권자

②법원이 제1항의 규정에 의한 결정을 한 때에는 그 주문 및 이유의 요지를 공고하여야 한다. 이 경우 송달은 하지 아니할 수 있다.

③제40조제1항의 규정은 제1항의 규정에 의한 결정이 있은 경우에 관하여 준용한다.

제284조(이사등의 경영참여금지) 제203조제2항 단서의 규정에 의하여 이사 또는 대표이사로 유임되지 못한 자는 회생절차종결의 결정이 있은 후에도 채무자의 이사로 선임되거나 대표이사로 선정될 수 없다.

제8장 회생절차의 폐지

제285조 삭제 <2014. 12. 30.>

제286조(회생계획인가 전의 폐지) ①다음 각호의 경우 법원은 직권으로 회생절차폐지의 결정을 하여야 한다.

1. 법원이 정한 기간 또는 연장한 기간 안에 회생계획안의 제출이 없거나 그 기간안에 제출된 모든 회생계획안이 관계인집회의 심리 또는 결의에 부칠 만한 것이 못되는 때

2. 회생계획안이 부결되거나 결의를 위한 관계인집회의 제1기일부터 2월 이내 또는 연장한 기간 안에 가결되지 아니하는 때

3. 회생계획안이 제239조제3항의 규정에 의한 기간 안에 가결되지 아니한 때

4. 제240조제1항의 규정에 의한 서면결의에 부치는 결정이 있은 때에 그 서면결의에 의하여 회생계획안이 가결되지 아니한 때. 다만, 서면결의에서 가결되지 아니한 회생계획안에 대하여 제238조의 규정에 의한 속행기일이 지정된 때에는 그 속행기일에서 가결되지 아니한 때를 말한다.

②회생계획안의 제출 전 또는 그 후에 채무자의 사업을 청산할 때의 가치가 채무자의 사업을 계속할 때의 가치보다 크다는 것이 명백하게 밝혀진 때에는 법원은 회생계획인가결정 전까지 관리인의 신청에 의하거나 직권으로 회생절차폐지의 결정을 할 수 있다. 다만, 법원이 제222조에 따라 청산 등을 내용으로 하는 회생계획안의 작성을 허가하는 경우에는 그러하지 아니하다. <개정 2014. 12. 30.>

第287조(신청에 의한 폐지) ①채무자가 목록에 기재되어 있거나 신고한 회생채권자와 회생담보권자에 대한 채무를 완제할 수 있음이 명백하게 된 때에는 법원은 다음 각호의 어느 하나에 해당하는 자의 신청에 의하여 회생절차폐지의 결정을 하여야 한다.

1. 관리인

2. 채무자

3. 목록에 기재되어 있거나 신고한 회생채권자 또는 회생담보권자

②신청인은 제1항의 규정에 의한 회생절차폐지의 원인인 사실을 소명하여야 한다.

③제1항의 규정에 의한 신청이 있는 때에는 법원은 채무자, 관리위원회, 채권자협의회 및 목록에 기재되어 있거나 신고한 회생채권자와 회생담보권자에 대하여 그 뜻과 의견이 있으면 법원에 제출할 것을 통지하고, 이해관계인이 열람할 수 있도록 신청에 관한 서류를 법원에 비치하여야 한다.

④법원은 제3항의 규정에 의한 통지를 발송한 후 1월 이상이 경과하지 아니하면 회생절차폐지의 결정을 하지 못한다.

第288조(회생계획인가 후의 폐지) ①회생계획인가의 결정이 있은 후 회생계획을 수행할 수 없는 것이 명백하게 된 때에는 법원은 관리인이나 목록에 기재되어 있거나 신고한 회생채권자 또는 회생담보권자의 신청에 의하거나 직권으로 회생절차폐지의 결정을 하여야 한다.

②법원은 제1항의 규정에 의한 결정을 하기 전에 기일을 열어 관리위원회·채권자협의회 및 이해관계인의 의견을 들을 수 있다. 다만, 기일을 열지 아니하는 때에는 법원은 기한을 정하여 관리위원회·채권자협의회 및 이해관계인에게 의견을 제출할 기회를 부여하여야 한다.

③제2항의 규정에 의한 기일이나 기한을 정하는 결정은 공고하여야 하며, 확정된 회생채권 또는 회생담보권에 기하여 회생계획에 의하여 인정된 권리를 가진 자 중에서 알고 있는 자에 대하여는 송달하여야 한다.

④제1항의 규정에 의한 회생절차폐지는 회생계획의 수행과 이 법의 규정에 의하여 생긴 효력에 영향을 미치지 아니한다.

제289조(폐지결정의 공고) 법원은 회생절차폐지의 결정을 한 때에는 그 주문과 이유의 요지를 공고하여야 한다. 이 경우 송달은 하지 아니할 수 있다.

제290조(항고) ①제247조제1항·제2항 및 제4항 내지 제7항의 규정은 회생절차폐지의 결정에 대한 항고에 관하여 준용한다.

②제40조제1항의 규정은 회생절차폐지의 결정이 확정된 경우에 관하여 준용한다.

제291조(공익채권의 변제) 회생절차폐지의 결정이 확정된 때에는 제6조제1항의 규정에 의하여 파산선고를 하여야 하는 경우를 제외하고 관리인은 채무자의 재산으로 공익채권을 변제하고 이의있는 것에 관하여는 그 채권자를 위하여 공탁을 하여야 한다.

제292조(회생채권자표 등의 기재의 효력) ①제286조 또는 제287조의 규정에 의한 회생절차폐지의 결정이 확정된 때에는 확정된 회생채권 또는 회생담보권에 관하여는 회생채권자표 또는 회생담보권자표의 기재는 채무자에 대하여 확정판결과 동일한 효력이 있다. 다만, 채무자가 회생채권과 회생담보권의 조사기간 또는 특별조사기일에 그 권리에 대하여 이의를 하지 아니한 경우에 한한다.

②회생채권자 또는 회생담보권자는 회생절차종료 후 제6조의 규정에 의하여 파산선고를 하는 경우를 제외하고 채무자에 대하여 회생채권자표 또는 회생담보권자표에 기하여 강제집행을 할 수 있다.

③제255조제3항의 규정은 제2항의 경우에 관하여 준용한다.

제293조(준용규정) 제255조제2항 및 제3항의 규정은 제288조제1항의

규정에 의한 회생절차폐지의 결정이 확정된 경우에 관하여 준용한다.

제9장 소액영업소득자에 대한 간이회생절차 <신설 2014. 12. 30.>

제293조의2(용어의 정의) 이 장에서 사용하는 용어의 뜻은 다음과 같다.

1. "영업소득자"란 부동산임대소득·사업소득·농업소득·임업소득, 그 밖에 이와 유사한 수입을 장래에 계속적으로 또는 반복하여 얻을 가능성이 있는 채무자를 말한다.
2. "소액영업소득자"란 회생절차개시의 신청 당시 회생채권 및 회생담보권의 총액이 50억원 이하의 범위에서 대통령령으로 정하는 금액 이하인 채무를 부담하는 영업소득자를 말한다.
3. "간이회생절차"란 이 장의 규정에 따라 소액영업소득자에게 적용되는 회생절차를 말한다.

[본조신설 2014. 12. 30.]

제293조의3(적용규정 등) ① 간이회생절차에 관하여는 이 장에서 달리 정한 것을 제외하고는 제2편(회생절차)의 규정을 적용한다.

② 이 법[제2편(회생절차)은 제외한다] 또는 다른 법령에서 회생절차를 인용하고 있는 경우에는 해당 법령에 특별한 규정이 있는 경우를 제외하고는 간이회생절차를 포함한 것으로 보아 해당 법령을 적용한다.

[본조신설 2014. 12. 30.]

제293조의4(간이회생절차개시의 신청) ① 소액영업소득자는 법원에 간이회생절차개시의 신청을 할 수 있다. 다만, 개인인 소액영업소득자가 신청일 전 5년 이내에 개인회생절차 또는 파산절차에 의한 면책을 받은 사실이 있는 경우에는 그러하지 아니하다.

② 간이회생절차개시의 신청을 한 자는 제1항의 신청을 하는 때에 그 신청이 같은 항의 요건에 해당되지 아니할 경우에 회생절차개시의 신청을 하는 의사가 있는지 여부를 명확히 밝혀야 한다.

③ 간이회생절차개시의 신청은 다음 각 호의 사항을 기재한 서면으로 하여야 한다.

1. 채무자가 개인인 경우에는 채무자의 성명·주민등록번호 및 주소

2. 채무자가 개인이 아닌 경우에는 채무자의 상호, 주된 사무소 또는 영업소의 소재지, 채무자의 대표자의 성명

3. 간이회생절차개시의 신청을 구하는 취지

4. 간이회생절차개시의 원인

5. 채무자의 영업 내용 및 재산 상태

6. 소액영업소득자에 해당하는 채무액 및 그 산정 근거

7. 제2항에 따른 회생절차개시신청의 의사

④ 제3항에 따른 서면에는 다음 각 호의 서류를 첨부하여야 한다.

1. 채권자목록

2. 채무자의 영업 내용에 관한 자료

3. 채무자의 재산 상태에 관한 자료

4. 그 밖에 대법원규칙으로 정하는 서류

[본조신설 2014. 12. 30.]

제293조의5(간이회생절차개시의 결정 등) ① 법원은 제293조의4제1항 본문의 신청이 있는 경우에 소액영업소득자인 채무자가 제34조제1항 각 호의 어느 하나에 해당하고, 제42조의 회생절차개시신청의 기각 사유와 제293조의4제1항 단서에 해당하지 아니하는 경우에는 간이회생절차개시의 결정을 하여야 한다.

② 법원은 제293조의4제1항 본문의 신청이 있는 경우에 채무자가 소액영업소득자에 해당하지 아니하는 경우 또는 같은 항 단서에 해당되는 경우에는 다음 각 호의 구분에 따른 결정을 할 수 있다.

1. 채무자가 제293조의4제2항에 따라 회생절차개시의 신청을 하는 의사가 없음을 밝힌 경우: 간이회생절차개시신청의 기각결정

2. 채무자가 제293조의4제2항에 따라 회생절차개시의 신청을 하는 의사가 있음을 밝힌 경우: 간이회생절차개시신청의 기각결정과 다음 각 목의 어느 하나에 해당하는 결정

가. 회생절차개시결정

나. 회생절차개시신청의 기각결정

③ 법원은 제1항의 간이회생절차개시의 결정이 있은 후 회생계획인가결정의 확정 전에 다음 각 호의 어느 하나에 해당하는 경우에는 이해

관계인의 신청에 의하거나 직권으로 간이회생절차폐지의 결정을 하여야 한다.

1. 채무자가 소액영업소득자에 해당되지 아니함이 밝혀진 경우

2. 제293조의4제1항 단서에 해당됨이 밝혀진 경우

④ 법원은 제3항에 따라 간이회생절차폐지의 결정을 하는 경우에는 채권자 일반의 이익 및 채무자의 회생 가능성을 고려하여 회생절차를 속행할 수 있다. 이 경우 간이회생절차에서 행하여진 제6조제7항 각 호의 어느 하나에 해당하는 자의 처분·행위 등은 그 성질에 반하는 경우가 아니면 회생절차에서도 유효한 것으로 본다.

[본조신설 2014. 12. 30.]

제293조의6(관리인의 불선임) ① 간이회생절차에서는 관리인을 선임하지 아니한다. 다만, 제74조제2항 각 호의 어느 하나에 해당한다고 인정하는 경우에는 관리인을 선임할 수 있다.

② 제1항 본문의 경우에는 채무자(개인이 아닌 경우에는 그 대표자를 말한다)는 이 편에 따른 관리인으로 본다.

[본조신설 2014. 12. 30.]

제293조의7(간이조사위원 등) ① 간이회생절차에서 법원은 이해관계인의 신청에 의하거나 직권으로 제601조제1항 각 호의 어느 하나에 해당하는 자를 간이조사위원으로 선임할 수 있다. 간이조사위원에 대해서는 제79조, 제81조, 제82조, 제83조제1항 및 제87조를 준용한다.

② 간이조사위원은 제87조에 따른 조사위원의 업무를 대법원규칙으로 정하는 바에 따라 간이한 방법으로 수행할 수 있다.

③ 간이조사위원이 선임된 경우 관리인은 제91조부터 제93조까지의 규정에 따른 관리인의 업무를 대법원규칙으로 정하는 바에 따라 간이한 방법으로 수행할 수 있다.

[본조신설 2014. 12. 30.]

제293조의8(회생계획안의 가결 요건에 관한 특례) 간이회생절차의 관계인집회에서는 제237조제1호에도 불구하고 다음 각 호의 요건 중 어느 하나를 충족하는 경우에는 회생계획안에 관하여 회생채권자의 조에서 가결된 것으로 본다.

1. 의결권을 행사할 수 있는 회생채권자의 의결권의 총액의 3분의 2 이상에 해당하는 의결권을 가진 자의 동의가 있을 것

2. 의결권을 행사할 수 있는 회생채권자의 의결권의 총액의 2분의 1을 초과하는 의결권을 가진 자의 동의 및 의결권자의 과반수의 동의가 있을 것

[본조신설 2014. 12. 30.]

제3편 파산절차

제1장 파산절차의 개시 등

제1절 파산신청

제294조(파산신청권자) ①채권자 또는 채무자는 파산신청을 할 수 있다.

②채권자가 파산신청을 하는 때에는 그 채권의 존재 및 파산의 원인인 사실을 소명하여야 한다.

제295조(법인의 파산신청권자) ①「민법」 그 밖에 다른 법률에 의하여 설립된 법인에 대하여는 이사가, 합명회사 또는 합자회사에 대하여는 무한책임사원이, 주식회사 또는 유한회사에 대하여는 이사가 파산신청을 할 수 있다.

②청산인은 청산 중인 법인에 대하여 파산신청을 할 수 있다.

제296조(일부 이사등의 파산신청) 이사·무한책임사원 또는 청산인의 전원이 하는 파산신청이 아닌 때에는 파산의 원인인 사실을 소명하여야 한다.

제297조(그 밖의 법인에의 준용) 제295조 및 제296조의 규정은 제295조의 규정에 의한 법인 외의 법인과 법인 아닌 사단 또는 재단으로서 대표자 또는 관리자가 있는 것에 관하여 준용한다.

제298조(법인해산 후의 파산신청) 법인에 대하여는 그 해산 후에도 잔여재산의 인도 또는 분배가 종료하지 아니한 동안은 파산신청을 할 수

있다.

제299조(상속재산의 파산신청권자) ①상속재산에 대하여 상속채권자 , 유증을 받은 자, 상속인, 상속재산관리인 및 유언집행자는 파산신청을 할 수 있다.

②상속재산관리인, 유언집행자 또는 한정승인이나 재산분리가 있은 경우의 상속인은 상속재산으로 상속채권자 및 유증을 받은 자에 대한 채무를 완제할 수 없는 것을 발견한 때에는 지체 없이 파산신청을 하여야 한다.

③상속인·상속재산관리인 또는 유언집행자가 파산신청을 하는 때에는 파산의 원인인 사실을 소명하여야 한다.

제300조(상속재산에 대한 파산신청기간) 상속재산에 대하여는 「민법」 제1045조(상속재산의 분리청구권)의 규정에 의하여 재산의 분리를 청구할 수 있는 기간에 한하여 파산신청을 할 수 있다. 이 경우 그 사이에 한정승인 또는 재산분리가 있은 때에는 상속채권자 및 유증을 받은 자에 대한 변제가 아직 종료하지 아니한 동안에도 파산신청을 할 수 있다.

제301조(외국에서 파산선고가 있은 경우) 파산신청 당시 채무자에 대하여 이미 외국에서 파산선고가 있은 때에는 파산의 원인인 사실이 존재하는 것으로 추정한다.

제302조(신청서) ①파산신청은 다음 각호의 사항을 기재한 서면으로 하여야 한다.

1. 신청인 및 그 법정대리인의 성명 및 주소
2. 채무자가 개인인 경우에는 채무자의 성명·주민등록번호 및 주소
3. 채무자가 개인이 아닌 경우에는 채무자의 상호, 주된 사무소 또는 영업소의 소재지, 대표자의 성명
4. 신청의 취지
5. 신청의 원인
6. 채무자의 사업목적과 업무의 상황
7. 채무자의 발행주식 또는 출자지분의 총수, 자본의 액과 자산, 부채 그 밖의 재산상태
8. 채무자의 재산에 관한 다른 절차 또는 처분으로서 신청인이 알고

있는 것

9. 채권자가 파산신청을 하는 때에는 그가 가진 채권의 액과 원인

10. 주주·지분권자가 파산신청을 하는 때에는 그가 가진 주식 또는 출자지분의 수 또는 액

②제1항의 규정에 의한 서면에는 다음 각호의 서류를 첨부하여야 한다. 다만, 신청과 동시에 첨부할 수 없는 때에는 그 사유를 소명하고 그 후에 지체 없이 제출하여야 한다.

1. 채권자목록
2. 재산목록
3. 채무자의 수입 및 지출에 관한 목록
4. 그 밖에 대법원규칙에서 정하는 서류

제303조(파산절차비용의 예납) 파산신청을 하는 때에는 법원이 상당하다고 인정하는 금액을 파산절차의 비용으로 미리 납부하여야 한다.

제304조(파산절차비용의 가지급) 파산신청인이 채권자가 아닌 때에는 파산절차의 비용을 국고에서 가지급할 수 있다. 예납금이 부족하게 된 때, 법원이 직권으로 파산선고를 한 때 또는 파산신청인이 채권자인 경우 미리 비용을 납부하지 아니하였음에도 불구하고 법원이 파산선고를 한 때에도 같다.

제2절 파산선고 등

제305조(보통파산원인) ①채무자가 지급을 할 수 없는 때에는 법원은 신청에 의하여 결정으로 파산을 선고한다.

②채무자가 지급을 정지한 때에는 지급을 할 수 없는 것으로 추정한다.

제306조(법인의 파산원인) ①법인에 대하여는 그 부채의 총액이 자산의 총액을 초과하는 때에도 파산선고를 할 수 있다.

②제1항의 규정은 합명회사 및 합자회사의 존립 중에는 적용하지 아니한다.

제307조(상속재산의 파산원인) 상속재산으로 상속채권자 및 유증을 받은 자에 대한 채무를 완제할 수 없는 때에는 법원은 신청에 의하여 결정

으로 파산을 선고한다.

제308조(파산신청 또는 선고 후의 상속) 파산신청 또는 파산선고가 있은 후에 상속이 개시된 때에는 파산절차는 상속재산에 대하여 속행된다.

제309조(기각사유) ①법원은 다음 각호의 어느 하나에 해당하는 때에는 파산신청을 기각할 수 있다.

1. 신청인이 절차의 비용을 미리 납부하지 아니한 때
2. 법원에 회생절차 또는 개인회생절차가 계속되어 있고 그 절차에 의함이 채권자 일반의 이익에 부합하는 때
3. 채무자에게 파산원인이 존재하지 아니한 때
4. 신청인이 소재불명인 때
5. 그 밖에 신청이 성실하지 아니한 때

②법원은 채무자에게 파산원인이 존재하는 경우에도 파산신청이 파산절차의 남용에 해당한다고 인정되는 때에는 심문을 거쳐 파산신청을 기각할 수 있다.

제310조(파산선고) 파산결정서에는 파산선고의 연·월·일·시를 기재하여야 한다.

제311조(파산의 효력발생시기) 파산은 선고를 한 때부터 그 효력이 생긴다.

제312조(파산선고와 동시에 정하여야 하는 사항) ①법원은 파산선고와 동시에 파산관재인을 선임하고 다음 각호의 사항을 정하여야 한다.

1. 채권신고의 기간. 이 경우 그 기간은 파산선고를 한 날부터 2주 이상 3월 이하이어야 한다.
2. 제1회 채권자집회의 기일. 이 경우 그 기일은 파산선고를 한 날부터 4월 이내이어야 한다.
3. 채권조사의 기일. 이 경우 그 기일과 제1호의 규정에 의한 채권신고기간의 말일과의 사이에는 1주 이상 1월 이하의 기간이 있어야 한다.

②제1항제2호 및 제3호의 규정에 의한 기일은 병합할 수 있다.

제313조(파산선고의 공고 및 송달) ①법원은 파산선고를 한 때에는 즉시 다음 각호의 사항을 공고하여야 한다.

1. 파산결정의 주문

2. 파산관재인의 성명 및 주소 또는 사무소

3. 제312조의 규정에 의한 기간 및 기일

4. 파산선고를 받은 채무자의 채무자와 파산재단에 속하는 재산의 소유자는 파산선고를 받은 채무자에게 변제를 하거나 그 재산을 교부하여서는 아니된다는 뜻의 명령

5. 파산선고를 받은 채무자의 채무자와 파산재단에 속하는 재산의 소유자에 대하여 다음 각목의 사항을 일정한 기간 안에 파산관재인에게 신고하여야 한다는 뜻의 명령

가. 채무를 부담하고 있다는 것

나. 재산을 소지하고 있다는 것

다. 소지자가 별제권을 가지고 있는 때에는 그 채권을 가지고 있다는 것

②법원은 알고 있는 채권자·채무자 및 재산소지자에게는 제1항 각호의 사항을 기재한 서면을 송달하여야 한다.

③제1항 및 제2항의 규정은 제1항제2호 내지 제5호의 사항에 변경이 생긴 경우에 관하여 준용한다.

④제1항제5호의 규정에 의한 신고를 게을리한 자는 이로 인하여 파산재단에 생긴 손해를 배상하여야 한다.

제314조(법인파산의 통지) ①법인에 대하여 파산선고를 한 경우 그 법인의 설립이나 목적인 사업에 관하여 행정청의 허가가 있는 때에는 법원은 파산의 선고가 있음을 주무관청에 통지하여야 한다.

②제1항의 규정은 파산취소 또는 파산폐지의 결정이 확정되거나 파산종결의 결정이 있는 경우에 관하여 준용한다.

제315조(검사에 대한 통지) 법원은 필요하다고 인정하는 경우에는 파산선고한 사실을 검사에게 통지할 수 있다.

제316조(파산신청에 관한 재판에 대한 즉시항고) ①파산신청에 관한 재판에 대하여는 즉시항고를 할 수 있다.

②제323조 및 제324조의 규정은 파산신청을 기각하는 결정에 대하여 제1항의 즉시항고가 있는 경우에 관하여 준용한다.

③제1항의 규정에 의한 즉시항고는 집행정지의 효력이 없다.

④항고법원은 즉시항고의 절차가 법률에 위반되거나 즉시항고가 이유없다고 인정하는 때에는 결정으로 즉시항고를 각하 또는 기각하여야

한다.

⑤항고법원은 즉시항고가 이유있다고 인정하는 때에는 원래의 결정을 취소하고 사건을 원심법원에 환송하여야 한다.

제317조(파산선고와 동시에 하는 파산폐지) ①법원은 파산재단으로 파산절차의 비용을 충당하기에 부족하다고 인정되는 때에는 파산선고와 동시에 파산폐지의 결정을 하여야 한다.

②제1항의 경우 법원은 파산결정의 주문과 파산폐지결정의 주문 및 이유의 요지를 공고하여야 한다.

③제1항의 규정에 의한 결정에 대하여는 즉시항고를 할 수 있다.

④제3항의 규정에 의한 즉시항고는 집행정지의 효력이 없다.

⑤제1항의 규정에 의한 파산폐지결정의 취소가 확정된 때에는 제313조 내지 제315조의 규정을 준용한다.

제318조(동시파산폐지의 예외) 제317조의 규정은 파산절차의 비용을 충당하기에 충분한 금액을 미리 납부한 때에는 적용하지 아니한다.

제319조(파산선고를 받은 채무자의 구인) ①법원은 필요하다고 인정하는 때에는 파산선고를 받은 채무자를 구인하도록 명할 수 있다.

②제1항의 구인에는 「형사소송법」의 구인에 관한 규정을 준용한다.

③제1항의 규정에 의한 결정에 대하여는 즉시항고를 할 수 있다.

제320조(파산선고를 받은 채무자의 법정대리인 등의 구인) 제319조의 규정은 다음 각호의 자에 관하여 준용한다.

1. 파산선고를 받은 채무자의 법정대리인

2. 파산선고를 받은 채무자의 이사

3. 파산선고를 받은 채무자의 지배인

4. 상속재산에 대한 파산의 경우 상속인과 그 법정대리인 및 지배인

제321조(채무자 등의 설명의무) ①다음 각호의 자는 파산관재인·감사위원 또는 채권자집회의 요청에 의하여 파산에 관하여 필요한 설명을 하여야 한다.

1. 채무자 및 그 대리인

2. 채무자의 이사

3. 채무자의 지배인
4. 상속재산에 대한 파산의 경우 상속인, 그 대리인, 상속재산관리인 및 유언집행자

②제1항의 규정은 종전에 제1항의 규정에 의한 자격을 가졌던 자에 관하여 준용한다.

제322조(파산선고 전의 구인) ①파산의 신청이 있는 때에는 법원은 파산선고 전이라도 채무자와 제320조에 규정된 자의 구인을 명할 수 있다.

②제319조제2항 및 제3항의 규정은 제1항의 경우에 관하여 준용한다.

제323조(파산선고 전의 보전처분) ①법원은 파산선고 전이라도 이해관계인의 신청에 의하거나 직권으로 채무자의 재산에 관하여 가압류·가처분 그 밖에 필요한 보전처분을 명할 수 있다. 법원이 직권으로 파산선고를 하는 때에도 같다.

②법원은 제1항의 규정에 의한 처분을 변경하거나 취소할 수 있다.

③제1항 또는 제2항의 규정에 의한 재판은 결정으로 한다.

④제1항 또는 제2항의 규정에 의한 재판에 대하여는 즉시항고를 할 수 있다.

⑤제4항의 규정에 의한 즉시항고는 집행정지의 효력이 없다.

제324조(책임제한절차의 정지명령) ①법원은 파산신청이 있는 경우 필요하다고 인정하는 때에는 이해관계인의 신청에 의하거나 직권으로 파산신청에 대한 결정이 있을 때까지 「상법」 제5편(해상) 및 「선박소유자 등의 책임제한절차에 관한 법률」에 의한 책임제한절차(이하 이 조, 제326조 및 제327조에서 "책임제한절차"라 한다)의 정지를 명할 수 있다. 다만, 책임제한절차개시의 결정이 있는 때에는 그러하지 아니하다.

②법원은 제1항의 규정에 의한 정지결정을 취소할 수 있다.

제325조(파산취소의 공고 및 송달) ①파산취소의 결정이 확정된 때에는 법원은 그 주문을 공고하여야 한다.

②제313조제2항, 제315조 및 제547조의 규정은 제1항의 경우에 관하여 준용한다.

제326조(책임제한절차폐지의 결정이 확정될 때까지의 파산절차의 정지) 파산선고를 받은 채무자를 위하여 개시한 책임제한절차의 폐지결정이 있는 때에는 그 결정이 확정될 때까지 파산절차를 정지한다.

제327조(책임제한절차폐지의 경우의 조치) ①파산선고를 받은 채무자를 위하여 개시된 책임제한절차의 폐지결정이 확정된 때에는 법원은 제한채권자를 위하여 다음 각호의 사항을 정하여야 한다.

1. 채권신고의 기간. 이 경우 그 기간은 책임제한절차폐지의 결정이 확정된 날부터 1주 이상 2월 이하로 하여야 한다.
2. 채권조사의 기일. 이 경우 그 기일과 제1호의 규정에 의하여 정하여진 신고기간의 말일과의 사이에 1주 이상 1월 이하의 기간을 두어야 한다.

②법원은 제1항의 규정에 의한 기간 및 기일을 공고하여야 한다.

③법원은 알고 있는 채권자에 대하여는 다음 각호의 사항을 기재한 서면을 송달하여야 한다.

1. 제1항의 규정에 의한 기간 및 기일
2. 제313조제1항제1호 및 제2호의 사항

④다음 각호의 자에게는 제1항의 규정에 의한 기간 및 기일을 기재한 서면을 송달하여야 한다. 다만, 제1항제2호의 규정에 의하여 정하여진 기일과 제312조제1항제2호에 의하여 정하여진 기일이 같은 경우 신고한 파산채권자에 대하여는 그러하지 아니하다.

1. 파산관재인
2. 파산선고를 받은 채무자
3. 신고한 파산채권자

⑤제2항·제3항 및 제4항 본문의 규정은 제1항의 규정에 의한 기간 및 기일에 변경이 있는 경우에 관하여 준용한다.

제3절 법률행위에 관한 파산의 효력

제328조(해산한 법인) 해산한 법인은 파산의 목적의 범위 안에서는 아직 존속하는 것으로 본다.

제329조(채무자의 파산선고 후의 법률행위) ①파산선고를 받은 채무자가 파산선고 후 파산재단에 속하는 재산에 관하여 한 법률행위는 파산채권자에게 대항할 수 없다.

②채무자가 파산선고일에 한 법률행위는 파산선고 후에 한 것으로 추정한다.

제330조(파산선고 후의 권리취득) ①파산선고 후에 파산재단에 속하는 재산에 관하여 채무자의 법률행위에 의하지 아니하고 권리를 취득한 경우에도 그 취득은 파산채권자에게 대항할 수 없다.

②제329조제2항의 규정은 제1항의 규정에 의한 취득에 관하여 준용한다.

제331조(파산선고 후의 등기·등록 등) ①부동산 또는 선박에 관하여 파산선고 전에 생긴 채무의 이행으로서 파산선고 후에 한 등기 또는 가등기는 파산채권자에게 대항할 수 없다. 다만, 등기권리자가 파산선고의 사실을 알지 못하고 한 등기에 관하여는 그러하지 아니하다.

②제1항의 규정은 권리의 설정·이전 또는 변경에 관한 등록 또는 가등록에 관하여 준용한다.

제332조(파산선고 후 채무자에 대한 변제) ①파산선고 후에 그 사실을 알지 못하고 채무자에게 한 변제는 이로써 파산채권자에게 대항할 수 있다.

②파산선고 후에 그 사실을 알고 채무자에게 한 변제는 파산재단이 받은 이익의 한도 안에서만 파산채권자에게 대항할 수 있다.

제333조(파산선고 후의 어음의 인수 또는 지급) ①환어음의 발행인 또는 배서인이 파산선고를 받은 경우 지급인 또는 예비지급인이 그 사실을 알지 못하고 인수 또는 지급을 한 때에는 이로 인하여 생긴 채권에 관하여 파산채권자로서 그 권리를 행사 할 수 있다.

②제1항의 규정은 수표와 금전 그 밖의 물건이나 유가증권의 급부를 목적으로 하는 유가증권에 관하여 준용한다.

제334조(선의 또는 악의의 추정) 제331조 내지 제333조의 규정을 적용하는 때에는 파산선고의 공고 전에는 그 사실을 알지 못한 것으로 추정하고, 공고 후에는 그 사실을 안 것으로 추정한다.

제335조(쌍방미이행 쌍무계약에 관한 선택) ①쌍무계약에 관하여 채무자 및 그 상대방이 모두 파산선고 당시 아직 이행을 완료하지 아니한 때에는 파산관재인은 계약을 해제 또는 해지하거나 채무자의 채무를 이행하고 상대방의 채무이행을 청구할 수 있다.

②제1항의 경우 상대방은 파산관재인에 대하여 상당한 기간을 정하여

그 기간 안에 계약의 해제 또는 해지나 이행 여부를 확답할 것을 최고할 수 있다. 이 경우 파산관재인이 그 기간 안에 확답을 하지 아니한 때에는 계약을 해제 또는 해지한 것으로 본다.

③ 제1항에 따라 파산관재인이 국가를 상대방으로 하는 「방위사업법」 제3조에 따른 방위력개선사업 관련 계약을 해제 또는 해지하고자 하는 경우 방위사업청장과 협의하여야 한다. <신설 2014. 5. 20.>

제336조(지급결제제도 등에 대한 특칙) 제120조의 규정은 같은 조에서 정한 지급결제제도 또는 청산결제제도의 참가자 또는 적격금융거래의 당사자 일방에 대하여 파산선고가 있는 경우 이를 준용한다. 이 경우 제120조제1항 내지 제3항의 "회생절차가 개시된 경우"는 "파산선고가 있는 경우"로 보고, 제120조제3항 단서의 "회생채권자 또는 회생담보권자"는 "파산채권자 또는 별제권자"로 본다.

제337조(파산관재인의 해제 또는 해지와 상대방의 권리) ①제335조의 규정에 의한 계약의 해제 또는 해지가 있는 때에는 상대방은 손해배상에 관하여 파산채권자로서 권리를 행사할 수 있다.

②제1항의 규정에 의한 계약의 해제 또는 해지의 경우 채무자가 받은 반대급부가 파산재단 중에 현존하는 때에는 상대방은 그 반환을 청구하고, 현존하지 아니하는 때에는 그 가액에 관하여 재단채권자로서 권리를 행사할 수 있다.

제338조(거래소의 시세있는 상품의 정기매매) ①거래소의 시세있는 상품의 매매에 관하여 일정한 일시 또는 일정한 기간 안에 이행을 하지 아니하면 계약의 목적을 달성하지 못하는 경우 그 시기가 파산선고 후에 도래하는 때에는 계약의 해제가 있은 것으로 본다. 이 경우 손해배상액은 이행지에서 동종의 거래가 동일한 시기에 이행되는 때의 시세와 매매대가와의 차액에 의하여 정한다.

②제337조제1항의 규정은 제1항의 규정에 의한 손해배상에 관하여 준용한다.

③제1항의 경우에 관하여 거래소에서 달리 규정한 것이 있는 때에는 그 규정에 의한다.

제339조(「민법」상의 해지 또는 해제권이 있는 경우) 제335조제2항의 규정은 「민법」 제637조(임차인의 파산과 해지통고), 제663조(사용자파산과 해지통고) 또는 제674조(도급인의 파산과 해제권)제1항의 규정에 의하여 상대방 또는 파산관재인이 갖는 해지권 또는 해제권의 행사에 관하여 준용한다.

제340조(임대차계약) ①임대인이 파산선고를 받은 때에는 차임의 선급 또는 차임채권의 처분은 파산선고시의 당기(當期) 및 차기(次期)에 관한 것을 제외하고는 파산채권자에게 대항할 수 없다.

②제1항의 규정에 의하여 파산채권자에게 대항할 수 없음으로 인하여 손해를 받은 자는 그 손해배상에 관하여 파산채권자로서 권리를 행사할 수 있다.

③제1항 및 제2항의 규정은 지상권에 관하여 준용한다.

④임대인이 파산선고를 받은 경우 임차인이 다음 각호의 어느 하나에 해당하는 때에는 제335조의 규정을 적용하지 아니한다.

1. 「주택임대차보호법」 제3조(대항력 등)제1항의 대항요건을 갖춘 때

2. 「상가건물 임대차보호법」 제3조(대항력 등)의 대항요건을 갖춘 때

제341조(도급계약) ①채무자가 도급계약에 의하여 일을 하여야 하는 의무가 있는 때에는 파산관재인은 필요한 재료를 제공하여 채무자로 하여금 그 일을 하게 할 수 있다. 이 경우 그 일이 채무자 자신이 함을 필요로 하지 아니하는 때에는 제3자로 하여금 이를 하게 할 수 있다.

②제1항의 경우 채무자가 그 상대방으로부터 받을 보수는 파산재단에 속한다.

제342조(위임계약) 위임자가 파산선고를 받은 경우 수임자가 파산선고의 통지를 받지 아니하고 파산선고의 사실도 알지 못하고 위임사무를 처리한 때에는 이로 인하여 파산선고를 받은 자에게 생긴 채권에 관하여 수임자는 파산채권자로서 그 권리를 행사할 수 있다.

제343조(상호계산) ①상호계산은 당사자의 일방이 파산선고를 받은 때에는 종료한다. 이 경우 각 당사자는 계산을 폐쇄하고 잔액의 지급을 청구할 수 있다.

②제1항의 규정에 의한 청구권을 채무자가 가지는 때에는 파산재단에 속하고, 상대방이 가지는 때에는 파산채권이 된다.

제344조(공유자의 파산) ①공유자 중에 파산선고를 받은 자가 있는 때에는 분할하지 아니한다는 약정이 있는 때에도 파산절차에 의하지 아니하고 그 분할을 할 수 있다.

②제1항의 경우 파산선고를 받은 자가 아닌 다른 공유자는 상당한 대가를 지급하고 그 파산선고를 받은 자의 지분을 취득할 수 있다.

제345조(배우자 등의 재산관리) 「민법」 제829조(부부재산의 약정과 그 변경)제3항 및 제5항의 규정은 배우자의 재산을 관리하는 자가 파산선고를 받은 경우에, 같은 법 제924조(친권상실의 선고)의 규정은 친권을 행사하는 자가 파산선고를 받은 경우에 관하여 각각 준용한다.

제346조(파산과 한정승인 및 재산분리) 상속인이나 상속재산에 대한 파산선고는 한정승인 또는 재산분리에 영향을 미치지 아니한다. 다만, 파산취소 또는 파산폐지의 결정이 확정되거나 파산종결의 결정이 있을 때까지 그 절차를 중지한다.

제347조(파산재단에 속하는 재산에 관한 소송수계) ①파산재단에 속하는 재산에 관하여 파산선고 당시 법원에 계속되어 있는 소송은 파산관재인 또는 상대방이 이를 수계할 수 있다. 제335조제1항의 규정에 의하여 파산관재인이 채무를 이행하는 경우에 상대방이 가지는 청구권에 관한 소송의 경우에도 또한 같다.

②제1항의 규정에 의한 소송비용은 재단채권으로 한다.

제348조(강제집행 및 보전처분에 대한 효력) ①파산채권에 기하여 파산재단에 속하는 재산에 대하여 행하여진 강제집행·가압류 또는 가처분은 파산재단에 대하여는 그 효력을 잃는다. 다만, 파산관재인은 파산재단을 위하여 강제집행절차를 속행할 수 있다.

②제1항 단서의 규정에 의하여 파산관재인이 강제집행의 절차를 속행하는 때의 비용은 재단채권으로 하고, 강제집행에 대한 제3자의 이의의 소에서는 파산관재인을 피고로 한다.

제349조(체납처분에 대한 효력) ①파산선고 전에 파산재단에 속하는 재산에 대하여 「국세징수법」 또는 「지방세징수법」에 의하여 징수할 수 있는 청구권(국세징수의 예에 의하여 징수할 수 있는 청구권으로서 그 징수우선순위가 일반 파산채권보다 우선하는 것을 포함한다)에 기한 체납처분을 한 때에는 파산선고는 그 처분의 속행을 방해하지 아니한다. <개정 2010. 3. 31., 2016. 12. 27.>

②파산선고 후에는 파산재단에 속하는 재산에 대하여 「국세징수법」 또는 「지방세징수법」에 의하여 징수할 수 있는 청구권(국세징수의 예에 의하여 징수할 수 있는 청구권을 포함한다)에 기한 체납처분을 할 수 없다. <개정 2010. 3. 31., 2016. 12. 27.>

제350조(행정사건에 대한 효력) ①파산재단에 속하는 재산에 관하여 파산선고 당시에 행정청에 계속되어 있는 사건이 있는 때에는 그 절차는

수계 또는 파산절차의 종료가 있을 때까지 중단된다.

②제347조의 규정은 제1항의 경우에 관하여 준용한다.

제4절 법인의 이사등의 책임

제351조(법인의 이사등의 재산에 대한 보전처분) ①법원은 법인인 채무자에 대하여 파산선고가 있는 경우 필요하다고 인정하는 때에는 파산관재인의 신청에 의하거나 직권으로 채무자의 발기인·이사(「상법」 제401조의2제1항의 규정에 의하여 이사로 보는 자를 포함한다), 감사·검사인 또는 청산인(이하 이 조 내지 제353조에서 "이사등"이라 한다)에 대한 출자이행청구권 또는 이사등의 책임에 기한 손해배상청구권을 보전하기 위하여 이사등의 재산에 대한 보전처분을 할 수 있다.

②파산관재인은 제1항의 규정에 의한 청구권이 있음을 알게 된 때에는 법원에 제1항의 규정에 의한 보전처분을 신청하여야 한다.

③법원은 긴급한 필요가 있다고 인정하는 때에는 파산선고 전이라도 채무자의 신청에 의하거나 직권으로 제1항의 규정에 의한 보전처분을 할 수 있다.

④법원은 관리위원회의 의견을 들어 제1항 또는 제3항의 규정에 의한 보전처분을 변경하거나 취소할 수 있다.

⑤제1항 또는 제3항의 규정에 의한 보전처분과 제4항의 규정에 의한 결정에 대하여는 즉시항고를 할 수 있다.

⑥제5항의 즉시항고는 집행정지의 효력이 없다.

⑦제1항 또는 제3항의 규정에 의한 보전처분이나 제4항의 규정에 의한 결정과 이에 대한 즉시항고에 대한 재판이 있는 때에는 그 결정서를 당사자에게 송달하여야 한다.

제352조(손해배상청구권 등의 조사확정재판) ①법원은 법인인 채무자에 대하여 파산선고가 있는 경우 필요하다고 인정하는 때에는 파산관재인의 신청에 의하거나 직권으로 이사등에 대한 출자이행청구권이나 이사등의 책임에 기한 손해배상청구권의 존부와 그 내용을 조사확정하는 재판을 할 수 있다.

②파산관재인은 제1항의 규정에 의한 청구권이 있음을 알게 된 때에는 법원에 제1항의 규정에 의한 재판을 신청하여야 한다.

③파산관재인은 제1항의 규정에 의한 신청을 하는 때에는 그 원인되는 사실을 소명하여야 한다.

④법원은 직권으로 조사확정절차를 개시하는 때에는 그 취지의 결정을 하여야 한다.

⑤제1항의 규정에 의한 신청이 있거나 제4항의 규정에 의한 조사확정절차개시결정이 있은 때에는 시효의 중단에 관하여는 재판상의 청구가 있은 것으로 본다.

⑥제1항의 규정에 의한 조사확정의 재판과 조사확정의 신청을 기각하는 재판은 이유를 붙인 결정으로 하여야 한다.

⑦법원은 제6항의 규정에 의한 결정을 하는 때에는 미리 이해관계인을 심문하여야 한다.

⑧조사확정절차(조사확정결정이 있은 후의 것을 제외한다)는 파산절차가 종료한 때에는 종료한다.

⑨조사확정결정이 있은 때에는 그 결정서를 당사자에게 송달하여야 한다.

제353조(이의의 소) ①제352조제1항의 규정에 의한 조사확정의 재판에 불복이 있는 자는 결정을 송달받은 날부터 1월 이내에 이의의 소를 제기할 수 있다.

②제1항의 규정에 의한 기간은 불변기간으로 한다.

③제1항의 소는 이를 제기하는 자가 이사등인 때에는 파산관재인을, 파산관재인인 때에는 이사등을 각각 피고로 하여야 한다.

④제1항의 소는 파산계속법원(파산사건이 계속되어 있는 회생법원을 말한다. 이하 같다)의 관할에 전속하고, 변론은 결정을 송달받은 날부터 1월의 기간을 경과한 후가 아니면 개시할 수 없다. <개정 2016. 12. 27.>

⑤여러 개의 소가 동시에 계속되어 있는 때에는 법원은 변론을 병합하여야 한다.

⑥제1항의 규정에 의한 소에 대한 판결에서는 같은 항의 결정을 인가·변경 또는 취소한다. 다만, 소를 부적법한 것으로 각하하는 때에는 그러하지 아니하다.

⑦조사확정의 결정을 인가하거나 변경하는 판결은 강제집행에 관하여는 이행을 명한 판결과 동일한 효력이 있다.

제354조(조사확정재판의 효력) 제353조제1항의 규정에 의한 소가 같은 항의 기간 안에 제기되지 않거나 취하된 때 또는 각하된 때에는 조사확정재판은 이행을 명한 확정판결과 동일한 효력이 있다.

제2장 파산절차의 기관

제1절 파산관재인

제355조(파산관재인의 선임) ①파산관재인은 관리위원회의 의견을 들어 법원이 선임한다.

②법인도 파산관재인이 될 수 있다. 이 경우 그 법인은 이사 중에서 파산관재인의 직무를 행할 자를 지명하고 법원에 신고하여야 한다.

제356조(파산관재인의 수) 파산관재인은 1인으로 한다. 다만, 법원이 필요하다고 인정하는 때에는 여럿의 파산관재인을 선임할 수 있다.

제357조(자격증명서) ①법원은 파산관재인에게 그 선임을 증명하는 서면을 교부하여야 한다.

②파산관재인은 그 직무를 행하는 경우 이해관계인의 청구가 있는 때에는 제1항의 규정에 의한 서면을 제시하여야 한다.

제358조(법원의 감독) 파산관재인은 법원의 감독을 받는다.

제359조(당사자적격) 파산재단에 관한 소송에서는 파산관재인이 당사자가 된다.

제360조(여럿의 파산관재인의 직무집행) ①파산관재인이 여럿인 때에는 공동으로 그 직무를 행한다. 이 경우 법원의 허가를 받아 직무를 분장할 수 있다.

②파산관재인이 여럿인 때에는 제3자의 의사표시는 그 1인에 대하여 하면 된다.

제361조(파산관재인의 의무 등) ①파산관재인은 선량한 관리자의 주의로써 그 직무를 행하여야 한다.

②파산관재인이 제1항의 규정에 의한 주의를 게을리한 때에는 이해관

계인에게 손해를 배상할 책임이 있다. 이 경우 주의를 게을리한 파산관재인이 여럿 있는 때에는 연대하여 손해를 배상할 책임이 있다.

제362조(파산관재인대리) ①파산관재인은 필요한 때에는 그 직무를 행하게 하기 위하여 자기의 책임으로 대리인을 선임할 수 있다.

②제1항의 규정에 의한 대리인의 선임은 법원의 허가를 받아야 한다.

③채무자가 법인인 경우 제1항의 규정에 의한 허가가 있는 때에는 법원사무관등은 직권으로 지체 없이 촉탁서에 결정서의 등본을 첨부하여 대리인의 선임에 관한 등기를 촉탁하여야 한다. 대리인의 선임에 관한 허가가 변경 또는 취소된 때에도 또한 같다.

④제1항의 규정에 의한 대리인은 파산관재인에 갈음하여 재판상 또는 재판 외의 모든 행위를 할 수 있다.

제363조(파산관재인의 사임) 파산관재인은 정당한 사유가 있는 때에는 법원의 허가를 받아 사임할 수 있다.

제364조(파산관재인의 해임) ①법원은 채권자집회의 결의, 감사위원의 신청에 의하거나 직권으로 파산관재인을 해임할 수 있다. 이 경우 법원은 그 파산관재인을 심문하여야 한다.

②제1항의 규정에 의한 파산관재인의 해임결정에 대하여는 즉시항고를 할 수 있다.

③제2항의 즉시항고는 집행정지의 효력이 없다.

제365조(계산의 보고의무) ①파산관재인의 임무가 종료한 때에는 파산관재인 또는 그 상속인은 지체 없이 채권자집회에 계산의 보고를 하여야 한다.

②채무자, 파산채권자 또는 후임의 파산관재인이 채권자집회에서 계산에 대하여 이의를 진술하지 아니한 때에는 이를 승인한 것으로 본다.

③파산관재인은 이해관계인의 열람을 위하여 계산보고서와 그 계산보고서에 관한 감사위원의 의견서를 채권자집회일 3일 전까지 법원에 제출하여야 한다.

제366조(임무종료시의 긴급처분) 파산관재인의 임무가 종료한 경우 급박한 사정이 있는 때에는 파산관재인 또는 그 상속인은 후임의 파산관재인 또는 채무자가 재산을 관리할 수 있게 될 때까지 필요한 처분을 하여야 한다.

제2절 채권자집회

제367조(소집) 법원은 파산관재인 또는 감사위원의 신청에 의하거나 직권으로 채권자집회를 소집한다. 신고를 한 총채권에 관하여 법원이 평가한 액의 5분의 1이상에 해당하는 파산채권자의 신청이 있는 때에도 또한 같다.

제368조(기일 및 회의목적의 공고) ①법원은 채권자집회의 기일과 회의의 목적사항을 공고하여야 한다.

②채권자집회의 연기 또는 속행에 관하여 선고가 있는 때에는 송달 또는 공고를 하지 아니할 수 있다.

제369조(법원의 지휘) 채권자집회는 법원이 지휘한다.

제370조(결의의 성립요건) ①채권자집회의 결의에는 의결권을 행사할 수 있는 출석 파산채권자의 총채권액의 2분의 1을 초과하는 채권을 가진 자의 동의가 있어야 한다.

②채권자집회의 결의에 관하여 특별한 이해관계를 가진 자는 그 의결권을 행사할 수 없다.

제371조(의결권의 불통일 행사) ①파산채권자는 의결권을 통일하지 아니하고 행사할 수 있다.

②제1항의 경우 파산채권자는 채권자집회 7일 전까지 법원에 그 취지를 서면으로 신고하여야 한다.

제372조(의결권의 대리행사) ①파산채권자는 대리인에 의하여 그 의결권을 행사할 수 있다. 이 경우 대리인은 대리권을 증명하는 서면을 제출하여야 한다.

②대리인이 위임받은 의결권을 통일하지 아니하고 행사하는 경우에는 제371조제2항을 준용한다.

제373조(의결권을 행사할 수 있는 채권액) ①파산채권자는 확정채권액에 따라 의결권을 행사할 수 있다.

②미확정채권, 정지조건부채권, 장래의 청구권 또는 별제권의 행사에 의하여 변제를 받을 수 없는 채권액에 관하여 파산관재인 또는 파산채권자의 이의가 있는 때에는 법원은 의결권을 행사하게 할 것인가의 여부와 의결권을 행사할 금액을 결정한다.

③법원은 이해관계인의 신청에 의하여 언제든지 제2항의 규정에 의한 결정을 변경할 수 있다.

④제2항 또는 제3항의 규정에 의한 결정은 그 선고가 있는 때에는 송달을 하지 아니할 수 있다.

⑤파산채권자는 제446조에 규정한 청구권에 관하여는 의결권을 행사할 수 없다.

제374조(감사위원의 동의에 갈음하는 효력) ①감사위원의 동의는 채권자집회의 결의로써 갈음할 수 있다.

②채권자집회의 결의가 감사위원의 의견과 다른 때에는 그 결의에 따른다.

제375조(결의집행의 금지) ①채권자집회의 결의가 파산채권자 일반의 이익에 반하는 때에는 법원은 파산관재인·감사위원 또는 파산채권자의 신청에 의하거나 직권으로 그 결의의 집행을 금지할 수 있다.

②의결권이 없었던 파산채권자가 제1항의 규정에 의한 신청을 하는 때에는 파산채권자임을 소명하여야 한다.

③제1항의 규정에 의한 금지결정의 선고가 있는 때에는 송달을 하지 아니할 수 있다.

④제1항의 규정에 의한 결정에 대하여는 즉시항고를 할 수 있다.

제3절 감사위원

제376조(감사위원설치의 의결) 제1회 채권자집회에서 감사위원의 설치가 필요하다는 제안이 있는 경우에는 그 설치 여부 및 감사위원의 수를 의결할 수 있다. 다만, 제1회 후의 채권자집회에서 그 결의를 변경할 수 있다.

제377조(감사위원의 자격 등) ①감사위원은 채권자집회에서 선임한다.

②감사위원은 법률이나 경영에 관한 전문가로서 파산절차에 이해관계가 없는 자이어야 한다.

③감사위원 선임의 결의는 법원의 인가를 받아야 한다.

제378조(직무집행의 방법) ①감사위원이 3인 이상 있는 경우에 감사위

원의 직무집행은 그 과반수의 찬성으로 결정한다.

②특별한 이해관계가 있는 감사위원은 제1항의 규정에 의한 표결에 참가할 수 없다.

제379조(감사위원의 직무집행 등) ①감사위원은 파산관재인의 직무집행을 감사한다.

②각 감사위원은 언제든지 파산관재인에게 파산재단에 관한 보고를 요구하거나 파산재단의 상황을 조사할 수 있다.

③감사위원은 파산채권자에게 현저하게 손해를 미칠 사실을 발견한 때에는 지체 없이 법원 또는 채권자집회에 보고하여야 한다.

제380조(감사위원의 해임) ①감사위원은 언제든지 채권자집회의 결의로 해임할 수 있다.

②법원은 상당한 이유가 있는 때에는 이해관계인의 신청에 의하여 감사위원을 해임 할 수 있다.

③제2항의 규정에 의한 감사위원의 해임에 관한 재판에 대하여는 즉시항고를 할 수 있다.

④제3항의 규정에 의한 즉시항고는 집행정지의 효력이 없다.

제381조(준용규정) 제30조제1항 및 제361조의 규정은 감사위원에 관하여 준용한다.

제3장 파산재단의 구성 및 확정

제1절 파산재단의 구성

제382조(파산재단) ①채무자가 파산선고 당시에 가진 모든 재산은 파산재단에 속한다.

②채무자가 파산선고 전에 생긴 원인으로 장래에 행사할 청구권은 파산재단에 속한다.

제383조(파산재단에 속하지 아니하는 재산) ①압류할 수 없는 재산은 파산재단에 속하지 아니한다.

②법원은 개인인 채무자의 신청에 의하여 다음 각호의 어느 하나에 해당하는 재산을 파산재단에서 면제할 수 있다.

1. 채무자 또는 그 피부양자의 주거용으로 사용되고 있는 건물에 관한 임차보증금반환청구권으로서 「주택임대차보호법」 제8조(보증금중 일정액의 보호)의 규정에 의하여 우선변제를 받을 수 있는 금액의 범위 안에서 대통령령이 정하는 금액을 초과하지 아니하는 부분
2. 채무자 및 그 피부양자의 생활에 필요한 6월간의 생계비에 사용할 특정한 재산으로서 대통령령이 정하는 금액을 초과하지 아니하는 부분

③제2항의 규정에 의한 신청은 파산신청일 이후 파산선고 후 14일 이내에 면제재산목록 및 소명에 필요한 자료를 첨부한 서면으로 하여야 한다.

④법원은 파산선고 전에 제2항의 신청이 있는 경우에는 파산선고와 동시에, 파산선고 후에 제2항의 신청이 있는 경우에는 신청일부터 14일 이내에 면제 여부 및 그 범위를 결정하여야 한다.

⑤제4항의 규정에 의한 결정이 있는 때에는 법원은 채무자 및 알고 있는 채권자에게 그 결정서를 송달하여야 한다.

⑥제4항의 규정에 의한 결정에 대하여는 즉시항고를 할 수 있다.

⑦제6항의 규정에 의한 즉시항고는 집행정지의 효력이 없다.

⑧법원은 파산선고 전에 면제신청이 있는 경우에 채무자의 신청 또는 직권으로 파산선고가 있을 때까지 제2항의 면제재산에 대하여 파산채권에 기한 강제집행, 가압류 또는 가처분의 중지 또는 금지를 명할 수 있다.

⑨면제결정이 확정된 때에는 제8항의 규정에 의하여 중지한 절차는 그 효력을 잃는다.

⑩제4항의 규정에 의하여 면제되는 재산에 대하여는 제556조제1항의 규정에 따라 면책신청을 할 수 있는 기한까지는 파산채권에 기한 강제집행, 가압류 또는 가처분을 할 수 없다.

제384조(관리 및 처분권) 파산재단을 관리 및 처분하는 권한은 파산관재인에게 속한다.

제385조(파산선고 후의 단순승인) 파산선고 전에 채무자를 위하여 상속개시가 있는 경우 채무자가 파산선고 후에 한 단순승인은 파산재단에

대하여는 한정승인의 효력을 가진다.

제386조(파산선고 후의 상속포기) ①파산선고 전에 채무자를 위하여 상속개시가 있는 경우 채무자가 파산선고 후에 한 상속포기도 파산재단에 대하여는 한정승인의 효력을 가진다.

②파산관재인은 제1항의 규정에 불구하고 상속포기의 효력을 인정할 수 있다. 이 경우 포기가 있은 것을 안 날부터 3월 이내에 그 뜻을 법원에 신고하여야 한다.

제387조(파산과 포괄적 유증) 제385조 및 제386조의 규정은 포괄적 유증에 관하여 준용한다.

제388조(파산과 특정유증) ①파산선고 전에 채무자를 위하여 특정유증이 있는 경우 채무자가 파산선고 당시 승인 또는 포기를 하지 아니한 때에는 파산관재인이 채무자에 갈음하여 그 승인 또는 포기를 할 수 있다.

②「민법」 제1077조(유증의무자의 최고권)의 규정은 제1항의 경우에 관하여 준용 한다.

제389조(상속재산의 파산) ①상속재산에 대하여 파산선고가 있는 때에는 이에 속하는 모든 재산을 파산재단으로 한다.

②상속재산에 대하여 파산선고가 있는 경우 피상속인이 상속인에 대하여 가지는 권리와 상속인이 피상속인에 대하여 가지는 권리는 소멸하지 아니한다.

③상속재산에 대하여 파산선고가 있는 때에는 상속인은 한정승인한 것으로 본다. 다만, 「민법」 제1026조제3호에 의하여 상속인이 단순승인한 것으로 보는 때에는 그러하지 아니하다.

제390조(상속인의 재산처분) ①상속인이 상속재산의 전부 또는 일부를 처분한 후 상속재산에 대하여 파산선고가 있는 때에는 상속인이 반대급부에 관하여 가지는 권리는 파산재단에 속한다.

②제1항의 경우 상속인이 이미 반대급부를 받은 때에는 이를 파산재단에 반환하여야 한다. 다만, 그 반대급부를 받은 때에 상속인이 파산의 원인인 사실 또는 파산신청이 있은 것을 알지 못한 때에는 그 이익이 현존하는 한도 안에서 반환하면 된다.

제2절 부인권

제391조(부인할 수 있는 행위) 파산관재인은 파산재단을 위하여 다음 각 호의 어느 하나에 해당하는 행위를 부인할 수 있다.

1. 채무자가 파산채권자를 해하는 것을 알고 한 행위. 다만, 이로 인하여 이익을 받은 자가 그 행위 당시 파산채권자를 해하게 되는 사실을 알지 못한 경우에는 그러하지 아니하다.
2. 채무자가 지급정지 또는 파산신청이 있은 후에 한 파산채권자를 해하는 행위와 담보의 제공 또는 채무소멸에 관한 행위. 다만, 이로 인하여 이익을 받은 자가 그 행위 당시 지급정지 또는 파산신청이 있은 것을 알고 있은 때에 한한다.
3. 채무자가 지급정지나 파산신청이 있은 후 또는 그 전 60일 이내에 한 담보의 제공 또는 채무소멸에 관한 행위로서 채무자의 의무에 속하지 아니하거나 그 방법 또는 시기가 채무자의 의무에 속하지 아니하는 것. 다만, 채권자가 그 행위 당시 지급정지나 파산신청이 있은 것 또는 파산채권자를 해하게 되는 사실을 알지 못한 경우를 제외한다.
4. 채무자가 지급정지 또는 파산신청이 있은 후 또는 그 전 6월 이내에 한 무상행위 및 이와 동일시할 수 있는 유상행위

제392조(특수관계인을 상대방으로 한 행위에 대한 특칙) ①제391조제2호 단서의 규정을 적용하는 경우 이익을 받는 자가 채무자와 대통령령이 정하는 범위의 특수관계에 있는 자(이하 이 조에서 "특수관계인"이라 한다)인 때에는 그 특수관계인이 행위 당시 지급정지 또는 파산신청이 있은 것을 알고 있었던 것으로 추정한다.

②제391조제3호의 규정을 적용하는 경우 특수관계인을 상대방으로 하는 행위에 대하여는 같은 호 본문에 규정된 "60일"을 "1년"으로 하고, 같은 호 단서를 적용하는 경우에는 그 특수관계인이 그 행위 당시 지급정지 또는 파산신청이 있은 것과 파산채권자를 해하는 사실을 알고 있었던 것으로 추정한다.

③제391조제4호의 규정을 적용하는 경우 특수관계인을 상대방으로 하는 행위인 때에는 같은 호에 규정된 "6월"을 "1년"으로 한다.

제393조(어음지급의 예외) ①제391조의 규정은 채무자로부터 어음의 지급을 받은 자가 그 지급을 받지 아니하면 채무자의 1인 또는 여럿에 대한 어음상의 권리를 상실하게 되었을 경우에는 적용하지 아니한다.

②제1항의 경우 최종의 상환의무자 또는 어음의 발행을 위탁한 자가 그 발행 당시에 지급정지 또는 파산신청이 있었음을 알았거나 또는 과실로 인하여 이를 알지 못한 때에는 파산관재인은 그로 하여금 채무자가 지급한 금액을 상환하게 할 수 있다.

제394조(권리변동의 성립요건 또는 대항요건의 부인) ①지급정지 또는 파산신청이 있은 후에 권리의 설정·이전 또는 변경의 효력을 생기게 하는 등기 또는 등록이 행하여진 경우 그 등기 또는 등록이 그 원인인 채무부담행위가 있은 날부터 15일을 경과한 후에 지급정지 또는 파산신청이 있음을 알고 행한 것인 때에는 이를 부인할 수 있다. 다만, 가등기 또는 가등록을 한 후 이에 의하여 본등기 또는 본등록을 한 때에는 그러하지 아니하다.

②지급정지 또는 파산신청이 있은 후에 권리의 설정·이전 또는 변경을 제3자에게 대항하기 위하여 필요한 행위를 한 경우 그 행위가 권리의 설정·이전 또는 변경이 있은 날부터 15일을 경과한 후에 지급정지 또는 파산신청이 있음을 알고 행한 것인 때에도 제1항과 같다.

제395조(집행행위의 부인) 부인권은 부인하고자 하는 행위에 관하여 집행력있는 집행권원이 있는 때 또는 그 행위가 집행행위에 의한 것인 때에도 행사할 수 있다.

제396조(부인권의 행사방법) ①부인권은 소, 부인의 청구 또는 항변의 방법으로 파산관재인이 행사한다.

②법원은 파산채권자의 신청에 의하거나 직권으로 파산관재인에게 부인권의 행사를 명할 수 있다.

③제1항의 소와 부인의 청구사건은 파산계속법원의 관할에 전속한다. <개정 2016. 12. 27.>

④제106조 및 제107조의 규정은 제1항의 규정에 의한 부인의 청구에 관하여 준용한다.

제397조(부인권행사의 효과) ①부인권의 행사는 파산재단을 원상으로 회복시킨다.

②제391조제4호의 규정에 의한 행위가 부인된 경우 상대방이 그 행위 당시 선의인 때에는 이익이 현존하는 한도 안에서 상환하면 된다.

제398조(상대방의 지위) ①채무자의 행위가 부인된 경우 그가 받은 반대급부가 파산재단 중에 현존하는 때에는 상대방은 그 반환을 청구할 수

있으며, 반대급부로 인하여 생긴 이익이 현존하는 때에는 그 이익의 한도 안에서 재단채권자로서 그 권리를 행사할 수 있다.

②채무자의 행위가 부인된 경우 반대급부로 인하여 생긴 이익이 현존하지 아니하는 때에는 상대방은 그 가액의 상환에 관하여 파산채권자로서 권리를 행사할 수 있다. 반대급부의 가액이 현존하는 이익보다 큰 경우 그 차액에 관하여도 또한 같다.

제399조(상대방의 채권의 회복) 채무자의 행위가 부인된 경우 상대방이 그가 받은 급부를 반환하거나 그 가액을 상환한 때에는 상대방의 채권은 원상으로 회복된다.

제400조(상속재산의 파산의 경우의 부인권) 제391조·제392조·제393조·제398조 및 제399조의 규정은 상속재산에 대하여 파산선고가 있은 경우 피상속인·상속인·상속재산관리인 및 유언집행자가 상속재산에 관하여 한 행위에 관하여 준용한다.

제401조(유증을 받은 자에 대한 변제 등의 부인) 상속재산에 대하여 파산선고가 있은 경우 유증을 받은 자에 대한 변제 그 밖의 채무의 소멸에 관한 행위가 그 채권에 우선하는 채권을 가진 파산채권자를 해하는 때에는 이를 부인할 수 있다.

제402조(부인의 상대방에 대한 변제) 상속재산에 대하여 파산선고가 있은 경우 피상속인·상속인·상속재산관리인 및 유언집행자가 상속재산에 관하여 한 행위가 부인된 때에는 상속채권자에게 변제한 후 부인된 행위의 상대방에게 그 권리의 가액에 따라 잔여재산을 분배하여야 한다.

제403조(전득자에 대한 부인권) ①다음 각호의 어느 하나에 해당하는 때에는 전득자(轉得者)에 대하여도 부인권을 행사할 수 있다.

1. 전득자가 전득 당시 각각 그 전자(前者)에 대한 부인의 원인이 있음을 안 때
2. 전득자가 제392조의 규정에 의한 특수관계인인 때. 다만, 전득 당시 각각 그 전자(前者)에 대한 부인의 원인이 있음을 알지 못한 때에는 그러하지 아니하다.
3. 전득자가 무상행위 또는 이와 동일시할 수 있는 유상행위로 인하여 전득한 경우 각각 그 전자(前者)에 대하여 부인의 원인이 있는 때

②제397조제2항의 규정은 제1항제3호의 규정에 의하여 부인권이 행사된 경우에 관하여 준용한다.

제404조(지급정지를 안 것을 이유로 하는 부인의 제한) 파산선고가 있은 날부터 1년 전에 한 행위는 지급정지의 사실을 안 것을 이유로 하여 부인할 수 없다.

제405조(부인권행사의 기간) 부인권은 파산선고가 있은 날부터 2년이 경과한 때에는 행사할 수 없다. 제391조 각호의 행위를 한 날부터 10년이 경과한 때에도 또한 같다.

제406조(채권자취소소송 등의 중단) ①「민법」 제406조제1항이나 「신탁법」 제8조에 따라 파산채권자가 제기한 소송이 파산선고 당시 법원에 계속되어 있는 때에는 그 소송절차는 수계 또는 파산절차의 종료에 이르기까지 중단된다. <개정 2013. 5. 28.>

②제347조의 규정은 제1항의 경우에 관하여 준용한다.

[제목개정 2013. 5. 28.]

제406조의2(신탁행위의 부인에 관한 특칙) 위탁자인 채무자에 대하여 파산이 선고된 경우 해당 채무자가 「신탁법」에 따라 한 신탁행위의 부인에 관하여는 제113조의2를 준용한다. 이 경우 "제100조제1항"은 "제391조"로, "채무자의 재산"은 "파산재단"으로, "공익채권자"는 "재단채권자"로 각각 본다.

[본조신설 2013. 5. 28.]

제3절 환취권

제407조(채무자에게 속하지 아니한 재산의 환취) 파산선고는 채무자에 속하지 아니하는 재산을 파산재단으로부터 환취하는 권리에 영향을 미치지 아니한다.

제407조의2(수탁자에 대한 파산절차에서의 환취권에 관한 특칙) ① 「신탁법」에 따라 신탁이 설정된 후 수탁자가 파산선고를 받은 경우 신탁재산을 환취하는 권리는 신수탁자 또는 신탁재산관리인이 행사한다.

② 신탁이 종료된 경우에는 「신탁법」 제101조에 따라 신탁재산이 귀속된 자가 제1항의 권리를 행사한다.

[본조신설 2013. 5. 28.]

제408조(운송 중인 매도물의 환취) ①매도인이 매매의 목적인 물건을 매수인에게 발송하였으나 매수인이 그 대금의 전액을 변제하지 아니하고, 도달지에서 그 물건을 수령하지 아니한 상태에서 매수인이 파산선고를 받은 때에는 매도인은 그 물건을 환취할 수 있다. 다만, 파산관재인이 대금전액을 지급하고 그 물건의 인도를 청구한 때에는 그러하지 아니하다.

②제1항의 규정은 제335조의 적용을 배제하지 아니한다.

제409조(위탁매매인의 환취권) 제408조제1항의 규정은 물품매수의 위탁을 받은 위탁매매인이 그 물품을 위탁자에게 발송한 경우에 관하여 준용한다.

제410조(대체적 환취권) ①채무자가 파산선고 전에 환취권의 목적인 재산을 양도한 때에는 환취권자는 반대급부의 이행청구권의 이전을 청구할 수 있다. 파산관재인이환취권의 목적인 재산을 양도한 때에도 또한 같다.

②제1항의 경우 파산관재인이 반대급부의 이행을 받은 때에는 환취권자는 파산관재인이 반대급부로 받은 재산의 반환을 청구할 수 있다.

제4절 별제권

제411조(별제권자) 파산재단에 속하는 재산상에 존재하는 유치권·질권·저당권·「동산·채권 등의 담보에 관한 법률」에 따른 담보권 또는 전세권을 가진 자는 그 목적인 재산에 관하여 별제권을 가진다. <개정 2010. 6. 10.>

제412조(별제권의 행사) 별제권은 파산절차에 의하지 아니하고 행사한다.

제413조(별제권자의 파산채권행사) 별제권자는 그 별제권의 행사에 의하여 변제를 받을 수 없는 채권액에 관하여만 파산채권자로서 그 권리를 행사할 수 있다. 다만, 별제권을 포기한 채권액에 관하여 파산채권자로서 그 권리를 행사하는 것에 영향을 미치지 아니한다.

제414조(준별제권자) ①파산재단에 속하지 아니하는 채무자의 재산상에 질권·저당권 또는 「동산·채권 등의 담보에 관한 법률」에 따른 담보권을 가진 자는 그 권리의 행사에 의하여 변제를 받을 수 없는 채권

액에 한하여 파산채권자로서 그 권리를 행사할 수 있다. <개정 2010. 6. 10.>

②제1항의 규정에 의한 권리를 가진 자에 대하여는 별제권에 관한 규정을 준용한다.

제415조(주택임차인 등) ①「주택임대차보호법」 제3조(대항력 등)제1항의 규정에 의한 대항요건을 갖추고 임대차계약증서상의 확정일자를 받은 임차인은 파산재단에 속하는 주택(대지를 포함한다)의 환가대금에서 후순위권리자 그 밖의 채권자보다 우선하여 보증금을 변제받을 권리가 있다.

②「주택임대차보호법」 제8조(보증금중 일정액의 보호)의 규정에 의한 임차인은 같은 조의 규정에 의한 보증금을 파산재단에 속하는 주택(대지를 포함한다)의 환가대금에서 다른 담보물권자보다 우선하여 변제받을 권리가 있다. 이 경우 임차인은 파산신청일까지 「주택임대차보호법」 제3조(대항력 등)제1항의 규정에 의한 대항요건을 갖추어야 한다.

③제1항 및 제2항의 규정은 「상가건물 임대차보호법」 제3조(대항력 등)의 규정에 의한 대항요건을 갖추고 임대차계약증서상의 확정일자를 받은 임차인과 같은 법 제14조(보증금중 일정액의 보호)의 규정에 의한 임차인에 관하여 준용한다.

제415조의2(임금채권자 등) 「근로기준법」 제38조제2항 각 호에 따른 채권과 「근로자퇴직급여 보장법」 제12조제2항에 따른 최종 3년간의 퇴직급여등 채권의 채권자는 해당 채권을 파산재단에 속하는 재산에 대한 별제권 행사 또는 제349조제1항의 체납처분에 따른 환가대금에서 다른 담보물권자보다 우선하여 변제받을 권리가 있다. 다만, 「임금채권보장법」 제8조에 따라 해당 채권을 대위하는 경우에는 그러하지 아니하다.

[본조신설 2014. 12. 30.]

제5절 상계권

제416조(상계권) 파산채권자가 파산선고 당시 채무자에 대하여 채무를 부담하는 때에는 파산절차에 의하지 아니하고 상계할 수 있다.

제417조(기한부 및 해제조건부 등 채권채무의 상계) 파산채권자의 채권

이 파산선고시에 기한부 또는 해제조건부이거나 제426조에 규정된 것인 때에도 상계할 수 있다. 채무가 기한부나 조건부인 때 또는 장래의 청구권에 관한 것인 때에도 또한 같다.

제418조(정지조건부채권 및 장래의 청구권과의 상계) 정지조건부채권 또는 장래의 청구권을 가진 자가 그 채무를 변제하는 때에는 후일 상계를 하기 위하여 그 채권액의 한도 안에서 변제액의 임치를 청구할 수 있다.

제419조(해제조건부채권의 상계) 해제조건부채권을 가진 자가 상계를 하는 때에는 그 상계액에 관하여 담보를 제공하거나 임치를 하여야 한다.

제420조(자동채권의 상계액) ①파산채권자의 채권이 이자없는 채권 또는 정기금채권인 때에는 제446조제1항제5호 내지 제7호에 해당하는 부분을 공제한 액의 한도 안에서 상계할 수 있다.

②제426조 및 제427조의 규정은 파산채권자의 채권에 관하여 준용한다.

제421조(차임·보증금 및 지료의 상계) ①파산채권자가 임차인인 때에는 파산선고시의 당기(當期) 및 차기(次期)의 차임에 관하여 상계를 할 수 있다. 보증금이 있는 경우 그 후의 차임에 관하여도 또한 같다.

②제1항의 규정은 지료(地料)에 관하여 준용한다.

제422조(상계의 금지) 다음 각호의 어느 하나에 해당하는 때에는 상계를 할 수 없다.

1. 파산채권자가 파산선고 후에 파산재단에 대하여 채무를 부담한 때
2. 파산채권자가 지급정지 또는 파산신청이 있었음을 알고 채무자에 대하여 채무를 부담한 때. 다만, 다음 각목의 어느 하나에 해당하는 때를 제외한다.
   가. 그 부담이 법정의 원인에 의한 때
   나. 파산채권자가 지급정지나 파산신청이 있었음을 알기 전에 생긴 원인에 의한 때
   다. 파산선고가 있은 날부터 1년 전에 생긴 원인에 의한 때
3. 파산선고를 받은 채무자의 채무자가 파산선고 후에 타인의 파산채권을 취득한 때
4. 파산선고를 받은 채무자의 채무자가 지급정지 또는 파산신청이 있

었음을 알고 파산채권을 취득한 때. 다만, 제2호 각목의 어느 하나에 해당하는 때를 제외한다.

제4장 파산채권 및 재단채권

제1절 파산채권

제423조(파산채권) 채무자에 대하여 파산선고 전의 원인으로 생긴 재산상의 청구권은 파산채권으로 한다.

제424조(파산채권의 행사) 파산채권은 파산절차에 의하지 아니하고는 행사할 수 없다.

제425조(기한부채권의 변제기도래) 기한부채권은 파산선고시에 변제기에 이른 것으로 본다.

제426조(비금전채권 등의 파산채권액) ①채권의 목적이 금전이 아니거나 그 액이 불확정한 때나 외국의 통화로 정하여진 때에는 파산선고시의 평가액을 파산채권액으로 한다.

②정기금채권의 금액 또는 존속기간이 확정되지 아니한 때에도 제1항과 같다.

제427조(조건부채권 등의 파산채권액) ①조건부채권은 그 전액을 파산채권액으로 한다.

②제1항의 규정은 채무자에 대한 장래의 청구권에 관하여 준용한다.

제428조(전부의 채무를 이행할 의무를 지는 자가 파산한 경우의 파산채권액) 여럿의 채무자가 각각 전부의 채무를 이행하여야 하는 경우 그 채무자의 전원 또는 일부가 파산선고를 받은 때에는 채권자는 파산선고시에 가진 채권의 전액에 관하여 각 파산재단에 대하여 파산채권자로서 권리를 행사할 수 있다.

제429조(보증인이 파산한 경우의 파산채권액) 보증인이 파산선고를 받은 때에는 채권자는 파산선고시에 가진 채권의 전액에 관하여 파산채권자로서 그 권리를 행사할 수 있다.

第430條(장래의 구상권자) ①여럿의 채무자가 각각 전부의 채무를 이행하여야 하는 경우 그 채무자의 전원 또는 일부가 파산선고를 받은 때에는 그 채무자에 대하여 장래의 구상권을 가진 자는 그 전액에 관하여 각 파산재단에 대하여 파산채권자로서 그 권리를 행사할 수 있다. 다만, 채권자가 그 채권의 전액에 관하여 파산채권자로서 그 권리를 행사한 때에는 예외로 한다.

②제1항 단서의 경우 제1항의 규정에 의한 구상권을 가진 자가 변제를 한 때에는 그 변제의 비율에 따라 채권자의 권리를 취득한다.

③제1항 및 제2항의 규정은 담보를 제공한 제3자가 채무자에 대하여 갖는 장래의 구상권에 관하여 준용한다.

第431條(여럿이 일부보증을 한 때의 파산채권액) 제428조, 제429조 및 제430조제1항·제2항의 규정은 여럿의 보증인이 각각 채무의 일부를 보증하는 때에 그 보증하는 부분에 관하여 준용한다.

第432條(무한책임사원의 파산) 법인의 채무에 관하여 무한책임을 지는 사원이 파산선고를 받은 때에는 법인의 채권자는 파산선고시에 가진 채권의 전액에 관하여 그 파산재단에 대하여 파산채권자로서 그 권리를 행사할 수 있다.

第433條(유한책임사원의 파산) 법인의 채무에 관하여 유한책임을 지는 사원 또는 그 법인이 파산선고를 받은 때에는 법인의 채권자는 유한책임을 지는 사원에 대하여 그 권리를 행사할 수 없다. 다만, 법인은 출자청구권을 파산채권으로서 행사할 수 있다.

第434條(상속인의 파산) 상속인이 파산선고를 받은 경우에는 재산의 분리가 있는 때에도 상속채권자 및 유증을 받은 자는 그 채권의 전액에 관하여 파산재단에 대하여 파산채권자로서 그 권리를 행사할 수 있다.

第435條(상속재산 및 상속인의 파산) 상속재산 및 상속인에 대하여 파산선고가 있는 때에는 상속채권자 및 유증을 받은 자는 그 채권의 전액에 관하여 각 파산재단에 대하여 파산채권자로서 그 권리를 행사할 수 있다.

第436條(상속인의 한정승인) 제434조 및 제435조의 경우 파산선고를 받은 상속인이 한정승인을 한 때에는 상속채권자와 유증을 받은 자는 그 상속인의 고유재산에 대하여 파산채권자로서 그 권리를 행사할 수 없다. 제385조 또는 제386조제1항의 규정에 의하여 한정승인의 효력이 있는 때에도 또한 같다.

제437조(상속인의 피상속인에 대한 채권 등) 상속재산에 대하여 파산선고가 있는 때에는 상속인은 그 피상속인에 대한 채권 및 피상속인의 채무소멸을 위하여 한 출연에 관하여 상속채권자와 동일한 권리를 가진다.

제438조(상속인의 채권자) 상속재산에 대하여 파산선고가 있는 때에는 상속인의 채권자는 그 파산재단에 대하여 파산채권자로서 그 권리를 행사할 수 없다.

제439조(파산절차참가의 비용) 파산절차참가의 비용은 파산채권으로 한다.

제440조(동일순위자에 대한 평등변제) 동일순위로 변제하여야 하는 채권은 각각 그 채권액의 비율에 따라 변제한다.

제441조(우선권 있는 파산채권) 파산재단에 속하는 재산에 대하여 일반의 우선권이 있는 파산채권은 다른 채권에 우선한다.

제442조(우선권의 기간계산) 일정한 기간 안의 채권액에 관하여 우선권이 있는 경우 그 기간은 파산선고시부터 소급하여 계산한다.

제443조(상속채권자의 우위) 상속재산에 대하여 파산선고가 있는 때에는 상속채권자의 채권은 유증을 받은 자의 채권에 우선한다.

제444조(상속인이 파산한 경우의 채권자간의 순위) 상속재산에 대한 파산신청기간안의 신청에 의하여 상속인에 대한 파산선고가 있는 때에는 상속인의 채권자의 채권은 그 고유재산에 대하여 상속채권자 및 유증을 받은 자의 채권에 우선하고, 상속채권자 및 유증을 받은 자의 채권은 상속재산에 대하여 상속인의 채권자의 채권에 우선한다.

제445조(상속재산 및 상속인의 파산재단의 순위) 상속재산 및 상속인에 대하여 파산선고가 있는 때에는 상속인의 채권자의 채권은 상속인의 파산재단에 대하여는 상속채권자 및 유증을 받은 자의 채권에 우선한다.

제446조(후순위파산채권) ①다음 각호의 청구권은 다른 파산채권보다 후순위파산채권으로 한다.

1. 파산선고 후의 이자
2. 파산선고 후의 불이행으로 인한 손해배상액 및 위약금
3. 파산절차참가비용

4. 벌금·과료·형사소송비용·추징금 및 과태료
5. 기한이 파산선고 후에 도래하는 이자없는 채권의 경우 파산선고가 있은 때부터 그 기한에 이르기까지의 법정이율에 의한 원리의 합계액이 채권액이 될 계산에 의하여 산출되는 이자의 액에 상당하는 부분
6. 기한이 불확정한 이자없는 채권의 경우 그 채권액과 파산선고 당시의 평가액과의 차액에 상당하는 부분
7. 채권액 및 존속기간이 확정된 정기금채권인 경우 각 정기금에 관하여 제5호의 규정에 준하여 산출되는 이자의 액의 합계액에 상당하는 부분과 각 정기금에 관하여 같은 호의 규정에 준하여 산출되는 원본의 액의 합계액이 법정이율에 의하여 그 정기금에 상당하는 이자가 생길 원본액을 초과하는 때에는 그 초과액에 상당하는 부분

②채무자가 채권자와 파산절차에서 다른 채권보다 후순위로 하기로 정한 채권은 그 정한 바에 따라 다른 채권보다 후순위로 한다.

제2절 파산채권의 신고 및 조사

제447조(채권신고방법) ①파산채권자는 법원이 정하는 기간(이하 이 장에서 "신고기간"이라 한다)안에 다음 각호의 사항을 법원에 신고하고 증거서류 또는 그 등본이나 초본을 제출하여야 한다.

1. 그 채권액 및 원인
2. 일반의 우선권이 있는 때에는 그 권리
3. 제446조제1항 각호의 어느 하나에 해당하는 청구권을 포함하는 때에는 그 구분

②별제권자는 제1항 각호의 사항 외에 별제권의 목적과 그 행사에 의하여 변제를 받을 수 없는 채권액을 신고하여야 한다.

③파산채권에 관하여 파산선고 당시 소송이 계속되어 있는 때에는 제1항 각호의 사항 외에 파산채권자는 그 법원·당사자·사건명 및 사건번호를 신고하여야 한다.

제448조(파산채권자표의 작성) ①법원사무관등은 다음 각호의 사항을 기재한 파산채권자표를 작성하여야 한다.

1. 채권자의 성명 및 주소

2. 채권액 및 원인

3. 일반의 우선권이 있는 때에는 그 권리

4. 제446조제1항 각호의 어느 하나에 해당하는 청구권을 포함하는 때에는 그 구분

5. 별제권자가 제447조제2항의 규정에 의하여 신고한 채권액

②법원사무관등은 파산채권자표의 등본을 파산관재인에게 교부하여야 한다.

제449조(파산채권자표 및 채권신고서류의 비치) ①법원은 파산채권자표 및 채권의 신고에 관한 서류를 이해관계인이 열람할 수 있도록 법원에 비치하여야 한다.

②법원사무관등은 채권자의 신청이 있는 경우 그 채권자의 채권에 관한 파산채권자표의 초본을 교부하여야 한다.

제450조(채권조사의 대상) 채권조사기일에는 신고한 각 채권에 관하여 제448조제1항 각호의 사항을 조사한다.

제451조(관계인의 출석) ①채무자, 신고한 파산채권자 또는 그 대리인은 채권조사기일에 출석하여 의견을 진술할 수 있다.

②제1항의 규정에 의한 대리인은 대리권을 증명하는 서면을 제출하여야 한다.

제452조(파산관재인의 출석) 채권의 조사는 파산관재인이 출석하지 아니하면 할 수 없다.

제453조(신고기간 후에 신고한 채권의 조사) ①신고기간 후에 신고한 채권에 관하여는 파산관재인 및 파산채권자의 이의가 있는 때를 제외하고는 채권조사의 일반기일에 그 조사를 할 수 있다.

②파산관재인 또는 파산채권자의 이의가 있는 때에는 법원은 제1항의 규정에 의한 채권조사를 하기 위하여 특별기일을 정하여야 한다. 이 경우 채권조사에 소요되는 비용은 신고기간 후에 신고한 파산채권자의 부담으로 한다.

제454조(파산채권자의 이익을 해하는 변경) 제453조의 규정은 파산채권자가 신고한 사항에 관하여 신고기간 후에 다른 파산채권자의 이익을 해할 변경을 가한 경우에 관하여 준용한다.

제455조(일반기일 후의 채권신고) 제453조제2항의 규정은 파산채권자가 채권조사의 일반기일 후에 채권을 신고한 경우에 관하여 준용한다.

제456조(특별기일의 공고 및 송달) 채권조사의 특별기일을 정하는 결정은 이를 공고 하여야 하며 파산관재인·채무자 및 신고한 파산채권자에게 송달하여야 한다.

제457조(채권조사기일의 변경 등) 제456조의 규정은 채권조사기일의 변경과 채권조사의 연기 및 속행에 관하여 준용한다. 다만, 선고가 있는 때에는 공고 및 송달을 하지 아니하여도 된다.

제458조(채권의 확정) 채권조사기일에 파산관재인 및 파산채권자의 이의가 없는 때에는 다음 각호의 사항이 확정된다.

1. 채권액
2. 우선권
3. 제446조제1항 각호의 어느 하나에 해당하는 청구권의 구분

제459조(조사결과의 파산채권자표 기재) ①법원사무관등은 채권조사의 결과와 채무자가 진술한 이의를 파산채권자표에 기재하여야 한다.

②법원사무관등은 확정된 채권의 증서에 확정된 뜻을 기재하고 법원의 인(印)을 찍어야 한다.

제460조(확정채권에 관한 파산채권자표 기재의 파산채권자에 대한 효력) 확정채권에 관하여 파산채권자표에 기재한 때에는 그 기재는 파산채권자 전원에 대하여 확정판결과 동일한 효력이 있다.

제461조(파산채권의 이의에 관한 통지) ①파산채권자가 채권조사기일에 출석하지 아니한 경우 그 채권에 관하여 이의가 있는 때에는 법원은 그 사실을 파산채권자에게 통지하여야 한다.

②제1항의 규정에 의한 통지는 서류를 우편으로 발송하여 할 수 있다.

제462조(파산채권 조사확정의 재판) ①파산채권의 조사에서 신고한 파산채권의 내용에 대하여 파산관재인 또는 파산채권자가 이의를 한 때에는 그 파산채권(이하 이 편에서 "이의채권"이라 한다)을 보유한 파산채권자는 그 내용의 확정을 위하여 이의자 전원을 상대방으로 하여 법원에 채권조사확정의 재판(이하 이 편에서 "채권조사확정재판"이라 한다)을 신청할 수 있다. 다만, 제464조 및 제466조의 경우에는 그러하지 아니하다.

②채권조사확정재판에서는 이의가 있는 파산채권의 존부 또는 그 내용을 정한다.

③법원은 채권조사확정재판을 하는 때에는 이의자를 심문하여야 한다.

④법원은 채권조사확정재판의 결정서를 당사자에게 송달하여야 한다.

⑤제1항의 규정에 의한 신청은 이의가 있는 파산채권에 관한 조사를 위한 일반조사기일 또는 특별조사기일부터 1월 이내에 하여야 한다.

제463조(채권조사확정재판에 대한 이의의 소) ①채권조사확정재판에 불복하는 자는 그 결정서의 송달을 받은 날부터 1월 이내에 이의의 소를 제기할 수 있다.

②제1항의 소는 파산계속법원의 관할에 전속한다. <개정 2016. 12. 27.>

③제1항의 소를 제기하는 자가 이의채권을 보유하는 파산채권자인 때에는 이의자 전원을 피고로 하고, 이의자인 때에는 그 파산채권자를 피고로 하여야 한다.

④동일한 채권에 관하여 여러 개의 소가 계속되어 있는 때에는 법원은 변론을 병합 하여야 한다.

⑤제1항의 소에 대한 판결은 소를 부적법한 것으로 각하하는 경우를 제외하고는 같은 항의 재판을 인가하거나 변경한다.

제464조(이의채권에 관한 소송의 수계) 이의채권에 관하여 파산선고 당시 소송이 계속되어 있는 경우 채권자가 그 권리의 확정을 구하고자 하는 때에는 이의자 전원을 그 소송의 상대방으로 하여 소송을 수계하여야 한다.

제465조(청구원인의 제한) 파산채권자는 제459조제1항의 규정에 의하여 파산채권자표에 기재한 사항에 한하여 채권조사확정재판의 신청을 하거나 제463조제1항의 소를 제기하거나 제464조의 규정에 의하여 소송을 수계할 수 있다.

제466조(집행권원이 있는 채권에 대한 이의주장방법) ①집행력있는 집행권원이나 종국판결 있는 채권에 관하여 이의가 있는 자는 채무자가 할 수 있는 소송절차에 의하여만 이의를 주장할 수 있다.

②제1항의 규정에 의한 파산채권에 관하여 파산선고 당시 법원에 소송이 계속되어 있는 경우 이의자가 같은 항의 규정에 의한 이의를 주장하고자 하는 때에는 이의자는 그 파산채권을 보유한 파산채권자를 상

대방으로 하는 소송절차를 수계하여야 한다.

③제463조제4항 및 제465조의 규정은 제1항 및 제2항에 관하여 준용한다.

제467조(파산채권의 확정에 관한 소송결과의 기재) 법원사무관등은 파산관재인 또는 파산채권자의 신청에 의하여 파산채권의 확정에 관한 소송의 결과(채권조사확정재판에 대한 이의의 소가 제463조제1항의 규정에 의한 기간 안에 제기되지 아니하거나 각하된 때에는 그 재판의 내용을 말한다)를 파산채권자표에 기재하여야 한다.

제468조(파산채권의 확정에 관한 소송의 판결 등의 효력) ①파산채권의 확정에 관한 소송에 대한 판결은 파산채권자 전원에 대하여 그 효력이 있다.

②채권조사확정재판에 대한 이의의 소가 제463조제1항의 규정에 의한 기간 안에 제기되지 아니하거나 각하된 때에는 그 재판은 파산채권자 전원에 대하여 확정판결과 동일한 효력이 있다.

제469조(소송비용의 상환) 파산재단이 파산채권의 확정에 관한 소송(채권조사확정재판을 포함한다)으로 이익을 받은 때에는 이의를 주장한 파산채권자는 그 이익의 한도 안에서 재단채권자로서 소송비용의 상환을 청구할 수 있다.

제470조(파산채권확정소송의 목적의 가액) 파산채권의 확정에 관한 소송의 목적의 가액은 배당예정액을 표준으로 하여 파산계속법원이 정한다. <개정 2016. 12. 27.>

제471조(벌금 등의 신고) ①제446조제1항제4호의 규정에 의한 청구권을 가진 자는 지체 없이 그 액 및 원인을 법원에 신고하여야 한다.

②제459조제1항의 규정은 제1항의 규정에 의하여 신고된 청구권에 관하여 준용한다.

제472조(행정심판 또는 행정소송의 대상인 경우) ①제471조제1항의 규정에 의하여 신고한 청구권의 원인이 행정심판 또는 행정소송의 대상이 되는 처분인 때에는 법원은 지체 없이 그 청구권의 금액 및 원인을 파산관재인에게 통지하여야 한다.

②제466조 내지 제468조의 규정은 파산관재인이 이의를 주장하는 경우에 관하여 준용한다.

제3절 재단채권

제473조(재단채권의 범위) 다음 각호의 어느 하나에 해당하는 청구권은 재단채권으로 한다. <개정 2010. 3. 31., 2014. 5. 20., 2016. 12. 27.>

1. 파산채권자의 공동의 이익을 위한 재판상 비용에 대한 청구권
2. 「국세징수법」 또는 「지방세징수법」에 의하여 징수할 수 있는 청구권(국세징수의 예에 의하여 징수할 수 있는 청구권으로서 그 징수우선순위가 일반 파산채권보다 우선하는 것을 포함하며, 제446조의 규정에 의한 후순위파산채권을 제외한다). 다만, 파산선고 후의 원인으로 인한 청구권은 파산재단에 관하여 생긴 것에 한한다.
3. 파산재단의 관리·환가 및 배당에 관한 비용
4. 파산재단에 관하여 파산관재인이 한 행위로 인하여 생긴 청구권
5. 사무관리 또는 부당이득으로 인하여 파산선고 후 파산재단에 대하여 생긴 청구권
6. 위임의 종료 또는 대리권의 소멸 후에 긴급한 필요에 의하여 한 행위로 인하여 파산재단에 대하여 생긴 청구권
7. 제335조제1항의 규정에 의하여 파산관재인이 채무를 이행하는 경우에 상대방이 가지는 청구권
8. 파산선고로 인하여 쌍무계약이 해지된 경우 그 때까지 생긴 청구권
9. 채무자 및 그 부양을 받는 자의 부양료
10. 채무자의 근로자의 임금·퇴직금 및 재해보상금
11. 파산선고 전의 원인으로 생긴 채무자의 근로자의 임치금 및 신원보증금의 반환청구권

제474조(부담있는 유증의 부담의 청구권) 파산관재인이 부담있는 유증의 이행을 받은 때에는 부담의 이익을 받을 청구권은 유증목적의 가액을 초과하지 아니하는 한도 안에서 재단채권으로 한다.

제475조(재단채권의 변제) 재단채권은 파산절차에 의하지 아니하고 수시로 변제한다.

제476조(재단채권의 우선변제) 재단채권은 파산채권보다 먼저 변제한다.

제477조(재단부족의 경우의 변제방법) ①파산재단이 재단채권의 총액을 변제하기에 부족한 것이 분명하게 된 때에는 재단채권의 변제는 다른 법령이 규정하는 우선권에 불구하고 아직 변제하지 아니한 채권액의 비율에 따라 한다. 다만, 재단채권에 관하여 존재하는 유치권·질권·저당권·「동산·채권 등의 담보에 관한 법률」에 따른 담보권 및 전세권의 효력에는 영향을 미치지 아니한다. <개정 2010. 6. 10.>

②제473조제1호 내지 제7호 및 제10호에 열거된 재단채권은 다른 재단채권에 우선한다.

③ 제1항의 경우에 제6조제4항·제9항 및 제7조제1항에 따라 재단채권으로 하는 제179조제1항제5호 및 제12호의 청구권 중에서 채무자의 사업을 계속하기 위하여 법원의 허가를 받아 차입한 자금(이하 이 조에서 "신규차입자금"이라 한다)이 있는 때에는 제2항에도 불구하고 신규차입자금에 관한 채권과 제473조제10호의 재단채권은 다른 재단채권에 우선한다. 이 경우 신규차입자금에 관한 채권과 제473조제10호의 재단채권을 제외한 재단채권의 순위는 제2항에 따른다. <신설 2020. 2. 4.>

제478조(파산채권에 관한 규정의 준용) ①제425조·제426조 및 제427조제1항의 규정은 제473조제7호 및 제474조의 규정에 의한 재단채권에 관하여 준용한다.

②제1항의 규정에 의한 재단채권이 이자 없는 채권 또는 정기금채권인 때에는 만약 그 채권이 파산채권이라면 제446조제1항제5호 내지 제7호의 규정에 의하여 다른 파산채권보다 후순위로 될 부분에 해당하는 금액을 공제한 액을 그 가액으로 한다.

제5장 파산재단의 관리·환가 및 배당

제1절 파산재단의 관리 및 환가

제479조(파산재단의 점유 및 관리) 파산관재인은 취임 후 즉시 파산재단에 속하는 재산의 점유 및 관리에 착수하여야 한다.

제480조(봉인) ①파산관재인은 필요하다고 인정하는 때에는 법원사무관

등·집행관 또는 공증인으로 하여금 파산재단에 속하는 재산에 봉인을 하게 할 수 있다. 이 경우 봉인을 한 자는 조서를 작성하여야 한다.

②제1항의 규정은 봉인을 제거하는 경우에 관하여 준용한다.

제481조(재산장부의 폐쇄) 파산관재인은 파산선고 후 지체 없이 채무자의 재산에 관한 장부를 폐쇄하고 그 취지를 기재한 후 기명날인하여야 한다.

제482조(재산의 가액의 평가) 파신관재인은 지체 없이 파산재단에 속하는 모든 재산의 파산선고 당시의 가액을 평가하여야 한다. 이 경우 채무자를 참여하게 할 수 있다.

제483조(재산목록 및 대차대조표의 작성) ①파산관재인은 재산목록 및 대차대조표를 작성하여야 한다.

②파산관재인은 재산목록 및 대차대조표의 등본에 기명날인하고 이를 법원에 제출하여야 한다. 봉인에 관한 조서의 경우에도 또한 같다.

③이해관계인은 제2항의 규정에 의한 서류의 열람을 청구할 수 있다.

제484조(우편물의 관리) ①법원은 체신관서·운송인 그 밖의 자에 대하여 채무자에게 보내는 우편물·전보 그 밖의 운송물을 파산관재인에게 배달할 것을 촉탁할 수 있다.

②파산관재인은 그가 수령한 제1항의 규정에 의한 우편물·전보 그 밖의 운송물을 열어 볼 수 있다.

③채무자는 파산관재인이 수령한 우편물·전보 그 밖의 운송물의 열람을 요구할 수 있으며, 파산재단과 관련이 없는 것의 교부를 요구할 수 있다.

제485조(우편물관리의 해제) ①법원은 채무자 또는 파산관재인의 신청에 의하여 제484조제1항의 규정에 의한 촉탁을 취소하거나 변경할 수 있다.

②파산취소나 파산폐지의 결정이 확정되거나 파산종결의 결정이 있은 때에는 법원은 제484조제1항의 규정에 의한 촉탁을 취소하여야 한다.

제486조(영업의 계속) 파산관재인은 법원의 허가를 받아 채무자의 영업을 계속할 수 있다.

제487조(고가품의 보관방법) 화폐, 유가증권 그 밖의 고가품의 보관방법은 법원이 정한다.

제488조(파산경과의 보고) 파산관재인은 파산선고에 이르게 된 사정과 채무자 및 파산재단에 관한 경과 및 현상에 관하여 제1회 채권자집회에 보고하여야 한다.

제489조(채권자집회의 결의사항) 채권자집회는 다음 각호의 사항에 관하여 결의를 할 수 있다.

1. 영업의 폐지 또는 계속
2. 고가품의 보관방법

제490조(별제권의 목적물의 제시) ①파산관재인은 별제권자에 대하여 그 권리의 목적인 재산을 제시할 것을 요구할 수 있다.

②파산관재인이 제1항의 규정에 의한 재산을 평가하고자 하는 때에는 별제권자는 이를 거절할 수 없다.

제491조(환가시기의 제한) 제312조제1항제3호의 규정에 의한 채권조사기일이 종료되기 전에는 파산관재인은 파산재단에 속한 재산의 환가를 할 수 없다. 다만, 감사위원의 동의 또는 법원의 허가를 받은 때에는 그러하지 아니하다.

제492조(법원의 허가를 받아야 하는 행위) 파산관재인이 다음 각호에 해당하는 행위를 하고자 하는 경우에는 법원의 허가를 받아야 하며, 감사위원이 설치되어 있는 때에는 감사위원의 동의를 얻어야 한다. 다만, 제7호 내지 제15호에 해당하는 경우 중 그 가액이 1천만원 미만으로서 법원이 정하는 금액 미만인 때에는 그러하지 아니하다.

1. 부동산에 관한 물권이나 등기하여야 하는 국내선박 및 외국선박의 임의매각
2. 광업권·어업권·특허권·실용신안권·의장권·상표권·서비스표권 및 저작권의 임의매각
3. 영업의 양도
4. 상품의 일괄매각
5. 자금의 차입 등 차재
6. 제386조제2항의 규정에 의한 상속포기의 승인, 제387조의 규정에 의한 포괄적 유증의 포기의 승인과 제388조제1항의 규정에 의한 특정유증의 포기
7. 동산의 임의매각

8. 채권 및 유가증권의 양도
9. 제335조제1항의 규정에 의한 이행의 청구
10. 소의 제기(가처분 및 가압류의 신청을 제외한다)
11. 화해
12. 권리의 포기
13. 재단채권·환취권 및 별제권의 승인
14. 별제권의 목적의 환수
15. 파산재단의 부담을 수반하는 계약의 체결
16. 그 밖에 법원이 지정하는 행위

제492조(법원의 허가를 받아야 하는 행위) 파산관재인이 다음 각호에 해당하는 행위를 하고자 하는 경우에는 법원의 허가를 받아야 하며, 감사위원이 설치되어 있는 때에는 감사위원의 동의를 얻어야 한다. 다만, 제7호 내지 제15호에 해당하는 경우 중 그 가액이 1천만원 미만으로서 법원이 정하는 금액 미만인 때에는 그러하지 아니하다. <개정 2019. 8. 27.>

1. 부동산에 관한 물권이나 등기하여야 하는 국내선박 및 외국선박의 임의매각
2. 광업권·어업권·양식업권·특허권·실용신안권·의장권·상표권·서비스표권 및 저작권의 임의매각
3. 영업의 양도
4. 상품의 일괄매각
5. 자금의 차입 등 차재
6. 제386조제2항의 규정에 의한 상속포기의 승인, 제387조의 규정에 의한 포괄적 유증의 포기의 승인과 제388조제1항의 규정에 의한 특정유증의 포기
7. 동산의 임의매각
8. 채권 및 유가증권의 양도
9. 제335조제1항의 규정에 의한 이행의 청구
10. 소의 제기(가처분 및 가압류의 신청을 제외한다)

11. 화해

12. 권리의 포기

13. 재단채권·환취권 및 별제권의 승인

14. 별제권의 목적의 환수

15. 파산재단의 부담을 수반하는 계약의 체결

16. 그 밖에 법원이 지정하는 행위

[시행일 : 2020. 8. 28.] 제492조

제493조(채무자의 의견청취) 제492조의 경우 채무자는 파산관재인에게 의견을 진술할 수 있다.

제494조(법원의 중지명령) 파산관재인이 감사위원의 동의를 얻어 제492조 각호의 행위를 하는 때에도 법원은 채무자의 신청에 의하여 그 행위의 중지를 명하거나 그 행위에 관한 결의를 하게 하기 위하여 채권자집회를 소집할 수 있다.

제495조(선의의 제3자의 보호) 파산관재인이 제491조 또는 제492조의 규정을 위반하거나 제494조의 규정에 의한 중지명령을 위반한 때에도 이로써 선의의 제3자에게 대항할 수 없다.

제496조(환가방법) ①「민사집행법」에서 환가방법을 정한 권리의 환가는 「민사집행법」에 따른다.

②제1항의 규정에 불구하고 파산관재인은 법원의 허가를 받아 영업양도 등 다른 방법으로 환가할 수 있다.

제497조(별제권의 목적물의 환가) ①파산관재인은 「민사집행법」에 의하여 별제권의 목적인 재산을 환가할 수 있다. 이 경우 별제권자는 이를 거절할 수 없다.

②제1항의 경우 별제권자가 받을 금액이 아직 확정되지 아니한 때에는 파산관재인은 대금을 따로 임치하여야 한다. 이 경우 별제권은 그 대금위에 존재한다.

제498조(별제권자의 처분기간의 지정) ①별제권자가 법률에 정한 방법에 의하지 아니하고 별제권의 목적을 처분하는 권리를 가지는 때에는 법원은 파산관재인의 신청에 의하여 별제권자가 그 처분을 하여야 하는 기간을 정한다.

②별제권자가 제1항의 규정에 의한 기간 안에 처분을 하지 아니하는

때에는 제1항의 규정에 의한 권리를 잃는다.

제499조(파산관재인의 상황보고) 파산관재인은 채권자집회가 정하는 바에 따라 채권자집회 또는 감사위원에게 파산재단의 상황을 보고하여야 한다.

제500조(임치품의 반환청구) ①파산관재인이 임치한 화폐·유가증권 그 밖의 고가품의 반환을 요구하고자 하는 때에는 감사위원의 동의를 얻어야 하며, 감사위원이 없는 때에는 법원의 허가를 받아야 한다. 다만, 채권자집회에서 다른 결의를 한 때에는 그 결의에 의한다.

②파산관재인이 제1항의 규정을 위반한 경우 수치인이 선의이고 과실이 없는 때에는 그 변제는 효력이 있다.

③제1항 및 제2항의 규정은 파산관재인이 수치인으로 하여금 지급 그 밖의 급부를 하게 하기 위하여 증권을 발행하는 경우에 관하여 준용한다.

제501조(법인파산재단의 환가) 「상법」 제258조(채무완제불능과 출자청구)의 규정은 법인이 파산선고를 받은 경우에 관하여 준용한다.

제502조(익명조합원에 대한 출자청구) 익명조합계약이 영업자의 파산으로 인하여 종료된 때에는 파산관재인은 익명조합원이 부담할 손실액을 한도로 하여 출자를 하게 할 수 있다.

제503조(상속인의 파산과 상속재산의 처분) ①상속인이 파산선고를 받은 후에 한정승인을 하거나 재산분리가 있는 때에는 상속재산의 처분은 파산관재인이 하여야 한다. 한정승인 또는 재산분리가 있은 후에 상속인이 파산선고를 받은 때에도 또한 같다.

②파산관재인이 제1항의 규정에 의한 처분을 종료한 때에는 잔여재산에 대하여 파산재단의 재산목록 및 대차대조표를 보충하여야 한다.

③제1항 및 제2항의 규정은 포괄적 유증을 받은 자가 파산선고를 받은 경우에 관하여 준용한다.

제504조(준용규정) 제503조의 규정은 제385조 또는 제386조제1항의 규정에 의하여 한정승인의 효력이 있는 경우에 관하여 준용한다.

제2절 배당

제505조(배당시기) 제312조제1항제3호의 규정에 의한 채권조사기일이 종료된 후에는 파산관재인은 배당하기에 적당한 금전이 있을 때마다 지체 없이 배당을 하여야 한다.

제506조(배당에 필요한 허가) 파산관재인이 배당을 하는 때에는 법원의 허가를 받아야 한다. 다만, 감사위원이 있는 때는 감사위원의 동의를 얻어야 한다.

제507조(배당표의 작성) ①파산관재인은 다음 각호의 사항을 기재한 배당표를 작성하여야 한다.

1. 배당에 참가시킬 채권자의 성명 및 주소
2. 배당에 참가시킬 채권의 액
3. 배당할 수 있는 금액

②배당에 참가시킬 채권은 우선권의 유무에 의하여 구별한다. 이 경우 우선권이 있는 채권은 그 순위에 따라 기재하고, 우선권이 없는 채권은 제446조의 규정에 의하여 다른 채권보다 후순위인 것을 구분하여 기재하여야 한다.

제508조(배당표의 제출) 파산관재인은 이해관계인의 열람을 위하여 배당표를 법원에 제출하여야 한다.

제509조(배당액의 공고) 파산관재인은 배당에 참가시킬 채권의 총액과 배당할 수 있는 금액을 공고하여야 한다. 다만, 제513조 및 제527조의 규정에 의하여 배당표를 경정한 때에는 그러하지 아니하다.

제510조(배당중지의 공고) 배당절차의 진행 중에 회생절차개시 또는 간이회생절차개시의 신청으로 법원이 제44조제1항의 규정에 의하여 배당의 중지를 명한 때에는 그 뜻을 공고하여야 한다. <개정 2014. 12. 30.>

제511조(배당절차의 속행과 공고) 제44조제1항제1호의 규정에 의하여 배당의 중지를 명한 경우 다음 각호의 어느 하나에 해당하는 결정이 확정된 때에는 법원은 배당절차를 속행하고 그 뜻을 공고하여야 한다. <개정 2014. 12. 30.>

1. 회생절차개시신청 또는 간이회생절차개시신청의 기각
2. 회생절차 또는 간이회생절차의 폐지(제293조의5제3항에 따른 간이회생절차폐지의 결정 시 회생절차가 속행된 경우는 제외한다)

3. 회생계획불인가

제512조(이의있는 채권자 및 별제권자의 배당제외) ①이의있는 채권에 관하여는 채권자가 배당공고가 있은 날부터 기산하여 14일 이내에 파산관재인에 대하여 채권조사확정재판을 신청하거나 제463조제1항의 소송을 제기하거나 소송을 수계한 것을 증명하지 아니한 때에는 그 배당으로부터 제외된다.

②별제권자가 제1항의 규정에 의한 배당제외기간 안에 파산관재인에 대하여 그 권리의 목적의 처분에 착수한 것을 증명하고, 그 처분에 의하여 변제를 받을 수 없는 채권액을 소명하지 아니한 때에는 배당에서 제외된다.

제513조(배당표의 경정) 다음 각호의 어느 하나에 해당하는 때에는 파산관재인은 즉시 배당표를 경정하여야 한다.

1. 파산채권자표를 경정하여야 하는 사유가 배당제외기간 안에 생긴 때
2. 제512조의 규정에 의한 증명 또는 소명이 있는 때
3. 별제권자가 배당제외기간 안에 파산관재인에 대하여 그 권리포기의 의사를 표시하거나 그 권리의 행사에 의하여 변제를 받을 수 없었던 채권액을 증명한 때

제514조(배당표에 대한 이의) ①채권자는 배당표에 대하여 배당제외기간 경과 후 7일 이내에 한하여 법원에 이의를 신청할 수 있다.

②법원은 배당표의 경정을 명한 때에는 이해관계인이 열람할 수 있도록 그 결정서를 법원에 비치하여야 한다. 이 경우 항고기간은 결정서를 법원에 비치한 날부터 기산한다.

③제1항의 신청에 대한 법원의 결정에 대하여는 즉시항고를 할 수 있다. 이 경우 법원이 배당표의 경정을 명한 때의 항고기간은 결정서를 비치한 날부터 기산한다.

제515조(배당률의 결정통지) ①파산관재인은 제514조제1항의 규정에 의한 기간이 경과한 후에 이의의 신청이 있는 때에는 이에 대한 결정이 있은 후 지체 없이 배당률을 정하여 배당에 참가시킬 각 채권자에게 통지하여야 한다.

②배당률을 정하는 때에는 법원의 허가를 받아야 한다. 다만, 감사위원이 있는 때에는 감사위원의 동의를 얻어야 한다.

제516조(해제조건부채권자의 배당) 해제조건부채권을 가진 자는 상당한 담보를 제공하지 아니하면 배당을 받을 수 없다.

제517조(배당방법) ①파산채권자는 파산관재인이 그 직무를 행하는 장소에서 배당을 받아야 한다. 다만, 파산관재인과 파산채권자 사이에 별도의 합의가 있는 경우에는 그러하지 아니하다.

②파산관재인은 배당을 한 때에는 파산채권자표 및 채권의 증서에 배당한 금액을 기입하고 기명날인하여야 한다.

제518조(종전의 배당에서 제외된 자의 우선배당) 제512조의 규정에 의한 증명 또는 소명을 하지 아니하여 배당에서 제외된 채권자가 그 후의 배당에 관한 배당제외기간 안에 그 증명 또는 소명을 한 때에는 그 전의 배당에서 받을 수 있었을 액에 관하여 동일한 순위의 다른 채권자에 우선하여 배당을 받을 수 있다.

제519조(배당액의 임치) 파산관재인은 다음 각호의 어느 하나에 해당하는 채권에 대한 배당액을 임치하여야 한다.

1. 제462조 내지 제464조 또는 제466조의 규정에 의하여 이의가 있는 채권에 관하여 채권조사확정재판의 신청, 소의 제기 또는 소송의 수계가 있는 경우
2. 배당률의 통지를 발송하기 전에 행정심판 또는 소송 그 밖의 불복절차가 종결되지 아니한 채권
3. 제512조제2항의 규정에 의하여 별제권자가 소명한 채권액
4. 정지조건부채권과 장래의 청구권
5. 제516조의 규정에 의하여 담보를 제공하지 아니한 해제조건부채권

제520조(최후배당의 허가) 파산관재인이 최후의 배당을 하는 경우에는 감사위원의 동의가 있는 때에도 법원의 허가를 받아야 한다.

제521조(최후배당의 배당제외기간) 최후의 배당에 관한 배당제외기간은 배당의 공고가 있은 날부터 14일 이상 30일 이내에서 법원이 정한다.

제522조(최후배당액의 결정 및 통지) 최후배당에서 파산관재인은 배당표에 대한 이의가 종결된 후 지체 없이 각 채권자에 대한 배당액을 정하여 그 통지를 하여야 한다.

제523조(정지조건부채권자의 제외) 정지조건부채권 또는 장래의 청구권이 최후의 배당에 관한 배당제외기간 안에 이를 행사할 수 있게 되지

못한 때에는 그 채권자는 배당에서 제외된다.

제524조(해제조건부채권자에 대한 지급) 해제조건부채권의 조건이 최후의 배당에 관한 배당제외기간 안에 성취되지 못한 때에는 제516조의 규정에 의하여 제공한 담보는 그 효력을 상실하고, 제519조제5호의 규정에 의하여 임치한 금액은 이를 그 채권자에게 지급하여야 한다. 제419조의 규정에 의하여 제공한 담보나 임치한 금액의 경우에도 또한 같다.

제525조(별제권자의 제외) 별제권자가 최후의 배당에 관한 배당제외기간 안에 파산관재인에 대하여 그 권리포기의 의사를 표시하지 아니하거나 그 권리의 행사에 의하여 변제를 받을 수 없었던 채권액을 증명하지 아니한 때에는 배당에서 제외된다.

제526조(임치금의 배당) 제523조 또는 제525조의 규정에 의하여 배당에서 제외된 채권자를 위하여 임치한 금액은 이를 다른 채권자에게 배당하여야 한다. 제418조의 규정에 의하여 임치한 금액의 경우에도 또한 같다.

제527조(새로운 재산이 있게 된 때의 배당표의 경정) 배당액의 통지를 발송하기 전에 새로 배당에 충당할 재산이 있게 된 때에는 파산관재인은 지체 없이 배당표를 경정하여야 한다.

제528조(배당액의 공탁) 파산관재인은 채권자를 위하여 다음 각호의 배당액을 공탁하여야 한다.

1. 제519조제1호 또는 제2호의 규정에 의하여 임치한 배당액
2. 배당액의 통지를 발송하기 전에 행정심판 또는 소송 그 밖의 불복절차가 종결되지 아니한 채권에 대한 배당액
3. 채권자가 수령하지 아니한 배당액

제529조(계산보고의 채권자집회) 계산보고를 위하여 소집한 채권자집회에서는 파산관재인이 가치 없다고 인정하여 환가하지 아니한 재산의 처분에 관한 결의를 하여야 한다.

제530조(파산종결의 결정 및 공고) 채권자집회가 종결된 때에는 법원은 파산종결의 결정을 하고 그 주문 및 이유의 요지를 공고하여야 한다.

제531조(추가배당의 공고 및 배당액의 통지) ①배당액의 통지를 한 후에 새로 배당에 충당할 재산이 있게 된 때에는 파산관재인은 법원의 허가를 받아 추가배당을 하여야 한다. 파산종결의 결정이 있은 후에 새로

배당에 충당할 재산이 있게 된 때에도 또한 같다.

②파산관재인이 추가배당의 허가를 받은 때에는 지체 없이 배당할 수 있는 금액을 공고하고 각 채권자에 대한 배당액을 정하여 통지하여야 한다.

제532조(추가배당의 기준) 추가배당은 최후의 배당에 관하여 작성한 배당표에 의하여 한다.

제533조(계산보고서) ①파산관재인이 추가배당을 한 때에는 지체 없이 계산보고서를 작성하여 법원의 인가를 받아야 한다.

②제1항의 규정에 의한 인가결정에 대하여는 즉시항고를 할 수 있다.

제534조(파산관재인이 알고 있지 아니한 재단채권자) 배당률 또는 배당액의 통지를 하기 전에 파산관재인이 알고 있지 아니한 재단채권자는 각 배당에서 배당할 금액으로써 변제를 받을 수 없다.

제535조(확정채권에 관한 파산채권자표 기재의 파산선고를 받은 채무자에 대한 효력) ①확정채권에 대하여 채무자가 채권조사의 기일에 이의를 진술하지 아니한 때에는 파산채권자표의 기재는 파산선고를 받은 채무자에 대하여 확정판결과 동일한 효력을 가진다.

②채권자는 파산종결 후에 파산채권자표의 기재에 의하여 강제집행을 할 수 있다. 이 경우 「민사집행법」 제2조(집행실시자) 내지 제18조(집행비용의 예납 등), 제20조(공공기관의 원조) 및 제28조(집행력있는 정본) 내지 제55조(외국에서 할 집행)의 규정을 준용한다.

제536조(원상회복의 신청) ①채무자가 그 책임 없는 사유로 인하여 채권조사의 기일에 출석하지 못한 때에는 그 사유가 없어진 날부터 7일 이내에 한하여 이의를 추후 보완하기 위하여 파산계속법원에 원상회복의 신청을 할 수 있다. <개정 2016. 12. 27.>

②법원은 직권으로 채무자의 이의가 있는 채권의 채권자에게 원상회복의 신청서를 송달하여야 한다.

③법원이 원상회복을 허가한 때에는 채무자가 채권조사기일에 이의를 진술한 것과 동일한 효력이 생긴다. 이 경우 법원사무관등은 파산채권자표에 이의의 기재를 하여야 한다.

④제1항의 규정에 의한 원상회복신청에 관한 재판에 대하여는 즉시항고를 할 수 있다.

제537조(상속재산의 잔여재산) 상속재산에 대하여 파산선고가 있는 때에

는 최후의 배당으로부터 제외된 상속채권자와 유증을 받은 자는 잔여 재산에 관하여 그 권리를 행사할 수 있다.

제6장 파산폐지

제538조(동의에 의한 파산폐지의 신청) ①법원은 다음 각호의 어느 하나에 해당하는 때에는 채무자의 신청에 의하여 파산폐지의 결정을 할 수 있다.

1. 채무자가 제447조의 규정에 의한 채권신고기간 안에 신고한 파산채권자 전원의 동의를 얻은 때
2. 채무자가 제1호의 동의를 얻지 못한 경우에는 동의를 하지 아니한 파산채권자에 대하여 다른 파산채권자의 동의를 얻어 파산재단으로부터 담보를 제공한 때

②미확정채권에 관하여 그 채권자의 동의가 필요한지 여부는 법원이 정한다. 파산채권자에게 제공하는 담보가 상당한지 여부도 또한 같다.

③제1항의 규정에 의한 재판에 대하여는 즉시항고를 할 수 있다.

제539조(법인 등의 파산폐지신청) ①법인의 파산폐지신청은 이사 전원의 합의가 있어야 한다.

②상속재산의 파산폐지신청은 상속인이 한다. 이 경우 상속인이 여럿인 때에는 전원의 합의가 있어야 한다.

제540조(파산폐지신청과 법인의 존속) 파산선고를 받은 법인이 파산폐지신청을 하고자 하는 때에는 사단법인은 정관의 변경에 관한 규정에 따라, 재단법인은 주무관청의 허가를 받아 법인을 존속시키는 절차를 밟아야 한다.

제541조(입증서면의 제출) 파산폐지신청을 하는 때에는 신청요건이 구비되었음을 증명할 수 있는 서면을 제출하여야 한다.

제542조(파산폐지신청의 공고 및 서류비치) 법원은 파산폐지신청이 있다는 뜻을 공고하고, 이해관계인이 열람할 수 있도록 신청에 관한 서류를 법원에 비치하여야 한다.

제543조(채권자의 이의신청) ①파산채권자는 제542조의 규정에 의한 공고가 있은 날부터 14일 이내에 파산폐지신청에 관하여 법원에 이의를

신청할 수 있다.

②제1항의 규정에 의한 기간이 경과하기 전에 신고한 파산채권자도 이의를 신청할 수 있다.

第544条(관계인의 의견청취) 법원은 제543조제1항의 규정에 의한 기간이 경과한 후 파산폐지결정에 필요한 요건의 구비 여부에 관하여 채무자 및 파산관재인과 이의를 신청한 파산채권자의 의견을 들어야 한다.

第545条(비용부족으로 인한 파산폐지) ①법원은 파산선고 후에 파산재단으로써 파산절차의 비용을 충당하기에 부족하다고 인정되는 때에는 파산관재인의 신청에 의하거나 직권으로 파산폐지결정을 하여야 한다. 이 경우 법원은 채권자집회의 의견을 들어야 한다.

②제1항의 규정은 파산절차비용을 충당하기에 충분한 금액이 미리 납부되어 있는 때에는 적용하지 아니한다.

③제1항의 규정에 의한 재판에 대하여는 즉시항고를 할 수 있다.

第546条(파산폐지결정의 공고) 법원은 파산폐지결정을 한 때에는 그 주문 및 이유의 요지를 공고하여야 한다.

第547条(재단채권의 변제 및 공탁) 파산폐지결정이 확정된 때에는 파산관재인은 재단채권의 변제를 하여야 하며, 이의가 있는 것에 관하여는 채권자를 위하여 공탁을 하여야 한다.

第548条(준용규정) ①제535조의 규정은 파산폐지의 결정이 확정된 경우에 관하여 준용한다.

②제567조의 규정은 법인인 채무자가 파산종결 또는 파산폐지의 결정으로 소멸하는 경우에 관하여 준용한다.

제7장 간이파산

第549条(간이파산의 요건) ①파산재단에 속하는 재산액이 5억원 미만이라고 인정되는 때에는 법원은 파산선고와 동시에 간이파산의 결정을 하여야 한다.

②제1항의 경우 법원은 제313조제1항 각호의 사항 외에 간이파산결정의 주문을 공고하고, 같은 조제2항의 규정에 의한 서면에 이를 기재하여야 한다.

제550조(파산절차 중의 간이파산결정) ①파산절차 중 파산재단에 속하는 재산액이 5억원 미만임이 발견된 때에는 법원은 이해관계인의 신청에 의하거나 직권으로 간이파산의 결정을 할 수 있다.

②제1항의 규정에 의하여 간이파산의 결정을 한 때에는 법원은 결정의 주문을 공고하고 파산관재인 및 감사위원과 알고 있는 채권자 및 채무자에게 그 결정의 주문을 기재한 서면을 송달하여야 한다.

제551조(간이파산의 취소) 간이파산절차 중 파산재단에 속하는 재산액이 5억원 이상임이 발견된 때에는 법원은 이해관계인의 신청에 의하거나 직권으로 간이파산취소의 결정을 할 수 있다. 이 경우 제550조제2항의 규정을 준용한다.

제552조(채권자집회의 기일과 채권조사기일의 병합) 간이파산절차의 경우 제1회 채권자집회의 기일과 채권조사의 기일은 부득이한 사유가 있는 때를 제외하고는 이를 병합하여야 한다.

제553조(감사위원의 불설치) 간이파산의 경우에는 감사위원을 두지 아니한다.

제554조(채권자집회의 결의에 갈음하는 결정) 간이파산절차의 경우 제1회 채권자집회의 결의와 채권조사 및 계산보고를 위한 채권자집회의 결의를 제외하고는 법원의 결정으로 채권자집회의 결의에 갈음한다.

제555조(1회 배당) 간이파산절차의 경우 배당은 1회로 하며, 최후의 배당에 관한 규정에 의한다. 다만, 추가배당을 할 수 있다.

제8장 면책 및 복권

제1절 면책

제556조(면책신청) ①개인인 채무자는 파산신청일부터 파산선고가 확정된 날 이후 1월 이내에 법원에 면책신청을 할 수 있다.

②채무자가 그 책임 없는 사유로 인하여 제1항의 규정에 의한 면책신청을 하지 못한 때에는 그 사유가 종료된 후 30일 이내에 한하여 면책신청을 할 수 있다.

③채무자가 파산신청을 한 경우에는 채무자가 반대의 의사표시를 한 경우를 제외하고, 당해 신청과 동시에 면책신청을 한 것으로 본다.

④면책신청을 하는 때에는 제538조의 규정에 의한 파산폐지의 신청을 할 수 없다.

⑤제538조의 규정에 의한 파산폐지의 신청을 한 때에는 그 기각의 결정이 확정된 후가 아니면 면책신청을 할 수 없다.

⑥면책의 신청에는 채권자목록을 첨부하여야 한다. 다만, 신청과 동시에 제출할 수 없는 때에는 그 사유를 소명하고 그 후에 지체 없이 이를 제출하여야 한다.

⑦제3항의 규정에 의하여 면책신청을 한 것으로 보는 경우에는 제302조제2항제1호의 규정에 의하여 제출한 채권자목록은 제6항의 채권자목록으로 본다.

第557條(강제집행의 정지) ①면책신청이 있고, 파산폐지결정의 확정 또는 파산종결결정이 있는 때에는 면책신청에 관한 재판이 확정될 때까지 채무자의 재산에 대하여 파산채권에 기한 강제집행·가압류 또는 가처분을 할 수 없고, 채무자의 재산에 대하여 파산선고 전에 이미 행하여지고 있던 강제집행·가압류 또는 가처분은 중지된다.

②면책결정이 확정된 때에는 제1항의 규정에 의하여 중지한 절차는 그 효력을 잃는다.

第558條(채무자의 심문) ①면책을 신청한 자에 대하여 파산선고가 있는 때에는 법원은 기일을 정하여 채무자를 심문할 수 있다.

②법원은 제1항의 규정에 의한 기일을 정하는 결정을 한 때에는 이를 공고하고, 파산관재인과 면책의 효력을 받을 파산채권자로서 법원이 알고 있는 파산채권자에게 송달하여야 한다.

③제2항의 규정은 제1항의 규정에 의한 기일의 변경과 심문의 연기 및 속행에 관하여 준용한다.

④제457조 단서의 규정은 제2항 및 제3항의 규정에 의한 결정에 관하여 준용한다.

⑤제1항의 규정에 의한 기일은 채권자집회 또는 채권조사의 기일과 병합할 수 있다.

第559條(면책신청의 기각사유) ①법원은 다음 각호의 어느 하나에 해당하는 때에는 면책신청을 기각할 수 있다.

1. 채무자가 신청권자의 자격을 갖추지 아니한 때
2. 채무자에 대한 파산절차의 신청이 기각된 때
3. 채무자가 절차의 비용을 예납하지 아니한 때
4. 그 밖에 신청이 성실하지 아니한 때

②제1항의 규정에 의하여 면책신청이 기각된 채무자는 동일한 파산에 관하여 다시 면책신청을 할 수 없다.

③제1항의 결정에 대하여는 즉시항고를 할 수 있다.

제560조(파산관재인의 조사보고) 법원은 파산관재인으로 하여금 면책불허가사유의 유무를 조사하게 하고, 제558조의 규정에 의한 심문기일에 그 결과를 보고하게 할 수 있다.

제561조(면책신청에 관한 서류 등의 비치) 법원은 이해관계인이 열람할 수 있도록 다음 각호의 서류를 법원에 비치하여야 한다.

1. 면책신청에 관한 서류
2. 제560조의 규정에 의한 파산관재인의 보고서류

제562조(면책신청에 대한 이의) ①검사·파산관재인 또는 면책의 효력을 받을 파산채권자는 제558조의 규정에 의한 심문기일부터 30일(심문기일을 정하지 않은 경우에는 법원이 정하는 날) 이내에 면책신청에 관하여 법원에 이의를 신청할 수 있다. 다만, 법원은 상당한 이유가 있는 때에는 신청에 의하여 그 기간을 늘일 수 있다.

②제1항의 규정에 의한 이의신청을 하는 때에는 제564조제1항 각호의 면책불허가사유를 소명하여야 한다.

제563조(이의신청에 관한 의견청취) 법원은 제562조제1항의 규정에 의하여 이의신청이 있는 때에는 채무자 및 이의신청인의 의견을 들어야 한다.

제564조(면책허가) ①법원은 다음 각호의 어느 하나에 해당하는 때를 제외하고는 면책을 허가하여야 한다.

1. 채무자가 제650조·제651조·제653조·제656조 또는 제658조의 죄에 해당하는 행위가 있다고 인정하는 때
2. 채무자가 파산선고 전 1년 이내에 파산의 원인인 사실이 있음에도 불구하고 그 사실이 없는 것으로 믿게 하기 위하여 그 사실을 속이거나 감추고 신용거래로 재산을 취득한 사실이 있는 때

3. 채무자가 허위의 채권자목록 그 밖의 신청서류를 제출하거나 법원에 대하여 그 재산상태에 관하여 허위의 진술을 한 때
4. 채무자가 면책의 신청 전에 이 조에 의하여 면책을 받은 경우에는 면책허가결정의 확정일부터 7년이 경과되지 아니한 때, 제624조에 의하여 면책을 받은 경우에는 면책확정일부터 5년이 경과되지 아니한 때
5. 채무자가 이 법에 정하는 채무자의 의무를 위반한 때
6. 채무자가 과다한 낭비·도박 그 밖의 사행행위를 하여 현저히 재산을 감소시키거나 과대한 채무를 부담한 사실이 있는 때

②법원은 제1항 각호의 면책불허가사유가 있는 경우라도 파산에 이르게 된 경위, 그 밖의 사정을 고려하여 상당하다고 인정되는 경우에는 면책을 허가할 수 있다.

③법원은 면책허가결정을 한 때에는 그 주문과 이유의 요지를 공고하여야 한다. 이 경우 송달은 하지 아니할 수 있다.

④면책 여부에 관한 결정에 대하여는 즉시항고를 할 수 있다.

제565조(면책결정의 효력발생시기) 면책결정은 확정된 후가 아니면 그 효력이 생기지 아니한다.

제566조(면책의 효력) 면책을 받은 채무자는 파산절차에 의한 배당을 제외하고는 파산채권자에 대한 채무의 전부에 관하여 그 책임이 면제된다. 다만, 다음 각호의 청구권에 대하여는 책임이 면제되지 아니한다. <개정 2010. 1. 22.>

1. 조세
2. 벌금·과료·형사소송비용·추징금 및 과태료
3. 채무자가 고의로 가한 불법행위로 인한 손해배상
4. 채무자가 중대한 과실로 타인의 생명 또는 신체를 침해한 불법행위로 인하여 발생한 손해배상
5. 채무자의 근로자의 임금·퇴직금 및 재해보상금
6. 채무자의 근로자의 임치금 및 신원보증금
7. 채무자가 악의로 채권자목록에 기재하지 아니한 청구권. 다만, 채권자가 파산선고가 있음을 안 때에는 그러하지 아니하다.
8. 채무자가 양육자 또는 부양의무자로서 부담하여야 하는 비용

9. 「취업 후 학자금 상환 특별법」에 따른 취업 후 상환 학자금대출 원리금

第567條(보증인 등에 대한 효과) 면책은 파산채권자가 채무자의 보증인 그 밖에 채무자와 더불어 채무를 부담하는 자에 대하여 가지는 권리와 파산채권자를 위하여 제공한 담보에 영향을 미치지 아니한다.

第568條(면책결정의 기재) 법원사무관등은 면책의 결정이 확정되면 파산채권자표가 있는 경우에는 파산채권자표에 면책의 결정이 확정된 뜻을 기재하여야 한다.

第569條(면책의 취소) ①채무자가 제650조의 규정에 의한 사기파산으로 유죄의 확정판결을 받은 때에는 법원은 파산채권자의 신청에 의하거나 직권으로 면책취소의 결정을 할 수 있다. 채무자가 부정한 방법으로 면책을 받은 경우 파산채권자가 면책 후 1년 이내에 면책의 취소를 신청한 때에도 또한 같다.

②제1항의 결정에 대하여는 즉시항고를 할 수 있다.

第570條(면책취소에 관한 의견청취) 법원은 면책취소의 재판을 하기 전에 채무자 및 신청인의 의견을 들어야 한다.

第571條(면책취소결정의 효력발생시기) 면책취소의 결정은 확정된 후부터 그 효력이 발생한다.

第572條(신채권자의 우선권) 면책의 취소가 있은 때에는 면책 후 취소에 이르기까지의 사이에 생긴 원인으로 인하여 채권을 가지게 된 자는 다른 채권자에 우선하여 변제를 받을 권리를 가진다.

第573條(면책취소결정의 기재) 법원사무관등은 면책취소의 결정이 확정되면 파산채권자표가 있는 경우에는 파산채권자표에 면책취소의 결정이 확정된 뜻을 기재하여야 한다.

제2절 복권

第574條(당연복권) ①파산선고를 받은 채무자는 다음 각호의 어느 하나에 해당하는 경우에는 복권된다.

1. 면책의 결정이 확정된 때

2. 제538조의 규정에 의한 신청에 기한 파산폐지의 결정이 확정된 때

3. 파산선고를 받은 채무자가 파산선고 후 제650조의 규정에 의한 사기파산으로 유죄의 확정판결을 받음이 없이 10년이 경과한 때

②면책취소의 결정이 확정된 때에는 제1항제1호의 규정에 의한 복권은 장래에 향하여 그 효력을 잃는다.

제575조(신청에 의한 복권) ①제574조의 규정에 의하여 복권될 수 없는 파산선고를 받은 채무자가 변제 그 밖의 방법으로 파산채권자에 대한 채무의 전부에 관하여 그 책임을 면한 때에는 파산계속법원은 파산선고를 받은 채무자의 신청에 의하여 복권의 결정을 하여야 한다. <개정 2016. 12. 27.>

②파산선고를 받은 채무자는 제1항의 규정에 의하여 복권의 신청을 하는 때에는 그 책임을 면한 사실을 증명할 수 있는 서면을 제출하여야 한다.

③제1항의 결정에 대하여는 즉시항고를 할 수 있다.

제576조(복권신청의 공고 등) 법원은 복권의 신청이 있은 때에는 그 뜻을 공고하고, 이해관계인이 열람할 수 있도록 그 신청에 관한 서류를 법원에 비치하여야 한다.

제577조(복권신청에 관한 이의) ①파산채권자는 제576조의 규정에 의한 공고가 있은 날부터 3월 이내에 복권의 신청에 관하여 법원에 이의를 신청할 수 있다.

②제1항의 규정에 의한 이의신청이 있는 때에는 법원은 파산선고를 받은 채무자와 이의를 신청한 파산채권자의 의견을 들어야 한다.

제578조(복권결정의 효력발생시기) 복권의 결정은 확정된 후부터 그 효력이 발생한다.

제9장 유한책임신탁재산의 파산에 관한 특칙 <신설 2013. 5. 28.>

제578조의2(적용범위) 유한책임신탁재산의 파산에 관하여는 이 장에서 달리 정하는 것을 제외하고는 제3편제1장부터 제7장까지의 규정에 따른다.

[본조신설 2013. 5. 28.]

제578조의3(파산신청권자) ① 유한책임신탁재산에 대하여 신탁채권자, 수익자, 수탁자, 신탁재산관리인 또는 「신탁법」 제133조에 따른 청산수탁자는 파산신청을 할 수 있다.

② 신탁채권자 또는 수익자가 파산신청을 하는 경우에는 신탁채권 또는 수익권의 존재와 파산의 원인인 사실을 소명하여야 한다.

③ 수탁자 또는 신탁재산관리인이 여럿 있는 경우 그 전원이 파산신청을 하는 경우가 아닐 때에는 파산의 원인인 사실을 소명하여야 한다.

④ 신탁이 종료된 후 잔여재산의 이전이 종료될 때까지는 신탁재산의 파산을 신청할 수 있다.

[본조신설 2013. 5. 28.]

제578조의4(파산원인) ① 유한책임신탁재산으로 지급을 할 수 없는 경우 법원은 신청에 의하여 결정으로 파산을 선고한다.

② 수탁자가 신탁채권자 또는 수익자에 대하여 지급을 정지한 경우에는 유한책임신탁재산으로 지급을 할 수 없는 것으로 추정한다.

③ 유한책임신탁재산으로 신탁채권자 또는 수익자에 대한 채무를 전부 변제할 수 없는 경우 법원은 신청에 의하여 결정으로 파산을 선고할 수 있다.

[본조신설 2013. 5. 28.]

제578조의5(신탁재산 파산의 통지 등) ① 유한책임신탁재산에 대하여 파산선고를 한 경우 그 목적인 사업이 행정청의 허가를 받은 사업일 때에는 법원은 파산선고 사실을 주무관청에 통지하여야 한다.

② 유한책임신탁재산에 대한 파산취소 또는 파산폐지의 결정이 확정되거나 파산종결의 결정이 있는 경우 그 목적인 사업이 행정청의 허가를 받은 사업일 때에도 제1항과 같다.

③ 유한책임신탁재산에 대하여 파산선고를 한 경우 등기의 촉탁 등에 관하여는 제23조부터 제27조까지의 규정을 준용한다.

[본조신설 2013. 5. 28.]

제578조의6(파산선고를 받은 신탁의 수탁자 등의 구인) ① 유한책임신탁재산에 대한 파산선고를 한 경우 법원은 필요하다고 인정할 때에는 다음 각 호의 자를 구인하도록 명할 수 있다.

1. 수탁자 또는 신탁재산관리인
2. 수탁자의 법정대리인
3. 수탁자의 지배인
4. 법인인 수탁자의 이사

② 파산의 신청이 있는 때에는 법원은 파산선고 전이라도 이해관계인의 신청에 의하거나 직권으로 제1항 각 호의 자를 구인하도록 명할 수 있다.

③ 제1항 및 제2항에 따른 구인에 관하여는 제319조제2항 및 제3항을 준용한다.

[본조신설 2013. 5. 28.]

제578조의7(파산선고를 받은 신탁의 수탁자 등의 설명의무) ① 유한책임신탁재산에 대한 파산선고를 받은 경우 제578조의6제1항 각 호의 자는 파산관재인·감사위원 또는 채권자집회의 요청에 의하여 파산에 관하여 필요한 설명을 하여야 한다.

② 종전에 제578조의6제1항 각 호의 자격을 가졌던 자에 대하여는 제1항을 준용한다.

[본조신설 2013. 5. 28.]

제578조의8(파산선고 전의 보전처분) ① 법원은 파산선고 전이라도 이해관계인의 신청에 의하거나 직권으로 유한책임신탁재산에 관하여 가압류, 가처분, 그 밖에 필요한 보전처분을 명할 수 있다.

② 제1항에 따른 법원의 재판에 관하여는 제323조제2항부터 제5항까지의 규정을 준용한다.

③ 유한책임신탁재산에 속하는 권리로서 등기된 것에 대하여 제1항에 따른 보전처분이 있는 경우 그 보전처분의 등기 촉탁에 관하여는 제24조제1항을 준용한다.

[본조신설 2013. 5. 28.]

제578조의9(수탁자등의 재산에 대한 보전처분) ① 법원은 유한책임신탁재산에 대하여 파산선고가 있는 경우 필요하다고 인정할 때에는 파산관재인의 신청에 의하거나 직권으로 수탁자, 전수탁자(前受託者), 신탁재산관리인, 검사인 또는 「신탁법」 제133조에 따른 청산수탁자(이하 "수탁자등"이라 한다)의 책임에 기한 손해배상청구권을 보전하기 위하

여 수탁자등의 재산에 대한 보전처분을 할 수 있다.

② 제1항에 따른 보전처분에 관하여는 제351조제2항부터 제7항까지의 규정을 준용한다.

③ 제1항에 따른 보전처분이 있는 경우 그 보전처분의 등기 또는 등록의 촉탁에 관하여는 제24조제1항을 준용한다.

[본조신설 2013. 5. 28.]

제578조의10(수탁자등에 대한 손해배상청구권 등의 조사확정재판) ① 법원은 유한책임신탁재산에 대하여 파산선고가 있는 경우 필요하다고 인정할 때에는 파산관재인의 신청에 의하거나 직권으로 수탁자등의 책임에 기한 손해배상청구권의 존부와 그 내용을 조사확정하는 재판을 할 수 있다.

② 제1항에 따른 조사확정재판에 관하여는 제352조제2항부터 제9항까지, 제353조 및 제354조를 준용한다.

[본조신설 2013. 5. 28.]

제578조의11(파산관재인) 유한책임신탁재산에 대하여 파산선고가 있는 경우 다음 각 호의 권한은 파산관재인만이 행사할 수 있다.

1. 「신탁법」 제43조에 따른 원상회복 등의 청구
2. 「신탁법」 제75조제1항에 따른 취소
3. 「신탁법」 제77조에 따른 유지 청구
4. 「신탁법」 제121조에 따른 전보 청구(수익자에 대한 청구만 해당한다)

[본조신설 2013. 5. 28.]

제578조의12(파산재단) 유한책임신탁재산에 대하여 파산선고가 있는 경우 이에 속하는 모든 재산은 파산재단에 속한다.

[본조신설 2013. 5. 28.]

제578조의13(유한책임신탁에서의 부인) 유한책임신탁재산에 대하여 파산선고가 있는 경우 제391조부터 제393조까지, 제398조 및 제399조를 적용할 때에는 "채무자"는 "수탁자 또는 신탁재산관리인"으로 본다.

[본조신설 2013. 5. 28.]

제578조의14(유한책임신탁에서의 환취권) 유한책임신탁재산에 대하여

파산선고가 있는 경우 제407조 및 제410조를 적용할 때에는 제407조 중 "채무자에 속하지 아니하는 재산"은 "신탁재산에 속하지 아니하는 재산"으로 보고, 제410조 중 "채무자"는 "수탁자 또는 신탁재산관리인"으로 본다.

[본조신설 2013. 5. 28.]

제578조의15(신탁재산 파산 시 파산채권액) ① 유한책임신탁재산에 대하여 파산선고가 있는 경우 신탁채권자, 수익자 및 수탁자는 다음 각 호의 구분에 따른 금액에 관하여 그 파산재단에 대하여 파산채권자로서 그 권리를 행사할 수 있다.

1. 신탁채권자 및 수익자: 파산선고 시에 가지는 신탁채권 또는 「신탁법」 제62조에 따른 수익채권의 전액
2. 수탁자: 신탁재산에 대한 채권의 전액

② 유한책임신탁재산에 대하여 파산선고가 있는 경우 「신탁법」 제118조제1항에 따른 채권을 가지는 자는 그 채권의 전액에 관하여 수탁자의 파산재단에 대하여 파산채권자로서 그 권리를 행사할 수 있다.

[본조신설 2013. 5. 28.]

제578조의16(신탁재산 파산 시 파산채권의 순위) ① 유한책임신탁재산에 대하여 파산선고가 있는 경우 신탁채권은 「신탁법」 제62조에 따른 수익채권보다 우선한다.

② 수탁자 또는 신탁재산관리인과 채권자(수익자를 포함한다)가 유한책임신탁재산의 파산절차에서 다른 채권보다 후순위로 하기로 정한 채권은 그 정한 바에 따라 다른 채권보다 후순위로 한다.

[본조신설 2013. 5. 28.]

제578조의17(파산폐지에 관한 특칙) 유한책임신탁재산의 파산폐지신청은 수탁자 또는 신탁재산관리인이 한다. 이 경우 수탁자 또는 신탁재산관리인이 여럿일 때에는 전원의 합의가 있어야 한다.

[본조신설 2013. 5. 28.]

제4편 개인회생절차

제1장 통칙

제579조(용어의 정의) 이 절차에서 사용하는 용어의 정의는 다음과 같다. <개정 2010. 1. 1., 2010. 6. 10., 2014. 1. 1., 2020. 6. 9.>

1. "개인채무자"라 함은 파산의 원인인 사실이 있거나 그러한 사실이 생길 염려가 있는 자로서 개인회생절차개시의 신청 당시 다음 각목의 금액 이하의 채무를 부담하는 급여소득자 또는 영업소득자를 말한다.

   가. 유치권·질권·저당권·양도담보권·가등기담보권·「동산·채권 등의 담보에 관한 법률」에 따른 담보권·전세권 또는 우선특권으로 담보된 개인회생채권은 10억원

   나. 가목 외의 개인회생채권은 5억원

2. "급여소득자"라 함은 급여·연금 그 밖에 이와 유사한 정기적이고 확실한 수입을 얻을 가능성이 있는 개인을 말한다.

3. "영업소득자"라 함은 부동산임대소득·사업소득·농업소득·임업소득 그 밖에 이와 유사한 수입을 장래에 계속적으로 또는 반복하여 얻을 가능성이 있는 개인을 말한다.

4. "가용소득"이라 함은 다음 가목의 금액에서 나목 내지 라목의 금액을 공제한 나머지 금액을 말한다.

   가. 채무자가 수령하는 근로소득·연금소득·부동산임대소득·사업소득·농업소득·임업소득, 그 밖에 합리적으로 예상되는 모든 종류의 소득의 합계 금액

   나. 소득세·주민세 균등분·개인지방소득세·건강보험료, 그 밖에 이에 준하는 것으로서 대통령령이 정하는 금액

   다. 채무자 및 그 피부양자의 인간다운 생활을 유지하기 위하여 필요한 생계비로서, 「국민기초생활 보장법」 제6조의 규정에 따라 공표된 최저생계비, 채무자 및 그 피부양자의 연령, 피부양자의 수, 거주지역, 물가상황, 그 밖에 필요한 사항을 종합적으로 고려하여 법원이 정하는 금액

라. 채무자가 영업에 종사하는 경우에 그 영업의 경영, 보존 및 계속을 위하여 필요한 비용

제580조(개인회생재단) ①다음 각호의 재산은 개인회생재단에 속한다.

1. 개인회생절차개시결정 당시 채무자가 가진 모든 재산과 채무자가 개인회생절차 개시결정 전에 생긴 원인으로 장래에 행사할 청구권

2. 개인회생절차진행 중에 채무자가 취득한 재산 및 소득

②채무자는 개인회생재단을 관리하고 처분할 권한을 가진다. 다만, 인가된 변제계획에서 다르게 정한 때에는 그러하지 아니하다.

③제383조의 규정은 제1항제1호의 개인회생재단에 관하여 준용한다. 이 경우 "파산재단"은 "개인회생재단"으로, "파산선고"는 "개인회생절차 개시결정"으로, "파산절차"는 "개인회생절차"로 본다.

④제3항의 규정에 의하여 면제되는 재산에 대하여는 개인회생절차의 폐지결정 또는 면책결정이 확정될 때까지 개인회생채권에 기한 강제집행·가압류 또는 가처분을 할 수 없다.

제581조(개인회생채권) ①채무자에 대하여 개인회생절차개시결정 전의 원인으로 생긴 재산상의 청구권은 개인회생채권으로 한다.

②제425조 내지 제433조, 제439조, 제442조 및 제446조의 규정은 개인회생채권에 관하여 준용한다. 이 경우 "파산선고"는 "개인회생절차 개시결정"으로, "파산재단"은 "개인회생재단"으로, "파산채권"은 "개인회생채권"으로, "파산채권자"는 "개인회생채권자"로, "파산채권액"은 "개인회생채권액"으로, "파산절차"는 "개인회생절차"로 본다.

제582조(개인회생채권의 변제) 개인회생채권자목록에 기재된 개인회생채권에 관하여는 변제계획에 의하지 아니하고는 변제하거나 변제받는 등 이를 소멸하게 하는 행위(면제를 제외한다)를 하지 못한다.

제583조(개인회생재단채권) ①다음 각호의 청구권은 개인회생재단채권으로 한다. <개정 2006. 12. 30., 2007. 12. 31., 2010. 3. 31., 2016. 12. 27.>

1. 회생위원의 보수 및 비용의 청구권

2. 「국세징수법」 또는 「지방세징수법」에 의하여 징수할 수 있는 다음 각목의 청구권. 다만, 개인회생절차개시 당시 아직 납부기한이 도래하지 아니한 것에 한한다.

가. 원천징수하는 조세

나. 부가가치세·개별소비세·주세 및 교통·에너지·환경세

다. 특별징수의무자가 징수하여 납부하여야 하는 지방세

라. 가목 내지 다목의 규정에 의한 조세의 부과·징수의 예에 따라 부과·징수하는 교육세 및 농어촌특별세

3. 채무자의 근로자의 임금·퇴직금 및 재해보상금

4. 개인회생절차개시결정 전의 원인으로 생긴 채무자의 근로자의 임치금 및 신원보증금의 반환청구권

5. 채무자가 개인회생절차개시신청 후 개시결정 전에 법원의 허가를 받아 행한 자금의 차입, 자재의 구입 그 밖에 채무자의 사업을 계속하는데 불가결한 행위로 인하여 생긴 청구권

6. 제1호 내지 제5호에 규정된 것 외의 것으로서 채무자를 위하여 지출하여야 하는 부득이한 비용

②제475조 및 제476조의 규정은 개인회생재단채권에 관하여 준용한다. 이 경우 "재단채권"은 "개인회생재단채권"으로, "파산절차"는 "개인회생절차"로, "파산채권"은 "개인회생채권"으로 본다.

제583조(개인회생재단채권) ①다음 각호의 청구권은 개인회생재단채권으로 한다. <개정 2006. 12. 30., 2007. 12. 31., 2009. 1. 30., 2010. 3. 31., 2016. 12. 27.>

1. 회생위원의 보수 및 비용의 청구권

2. 「국세징수법」 또는 「지방세징수법」에 의하여 징수할 수 있는 다음 각목의 청구권. 다만, 개인회생절차개시 당시 아직 납부기한이 도래하지 아니한 것에 한한다.

가. 원천징수하는 조세

나. 부가가치세·개별소비세 및 주세

다. 특별징수의무자가 징수하여 납부하여야 하는 지방세

라. 가목 내지 다목의 규정에 의한 조세의 부과·징수의 예에 따라 부과·징수하는 교육세 및 농어촌특별세

3. 채무자의 근로자의 임금·퇴직금 및 재해보상금

4. 개인회생절차개시결정 전의 원인으로 생긴 채무자의 근로자의 임치금 및 신원보증금의 반환청구권

5. 채무자가 개인회생절차개시신청 후 개시결정 전에 법원의 허가를 받아 행한 자금의 차입, 자재의 구입 그 밖에 채무자의 사업을 계속하는데 불가결한 행위로 인하여 생긴 청구권
6. 제1호 내지 제5호에 규정된 것 외의 것으로서 채무자를 위하여 지출하여야 하는 부득이한 비용

②제475조 및 제476조의 규정은 개인회생재단채권에 관하여 준용한다. 이 경우 "재단채권"은 "개인회생재단채권"으로, "파산절차"는 "개인회생절차"로, "파산채권"은 "개인회생채권"으로 본다.

[시행일 : 2022. 1. 1.] 제583조

제584조(부인권) ①제3편제3장제2절(부인권)은 개인회생절차에 관하여 준용한다.

②부인권은 채무자가 행사한다.

③법원은 채권자 또는 회생위원의 신청에 의하거나 직권으로 채무자에게 부인권의 행사를 명할 수 있다.

④회생위원은 부인권의 행사에 참가할 수 있다.

⑤부인권은 개인회생절차개시결정이 있은 날부터 1년이 경과한 때에는 행사할 수 없다. 제391조 각호의 행위를 한 날부터 5년이 경과한 때에도 같다.

제585조(환취권) 제407조 내지 제410조의 규정은 개인회생절차에 관하여 준용한다. 이 경우 "파산재단"은 "개인회생재단"으로, "파산선고"는 "개인회생절차개시결정"으로 본다.

제586조(별제권) 제411조 내지 제415조의 규정은 개인회생절차에 관하여 준용한다. 이 경우 "파산재단"은 "개인회생재단"으로, "파산선고"는 "개인회생절차개시결정"으로 본다.

제587조(상계권) 제416조 내지 제422조의 규정은 개인회생절차에 관하여 준용한다. 이 경우 "파산신청"은 "개인회생절차개시신청"으로, "파산재단"은 "개인회생재단"으로, "파산선고"는 "개인회생절차개시결정"으로 본다.

제2장 개인회생절차의 개시

제588조(개인회생절차개시의 신청권자) 개인채무자는 법원에 개인회생절차의 개시를 신청할 수 있다.

제589조(개인회생절차개시신청서) ①개인회생절차개시의 신청은 다음 각 호의 사항을 기재한 서면으로 하여야 한다.

1. 채무자의 성명·주민등록번호 및 주소
2. 신청의 취지 및 원인
3. 채무자의 재산 및 채무

②제1항의 규정에 의한 서면에는 다음 각호의 서류를 첨부하여야 한다.

1. 개인회생채권자목록(채권자의 성명 및 주소와 채권의 원인 및 금액이 기재된 것을 말한다)
2. 재산목록
3. 채무자의 수입 및 지출에 관한 목록
4. 급여소득자 또는 영업소득자임을 증명하는 자료
5. 진술서
6. 신청일 전 10년 이내에 회생사건·화의사건·파산사건 또는 개인회생사건을 신청한 사실이 있는 때에는 그 관련서류
7. 그 밖에 대법원규칙이 정하는 서류

③ 삭제 <2014. 5. 20.>

제589조의2(개인회생채권자목록의 수정) ① 채무자는 개인회생절차개시결정이 있을 때까지 개인회생채권자목록에 기재된 사항을 수정할 수 있다.

② 제1항에도 불구하고 채무자는 그가 책임을 질 수 없는 사유로 개인회생채권자목록에 누락(漏落)하거나 잘못 기재한 사항을 발견한 경우에는 개인회생절차개시결정 후라도 법원의 허가를 받아 개인회생채권자목록에 기재된 사항을 수정할 수 있다. 다만, 변제계획인가결정이 있은 경우에는 그러하지 아니하다.

③ 채무자가 제2항 본문에 따라 법원에 개인회생채권자목록의 수정허가를 신청하는 경우 지체 없이 법원에 수정사항을 반영한 변제계획안을 제출하여야 한다. 채무자가 수정사항을 반영한 변제계획안을 제출하지 아니하는 경우 법원은 개인회생채권자목록의 수정을 허가하지 아니

할 수 있다.

④ 법원은 제2항 본문에 따라 개인회생채권자목록에 기재된 사항이 수정된 경우에는 그 수정된 사항에 관한 이의기간을 정하여 공고하고, 채무자 및 법원이 알고 있는 개인회생채권자에게 이의기간이 기재된 서면과 수정된 개인회생채권자목록을 송달하여야 한다. 다만, 수정으로 불리한 영향을 받는 개인회생채권자가 없는 경우 또는 불리한 영향을 받는 개인회생채권자의 의사에 반하지 아니한다고 볼 만한 정당한 이유가 있는 경우에는 공고나 송달을 하지 아니할 수 있다.

[본조신설 2014. 5. 20.]

제590조(비용의 예납) 개인회생절차개시의 신청을 하는 때에는 절차의 비용으로 대법원규칙이 정하는 금액을 미리 납부하여야 한다.

제591조(계산의 보고 등) 법원 또는 회생위원은 언제든지 채무자에게 금전의 수입과 지출 그 밖에 채무자의 재산상의 업무에 관하여 보고를 요구할 수 있고, 필요하다고 인정하는 경우에는 재산상황의 조사, 시정의 요구 그 밖의 적절한 조치를 취할 수 있다.

제592조(보전처분) ①법원은 개인회생절차개시결정 전에 이해관계인의 신청에 의하거나 직권으로 채무자의 재산에 관하여 가압류·가처분 그 밖의 필요한 보전처분을 할 수 있다.

②법원은 제1항의 규정에 의한 결정을 변경하거나 취소할 수 있다.

③제1항 및 제2항의 결정에 대하여는 즉시항고를 할 수 있다.

④제3항의 규정에 의한 즉시항고는 집행정지의 효력이 없다.

제593조(중지명령) ①법원은 개인회생절차개시의 신청이 있는 경우 필요하다고 인정하는 때에는 이해관계인의 신청에 의하거나 직권으로 개인회생절차의 개시신청에 대한 결정시까지 다음 각호의 절차 또는 행위의 중지 또는 금지를 명할 수 있다. <개정 2010. 3. 31., 2016. 12. 27.>

1. 채무자에 대한 회생절차 또는 파산절차

2. 개인회생채권에 기하여 채무자의 업무 및 재산에 대하여 한 강제집행·가압류 또는 가처분

3. 채무자의 업무 및 재산에 대한 담보권의 설정 또는 담보권의 실행 등을 위한 경매

4. 개인회생채권을 변제받거나 변제를 요구하는 일체의 행위. 다만, 소

송행위를 제외한다.

5. 「국세징수법」 또는 「지방세징수법」에 의한 체납처분, 국세징수의 예(국세 또는 지방세 체납처분의 예를 포함한다. 이하 같다)에 의한 체납처분 또는 조세채무담보를 위하여 제공된 물건의 처분. 이 경우 징수의 권한을 가진 자의 의견을 들어야 한다.

②제1항제5호의 규정에 의한 처분의 중지기간 중에는 시효는 진행하지 아니한다.

③개인회생절차개시의 신청이 기각되면 제1항의 규정에 의하여 중지된 절차는 속행된다.

④법원은 상당한 이유가 있는 때에는 이해관계인의 신청에 의하거나 직권으로 제1항의 규정에 의한 중지 또는 금지명령을 취소하거나 변경할 수 있다. 이 경우 법원은 담보를 제공하게 할 수 있다.

⑤제45조 내지 제47조는 개인회생절차에 관하여 준용한다.

제594조(개인회생절차개시신청의 취하) 채무자는 개인회생절차의 개시결정이 있기 전에는 신청을 취하할 수 있다. 다만, 채무자가 제592조의 규정에 의한 보전처분, 제593조의 규정에 의한 중지명령을 받은 후에는 법원의 허가를 받아야 신청을 취하할 수 있다.

제595조(개인회생절차개시신청의 기각사유) 법원은 다음 각호의 어느 하나에 해당하는 때에는 개인회생절차개시의 신청을 기각할 수 있다.

1. 채무자가 신청권자의 자격을 갖추지 아니한 때
2. 채무자가 제589조제2항 각호의 어느 하나에 해당하는 서류를 제출하지 아니하거나, 허위로 작성하여 제출하거나 또는 법원이 정한 제출기한을 준수하지 아니한 때
3. 채무자가 절차의 비용을 납부하지 아니한 때
4. 채무자가 변제계획안의 제출기한을 준수하지 아니한 때
5. 채무자가 신청일 전 5년 이내에 면책(파산절차에 의한 면책을 포함한다)을 받은 사실이 있는 때
6. 개인회생절차에 의함이 채권자 일반의 이익에 적합하지 아니한 때
7. 그 밖에 신청이 성실하지 아니하거나 상당한 이유 없이 절차를 지연시키는 때

제596조(개인회생절차의 개시결정) ①법원은 신청일부터 1월 이내에 개

인회생절차의 개시 여부를 결정하여야 한다.

②법원은 개인회생절차개시결정과 동시에 다음 각호의 사항을 정하여야 한다.

1. 개인회생채권에 관한 이의기간(이하 "이의기간"이라 한다). 이 경우 그 기간은 개인회생절차개시결정일부터 2주 이상 2월 이하이어야 한다.
2. 개인회생채권자집회의 기일. 이 경우 그 기일과 이의기간의 말일 사이에는 2주 이상 1월 이하의 기간이 있어야 한다.

③법원은 특별한 사정이 있는 때에는 제2항 각호의 기일을 늦추거나 기간을 늘일 수 있다.

④제1항의 규정에 의하여 결정을 하는 때에는 결정서에 결정의 연·월·일·시를 기재하여야 한다.

⑤제1항의 규정에 의한 결정은 그 결정시부터 효력이 발생한다.

第597條(개시의 공고와 송달) ①법원은 개인회생절차개시결정을 한 때에는 지체 없이 다음 각호의 사항을 공고하여야 한다.

1. 개인회생절차개시결정의 주문
2. 이의기간
3. 개인회생채권자가 이의기간 안에 자신 또는 다른 개인회생채권자의 채권내용에 관하여 개인회생채권조사확정재판을 신청할 수 있다는 뜻
4. 개인회생채권자집회의 기일

②법원은 다음 각호의 자에게 제1항 각호의 사항을 기재한 서면과 개인회생채권자 목록 및 변제계획안을 송달하여야 한다.

1. 채무자
2. 알고 있는 개인회생채권자
3. 개인회생절차가 개시된 채무자의 재산을 소지하고 있거나 그에게 채무를 부담하는 자

③제1항 및 제2항의 규정은 제1항제2호 및 제4호의 사항에 변경이 생긴 경우에 준용하며, 제2항의 규정은 변제계획안에 변경이 생긴 경우에 준용한다.

第598條(개인회생절차개시재판에 대한 즉시항고) ①개인회생절차개시신청에 관한 재판에 대하여는 즉시항고를 할 수 있다.

②제592조 및 제593조의 규정은 개인회생절차개시신청을 기각하는 결정에 대하여 제1항의 즉시항고가 있는 경우에 준용한다.

③제1항의 규정에 의한 즉시항고는 집행정지의 효력이 없다.

④항고법원은 즉시항고의 절차가 법률에 위반되거나 즉시항고가 이유없다고 인정하는 때에는 결정으로 즉시항고를 각하 또는 기각하여야 한다.

⑤항고법원은 즉시항고가 이유있다고 인정하는 때에는 원래의 결정을 취소하고 사건을 원심법원에 환송하여야 한다.

제599조(개인회생절차개시결정의 취소) 법원은 개인회생절차개시결정을 취소하는 결정이 확정된 때에는 즉시 그 주문을 공고하고 다음 각호의 자에게 그 결정의 취지를 송달하여야 한다.

1. 채무자
2. 알고 있는 개인회생채권자
3. 개인회생절차가 개시된 채무자의 재산을 소지하고 있거나 그에게 채무를 부담하는 자

제600조(다른 절차의 중지 등) ①개인회생절차개시의 결정이 있는 때에는 다음 각호의 절차 또는 행위는 중지 또는 금지된다. 다만, 제2호 내지 제4호의 절차 또는 행위는 채권자목록에 기재된 채권에 의한 경우에 한한다. <개정 2010. 3. 31., 2016. 12. 27.>

1. 채무자에 대한 회생절차 또는 파산절차
2. 개인회생채권에 기하여 개인회생재단에 속하는 재산에 대하여 한 강제집행·가압류 또는 가처분
3. 개인회생채권을 변제받거나 변제를 요구하는 일체의 행위. 다만, 소송행위를 제외한다.
4. 「국세징수법」 또는 「지방세징수법」에 의한 체납처분, 국세징수의 예(국세 또는 지방세 체납처분의 예를 포함한다. 이하 같다)에 의한 체납처분 또는 조세채무담보를 위하여 제공된 물건의 처분

②개인회생절차개시의 결정이 있는 때에는 변제계획의 인가결정일 또는 개인회생절차 폐지결정의 확정일 중 먼저 도래하는 날까지 개인회생재단에 속하는 재산에 대한 담보권의 설정 또는 담보권의 실행 등을 위한 경매는 중지 또는 금지된다.

③법원은 상당한 이유가 있는 때에는 이해관계인의 신청에 의하거나 직권으로 제1항 또는 제2항의 규정에 의하여 중지된 절차 또는 처분의 속행 또는 취소를 명할 수 있다. 다만, 처분의 취소의 경우에는 담보를 제공하게 할 수 있다.

④제1항 또는 제2항의 규정에 의하여 처분을 할 수 없거나 중지된 기간 중에 시효는 진행하지 아니한다.

제3장 회생위원

제601조(선임 및 해임) ①법원은 이해관계인의 신청에 의하거나 직권으로 다음 각호의 해당하는 자를 회생위원으로 선임할 수 있다. <개정 2010. 5. 17.>

1. 관리위원회의 관리위원
2. 법원사무관등
3. 변호사·공인회계사 또는 법무사의 자격이 있는 자
4. 법원주사보·검찰주사보 이상의 직에 근무한 경력이 있는 자
5. 「은행법」에 의한 은행에서 근무한 경력이 있는 사람으로서 회생위원의 직무수행에 적합한 자
6. 채무자를 상대로 신용관리교육·상담 및 신용회복을 위한 채무조정 업무 등을 수행하는 기관 또는 단체에 근무 중이거나 근무한 경력이 있는 사람으로서 회생위원의 직무수행에 적합한 자
7. 제1호 내지 제6호에 규정된 자에 준하는 자로서 회생위원의 직무수행에 적합한 자

②법원은 상당한 이유가 있는 때에는 이해관계인의 신청에 의하거나 직권으로 회생위원을 해임할 수 있다.

③회생위원은 필요한 때에는 그 직무를 행하기 위하여 자기의 책임으로 1인 이상의 회생위원 대리를 선임할 수 있다.

④제3항의 규정에 의한 회생위원 대리의 선임은 법원의 허가를 받아야 한다.

⑤회생위원 대리는 회생위원에 갈음하여 재판상 또는 재판 외의 모든

행위를 할 수 있다.

第602조(회생위원의 업무) ①회생위원은 법원의 감독을 받아 다음 각호의 업무를 수행한다.

1. 채무자의 재산 및 소득에 대한 조사
2. 부인권 행사명령의 신청 및 그 절차 참가
3. 개인회생채권자집회의 진행
4. 그 밖에 법령 또는 법원이 정하는 업무

②채무자는 법원의 명령 또는 회생위원의 요청이 있는 경우에는 재산 및 소득, 변제계획 그 밖의 필요한 사항에 관하여 설명을 하여야 한다.

제4장 개인회생채권의 확정

第603조(개인회생채권의 확정) ①다음 각호의 어느 하나에 해당하는 경우에는 개인회생채권자목록의 기재대로 채권이 확정된다.

1. 개인회생채권자목록에 기재된 채권자가 제596조제2항제1호의 규정에 의한 이의기간 안에 개인회생채권조사확정재판을 신청하지 아니한 경우
2. 개인회생채권조사확정재판신청이 각하된 경우

②법원사무관등은 제1항의 규정에 의하여 채권이 확정된 때에는 다음 각호의 사항을 기재한 개인회생채권자표를 작성하여야 한다.

1. 채권자의 성명 및 주소
2. 채권의 내용 및 원인

③확정된 개인회생채권을 개인회생채권자표에 기재한 경우 그 기재는 개인회생채권자 전원에 대하여 확정판결과 동일한 효력이 있다.

④개인회생채권자는 개인회생절차폐지결정이 확정된 때에는 채무자에 대하여 개인회생채권자표에 기하여 강제집행을 할 수 있다.

⑤제255조제3항의 규정은 제4항의 경우에 준용한다.

第604조(개인회생채권조사확정재판) ①개인회생채권자목록의 내용에 관하여 이의가 있는 개인회생채권자는 제589조의2제4항 또는 제596조

제2항제1호에 따른 이의기간 안에 서면으로 이의를 신청할 수 있다. 채무자가 이의내용을 인정하는 때에는 법원의 허가를 받아 개인회생채권자목록을 변경할 수 있다. 이 경우 법원은 조사확정재판신청에 대한 결정을 하지 아니할 수 있다. <개정 2014. 5. 20.>

②개인회생절차개시 당시 이미 소송이 계속 중인 권리에 대하여 이의가 있는 경우에는 별도로 조사확정재판을 신청할 수 없고 이미 계속 중인 소송의 내용을 개인회생채권조사확정의 소로 변경하여야 한다.

③제1항의 경우 개인회생채권자가 자신의 개인회생채권의 내용에 관하여 개인회생채권조사확정재판을 신청하는 경우에는 채무자를 상대방으로 하고, 다른 개인회생채권자의 채권내용에 관하여 개인회생채권조사확정재판을 신청하는 경우에는 채무자와 다른 개인회생채권자를 상대방으로 하여야 한다.

④개인회생채권조사확정재판을 신청하는 자는 법원이 정하는 절차의 비용을 미리 납부하여야 한다. 법원은 비용을 미리 납부하지 아니하는 때에는 신청을 각하하여야 한다.

⑤법원은 이해관계인을 심문한 후 개인회생채권조사확정재판을 하여야 하며, 이 결정에서 이의가 있는 회생채권의 존부 또는 그 내용을 정한다.

⑥법원은 제5항의 규정에 의한 결정이 있는 때에는 결정서를 당사자에게 송달하여야 한다.

第605条(개인회생채권조사확정재판에 대한 이의의 소) ①개인회생채권조사확정재판에 불복하는 자는 결정서의 송달을 받은 날부터 1월 이내에 이의의 소를 제기할 수 있다. 이 경우 이의의 소는 개인회생계속법원(개인회생사건이 계속되어 있는 회생법원을 말한다. 이하 같다)의 관할에 전속한다. <개정 2016. 12. 27.>

②제1항의 소의 변론은 결정서를 송달받은 날부터 1월을 경과한 후가 아니면 개시할 수 없으며, 동일한 채권에 관하여 여러 개의 소가 계속되어 있는 때에는 법원은 변론을 병합할 수 있다.

③제1항의 소에 대한 판결은 소를 부적법한 것으로 각하하는 경우를 제외하고는 같은 항의 재판을 인가하거나 변경한다.

第606条(개인회생채권의 확정에 관한 소송결과 등의 기재) 법원사무관등은 채무자·회생위원 또는 개인회생채권자의 신청에 의하여 다음 각 호의 사항을 기재한 개인회생채권자표를 작성하여야 한다.

1. 개인회생채권조사확정재판의 결과
2. 개인회생채권조사확정재판에 대한 이의의 소의 결과
3. 제1호 및 제2호 외의 개인회생채권의 확정에 관한 소송의 결과

제607조(개인회생채권의 확정에 관한 소송의 판결 등의 효력) ①개인회생채권의 확정에 관한 소송에 대한 판결은 개인회생채권자 전원에 대하여 그 효력이 있다.

②개인회생채권조사확정재판에 대한 이의의 소가 제605조제1항의 규정에 의한 기간안에 제기되지 아니하거나 각하된 때에는 그 재판은 개인회생채권자 전원에 대하여 확정판결과 동일한 효력이 있다.

제608조(소송비용의 상환) 채무자의 재산이 개인회생채권의 확정에 관한 소송으로 이익을 받은 때에는 소를 제기한 개인회생채권자는 얻은 이익의 한도 안에서 개인회생재단채권자로서 소송비용의 상환을 청구할 수 있다.

제609조(개인회생채권확정소송의 목적의 가액) 개인회생채권의 확정에 관한 소송의 목적의 가액은 변제계획으로 얻을 이익의 예정액을 표준으로 하여 개인회생계속법원이 정한다. <개정 2016. 12. 27.>

제609조의2(명의의 변경) ① 개인회생채권자목록에 기재된 채권을 취득한 자는 채권자 명의변경을 신청할 수 있다.

② 제1항에 따른 명의변경을 하려는 자는 다음 각 호의 사항을 적은 신청서와 개인회생채권의 취득을 증명하는 서류 또는 그 등본이나 초본을 법원에 제출하여야 한다.

1. 채권자 명의를 변경하려는 자 및 대리인의 성명 또는 명칭과 주소
2. 통지 또는 송달을 받을 장소(대한민국 내의 장소로 한정한다), 전화번호, 그 밖의 연락처
3. 취득한 권리와 그 취득의 일시 및 원인

[본조신설 2014. 5. 20.]

제5장 변제계획

제610조(변제계획안의 제출 및 수정) ①채무자는 개인회생절차개시의 신

청일부터 14일 이내에 변제계획안을 제출하여야 한다. 다만, 법원은 상당한 이유가 있다고 인정하는 때에는 그 기간을 늘일 수 있다.

②채무자는 변제계획안이 인가되기 전에는 변제계획안을 수정할 수 있다.

③법원은 이해관계인의 신청에 의하거나 직권으로 채무자에 대하여 변제계획안을 수정할 것을 명할 수 있다.

④제3항의 규정에 의한 수정명령이 있는 때에는 채무자는 법원이 정하는 기한 이내에 변제계획안을 수정하여야 한다.

⑤제597조제2항의 규정은 제2항 및 제3항의 규정에 의하여 변제계획안을 수정하는 경우에 이를 준용한다.

제611조(변제계획의 내용) ①변제계획에는 다음 각호의 사항을 정하여야 한다.

1. 채무변제에 제공되는 재산 및 소득에 관한 사항
2. 개인회생재단채권 및 일반의 우선권 있는 개인회생채권의 전액의 변제에 관한 사항
3. 개인회생채권자목록에 기재된 개인회생채권의 전부 또는 일부의 변제에 관한 사항

②변제계획에는 다음 각호의 사항을 정할 수 있다.

1. 개인회생채권의 조의 분류
2. 변제계획에서 예상한 액을 넘는 재산의 용도
3. 변제계획인가 후의 개인회생재단에 속하는 재산의 관리 및 처분권의 제한에 관한 사항
4. 그 밖에 채무자의 채무조정을 위하여 필요한 사항

③변제계획에서 채권의 조를 분류하는 때에는 같은 조로 분류된 채권을 평등하게 취급하여야 한다. 다만, 불이익을 받는 개인회생채권자의 동의가 있거나 소액의 개인회생채권의 경우에는 그러하지 아니하다.

④변제계획은 변제계획인가일부터 1월 이내에 변제를 개시하여 정기적으로 변제하는 내용을 포함하여야 한다. 다만, 법원의 허가를 받은 경우에는 그러하지 아니하다.

⑤변제계획에서 정하는 변제기간은 변제개시일부터 3년을 초과하여서는 아니된다. 다만, 제614조제1항제4호의 요건을 충족하기 위하여 필

요한 경우 등 특별한 사정이 있는 때에는 변제개시일부터 5년을 초과하지 아니하는 범위에서 변제기간을 정할 수 있다. <개정 2017. 12. 12.>

⑥법원은 필요한 경우 변제계획의 이행을 위하여 인적·물적 담보를 제공하게 할 수 있다.

제612조(특별한 이익을 주는 행위의 무효) 채무자가 자신 또는 제3자의 명의로 변제계획에 의하지 아니하고 일부 개인회생채권자에게 특별한 이익을 주는 행위는 무효로 한다.

제613조(개인회생채권자집회) ①법원은 개인회생채권자집회의 기일과 변제계획의 요지를 채무자·개인회생채권자 및 회생위원에게 통지하여야 한다.

②채무자는 개인회생채권자집회에 출석하여 개인회생채권자의 요구가 있는 경우 변제계획에 관하여 필요한 설명을 하여야 한다.

③개인회생채권자집회는 법원이 지휘한다.

④회생위원이 선임되어 있는 때에는 법원은 회생위원으로 하여금 개인회생채권자집회를 진행하게 할 수 있다.

⑤개인회생채권자는 개인회생채권자집회에서 변제계획에 관하여 이의를 진술할 수 있다.

제614조(변제계획의 인부) ①법원은 개인회생채권자 또는 회생위원이 이의를 진술하지 아니하고 다음 각호의 요건이 모두 충족된 때에는 변제계획인가결정을 하여야 한다. 다만, 제610조제3항에 의한 변제계획안 수정명령에 불응한 경우에는 그러하지 아니하다.

1. 변제계획이 법률의 규정에 적합할 것
2. 변제계획이 공정하고 형평에 맞으며 수행가능할 것
3. 변제계획인가 전에 납부되어야 할 비용·수수료 그 밖의 금액이 납부되었을 것
4. 변제계획의 인가결정일을 기준일로 하여 평가한 개인회생채권에 대한 총변제액이 채무자가 파산하는 때에 배당받을 총액보다 적지 아니할 것. 다만, 채권자가 동의한 경우에는 그러하지 아니하다.

②법원은 개인회생채권자 또는 회생위원이 이의를 진술하는 때에는 제1항 각호의 요건 외에 다음 각호의 요건을 구비하고 있는 때에 한하여 변제계획인가결정을 할 수 있다.

1. 변제계획의 인가결정일을 기준일로 하여 평가한 이의를 진술하는 개인회생채권자에 대한 총변제액이 채무자가 파산하는 때에 배당받을 총액보다 적지 아니할 것
2. 채무자가 최초의 변제일부터 변제계획에서 정한 변제기간 동안 수령할 수 있는 가용소득의 전부가 변제계획에 따른 변제에 제공될 것
3. 변제계획의 인가결정일을 기준일로 하여 평가한 개인회생채권에 대한 총변제액이 3천만원을 초과하지 아니하는 범위 안에서 다음 각목의 금액보다 적지 아니할 것
   가. 변제계획의 인가결정일을 기준일로 하여 평가한 개인회생채권의 총금액이 5천만원 미만인 경우에는 위 총금액에 100분의 5를 곱한 금액
   나. 변제계획의 인가결정일을 기준일로 하여 평가한 개인회생채권의 총금액이 5천만원 이상인 경우에는 위 총금액에 100분의 3을 곱한 금액에 1백만원을 더한 금액

③법원은 변제계획인부결정을 선고하고 그 주문, 이유의 요지와 변제계획의 요지를 공고하여야 한다. 이 경우 송달은 하지 아니할 수 있다.

제615조(변제계획인가의 효력) ①변제계획은 인가의 결정이 있은 때부터 효력이 생긴다. 다만, 변제계획에 의한 권리의 변경은 면책결정이 확정되기까지는 생기지 아니한다.

②변제계획인가결정이 있는 때에는 개인회생재단에 속하는 모든 재산은 채무자에게 귀속된다. 다만, 변제계획 또는 변제계획인가결정에서 다르게 정한 때에는 그러하지 아니하다.

③변제계획인가결정이 있는 때에는 제600조의 규정에 의하여 중지한 회생절차 및 파산절차와 개인회생채권에 기한 강제집행·가압류 또는 가처분은 그 효력을 잃는다. 다만, 변제계획 또는 변제계획인가결정에서 다르게 정한 때에는 그러하지 아니하다.

제616조(전부명령에 대한 특칙) ①변제계획인가결정이 있는 때에는 채무자의 급료·연금·봉급·상여금, 그 밖에 이와 비슷한 성질을 가진 급여채권에 관하여 개인회생절차개시 전에 확정된 전부명령은 변제계획인가결정 후에 제공한 노무로 인한 부분에 대하여는 그 효력이 상실된다.

②변제계획인가결정으로 인하여 전부채권자가 변제받지 못하게 되는 채권액은 개인회생채권으로 한다.

제617조(변제의 수행) ①채무자는 인가된 변제계획에 따라 개인회생채권자에게 변제할 금원을 회생위원에게 임치하여야 한다.

②개인회생채권자는 제1항의 규정에 따라 임치된 금원을 변제계획에 따라 회생위원으로부터 지급받아야 한다. 개인회생채권자가 지급받지 않는 경우에는 회생위원은 채권자를 위하여 공탁할 수 있다.

③제1항 및 제2항의 규정은 회생위원이 선임되지 아니한 경우 또는 변제계획이나 변제계획인가결정에서 다르게 정한 경우에는 적용하지 아니한다.

제617조의2(채무자를 위한 공탁) 회생위원은 개인회생절차폐지의 결정 또는 면책의 결정이 확정된 후에도 임치된 금원(이자를 포함한다)이 존재하는 경우에는 이를 채무자에게 반환하여야 한다. 다만, 채무자가 수령을 거부하거나 채무자의 소재불명 등으로 반환할 수 없는 경우에는 채무자를 위하여 공탁할 수 있다.

[본조신설 2017. 12. 12.]

제618조(변제계획 인부결정에 대한 즉시항고) ①변제계획의 인부결정에 대하여는 즉시항고를 할 수 있다.

②제247조제3항 내지 제7항의 규정은 변제계획의 인가여부결정에 대한 즉시항고에 관하여 준용한다.

제619조(인가 후의 변제계획변경) ①채무자·회생위원 또는 개인회생채권자는 변제계획에 따른 변제가 완료되기 전에는 인가된 변제계획의 변경안을 제출할 수 있다.

②제1항의 규정에 의한 변제계획변경안에 관하여는 제597조제2항·제611조·제613조·제614조·제615조제1항 및 제617조의 규정을 준용한다.

제6장 폐지 및 면책

제620조(변제계획인가 전 개인회생절차의 폐지) ①법원은 다음 각호의 어느 하나에 해당하는 때에는 이해관계인의 신청에 의하거나 직권으로 개인회생절차폐지의 결정을 하여야 한다.

1. 개인회생절차의 개시결정 당시 제595조제1호·제5호에 해당한 사

실이 명백히 밝혀진 때

2. 채무자가 제출한 변제계획안을 인가할 수 없는 때

②법원은 다음 각호의 어느 하나에 해당하는 때에는 직권으로 개인회생절차폐지의 결정을 할 수 있다.

1. 제595조제2호에 해당하는 때

2. 채무자가 정당한 사유 없이 제613조제2항의 규정에 의한 출석 또는 설명을 하지 아니하거나 허위의 설명을 한 때

제621조(변제계획인가 후 개인회생절차의 폐지) ①법원은 다음 각호의 어느 하나에 해당하는 때에는 이해관계인의 신청에 의하거나 직권으로 개인회생절차폐지의 결정을 하여야 한다.

1. 면책불허가결정이 확정된 때

2. 채무자가 인가된 변제계획을 이행할 수 없음이 명백할 때. 다만, 채무자가 제624조제2항의 규정에 의한 면책결정을 받은 때에는 그러하지 아니하다.

3. 채무자가 재산 및 소득의 은닉 그 밖의 부정한 방법으로 인가된 변제계획을 수행하지 아니하는 때

②제1항의 규정에 의한 개인회생절차의 폐지는 이미 행한 변제와 이 법의 규정에 의하여 생긴 효력에 영향을 미치지 아니한다.

제622조(개인회생절차폐지결정의 공고) 법원은 개인회생절차폐지의 결정을 한 때에는 그 주문과 이유의 요지를 공고하여야 한다. 이 경우 송달은 하지 아니할 수 있다.

제623조(개인회생절차폐지결정에 대한 즉시항고) ①개인회생절차폐지의 결정에 대하여는 즉시항고를 할 수 있다.

②제247조제4항 내지 제7항의 규정은 개인회생절차폐지의 결정에 대한 즉시항고에 관하여 이를 준용한다.

제624조(면책결정) ①법원은 채무자가 변제계획에 따른 변제를 완료한 때에는 당사자의 신청에 의하거나 직권으로 면책의 결정을 하여야 한다.

②법원은 채무자가 변제계획에 따른 변제를 완료하지 못한 경우에도 다음 각호의 요건이 모두 충족되는 때에는 이해관계인의 의견을 들은 후 면책의 결정을 할 수 있다.

1. 채무자가 책임질 수 없는 사유로 인하여 변제를 완료하지 못하였을 것
2. 개인회생채권자가 면책결정일까지 변제받은 금액이 채무자가 파산절차를 신청한 경우 파산절차에서 배당받을 금액보다 적지 아니할 것
3. 변제계획의 변경이 불가능할 것

③제1항 및 제2항의 규정에 불구하고 법원은 다음 각호의 어느 하나에 해당하는 경우에는 면책을 불허하는 결정을 할 수 있다.

1. 면책결정 당시까지 채무자에 의하여 악의로 개인회생채권자목록에 기재되지 아니한 개인회생채권이 있는 경우
2. 채무자가 이 법에 정한 채무자의 의무를 이행하지 아니한 경우

④법원은 면책의 결정을 한 때에는 그 주문과 이유의 요지를 공고하여야 한다. 이 경우 송달은 하지 아니할 수 있다.

제625조(면책결정의 효력) ①면책의 결정은 확정된 후가 아니면 그 효력이 생기지 아니한다.

②면책을 받은 채무자는 변제계획에 따라 변제한 것을 제외하고 개인회생채권자에 대한 채무에 관하여 그 책임이 면제된다. 다만, 다음 각호의 청구권에 관하여는 책임이 면제되지 아니한다.

1. 개인회생채권자목록에 기재되지 아니한 청구권
2. 제583조제1항제2호의 규정에 의한 조세 등의 청구권
3. 벌금·과료·형사소송비용·추징금 및 과태료
4. 채무자가 고의로 가한 불법행위로 인한 손해배상
5. 채무자가 중대한 과실로 타인의 생명 또는 신체를 침해한 불법행위로 인하여 발생한 손해배상
6. 채무자의 근로자의 임금·퇴직금 및 재해보상금
7. 채무자의 근로자의 임치금 및 신원보증금
8. 채무자가 양육자 또는 부양의무자로서 부담하여야 할 비용

③면책은 개인회생채권자가 채무자의 보증인 그 밖에 채무자와 더불어 채무를 부담하는 자에 대하여 가지는 권리와 개인회생채권자를 위하여 제공한 담보에 영향을 미치지 아니한다.

제626조(면책의 취소) ①법원은 채무자가 기망 그 밖의 부정한 방법으로

면책을 받은 때에는 이해관계인의 신청에 의하거나 직권으로 면책을 취소할 수 있다. 이 경우 법원은 이해관계인을 심문하여야 한다.

②제1항의 규정에 의한 신청은 면책결정의 확정일부터 1년 이내에 제기하여야 한다.

제627조(면책결정 등에 관한 즉시항고) 면책 여부의 결정과 면책취소의 결정에 대하여는 즉시항고를 할 수 있다.

제5편 국제도산

제628조(정의) 이 편에서 사용하는 용어의 정의는 다음 각호와 같다.

1. "외국도산절차"라 함은 외국법원(이에 준하는 당국을 포함한다. 이하 같다)에 신청된 회생절차·파산절차 또는 개인회생절차 및 이와 유사한 절차를 말하며, 임시절차를 포함한다.

2. "국내도산절차"라 함은 대한민국 법원에 신청된 회생절차·파산절차 또는 개인회생절차를 말한다.

3. "외국도산절차의 승인"이라 함은 외국도산절차에 대하여 대한민국 내에 이 편의 지원처분을 할 수 있는 기초로서 승인하는 것을 말한다.

4. "지원절차"라 함은 이 편에서 정하는 바에 의하여 외국도산절차의 승인신청에 관한 재판과 채무자의 대한민국 내에 있어서의 업무 및 재산에 관하여 당해 외국도산절차를 지원하기 위한 처분을 하는 절차를 말한다.

5. "외국도산절차의 대표자"라 함은 외국법원에 의하여 외국도산절차의 관리자 또는 대표자로 인정된 자를 말한다.

6. "국제도산관리인"이라 함은 외국도산절차의 지원을 위하여 법원이 채무자의 재산에 대한 환가 및 배당 또는 채무자의 업무 및 재산에 대한 관리 및 처분권한의 전부 또는 일부를 부여한 자를 말한다.

제629조(적용범위) ①이 편의 규정은 다음 각호의 경우에 적용한다.

1. 외국도산절차의 대표자가 외국도산절차와 관련하여 대한민국 법원에 승인이나 지원을 구하는 경우

2. 외국도산절차의 대표자가 대한민국 법원에서 국내도산절차를 신청

하거나 진행 중인 국내도산절차에 참가하는 경우

3. 국내도산절차와 관련하여 관리인·파산관재인·채무자 그 밖에 법원의 허가를 받은 자 등이 외국법원의 절차에 참가하거나 외국법원의 승인 및 지원을 구하는 등 외국에서 활동하는 경우

4. 채무자를 공통으로 하는 국내도산절차 및 외국도산절차가 대한민국 법원과 외국법원에서 동시에 진행되어 관련절차간에 공조가 필요한 경우

②이 편에서 따로 규정하지 아니한 사항은 이 법 중 다른 편의 규정에 따른다.

第630조(관할) 외국도산절차의 승인 및 지원에 관한 사건은 서울회생법원 합의부의 관할에 전속한다. 다만, 절차의 효율적인 진행이나 이해당사자의 권리보호를 위하여 필요한 때에는 서울회생법원은 당사자의 신청에 의하거나 직권으로 외국도산절차의 승인결정과 동시에 또는 그 결정 후에 제3조가 규정하는 관할법원으로 사건을 이송할 수 있다. <개정 2016. 12. 27.>

第631조(외국도산절차의 승인신청) ①외국도산절차의 대표자는 외국도산절차가 신청된 국가에 채무자의 영업소·사무소 또는 주소가 있는 경우에 다음 각호의 서면을 첨부하여 법원에 외국도산절차의 승인을 신청할 수 있다. 이 경우 외국어로 작성된 서면에는 번역문을 붙여야 한다.

1. 외국도산절차 일반에 대한 법적 근거 및 개요에 대한 진술서

2. 외국도산절차의 개시를 증명하는 서면

3. 외국도산절차의 대표자의 자격과 권한을 증명하는 서면

4. 승인을 신청하는 그 외국도산절차의 주요내용에 대한 진술서(채권자·채무자 및 이해당사자에 대한 서술을 포함한다)

5. 외국도산절차의 대표자가 알고 있는 그 채무자에 대한 다른 모든 외국도산절차에 대한 진술서

②외국도산절차의 승인을 신청한 후 제1항 각호의 내용이 변경된 때에는 신청인은 지체 없이 변경된 사항을 기재한 서면을 법원에 제출하여야 한다.

③제1항의 규정에 의한 신청이 있는 때에는 법원은 지체 없이 그 요지를 공고하여야 한다.

④제37조 및 제39조의 규정은 제1항의 규정에 의한 신청에 관하여 준용한다.

제632조(외국도산절차의 승인결정) ①법원은 외국도산절차의 승인신청이 있는 때에는 신청일부터 1월 이내에 승인 여부를 결정하여야 한다.

②법원은 다음 각호의 어느 하나에 해당하는 경우에는 외국도산절차의 승인신청을 기각하여야 한다.

1. 법원이 정한 비용을 미리 납부하지 아니한 경우
2. 제631조제1항 각호의 서면을 제출하지 아니하거나 그 성립 또는 내용의 진정을 인정하기에 부족한 경우
3.외국도산절차를 승인하는 것이 대한민국의 선량한 풍속 그 밖에 사회질서에 반하는 경우

③법원은 외국도산절차의 승인결정이 있는 때에는 그 주문과 이유의 요지를 공고하고 그 결정서를 신청인에게 송달하여야 한다.

④외국도산절차의 승인신청에 관한 결정에 대하여는 즉시항고를 할 수 있다.

⑤제4항의 규정에 의한 즉시항고는 집행정지의 효력이 없다.

제633조(외국도산절차승인의 효력) 외국도산절차의 승인결정은 이 법에 의한 절차의 개시 또는 진행에 영향을 미치지 아니한다.

제634조(외국도산절차의 대표자의 국내도산절차개시신청 등) 외국도산절차가 승인된 때에는 외국도산절차의 대표자는 국내도산절차의 개시를 신청하거나 진행 중인 국내도산절차에 참가할 수 있다.

제635조(승인 전 명령 등) ①법원은 외국도산절차의 대표자의 신청에 의하거나 직권으로 외국도산절차의 승인신청이 있은 후 그 결정이 있을 때까지 제636조제1항제1호 내지 제3호의 조치를 명할 수 있다.

②제1항의 규정은 외국도산절차의 승인신청을 기각하는 결정에 대하여 즉시항고가 제기된 경우에 준용한다.

③법원은 제1항 및 제2항의 규정에 의한 처분을 변경하거나 취소할 수 있다.

④제1항 내지 제3항의 결정에 대하여는 즉시항고를 할 수 있다.

⑤제4항의 규정에 의한 즉시항고는 집행정지의 효력이 없다.

제636조(외국도산절차에 대한 지원) ①법원은 외국도산절차를 승인함과 동시에 또는 승인한 후 이해관계인의 신청에 의하거나 직권으로 채무자의 업무 및 재산이나 채권자의 이익을 보호하기 위하여 다음 각호의 결정을 할 수 있다.

1. 채무자의 업무 및 재산에 대한 소송 또는 행정청에 계속하는 절차의 중지
2. 채무자의 업무 및 재산에 대한 강제집행, 담보권실행을 위한 경매, 가압류·가처분 등 보전절차의 금지 또는 중지
3. 채무자의 변제금지 또는 채무자 재산의 처분금지
4. 국제도산관리인의 선임
5. 그 밖에 채무자의 업무 및 재산을 보전하거나 채권자의 이익을 보호하기 위하여 필요한 처분

②법원은 제1항의 규정에 의한 결정을 하는 때에는 채권자·채무자 그 밖의 이해관계인의 이익을 고려하여야 한다.

③법원은 제1항의 규정에 의한 지원신청이 대한민국의 선량한 풍속 그 밖의 사회질서에 반하는 때에는 그 신청을 기각하여야 한다.

④법원은 제1항제2호의 금지명령 및 이를 변경하거나 취소하는 결정을 한 때에는 그 주문을 공고하고 그 결정서를 외국도산절차의 대표자나 신청인에게 송달하여야 한다.

⑤제1항의 규정에 의한 금지명령이 있는 때에는 그 명령의 효력이 상실된 날의 다음 날부터 2월이 경과하는 날까지 채무자에 대한 채권의 시효는 완성되지 아니한다.

⑥법원은 필요한 경우 이해관계인의 신청에 의하거나 직권으로 제1항의 규정에 의한 결정을 변경하거나 취소할 수 있다.

⑦법원은 특히 필요하다고 인정하는 때에는 이해관계인의 신청에 의하거나 직권으로 제1항제2호의 규정에 의하여 중지된 절차의 취소를 명할 수 있다. 이 경우 법원은 담보를 제공하게 할 수 있다.

⑧제1항·제6항 및 제7항의 결정에 대하여는 즉시항고를 할 수 있다.

⑨제8항의 규정에 의한 즉시항고는 집행정지의 효력이 없다.

제637조(국제도산관리인) ①국제도산관리인이 선임된 경우 채무자의 업무의 수행 및 재산에 대한 관리·처분권한은 국제도산관리인에게 전속

한다.

②국제도산관리인은 대한민국 내에 있는 채무자의 재산을 처분 또는 국외로의 반출, 환가·배당 그 밖에 법원이 정하는 행위를 하는 경우에는 법원의 허가를 받아야 한다.

③제2편제2장제1절(관리인) 및 제3편제2장제1절(파산관재인)에 관한 규정은 국제도산관리인에 관하여 준용한다.

第638條(국내도산절차와 외국도산절차의 동시진행) ①채무자를 공통으로 하는 외국도산절차와 국내도산절차가 동시에 진행하는 경우 법원은 국내도산절차를 중심으로 제635조(승인 전 명령 등) 및 제636조(외국도산절차에 대한 지원)의 규정에 의한 지원을 결정하거나 이를 변경 또는 취소할 수 있다.

②제1항의 결정에 대하여는 즉시항고를 할 수 있다.

③제2항의 즉시항고에는 집행정지의 효력이 없다.

第639條(복수의 외국도산절차) ①채무자를 공통으로 하는 여러 개의 외국도산절차의 승인신청이 있는 때에는 법원은 이를 병합심리하여야 한다.

②채무자를 공통으로 하는 여러 개의 외국도산절차가 승인된 때에는 법원은 승인 및 지원절차의 효율적 진행을 위하여 채무자의 주된 영업소 소재지 또는 채권자보호조치의 정도 등을 고려하여 주된 외국도산절차를 결정할 수 있다.

③법원은 주된 외국도산절차를 중심으로 제636조의 규정에 의한 지원을 결정하거나 변경할 수 있다.

④법원은 필요한 경우 제2항의 규정에 의한 주된 외국도산절차를 변경할 수 있다.

⑤제2항 내지 제4항의 결정에 대하여는 즉시항고를 할 수 있다.

⑥제5항의 즉시항고에는 집행정지의 효력이 없다.

第640條(관리인 등이 외국에서 활동할 권한) 국내도산절차의 관리인·파산관재인 그 밖에 법원의 허가를 받은 자 등은 외국법이 허용하는 바에 따라 국내도산절차를 위하여 외국에서 활동할 권한이 있다.

第641條(공조) ①법원은 동일한 채무자 또는 상호 관련이 있는 채무자에 대하여 진행 중인 국내도산절차 및 외국도산절차나 복수의 외국도산절차간의 원활하고 공정한 집행을 위하여 외국법원 및 외국도산절차의

대표자와 다음 각호의 사항에 관하여 공조하여야 한다.

1. 의견교환
2. 채무자의 업무 및 재산에 관한 관리 및 감독
3. 복수 절차의 진행에 관한 조정
4. 그 밖에 필요한 사항

②법원은 제1항의 규정에 의한 공조를 위하여 외국법원 또는 외국도산절차의 대표자와 직접 정보 및 의견을 교환할 수 있다.

③국내도산절차의 관리인 또는 파산관재인은 법원의 감독하에 외국법원 또는 외국도산절차의 대표자와 직접 정보 및 의견을 교환할 수 있다.

④국내도산절차의 관리인 또는 파산관재인은 법원의 허가를 받아 외국법원 또는 외국도산절차의 대표자와 도산절차의 조정에 관한 합의를 할 수 있다.

제642조(배당의 준칙) 채무자를 공통으로 하는 국내도산절차와 외국도산절차 또는 복수의 외국도산절차가 있는 경우 외국도산절차 또는 채무자의 국외재산으로부터 변제받은 채권자는 국내도산절차에서 그와 같은 조 및 순위에 속하는 다른 채권자가 동일한 비율의 변제를 받을 때까지 국내도산절차에서 배당 또는 변제를 받을 수 없다.

제6편 벌칙

제643조(사기회생죄) ①채무자가 자기 또는 타인의 이익을 도모하거나 채권자를 해할 목적으로 다음 각호의 어느 하나에 해당하는 행위를 하고, 채무자에 대하여 회생절차개시 또는 간이회생절차개시의 결정이 확정된 경우 그 채무자는 10년 이하의 징역 또는 1억원 이하의 벌금에 처한다. <개정 2014. 12. 30.>

1. 채무자의 재산을 손괴 또는 은닉하거나 회생채권자·회생담보권자·주주·지분권자에 불이익하게 처분하는 행위
2. 채무자의 부담을 허위로 증가시키는 행위
3. 법률의 규정에 의하여 작성하여야 하는 상업장부를 작성하지 아니하거나, 그 상업장부에 재산의 현황을 알 수 있는 정도의 기재를 하

지 아니하거나, 그 상업장부에 부정의 기재를 하거나, 그 상업장부를 손괴 또는 은닉하는 행위

4. 「부정수표단속법」에 의한 처벌회피를 주된 목적으로 회생절차개시 또는 간이회생절차개시의 신청을 하는 행위

②다음 각호의 어느 하나에 해당하는 자가 자기 또는 타인의 이익을 도모하거나 채권자를 해할 목적으로 제1항 각호의 행위를 하고, 채무자에 대하여 회생절차개시 또는 간이회생절차개시의 결정이 확정된 경우 그 자는 5년 이하의 징역 또는 5천만원 이하의 벌금에 처한다. <개정 2014. 12. 30.>

1. 채무자의 법정대리인

2. 법인인 채무자의 이사

3. 채무자의 지배인

③채무자가 자기 또는 타인의 이익을 도모하거나 채권자를 해할 목적으로 다음 각호의 어느 하나에 해당하는 행위를 하고, 채무자에 대하여 개인회생절차개시의 결정이 확정된 때에는 5년 이하의 징역 또는 5천만원 이하의 벌금에 처한다.

1. 재산을 은닉 또는 손괴하거나 채권자에게 불이익하게 처분하는 행위

2. 허위로 부담을 증가시키는 행위

제644조(제3자의 사기회생죄) 제643조에 규정된 자 외의 자가 다음 각호의 어느 하나에 해당하는 행위를 하고, 채무자에 대하여 회생절차개시의 결정이 확정된 경우 그 자는 5년 이하의 징역 또는 5천만원 이하의 벌금에 처한다.

1. 제643조제1항 각호의 행위

2. 자기 또는 타인의 이익을 도모하거나 채권자를 해할 목적으로 회생채권자·회생담보권자·주주·지분권자로서 허위의 권리를 행사하는 행위

제644조의2(사기회생죄에 대한 특칙) 제231조의2 또는 제243조의2의 적용을 면탈할 목적으로 거짓의 정보를 제공하거나 거짓의 자료를 제출하고, 회생계획인가의 결정이 확정된 경우 해당 정보를 제공하거나 해당 자료를 제출한 자는 5년 이하의 징역 또는 5천만원 이하의 벌금에 처한다.

[본조신설 2014. 10. 15.]

제645조(회생수뢰죄) ①관리위원·조사위원·간이조사위원·회생위원·보전관리인·관리인(제637조의 규정에 의한 국제도산관리인을 포함한다), 고문이나 관리인 또는 보전관리인·회생위원의 대리인이 그 직무에 관하여 뇌물을 수수·요구 또는 약속한 경우 그 자는 5년 이하의 징역 또는 5천만원 이하의 벌금에 처한다. 다음 각호의 어느 하나에 해당하는 자가 관계인집회의 결의에 관하여 뇌물을 수수·요구 또는 약속한 때에 그 자도 또한 같다. <개정 2014. 12. 30.>

1. 회생채권자·회생담보권자·주주·지분권자
2. 제1호에 규정된 자의 대리위원 또는 대리인
3. 제1호에 규정된 자의 임원 또는 직원

②관리인(제637조의 규정에 의한 국제도산관리인을 포함한다)·보전관리인 또는 조사위원·간이조사위원·회생위원이 법인인 경우에는 관리인·보전관리인 또는 조사위원·간이조사위원·회생위원의 직무에 종사하는 그 임원 또는 직원이 그 직무에 관하여 뇌물을 수수·요구 또는 약속한 경우 그 임원 또는 직원은 5년 이하의 징역 또는 5천만원 이하의 벌금에 처한다. 관리인·보전관리인·회생위원 또는 조사위원·간이조사위원이 법인인 경우 그 임원 또는 직원이 관리인·보전관리인·회생위원 또는 조사위원·간이조사위원의 직무에 관하여 관리인·보전관리인·회생위원 또는 조사위원·간이조사위원에게 뇌물을 수수하게 하거나 그 공여를 요구 또는 약속한 때에도 같다. <개정 2014. 12. 30.>

③제1항 및 제2항의 경우 범인 또는 그 정을 아는 제3자가 수수한 뇌물은 몰수한다. 이 경우 몰수가 불가능한 때에는 그 가액을 추징한다.

제646조(회생증뢰죄) 제645조제1항 또는 제2항에 규정한 뇌물을 약속 또는 공여하거나 공여의 의사표시를 한 자는 5년 이하의 징역 또는 5천만원 이하의 벌금에 처한다.

제647조(경영참여금지위반죄) 제284조의 규정을 위반하여 회생절차종결 또는 간이회생절차종결 후 채무자의 이사로 선임되거나 대표이사로 선정되어 취임한 자는 3년 이하의 징역 또는 3천만원 이하의 벌금에 처한다. <개정 2014. 12. 30.>

제648조(무허가행위 등의 죄) ①관리인·파산관재인(제637조의 규정에 의한 국제도산관리인을 포함한다) 또는 보전관리인이 법원의 허가를

받아야 하는 행위를 허가를 받지 아니하고 행한 경우 그 자는 3년 이하의 징역 또는 3천만원 이하의 벌금에 처한다.

②관리인 또는 보전관리인이 법원에 허위의 보고를 하거나 임무종료 후 정당한 사유 없이 제84조제1항의 규정에 의한 계산에 관한 보고를 하지 아니한 경우 그 자는 1년 이하의 징역 또는 1천만원 이하의 벌금에 처한다.

제649조(보고와 검사거절의 죄) 다음 각호의 어느 하나에 해당하는 자는 1년 이하의 징역 또는 1천만원 이하의 벌금에 처한다. <개정 2014. 10. 15., 2014. 12. 30.>

1. 정당한 사유 없이 제22조제3항의 규정에 의한 자료제공을 거부·기피 또는 방해하거나 허위의 자료를 제공한 관리인 또는 파산관재인
2. 정당한 사유 없이 제34조제3항의 규정에 의한 자료제출을 거부·기피 또는 방해하거나 허위의 자료를 제출한 채무자
3. 정당한 사유 없이 제79조제1항(제88조와 제293조의7제1항 후단에서 준용하는 경우를 포함한다)의 규정에 의한 보고를 거부·기피 또는 방해하거나 허위의 보고를 한 자
4. 정당한 사유 없이 제79조제1항(제88조와 제293조의7제1항 후단에서 준용하는 경우를 포함한다)의 규정에 의한 검사를 거부·기피 또는 방해한 채무자

4의2. 정당한 사유 없이 제231조의2제3항에 따른 정보제공 또는 자료제출을 거부·기피 또는 방해하거나, 거짓의 정보를 제공하거나 거짓의 자료를 제출한 자

4의3. 정당한 사유 없이 제243조의2제3항에 따른 정보제공 또는 자료제출을 거부·기피 또는 방해하거나, 거짓의 정보를 제공하거나 거짓의 자료를 제출한 자

5. 정당한 사유 없이 제591조의 규정에 의한 보고·조사·시정 요구를 거부하거나 허위보고를 한 채무자

제650조(사기파산죄) ①채무자가 파산선고의 전후를 불문하고 자기 또는 타인의 이익을 도모하거나 채권자를 해할 목적으로 다음 각호의 어느 하나에 해당하는 행위를 하고, 그 파산선고가 확정된 때에는 10년 이하의 징역 또는 1억원 이하의 벌금에 처한다. <개정 2013. 5. 28.>

1. 파산재단에 속하는 재산을 은닉 또는 손괴하거나 채권자에게 불이익하게 처분을 하는 행위

2. 파산재단의 부담을 허위로 증가시키는 행위
3. 법률의 규정에 의하여 작성하여야 하는 상업장부를 작성하지 아니하거나, 그 상업장부에 재산의 현황을 알 수 있는 정도의 기재를 하지 아니하거나, 그 상업장부에 부실한 기재를 하거나, 그 상업장부를 은닉 또는 손괴하는 행위
4. 제481조의 규정에 의하여 법원사무관등이 폐쇄한 장부에 변경을 가하거나 이를 은닉 또는 손괴하는 행위

② 수탁자, 신탁재산관리인, 수탁자의 법정대리인, 수탁자의 지배인 또는 법인인 수탁자의 이사가 파산선고의 전후를 불문하고 자기 또는 타인의 이익을 도모하거나 채권자를 해할 목적으로 제1항 각 호의 어느 하나에 해당하는 행위를 하고, 유한책임신탁재산에 대한 파산선고가 확정된 경우에는 10년 이하의 징역 또는 1억원 이하의 벌금에 처한다. <신설 2013. 5. 28.>

第651조(과태파산죄) ①채무자가 파산선고의 전후를 불문하고 다음 각호의 어느 하나에 해당하는 행위를 하고, 그 파산선고가 확정된 경우 그 채무자는 5년 이하의 징역 또는 5천만원 이하의 벌금에 처한다. <개정 2013. 5. 28.>

1. 파산의 선고를 지연시킬 목적으로 신용거래로 상품을 구입하여 현저히 불이익한 조건으로 이를 처분하는 행위
2. 파산의 원인인 사실이 있음을 알면서 어느 채권자에게 특별한 이익을 줄 목적으로 한 담보의 제공이나 채무의 소멸에 관한 행위로서 채무자의 의무에 속하지 아니하거나 그 방법 또는 시기가 채무자의 의무에 속하지 아니하는 행위
3. 법률의 규정에 의하여 작성하여야 하는 상업장부를 작성하지 아니하거나, 그 상업장부에 재산의 현황을 알 수 있는 정도의 기재를 하지 아니하거나, 그 상업장부에 부정의 기재를 하거나, 그 상업장부를 은닉 또는 손괴하는 행위
4. 제481조의 규정에 의하여 법원사무관등이 폐쇄한 장부에 변경을 가하거나 이를 은닉 또는 손괴하는 행위

② 수탁자, 신탁재산관리인, 수탁자의 법정대리인, 수탁자의 지배인 또는 법인인 수탁자의 이사가 파산선고의 전후를 불문하고 제1항 각 호의 어느 하나에 해당하는 행위를 하고, 유한책임신탁재산에 대한 파산선고가 확정된 경우에는 5년 이하의 징역 또는 5천만원 이하의 벌금에

처한다. <신설 2013. 5. 28.>

第652조(일정한 지위에 있는 자의 사기파산 및 과태파산죄) 다음 각호의 어느 하나에 해당하는 자가 제650조 및 제651조에 규정된 행위를 하고, 채무자에 대한 파산선고가 확정된 때에는 제650조 및 제651조의 예에 의한다. 상속재산에 대한 파산의 경우 상속인 및 그 법정대리인과 지배인에 관하여도 또한 같다.

1. 채무자의 법정대리인
2. 법인인 채무자의 이사
3. 채무자의 지배인

第653조(구인불응죄) 제319조, 제320조, 제322조 및 제578조의6에 따른 구인의 명을 받은 자가 그 사실을 알면서도 파산절차를 지연시키거나 구인의 집행을 회피할 목적으로 도주한 때에는 1년 이하의 징역 또는 1천만원 이하의 벌금에 처한다. <개정 2013. 5. 28.>

第654조(제3자의 사기파산죄) 채무자 및 제652조 각호의 자가 아닌 자가 파산선고의 전후를 불문하고 자기 또는 타인의 이익을 도모하거나 채권자를 해할 목적으로 제650조 각호의 행위를 하거나 자기나 타인을 이롭게 할 목적으로 파산채권자로서 허위의 권리를 행사하고, 채무자에 대한 파산선고가 확정된 경우 그 행위를 한 자는 10년 이하의 징역 또는 1억원 이하의 벌금에 처한다.

第655조(파산수뢰죄) ①파산관재인(제637조의 규정에 의한 국제도산관리인을 포함한다) 또는 감사위원이 그 직무에 관하여 뇌물을 수수·요구 또는 약속한 경우 그 자는 5년 이하의 징역 또는 5천만원 이하의 벌금에 처한다. 다음 각호의 어느 하나에 해당하는 자가 채권자집회의 결의에 관하여 뇌물을 수수·요구 또는 약속한 때에 그 자도 또한 같다.

1. 파산채권자
2. 파산채권자의 대리인
3. 파산채권자의 이사

②제1항의 경우 범인 또는 그 정을 아는 제3자가 수수한 뇌물은 몰수한다. 이 경우 몰수가 불가능한 때에는 그 가액을 추징한다.

第656조(파산증뢰죄) 다음 각호의 어느 하나에 해당하는 자에게 뇌물을 약속 또는 공여하거나 공여의 의사를 표시한 자는 3년 이하의 징역 또는 3천만원 이하의 벌금에 처한다.

1. 파산관재인(제637조의 규정에 의한 국제도산관리인을 포함한다)
2. 감사위원
3. 파산채권자
4. 파산채권자의 대리인
5. 파산채권자의 이사

제657조(재산조회결과의 목적외사용죄) 제29조제1항의 규정에 의한 재산조회의 결과를 회생절차·파산절차 또는 개인회생절차를 위한 채무자의 재산상황조사 외의 목적으로 사용한 자는 2년 이하의 징역 또는 2천만원 이하의 벌금에 처한다.

제658조(설명의무위반죄) 제321조 및 제578조의7에 따라 설명의 의무가 있는 자가 정당한 사유 없이 설명을 하지 아니하거나 허위의 설명을 한 때에는 1년 이하의 징역 또는 1천만원 이하의 벌금에 처한다. <개정 2013. 5. 28.>

제659조(국외범) ①제645조 및 제655조의 규정은 대한민국 외에서 같은 조의 죄를 범한 자에게도 적용한다.

②제646조 및 제656조의 죄는 「형법」 제5조(외국인의 국외범)의 예에 따른다.

제660조(과태료) ①제29조제1항의 규정에 의하여 조회를 받은 공공기관·금융기관·단체 등의 장이 정당한 사유 없이 자료제출을 거부하거나 허위의 자료를 제출한 경우 그 자는 500만원 이하의 과태료에 처한다.

②다음 각호의 어느 하나에 해당하는 자가 제258조제1항 또는 제2항의 규정에 의한 법원의 명령을 위반하는 행위를 한 경우 그 자는 500만원 이하의 과태료에 처한다.

1. 채무자, 신회사의 이사나 지배인
2. 회생채권자·회생담보권자·주주·지분권자와 회생을 위하여 채무를 부담하거나 담보를 제공한 자

③제251조·제566조 또는 제625조에 의하여 면책을 받은 개인인 채무자에 대하여 면책된 사실을 알면서 면책된 채권에 기하여 강제집행·가압류 또는 가처분의 방법으로 추심행위를 한 자는 500만원 이하의 과태료에 처한다.

부칙 <제17364호, 2020. 6. 9.>

제1조(시행일) 이 법은 공포한 날부터 시행한다.

제2조(적용례) 제579조제1호의 개정규정은 이 법 시행 후 제596조제1항에 따라 개인회생절차의 개시 여부를 결정하는 경우부터 적용한다.

채무자 회생 및 파산에 관한 법률 시행령
(약칭: 채무자회생법 시행령)

[시행 2020. 6. 2] [대통령령 제30726호, 2020. 6. 2, 일부개정]

법무부(상사법무과) 02-2110-3167

제1조(목적) 이 영은 「채무자 회생 및 파산에 관한 법률」에서 위임된 사항과 그 시행에 관하여 필요한 사항을 정함을 목적으로 한다.

제1조의2(재판관할) 「채무자 회생 및 파산에 관한 법률」(이하 "법"이라 한다) 제3조제4항에서 "대통령령으로 정하는 금액"이란 500억원을 말한다.

[본조신설 2016. 11. 22.]

제2조(관리위원의 자격) 법 제16조제3항제2호에서 "그 밖에 대통령령이 정하는 법인"이라 함은 다음 각 호의 법인을 말한다. <개정 2013. 2. 13., 2016. 11. 22.>

1. 「예금자보호법」 제3조에 따라 설립된 예금보험공사
2. 「금융회사부실자산 등의 효율적 처리 및 한국자산관리공사의 설립에 관한 법률」 제6조에 따라 설립된 한국자산관리공사

제3조(채권자협의회의 기능) 법 제21조제1항제6호에서 "그 밖에 대통령령이 정하는 행위"라 함은 다음 각 호의 사항을 말한다.

1. 법 제17조제1항제3호에 따른 관리위원회의 회생계획안·변제계획안 심사시 의견제시
2. 법 제22조제2항 및 제3항에 따라 제공된 자료에 관하여 관리인에 대한 설명 요구
3. 법 제30조에 따른 특별보상금 및 법 제31조에 따른 보상금에 대한 의견 제시
4. 법 제62조제3항에 따른 양도대가의 사용방법에 대한 의견 제시
5. 법 제87조 및 법 제88조에 따른 조사위원의 선임 및 해임에 관한 의견 제시
6. 법 제283조에 따른 회생절차의 종결 및 법 제285조 내지 제288조

에 따른 회생절차의 폐지에 대한 의견 제시

제4조(특수관계인) 법 제101조제1항, 법 제218조제2항 각 호 및 법 제392조제1항에서 "대통령령이 정하는 범위의 특수관계에 있는 자"라 함은 다음 각 호의 어느 하나에 해당하는 자를 말한다.

1. 본인이 개인인 경우에는 다음 각 목의 어느 하나에 해당하는 자

가. 배우자(사실상의 혼인관계에 있는 자를 포함한다. 이하 같다)

나. 8촌 이내의 혈족이거나 4촌 이내의 인척

다. 본인의 금전 그 밖의 재산에 의하여 생계를 유지하는 자이거나 본인과 생계를 함께 하는 자

라. 본인이 단독으로 또는 그와 가목 내지 다목의 관계에 있는 자와 합하여 100분의 30이상을 출자하거나 임원의 임면 등의 방법으로 법인 그 밖의 단체의 주요 경영사항에 대하여 사실상 영향력을 행사하고 있는 경우에는 당해 법인 그 밖의 단체와 그 임원

마. 본인이 단독으로 또는 그와 가목 내지 라목의 관계에 있는 자와 합하여 100분의 30이상을 출자하거나 임원의 임면 등의 방법으로 법인 그 밖의 단체의 주요 경영사항에 대하여 사실상 영향력을 행사하고 있는 경우에는 당해 법인 그 밖의 단체와 그 임원

2. 본인이 법인 그 밖의 단체인 경우에는 다음 각 목의 어느 하나에 해당하는 자

가. 임원

나. 계열회사(「독점규제 및 공정거래에 관한 법률」 제2조제3호에 따른 계열회사를 말한다) 및 그 임원

다. 단독으로 또는 제1호 각 목의 관계에 있는 자와 합하여 본인에게 100분의 30이상을 출자하거나 임원의 임면 등의 방법으로 본인의 주요 경영사항에 대하여 사실상 영향력을 행사하고 있는 개인 및 그와 제1호 각 목의 관계에 있는 자와 법인 그 밖의 단체(계열회사를 제외한다. 이하 이 호에서 같다) 및 그 임원

라. 본인이 단독으로 또는 그와 가목 내지 다목의 관계에 있는 자와 합하여 100분의 30이상을 출자하거나 임원의 임면 등의 방법으로 단체의 주요 경영사항에 대하여 사실상 영향력을 행사하고 있는 경우에는 당해 법인 그 밖의 단체 및 그 임원

제5조(지정지급결제제도의 지정 신청) 지급결제제도를 운영하는 자(이하

"운영기관"이라 한다)가 자신이 운영하는 지급결제제도에 대하여 법 제120조제1항에 따른 지급결제제도(이하 "지정지급결제제도"라 한다)로 지정받고자 하는 경우에는 다음 각 호의 서류를 첨부하여 한국은행총재에게 신청하여야 한다.

1. 운영기관의 설립근거에 관한 서류
2. 운영기관이 지급결제업무 수행을 위하여 정한 규칙(이하 "운영규칙"이라 한다)
3. 지급결제제도의 참가자가 이체지시(자금의 이체와 유가증권의 대체를 포괄한다. 이하 같다)에 의한 결제의무 불이행시 그 처리방법과 관련하여 별도의 협약 등이 있는 경우 그 협약 등의 사본
4. 지급결제제도의 참가자격 요건 및 지정신청일 현재 참가자 명단

제6조(지정지급결제제도의 지정) 한국은행총재는 제5조에 따라 지정을 신청한 지급결제제도가 다음 각 호의 요건을 모두 갖춘 경우 금융위원회위원장과 협의하여 당해 지급결제제도를 지정지급결제제도로 지정할 수 있다. <개정 2008. 2. 29.>

1. 일부 참가자의 결제불이행이 다른 참가자의 결제불이행으로 연쇄하여 파급될 위험(이하 "결제위험"이라 한다)이 있고, 결제규모 및 이체지시의 처리방법 등을 고려할 때 결제가 완결되지 못할 경우 금융시장의 정상적인 운영에 심각한 장애를 초래할 가능성이 있는 지급결제제도일 것
2. 운영기관의 운영규칙이 다음 각 목의 내용을 모두 포함하고 있을 것
   가. 이체지시가 최종적이고 취소불가능해지는 시점
   나. 지급결제제도의 참가자가 회생절차 또는 파산절차를 신청한 경우나 자신에 대하여 회생절차 또는 파산절차가 신청되거나 파산이 선고된 사실을 인지한 경우에 그 사실을 지체 없이 운영기관을 통하여 한국은행총재에게 통보하는 절차
   다. 나목의 사실을 인지한 운영기관이 해당참가자에 대하여 취하는 지급결제제도의 이용정지 등 제재조치에 관한 사항
   라. 참가자간에 이루어지는 이체지시 또는 지급 및 이와 관련된 이행, 정산, 차감, 증거금 등 담보의 제공・처분・충당 그 밖의 결제등(이하 "이체지시등"이라 한다)의 처리절차에 관한 사항
   마. 참가자가 이체지시등과 관련된 결제의무를 이행하지 못하는 경우

취하여야 할 조치에 관한 사항

3. 참가자간 원화자금이체는 한국은행 원화당좌예금이나 신용위험 및 유동성 위험이 없는 다른 결제자산을 이용하여 실행할 것

4. 그 밖에 결제위험 방지대책 등 지급결제제도의 안정을 위하여 한국은행 총재가 필요하다고 인정하여 정하는 사항을 충족할 것

제7조(지정지급결제제도의 직권 지정) ①한국은행총재는 제5조의 규정에 불구하고 지급결제제도의 안정을 위하여 필요하다고 인정하는 경우 금융위원회위원장과 협의하여 직권으로 지정지급결제제도를 지정할 수 있다. <개정 2008. 2. 29.>

②한국은행총재는 제1항에 따른 지정을 위하여 해당지급결제제도의 운영기관에 대하여 제5조 각 호의 서류를 제출하도록 요구할 수 있다. 이 경우 요구를 받은 운영기관은 특별한 사유가 없는 한 이에 응하여야 한다.

③한국은행총재는 제1항에 따라 직권으로 지정지급결제제도로 지정하고자 하는 경우 다음 각 호의 사항을 명시하여 해당지급결제제도의 운영기관에 사전에 서면으로 통지하고 일정기간을 정하여 이에 대한 의견제출 기회를 주어야 한다.

1. 지정하고자 하는 이유와 지정의 내용 및 법적 근거

2. 제1호에 대하여 의견을 제출할 수 있다는 뜻과 의견을 제출하지 아니하는 경우의 처리방법

제8조(지정의 통보 등) ①한국은행총재는 제6조 및 제7조에 따라 지정결정을 하는 경우에는 지정내용을 해당운영기관에게 서면으로 통지하고 관보에 게재하여야 한다. 이 경우 지정내용에는 지정하는 지급결제제도, 해당지급결제제도의 운영기관, 효력발생일 및 운영규칙을 포함하여야 한다.

②한국은행총재는 제5조에 따른 지정 신청에 대하여 지정거부 결정을 하는 경우에는 그 사유를 해당운영기관에 서면으로 통지하여야 한다.

제9조(자료제출의 요구 등) ①한국은행총재는 이 영에서 정한 지정업무 수행상 필요한 경우 지정지급결제제도의 운영기관에 대하여 자료의 제출을 요구할 수 있다.

②지정지급결제제도의 운영기관은 지정지급결제제도와 관련한 운영규칙의 변경이 제6조에 따른 지정요건을 충족하는데 영향을 주는 것으로 판단되는 경우 사전에 한국은행총재와 협의하여야 한다.

③지정지급결제제도의 운영기관은 운영규칙을 변경한 경우 그 내용의 변경 후 7영업일 이내에 한국은행총재에게 제출하여야 한다.

④한국은행총재는 운영규칙의 변경 내용이 제6조에 따른 지정요건을 충족하지 아니하는 것으로 판단되는 경우 해당운영기관에게 운영규칙의 변경 등 필요한 조치를 취할 것을 요구할 수 있다.

제10조(지정지급결제제도의 지정 취소) ①한국은행총재는 지정지급결제제도가 제6조에 따른 지정요건을 충족하지 아니하게 되는 경우 금융위원회위원장과 협의하여 해당지정지급결제제도의 지정을 취소할 수 있다. <개정 2008. 2. 29.>

②제7조제3항은 제1항의 경우에 준용한다.

③한국은행총재는 제1항에 따라 지정을 취소한 경우 취소의 원인이 되는 사실, 취소의 내용, 효력발생일 및 법적 근거를 해당지급결제제도의 운영기관에 서면으로 통지하고 관보에 게재하여야 한다.

④제1항에 따른 지정의 취소는 그 이전에 이루어진 이체지시등에 영향을 미치지 아니한다.

제11조(자문위원회) ①한국은행총재는 지정지급결제제도의 지정 및 지정 취소와 관련한 자문을 위하여 자문위원회를 둔다.

②자문위원회의 구성 및 운영 등에 관하여 필요한 사항은 한국은행 총재가 정한다.

제12조(외환동시결제제도에 대한 특례) 국제외환동시결제은행(CLS Bank International)이 운영하는 외환동시결제제도에 대하여는 국제적 지급결제제도로서의 특수성을 고려하여 필요하다고 인정하는 경우 제6조제2호 나목 및 다목과 제9조제2항 내지 제4항을 적용하지 아니할 수 있다.

제13조(위임) 제5조 내지 제12조의 규정 외에 지급결제제도의 지정에 관하여 필요한 구체적인 사항은 한국은행총재가 정하여 고시한다.

제14조(파생금융거래) ①법 제120조제3항제1호에서 "파생금융거래로서 대통령령이 정하는 거래"라 함은 다음 각 호의 기초자산 또는 기초자산의 가격·이자율·지표·단위나 이를 기초로 하는 지수를 대상으로 하는 선도, 옵션, 스왑거래를 말한다.

1. 금융투자상품(유가증권, 파생금융거래에 기초한 상품을 말한다)

2. 통화(외국의 통화를 포함한다)

3. 일반상품(농산물·축산물·수산물·임산물·광산물·에너지에 속하는 물품 또는 이 물품을 원재료로 하여 제조하거나 가공한 물품 그 밖에 이와 유사한 것을 말한다)
4. 신용위험(당사자 또는 제3자의 신용등급의 변동·파산 또는 채무재조정 등으로 인한 신용의 변동을 말한다)
5. 그 밖에 자연적·환경적·경제적 현상 등에 속하는 위험으로서 합리적이고 적정한 방법에 의하여 가격·이자율·지표·단위의 산출이나 평가가 가능한 것

제15조(특수관계에 있는 주주) 법 제205조제4항에서 "그 밖에 대통령령이 정하는 범위의 특수관계에 있는 주주"라 함은 당해 주식회사의 주주로서 제4조 각 호의 어느 하나에 해당하는 자를 말한다.

제15조의2(회생계획안이 배제되거나 회생계획이 불인가되는 특수관계인의 범위) 법 제231조의2제1항제2호다목, 같은 조 제2항 각 호 외의 부분 및 제243조의2제2항에서 "대통령령으로 정하는 특수관계"란 각각 다음 각 호의 어느 하나에 해당하는 관계를 말한다.

1. 본인이 개인인 경우에는 다음 각 목의 어느 하나에 해당하는 자
   가. 배우자
   나. 본인 또는 배우자의 직계존비속
   다. 형제자매
   라. 본인의 금전, 그 밖의 재산에 의하여 생계를 유지하는 자이거나 본인과 생계를 함께 하는 자
2. 본인이 법인이나 그 밖의 단체인 경우에는 다음 각 목의 어느 하나에 해당하는 자
   가. 임원 및 그와 제1호 각 목의 어느 하나에 해당하는 관계에 있는 자
   나. 계열회사(「독점규제 및 공정거래에 관한 법률」 제2조제3호에 따른 계열회사를 말한다) 및 그 임원
   다. 단독으로 또는 제1호 각 목의 관계에 있는 자와 합하여 본인에게 100분의 30 이상을 출자하거나 임원의 임면 등의 방법으로 본인의 주요 경영사항에 대하여 사실상 영향력을 행사하고 있는 개인 및 그와 제1호 각 목의 어느 하나에 해당하는 관계에 있는 자

[본조신설 2014. 12. 16.]

제15조의3(소액영업소득자의 범위) 법 제293조의2제2호에서 "대통령령으로 정하는 금액"이란 50억원을 말한다. <개정 2020. 6. 2.>

[본조신설 2015. 5. 12.]

제16조(면제재산) ① 법 제383조제2항제1호에 따라 파산재단에서 면제할 수 있는 임차보증금반환청구권의 상한액은 「주택임대차보호법 시행령」 제10조제1항에서 정한 금액으로 하되, 그 금액이 주택가격의 2분의 1을 초과하는 경우에는 주택가격의 2분의 1로 한다. <개정 2013. 12. 30.>

② 법 제383조제2항제2호에서 "대통령령이 정하는 금액"이란 1천110만원을 말한다. <개정 2019. 3. 5.>

[전문개정 2013. 2. 13.]

제17조(가용소득) 법 제579조제4호 나목에서 "대통령령이 정하는 금액"이라 함은 국민연금보험료·고용보험료 및 산업재해보상보험료를 말한다.

부칙 <제30726호, 2020. 6. 2.>

이 영은 공포한 날부터 시행한다.

채무자 회생 및 파산에 관한 규칙

[시행 2019. 1. 1] [대법원규칙 제2820호, 2018. 12. 31, 일부개정]

법원행정처(사법지원심의관실) 02-3480-1461

제1편 총칙

제1장 통칙

제1조(목적) 이 규칙은 「채무자 회생 및 파산에 관한 법률」(이하 "법"이라 한다)에 의하여 위임된 사항과 그 시행에 관하여 필요한 사항을 규정함을 목적으로 한다.

제2조(전자적 기록매체 등의 제출) 법원은 필요하다고 인정하는 때에는 회생절차, 파산절차, 개인회생절차 또는 국제도산절차(이하 이 모두를 "도산절차"라고 한다)에 관하여 서면을 제출한 자 또는 제출하려고 하는 자에게 그 문서의 전자파일을 전자우편이나 그 밖의 적당한 방법으로 법원에 보내도록 요청할 수 있다.

제3조(번역문의 첨부) 외국어로 작성된 문서에는 번역문을 붙여야 한다.

제4조(인지액) 다음 각 호의 신청의 신청서에는 2천원의 인지를 붙여야 한다.

1. 법 제43조제1항의 보전처분 신청
2. 법 제44조의 중지·금지명령 신청 또는 중지된 절차의 취소 신청
3. 법 제45조(법 제593조제5항에 의하여 준용하는 경우를 포함한다)의 포괄적 금지명령 신청 또는 중지된 절차의 취소 신청
4. 법 제47조(법 제593조제5항에 의하여 준용하는 경우를 포함한다)의 포괄적 금지명령의 적용 배제 신청
5. 법 제58조제5항의 중지된 절차·처분의 속행·취소 신청
6. 법 제114조제1항, 제3항의 보전처분 신청
7. 법 제323조제1항의 보전처분 신청

8. 법 제351조제1항, 제3항의 보전처분 신청
9. 법 제592조제1항의 보전처분 신청
10. 법 제593조의 중지·금지명령 신청 또는 중지·금지명령의 취소·변경 신청
11. 법 제600조제3항의 중지된 절차·처분의 속행·취소 신청
12. 법 제635조제1항의 외국도산절차의 승인전 명령 신청
13. 법 제636조의 외국도산절차의 지원 신청, 외국도산절차의 지원결정의 변경·취소 신청 또는 중지된 절차의 취소 신청

제5조(조서) 도산절차에서는 조서를 작성하지 아니한다. 다만, 다음 각 호의 경우에는 그러하지 아니하다.

1. 변론을 연 때
2. 법 및 이 규칙에서 조서의 작성을 요구하고 있는 때
3. 재판장이 조서의 작성을 명한 때

제6조(공고) ①법 제9조제1항에 규정된 "대법원규칙이 정하는 방법"은 다음 각 호의 어느 하나에 해당하는 방법을 말한다.

1. 법원이 지정하는 일간신문에 게재
2. 전자통신매체를 이용한 공고

②법 제9조제1항의 규정에 따른 공고를 하는 경우에 필요하다고 인정하는 때에는 적당한 방법으로 공고사항의 요지를 공시할 수 있다.

③법원서기관·법원사무관·법원주사 또는 법원주사보(이하 "법원사무관등"이라 한다)는 공고한 날짜와 방법을 기록에 표시하여야 한다.

제7조(송달에 갈음하는 공고) 법 제10조제1항에 규정된 "대법원규칙이 정하는 사유"는 다음 각 호의 어느 하나에 해당하는 사유를 말한다.

1. 도산절차의 진행이 현저하게 지연될 우려가 있는 때
2. 회생절차의 개시 당시(변경회생계획안이 제출된 경우에는 그 제출 당시를 말한다) 주식회사인 채무자의 부채총액이 자산총액을 초과하는 때로서 송달을 받을 자가 주주인 경우

제8조(관리인 등에 의한 법원 업무의 보조) 법원은 도산절차의 신속한 진행을 위하여 관리인, 파산관재인, 회생위원, 국제도산관리인으로부터 필요한 업무의 보조를 받을 수 있다.

제9조(법인에 관한 등기의 촉탁) ①법 제23조제1항제4호에서 규정하는 사항 이외에도 회생계획의 수행이나 법의 규정에 의하여 회생절차의 종료 전에 법인인 채무자나 신회사에 관하여 등기할 사항이 생긴 때에는 법원사무관등은 직권으로 지체없이 촉탁서에 결정서의 등본 또는 초본 등 관련서류를 첨부하여 채무자의 각 사무소 및 영업소(외국에 주된 사무소 또는 영업소가 있는 때에는 대한민국에 있는 사무소 또는 영업소를 말한다)의 소재지의 등기소에 그 등기를 촉탁하여야 한다.

②법 제23조제2항의 규정은 법 제74조제3항에 의하여 관리인을 선임하지 아니하는 처분을 한 경우에 준용한다. 등기된 처분이 변경 또는 취소된 때에도 또한 같다.

③제2항의 경우 법원사무관등은 관리인을 선임하지 아니한다는 처분과 함께 법인인 채무자의 대표자를 관리인으로 본다는 취지의 등기를 함께 촉탁하여야 한다.

제10조(등기된 권리에 관한 등기 등의 촉탁) ①다음 각 호의 경우 법원사무관등은 직권으로 지체없이 촉탁서에 결정서의 등본 또는 초본을 첨부하여 보전처분의 등기를 촉탁하여야 한다. 그 보전처분이 취소 또는 변경되거나 효력을 상실한 때에도 또한 같다.

1. 채무자의 재산에 속하는 권리로서 등기된 것에 관하여 법 제323조제1항의 규정에 의한 보전처분이 있는 때
2. 등기된 권리에 관하여 법 제351조제1항 또는 제3항의 규정에 의한 보전처분이 있는 때

②제1항의 규정은 채무자 또는 법 제351조제1항이 규정하는 이사등의 재산에 속하는 권리로서 등록된 것에 관하여 준용한다.

제11조(심문기일의 지정 등) ①법원은 도산절차의 원활하고 효율적인 진행을 위하여 이해관계인의 신청에 의하거나 직권으로 심문기일을 지정할 수 있다.

②제1항의 경우 심문기일에 출석하여야 할 관리인(법 제74조제4항에 따라 관리인으로 보는 자를 포함한다), 파산관재인, 회생위원, 국제도산관리인이나 채권자협의회의 대표자 또는 구성원 그 밖의 이해관계인에게 심문기일을 통지하여야 한다.

제12조(준용규정) 이 규칙에서 규정한 것 외에 도산절차에 관하여 필요한 사항은 「민사소송규칙」·「민사집행규칙」 및 「재산조회규칙」의 규정을 준용한다.

제2장 관리위원회

제13조(설치법원 및 법원간의 공조) ①법 제15조의 규정에 의하여 관리위원회를 설치하는 회생법원은 별표 1과 같다. <개정 2017. 2. 2.>

② 회생법원은 다른 회생법원의 관리위원회에 법 제17조제1항 및 이 규칙 제22조, 제27조의 사무수행을 촉탁할 수 있다. <개정 2014. 2. 7., 2017. 2. 2.>

제14조(구성) ①관리위원회는 위원장 1인 및 부위원장 1인을 포함한 3인 이상 15인 이내의 관리위원으로 구성하고, 관리위원은 상임으로 할 수 있다.

②상임 관리위원은 전임 전문계약직공무원으로 보한다.

③회생법원장이 관리위원을 위촉하거나 해촉한 때에는 그 내용을 관보에 게재하여야 한다. <개정 2017. 2. 2.>

제15조(위원장) ①위원장은 당해 관리위원회 소속 관리위원 중에서 회생법원장이 지명하고 그 임기는 1년으로 한다. <개정 2017. 2. 2.>

②위원장은 관리위원회의 의장이 되고, 대외적으로 관리위원회를 대표하며 관리위원회의 사무를 총괄한다.

③부위원장은 상임 관리위원 중에서 위원장이 지명한다.

④위원장은 필요한 경우 부위원장으로 하여금 그 직무를 수행하게 할 수 있다.

제16조(주무위원) 위원장은 관리위원회의 원활한 운영을 위하여 필요하다고 인정하는 때에는 특정 관리위원을 주무위원으로 지정하여 미리 안건을 검토하여 관리위원회에 보고하게 할 수 있다.

제17조(신분보장) 관리위원은 다음 각 호의 어느 하나에 해당할 때를 제외하고는 그의 의사에 반하여 해촉되지 아니한다.

1. 법 제16조제4항제1호 내지 제5호에 해당하게 된 때
2. 중대한 심신상의 장애로 직무를 수행할 수 없게 된 때
3. 법령 또는 직무상 의무에 위반하여 관리위원으로서 직무를 수행하는 것이 부적절하게 된 때

제18조(보수) ①관리위원에 대하여는 예산의 범위 안에서 보수를 지급하되 그 지급액은 별표 2와 같다.

②관리위원이 법 제601조제1항제1호의 규정에 의하여 회생위원으로 선임된 경우의 보수는 제1항의 보수와 별도로 법 제30조의 규정에 따라 지급받는다.

제19조(복무) 「국가공무원법」 제56조(성실의무), 제59조(친절공정의 의무) 내지 제63조(품위유지의 의무)의 규정은 비상임 관리위원의 복무에 관하여 준용한다.

제20조(기피등) ①이해관계인은 관리위원에게 심의, 의결의 공정을 기대하기 어려운 사정이 있는 경우에는 그 사유를 서면으로 소명하여 법원에 기피신청을 할 수 있다.

②제1항의 신청이 있는 경우 법원은 결정으로 재판하여야 한다.

③관리위원이 제1항의 사유에 해당하는 경우에는 스스로 그 사건의 심의, 의결에서 회피할 수 있다.

제21조(간사 및 직원) ①관리위원회의 사무를 처리하기 위하여 간사 및 직원을 둔다.

②회생법원장은 소속직원 중에서 관리위원회의 업무를 담당할 간사 및 직원을 지정하여 관리위원회에 통보하여야 한다. <개정 2017. 2. 2.>

제22조(관리위원회의 업무 및 권한) 법 제17조제1항제7호의 규정에 의하여 관리위원회가 수행하여야 할 업무는 다음 각 호와 같다.

1. 관리인 및 파산관재인의 부인권 행사, 회생채권·회생담보권 및 파산채권에 관한 이의 제출 및 회생계획안의 작성에 관한 지도 또는 권고
2. 그 밖에 도산절차에 관한 필요한 의견의 제시

제23조(회의) ①관리위원회는 위원장이 필요에 따라 수시로 소집할 수 있다.

②법원이 관리위원회의 의견을 요구한 경우에는 위원장은 즉시 관리위원회를 소집하여야 한다.

③관리위원회의 회의는 이를 공개하지 않는다. 다만, 관리위원회는 그 의결로 상당하다고 인정하는 자의 방청을 허가할 수 있다.

제24조(의결) 의결권은 서면에 의하여 행사할 수 있다.

제25조(업무의 위임) ①법 제17조제2항의 규정에 의하여 관리위원회가 업무의 일부를 특정 관리위원에게 위임한 경우에는 이를 즉시 서면으로 법원에 보고하여야 한다.

②법 제17조제3항의 규정에 의하여 관리위원회가 법원으로부터 관리위원의 교체를 요구받은 경우에는 즉시 해당관리위원을 교체한 후 이를 법원에 서면으로 보고하여야 한다.

제26조(의견조회 등) ①관리위원회는 필요한 경우 공공기관, 관련전문가 또는 이해관계인에 대하여 의견을 조회할 수 있다.

②관리위원회는 그 직능을 수행하기 위하여 필요한 경우에는 공공기관 또는 관계당사자에게 자료의 제출을 요청하거나 그 밖의 필요한 협력을 요청할 수 있다.

제27조(관리위원의 현장조사 등) ①법원은 필요하다고 인정하는 경우 관리위원으로 하여금 채무자의 서류를 열람하거나 공장 등의 현장에 출입하여 조사, 검사, 확인하게 할 수 있다.

②제1항의 현장조사 등에 요하는 관리위원의 여비와 숙박료는 절차의 비용으로 보고 그 실비액을 지급한다.

③ 제2항의 실비액은 「법원공무원 여비규칙」 제1장 내지 제3장에 규정한 기준에 의한다. <개정 2009. 1. 9.>

제28조(처리기간) ①관리위원회는 법원으로부터 의견을 요청받은 경우 신속하게 그 의견을 제출하여야 한다.

②법원이 의견 제출기간을 정한 경우에는 이를 넘겨서는 아니된다. 다만, 부득이한 사정이 있는 경우에는 관리위원회는 법원의 허가를 받아 위 기간을 연장할 수 있다.

제29조(허가사무의 위임) ①법 제61조제1항 각 호의 행위에 관한 허가사무 중 법 제18조의 규정에 의하여 법원이 관리위원에게 위임할 수 있는 허가사무는 다음과 같다.

1. 재산의 처분행위(다만, 등기 또는 등록의 대상이 되는 재산의 처분행위를 제외한다)
2. 재산의 양수(다만, 제3자의 영업을 양수하는 경우를 제외한다)
3. 자금의 차입 등 차재
4. 법 제119조의 규정에 의한 계약의 해제 또는 해지

5. 소의 제기, 소송대리인의 선임 그 밖의 소송행위(다만, 소의 취하, 상소권의 포기, 화해 또는 중재계약, 청구의 포기·인낙, 소송탈퇴의 경우를 제외한다)
6. 임원을 제외한 모든 직원의 인사 및 보수결정
7. 계약의 체결 그 밖의 의무부담행위
8. 어음·수표계좌의 설정 및 어음·수표용지의 수령행위
9. 운영자금의 지출
10. 그 밖에 법원이 지정하는 허가사무

②파산절차에 관한 허가사무 중 법 제18조의 규정에 의하여 법원이 관리위원에게 위임할 수 있는 허가사무는 다음과 같다.

1. 동산의 임의매각
2. 채권 및 유가증권의 양도
3. 법 제335조제1항의 규정에 의한 이행의 청구
4. 그 밖에 법원이 지정하는 허가사무

제30조(위임의 절차) ①법 제18조의 규정에 의한 법원의 관리위원에 대한 허가사무의 위임은 결정으로 하여야 한다.

②제1항의 위임은 가액 또는 종류별로 구분하여 위임하되 위임의 범위가 명백하도록 하여야 한다.

③제1항의 결정은 관리위원 및 관리인 또는 파산관재인에게 송달하여야 한다.

④법원은 제1항의 결정을 변경하거나 취소할 수 있다.

제31조(위임사무의 처리 결과보고) 관리위원은 법원으로부터 위임받아 수행한 허가사무의 처리 결과를 매월 법원에 보고하여야 한다.

제32조(이의신청) ①법 제19조의 규정에 의한 이의신청은 다음 각 호의 사항을 기재한 서면으로 하여야 한다.

1. 이의신청인의 성명 및 주소
2. 이의신청의 대상이 되는 결정 또는 처분을 한 관리위원의 성명
3. 이의신청의 대상이 되는 결정 또는 처분의 내용
4. 이의신청의 취지 및 이유

②제1항의 이의신청서에는 신청인이 이의신청의 대상이 되는 결정 또는 처분과 이해관계가 있음을 소명하는 자료를 첨부하여야 한다.

제33조(관리위원회의 운영규정) 이 규칙에서 정한 것 외에 관리위원회의 운영에 관하여 필요한 사항은 관리위원회의 의결을 거쳐 위원장이 정한다.

제3장 채권자협의회

제34조(구성) ①관리위원회(관리위원회가 설치되지 아니한 경우에는 법원을 말한다. 이하 이 장에서 같다)는 회생절차개시신청 또는 파산신청이 있은 사실을 법원으로부터 통지 받은 후 1주일 이내에 채권자협의회를 구성한 다음 이를 채권자협의회의 구성원들에게 팩시밀리, 전자우편, 그 밖의 적당한 방법으로 통지하고 법원에 보고하여야 한다.

②관리위원회가 채권자협의회를 구성하는 때에는 채권액의 총액 및 채무자의 주요재산에 대한 담보권 보유상황을 참작하여 채권자 일반의 이익을 적절히 대표할 수 있도록 하여야 한다. 다만, 주요 채권자가 채무자와 특별한 이해관계를 가지고 있거나 채권자협의회 구성원으로서의 책무를 다할 의사를 가지고 있지 아니한 때에는 이를 제외할 수 있다.

③관리위원회는 회생절차개시신청 또는 파산신청 이전부터 채권자들의 협의체가 구성되어 있는 경우는 이를 참작하여 채권자협의회를 구성할 수 있다.

④관리위원회는 필요한 경우 채권자협의회의 구성원을 변경할 수 있다. 관리위원회가 채권자협의회 구성원을 변경한 경우에는 이를 법원에 보고하여야 한다.

⑤채권자협의회의 구성원은 채권의 양도 또는 소멸 등의 사유로 채권자협의회 구성원이 될 수 있는 자격을 상실한 때에는 즉시 그 사유 및 발생일자를 대표채권자 및 관리위원회에 통보하여야 한다.

⑥법원은 채권자협의회의 구성이 채권자 일반의 이익을 적절히 대표하도록 변경될 필요가 있다고 인정하는 때에는 관리위원회에 채권자협의회 구성원의 교체, 제외, 추가 등을 명할 수 있다.

제35조(대표채권자) ①채권자협의회는 제34조제1항의 규정에 의한 통지

를 받은 날부터 5영업일 이내에 대표채권자를 지정하여 법원 및 관리위원회에 팩시밀리, 전자우편, 그 밖의 적당한 방법으로 신고하여야 한다.

②위 기간 내에 대표채권자의 신고가 없는 경우는 관리위원회가 대표채권자를 지정한다.

③대표채권자는 채권자협의회의 의장이 되고, 대외적으로 채권자협의회를 대표하여 채권자협의회의 의견을 제시하며, 채권자협의회의 소집 및 연락 업무를 담당하고 그 밖의 사무를 총괄한다.

④법원 또는 관리위원회의 채권자협의회에 대한 의견조회는 대표채권자에 대하여 한다.

⑤제34조제4항·제6항의 규정에 의하여 대표채권자가 채권자협의회의 구성원에서 제외되거나 그 밖의 사유로 대표채권자의 변경이 필요하게 된 경우 관리위원회는 지체없이 이를 채권자협의회의 구성원들에게 팩시밀리, 전자우편, 그 밖의 적당한 방법으로 통지하고 법원에 보고하여야 한다. 이 경우 새로운 대표채권자의 지정에 관하여는 제1항 및 제2항의 규정을 준용한다.

제36조(회의 및 의결) ①대표채권자는 회생절차 또는 파산절차와 관련하여 필요한 경우 회의를 소집할 수 있고, 법원 또는 관리위원회로부터 의견을 요청받거나 구성원의 4분의 1이상의 요구가 있을 때에는 5영업일 이내에 회의를 소집하여야 한다.

②의결권은 서면 또는 대리인에 의하여 행사할 수 있다.

③채권자협의회의 구성원이 아닌 채권자도 관리위원회의 허가를 얻어 채권자협의회의 회의에 참석하여 발언할 수 있다. 다만, 의결권은 가지지 않는다.

제37조(의견의 송부) ①채권자협의회는 법원 또는 관리위원회로부터 의견을 요청받은 경우 의결결과 및 출석 구성원들의 채권액과 의견을 모두 기재하여 송부하여야 한다.

②채권자협의회의 구성원들이 의견을 기재함에 있어서는 그와 같은 의견에 이르게 된 이유를 함께 기재하여야 한다.

③제1항의 의결결과 등은 팩시밀리 또는 전자우편으로 송부할 수 있다.

④제28조는 채권자협의회의 의견제출시기에 관하여 준용한다.

제38조(채권자협의회에 통지) 법원 또는 관리위원회가 법 제21조제1항에 따라 채권자협의회가 제시한 의견에 관한 결정을 한 경우에는 이를 채권자협의회에 통지하여야 한다.

제39조(법원의 자료제공) 법원은 법 제22조제1항의 규정에 따라 지체없이 채권자협의회에 다음 각 호의 자료사본을 제공하여야 한다.

1. 회생절차개시신청서, 파산신청서 및 그에 첨부된 대차대조표, 손익계산서, 채권자 및 담보권자 일람표, 제3자에 대한 지급보증 또는 물상보증 제공명세서
2. 채무자의 업무 및 재산에 관한 보전처분 결정 및 그 변경·취소 결정
3. 보전관리명령 결정
4. 조사위원 선임결정
5. 회생절차개시신청 또는 파산신청의 기각결정
6. 회생절차개시 결정 또는 파산선고 결정(관리인의 선임 또는 불선임 결정 또는 파산관재인 선임결정을 포함한다)
7. 영업 등의 양도허가 결정
8. 회생계획을 서면결의에 부치는 결정
9. 회생계획안 제출기간연장 결정
10. 회생계획변경 불허가 결정
11. 회생계획·변경회생계획 인가결정
12. 회생계획·변경회생계획 불인가결정
13. 회생계획·변경회생계획 수정명령
14. 회생계획·변경회생계획 배제결정
15. 회생계획수행에 관한 법원의 명령
16. 회생절차 종결 결정
17. 회생절차폐지 결정 또는 파산폐지 결정
18. 관리인이 작성한 재산목록, 대차대조표, 조사보고서
19. 조사위원의 조사보고서
20. 회생계획안·변경회생계획안 및 그 수정안
21. 외부 회계감사보고서

22. 그 밖에 회생절차 또는 파산절차에 관한 주요 자료로서 법원이 정하는 것

제40조(채권자협의회의 자료제공청구) ①채권자협의회는 법 제22조제3항의 규정에 의하여 필요한 자료의 제공을 청구하는 때에는 자료중 필요한 부분을 특정하여 관리인 또는 파산관재인에게 열람·복사를 청구하여야 한다.

②제1항의 청구가 있는 경우 관리인 또는 파산관재인은 지체없이 채권자협의회에 해당자료의 열람·복사를 허용하여야 한다. 다만, 정당한 사유가 있는 경우에는 법원의 허가를 얻어 열람·복사를 전부 또는 일부 거부할 수 있다.

③제2항 단서에 따라 자료제공을 거부하고자 하는 경우 관리인 또는 파산관재인은 제1항의 청구가 있은 후 즉시 법원에 거부사유를 적은 서면으로 자료제공거부 허가신청을 하여야 한다.

④제2항 본문은 관리인 또는 파산관재인이 제3항의 허가신청에 대한 법원의 허가를 얻지 못한 경우에 준용한다.

제40조의2(신규자금대여자의 자료제공청구) 법 제22조의2제2항에 따른 신규자금대여자의 자료제공청구에 관하여는 제40조를 준용한다.

[본조신설 2016. 9. 6.]

제41조(채권자협의회의 자료제공의무) 법 제22조제5항의 규정에 의하여 채권자협의회에 속하지 않은 채권자의 자료제공 요청이 있는 경우 채권자협의회는 그 채권자의 비용으로 자료의 사본을 제공하여야 한다.

제42조(변호사 등 전문가의 선임) ①채권자협의회는 채권자 일반의 이익을 위하여 필요한 때에는 법원의 허가를 받아 변호사, 법무법인, 회계사, 회계법인 그 밖의 전문가(이하 "변호사등"이라 한다)를 선임하여 조력을 받을 수 있다.

②채권자협의회가 변호사등을 선임하는 때에는 계약조건, 계약의 상대방이 될 후보자의 경력·전문성·성실성·채무자 및 특정 채권자와의 이해관계의 유무, 변호사등의 선임이 채무자의 재정 상태에 미치는 영향 등 제반 사정을 참작하여 특별한 사정이 없는 한 가장 적합한 1인을 선정한 다음 법원의 허가를 받아 그 1인과 용역계약을 체결하여야 한다.

③채권자협의회가 변호사등과의 용역계약에 대하여 허가신청을 하는 때에는 다음 각 호의 사항이 기재된 서면을 첨부하여야 한다.

1. 복수 후보자가 제시한 계약조건, 경력 및 전문성에 관한 내용

2. 채권자협의회가 1인을 용역계약의 상대방으로 선정한 이유

3. 용역계약의 상대방으로 선정된 1인이 회생절차개시신청 또는 파산신청을 전후하여 채무자나 특정 채권자와 이해관계가 있는지 여부 및 그 내용(용역계약의 상대방으로 선정된 1인도 위 사항에 관하여 작성한 진술서를 첨부하여야 한다)

④채권자협의회는 변호사등으로부터 용역을 제공받기 전 또는 제공받은 후, 법원에 채무자로 하여금 용역계약에서 정해진 비용 및 보수의 전부 또는 일부를 채권자협의회 또는 변호사등에게 지급하도록 명하는 취지의 신청을 할 수 있다.

⑤제4항의 신청은 서면으로 하여야 하며 다음 각 호의 사항을 기재하고 그에 관한 소명자료를 첨부하여야 한다.

1. 변호사등이 제공한 용역의 구체적인 내용

2. 변호사등이 용역 제공에 소요한 시간

3. 변호사등이 용역 제공에 지출한 비용

4. 변호사등이 제공한 용역이 채권자 일반의 이익 증진에 기여한 내용 및 정도

⑥제4항의 신청이 있는 경우 법원은 해당용역의 제공이 채권자 일반의 이익 증진에 기여하거나 기여할 내용 및 정도 등을 참작하여 합리적인 범위 내에서 채무자가 부담할 비용 및 보수를 결정한다.

제43조(그 밖에 채권자협의회의 활동에 필요한 비용 등의 부담) ①채권자협의회는 제42조에서 규정하는 비용 이외에 채권자 일반의 이익을 위하여 필요한 활동에 비용을 지출한 때에는 법원에 채무자로 하여금 그 비용을 채권자협의회에 지급하도록 명하는 취지의 신청을 할 수 있다.

②제1항의 신청은 서면으로 하여야 하며 다음 각 호의 사항을 기재하고 그에 관한 소명자료를 첨부하여야 한다.

1. 비용의 액수

2. 비용 지출의 필요성 및 그 사용처

3. 비용 지출이 채권자 일반의 이익 증진에 기여한 내용 및 정도

③제42조제6항의 규정은 제1항의 신청이 있는 경우 법원의 비용부담

결정에 관하여 준용한다.

제44조(채권자협의회의 운영규정) 이 규칙에서 정한 것 외에 채권자협의회의 운영에 관하여 필요한 사항은 채권자협의회의 의결을 거쳐 대표채권자가 정한다.

제4장 재산조회

제45조(재산조회의 신청방식) ①법 제29조제1항의 규정에 따라 관리인·파산관재인·회생위원·국제도산관리인이 채무자의 재산조회를 신청하는 때에는 다음 각 호의 사항을 적은 서면으로 하여야 한다.

1. 채무자의 표시
2. 신청취지와 신청사유
3. 제46조제2항의 규정에 따라 과거의 재산보유내역에 대한 조회를 요구하는 때에는 그 취지와 조회기간

②법 제29조제2항의 이해관계인이 채무자의 재산조회를 신청하는 때에는 다음 각 호의 사항을 적은 서면으로 하여야 한다.

1. 채무자, 신청인과 그 대리인의 표시
2. 신청취지와 신청사유
3. 조회할 공공기관·금융기관 또는 단체
4. 조회할 재산의 종류
5. 제46조제2항의 규정에 따라 과거의 재산보유내역에 대한 조회를 요구하는 때에는 그 취지와 조회기간

③제1항 및 제2항의 신청을 하는 이해관계인(다만, 회생위원을 제외한다)이 미리 내야 하는 비용은 별표 3의 "조회비용"란과 같다.

④법원이 법 제29조제1항의 규정에 따라 회생위원의 신청에 의하거나 직권으로 재산조회를 하는 경우에는 채무자 또는 관리인·파산관재인·국제도산관리인에게 별표 3의 "조회비용"란 기재의 금액을 미리 내도록 명하여야 한다.

제46조(조회할 기관과 조회대상 재산 등) ①재산조회는 별표 3의 "기관·단체"란의 기관 또는 단체의 장에게 그 기관 또는 단체가 전산망으로

관리하는 채무자 명의의 재산(다만, 별표 3의 "조회할 재산"란의 각 해당란에 적은 재산에 한정한다)에 관하여 실시한다.

②제1항의 경우 이해관계인의 신청이 있는 때 또는 필요하다고 인정하는 때에는 별표 3의 순번 1에 적은 기관의 장에게 도산절차의 신청이 있기 전 2년 안에 채무자가 보유한 재산내역을 조회할 수 있다.

③법원은 별표 3의 순번 5부터 12까지, 15 기재 "기관·단체"란의 금융기관이 회원사, 가맹사 등으로 되어 있는 중앙회·연합회·협회 등(이하 "협회등"이라 한다)이 채무자의 재산 및 신용에 관한 전산망을 관리하고 있는 경우에는 그 협회등의 장에게 채무자 명의의 재산에 관하여 조회할 수 있다. <개정 2016. 9. 6.>

제47조(조회의 절차 등) ①법 제29조의 규정에 따른 재산조회는 다음 각 호의 사항을 적은 서면으로 하여야 한다.

1. 채무자의 성명·주소·주민등록번호(주민등록번호가 없는 사람의 경우에는 여권번호 또는 등록번호, 법인 또는 법인 아닌 사단이나 재단의 경우에는 사업자등록번호·납세번호 또는 고유번호를 말한다), 그 밖의 채무자의 인적사항
2. 조회할 재산의 종류
3. 조회에 대한 회답기한
4. 제46조제2항의 규정에 따라 채무자의 과거의 재산보유내역에 대한 조회를 요구하는 때에는 그 취지와 조회기간
5. 법원이 채무자의 인적 사항을 적은 문서에 의하여 해당 기관·단체의 장에게 채무자의 재산 및 신용에 관하여 그 기관·단체가 보유하고 있는 자료를 한꺼번에 모아 제출하도록 요구하는 때에는 그 취지
6. 금융기관에 대하여 재산조회를 하는 경우에 관련 법령에 따른 재산 및 신용에 관한 정보등의 제공사실 통보의 유예를 요청하는 때에는 그 취지와 통보를 유예할 기간

②같은 협회등에 소속된 다수의 금융기관에 대한 재산조회는 협회 등을 통하여 할 수 있다.

③재산조회를 받은 기관·단체의 장은 다음 각 호의 사항을 적은 조회회보서를 정하여진 날까지 법원에 제출하여야 한다. 이 경우 제1항제5호의 규정에 따라 자료의 제출을 요구받은 때에는 그 자료도 함께 제출하여야 한다.

1. 사건의 표시

2. 채무자의 표시
3. 조회를 받은 다음날 오전 영시 현재 채무자의 재산보유내역. 다만, 제1항제4호의 규정에 따른 조회를 받은 때에는 정하여진 조회기간 동안의 재산보유내역

④제2항에 규정된 방법으로 재산조회를 받은 금융기관의 장은 소속협회등의 장에게 제3항 각 호의 사항에 관한 정보와 자료를 제공하여야 하고, 그 협회등의 장은 제공받은 정보와 자료를 정리하여 한꺼번에 제출하여야 한다.

⑤재산조회를 받은 기관·단체의 장은 제3항에 규정된 조회회보서나 자료의 제출을 위하여 필요한 때에는 소속 기관·단체, 회원사, 가맹사, 그 밖에 이에 준하는 기관·단체에게 자료 또는 정보의 제공·제출을 요청할 수 있다.

⑥법원은 제출된 조회회보서나 자료에 흠이 있거나 불명확한 점이 있는 때에는 다시 조회하거나 자료를 다시 제출하도록 요구할 수 있다.

⑦제1항 내지 제6항에 규정된 절차는 「재산조회규칙」이 정하는 바에 따라 전자통신매체를 이용하는 방법으로 할 수 있다.

제48조(재산조회결과의 열람·복사 등) 법 제28조와 「민사집행규칙」 제29조의 규정은 재산조회결과의 열람·복사절차에 관하여 준용한다. 다만, 제47조제7항의 규정에 따라 전자통신매체를 이용하는 방법으로 재산조회를 한 경우의 열람·출력절차에 관하여는 「재산조회규칙」이 정하는 바에 따른다.

제2편 회생절차

제49조(영업양도 절차 등의 진행) 관리인은 영업 또는 사업의 양도 등에 관하여 매각주간사, 채무자의 재산 및 영업상태를 실사할 법인 또는 우선협상대상자 등을 선정하는 때에는 미리 채권자협의회의 의견을 묻는 등 공정하게 절차를 진행하여야 한다.

제50조(인수희망자의 정보 등의 제공청구) ①법 제57조 각 호의 어느 하나에 해당하는 행위를 하려는 자(이하 "인수희망자"라고 한다)는 다음 각 호의 사항을 적은 서면과 해당자료를 첨부하여 관리인에게 영업 및 사업에 관한 필요한 정보 및 자료의 제공을 청구할 수 있다. <개정

2014. 10. 2.>

1. 인수희망자의 사업자등록증, 법인등기사항증명서
2. 인수희망자의 최근 3년간의 비교 대차대조표, 최근 3년간의 요약 비교손익계산서, 최근 3년간의 자금수지표 및 현금흐름표
3. 인수희망자의 임직원 현황, 주요 업종, 생산품, 납입자본금, 발행 주식 수, 주식 소유관계
4. 인수희망자의 인수 동기, 목적 및 향후 구체적인 인수 계획의 내용 및 인수예정 시기
5. 인수에 필요한 자금의 구체적인 조달계획 및 이에 관한 증빙자료
6. 제공을 요청하는 정보 및 자료를 특정할 수 있는 사항 및 이를 필요로 하는 구체적인 사유
7. 정보 및 자료에 관한 비밀을 준수하고 이를 채무자, 채권자, 주주 등의 이익에 반하는 목적을 위하여 이용하지 아니하겠다는 진술서

②제1항의 청구가 있는 경우 관리인은 지체없이 서면으로 법원에 정보 및 자료제공 여부에 관한 허가신청을 하여야 한다.

③제2항의 허가신청 중 정보 및 자료제공의 전부 또는 일부 거부에 관한 허가신청서에는 정보 및 자료를 인수희망자에게 제공하는 것이 채무자의 영업이나 사업의 유지·계속에 지장을 초래하거나 또는 채무자의 재산에 손해를 줄 우려가 있다는 사정 그 밖에 제1항의 청구를 거부할 정당한 사유를 기재하여야 한다.

④법원이 제2항의 허가신청에 대하여 정보 및 자료의 제공을 허가하거나 제공의 거부를 허가하지 아니하는 결정을 한 경우 관리인은 지체없이 인수희망자에게 해당 정보 및 자료의 열람 또는 복사를 허용하여야 한다.

⑤채무자의 정보 및 자료를 제공하는데 필요한 비용은 인수희망자의 부담으로 한다.

제51조(관리인을 선임하지 아니할 수 있는 채무자) 법 제74조제3항에서 "그 밖에 대법원규칙이 정하는 자"라 함은 다음 각 호의 어느 하나에 해당하는 자를 말한다.

1. 비영리 법인 또는 합명회사·합자회사
2. 회생절차개시신청 당시 「증권거래법」 제2조제13항에서 규정된 상장법인과 같은 조 제15항에서 규정된 코스닥 상장법인에 해당하는

채무자

3. 회생절차개시 당시 재정적 부실의 정도가 중대하지 아니하고 일시적인 현금 유동성의 악화로 회생절차를 신청한 채무자
4. 회생절차개시 당시 일정한 수준의 기술력, 영업력 및 시장점유율을 보유하고 있어 회생절차에서의 구조조정을 통하여 조기 회생이 가능하다고 인정되는 채무자
5. 회생절차개시결정 당시 주요 회생담보권자 및 회생채권자와 사이에 회생계획안의 주요 내용에 관하여 합의가 이루어진 채무자
6. 회생절차개시 당시 자금력 있는 제3자 또는 구 주주의 출자를 통하여 회생을 계획하고 있다고 인정되는 채무자
7. 그 밖에 관리인을 선임하지 아니하는 것이 채무자의 회생에 필요하거나 도움이 된다고 법원이 인정하는 채무자

제52조(목록 작성의 방식) 관리인이 법 제147조제1항, 제2항, 제4항에서 규정하는 목록을 작성, 변경 또는 정정할 때에는 다음 각 호의 사항도 함께 기재하여야 한다.

1. 법 제118조제2호 내지 제4호의 규정에 의한 회생채권일 때에는 그 취지 및 액수
2. 집행력 있는 집행권원 또는 종국판결이 있는 회생채권 또는 회생담보권인 때에는 그 뜻
3. 회생채권 또는 회생담보권에 관하여 회생절차개시 당시 소송이 계속하는 때에는 법원·당사자·사건명 및 사건번호
4. 법 제140조제1항, 제2항에서 규정하는 벌금, 조세 등의 청구권에 관하여 회생절차개시 당시 행정심판 또는 소송이 계속 중인 때에는 그 행정심판 또는 소송이 계속하는 행정기관 또는 법원, 당사자, 사건명 및 사건번호

제53조(목록에 기재된 사항의 변경 또는 정정) ①관리인이 법 제147조제4항에 의하여 목록에 기재된 사항을 변경 또는 정정하는 때에는 그 대상이 되는 회생채권·회생담보권·주식·지분권과 변경 또는 정정의 이유 및 그 내용 등을 기재하여 서면으로 법원에 허가신청을 하여야 한다.

②법원은 제1항의 신청에 대하여 허가결정을 한 때에는 변경 또는 정정된 목록을 그 대상이 되는 회생채권·회생담보권·주식·지분권을

보유하고 있는 권리자에게 지체없이 통지하여야 한다.

제54조(주주명부의 폐쇄) 법원은 법 제150조제2항에 의하여 주주명부를 폐쇄하는 경우 주주명부의 폐쇄가 시작되는 날로부터 2주 전에 그 취지를 공고하여야 한다.

제55조(회생채권 등의 신고의 방식) ①회생채권자·회생담보권자·주주·지분권자가 법 제148조 내지 제150조, 제152조, 제153조에 의한 신고를 할 때에는 다음 각 호의 사항을 함께 신고하여야 한다.

1. 통지 또는 송달을 받을 장소(대한민국 내의 장소로 한정한다) 및 전화번호·팩시밀리번호·전자우편주소
2. 법 제118조제2호 내지 제4호의 규정에 의한 회생채권일 때는 그 취지 및 액수
3. 집행력 있는 집행권원 또는 종국판결이 있는 회생채권·회생담보권인 때에는 그 뜻

②제1항의 신고서에는 다음 각 호의 서류를 첨부하여야 한다. <개정 2014. 10. 2.>

1. 회생채권자·회생담보권자·주주·지분권자가 대리인에 의하여 권리의 신고를 하는 때에는 대리권을 증명하는 서면
2. 회생채권 또는 회생담보권이 집행력 있는 집행권원 또는 종국판결이 있는 것일 때에는 그 사본
3. 회생채권자 또는 회생담보권자의 주민등록등본 또는 법인등기사항증명서

제56조(회생채권 등의 신고서 부본의 제출 등) ①회생채권자·회생담보권자·주주·지분권자가 그 권리에 관한 신고를 하는 때에는 신고서 및 그 첨부서류의 부본을 1부 제출하여야 한다.

②제1항의 규정에 의하여 신고서 및 그 첨부서류의 부본이 제출되었을 때에는 법원사무관등은 해당부본을 관리인에게 교부하여야 한다.

③제1항 및 제2항의 규정은 법 제152조, 제153조, 제156조의 신고에 관하여 준용한다.

제57조(신고의 추후 보완 등의 방식) ①법 제152조제1항에 의하여 신고의 추후 보완을 하는 때에는 회생채권 또는 회생담보권의 신고서에 채권신고기간 내에 신고를 할 수 없었던 사유 및 그 사유가 끝난 때를 기재하여야 한다.

②법 제152조제4항의 변경의 신고를 하는 때에는 회생채권 또는 회생담보권의 신고서에 변경의 내용 및 원인과 함께 제1항에 규정된 사항을 기재하여야 한다.

③법 제153조제1항의 신고를 하는 때에는 회생채권 또는 회생담보권의 신고서에 신고를 하는 회생채권 또는 회생담보권이 발생한 때를 기재하여야 한다.

제58조(신고명의의 변경의 방식) 제55조 및 제56조제1항·제2항은 법 제154조제1항의 규정에 따른 신고명의의 변경에 관하여 준용한다.

제59조(벌금, 조세 등의 신고의 방식) 법 제140조제1항 및 제2항에서 규정하는 벌금, 조세 등에 관한 청구권을 갖고 있는 자는 법 제156조에서 정한 사항 이외에 다음 각 호에서 정한 사항을 함께 신고하여야 한다.

1. 청구권자 및 대리인의 성명 또는 명칭과 주소
2. 통지 또는 송달을 받을 장소 및 전화번호·팩시밀리번호·전자우편주소
3. 회생절차개시 당시 청구권에 관하여 행정심판 또는 소송이 계속중인 때에는 그 행정심판 또는 소송이 계속하는 행정기관 또는 법원, 당사자, 사건명 및 사건번호

제60조(회생채권자표 등의 작성시기 및 기재사항) ①법 제158조에서 정한 회생채권자표·회생담보권자표와 주주·지분권자표는 신고기간이 종료된 후 지체없이 작성하여야 한다.

②회생채권자표 또는 회생담보권자표에는 다음 각 호의 사항을 함께 기재하여야 한다.

1. 법 제118조제2호 내지 제4호의 규정에 의한 회생채권일 때에는 그 뜻 및 액수
2. 집행력 있는 집행권원 또는 종국판결이 있는 회생채권 또는 회생담보권인 때에는 그 뜻

제61조(이의의 방식) ①법 제161조제1항의 서면에는 이의의 내용 및 그 사유를 구체적으로 기재하여야 한다.

②법 제164조에 의하여 특별조사기일에 출석하여 이의를 하는 자는 이의의 내용 및 그 사유를 구체적으로 진술하여야 한다.

제62조(이의 철회의 통지) 법 제161조제1항, 제164조에 의하여 이의를 제기한 자가 그 이의를 철회한 때에는 법원은 이의철회의 대상이 된 회생채권 또는 회생담보권을 갖고 있는 자에게 그 취지를 통지하여야 한다.

제63조(관리인이 하는 이의의 방식) ①관리인은 목록에 기재되거나 신고된 회생채권 또는 회생담보권의 내용 및 의결권에 관하여 다음 각 호의 사항을 기재한 시부인표를 작성하여 법 제50조제1항제4호의 조사기간의 말일까지 법원에 제출하여야 한다.

1. 채권자의 성명, 주소(채권 신고번호 또는 목록 기재번호를 함께 기재하여야 한다)
2. 채권 내용 및 신고액 또는 목록 기재액
3. 이의 있는 채권 금액 및 이의 없는 채권 금액
4. 이의 있는 의결권 액수 및 이의 없는 의결권 액수
5. 이의를 제기하는 이유

②법 제152조, 제153조에서 규정하는 추후 보완신고 등이 있는 경우 관리인은 제1항의 시부인표에 위 추후 보완신고 등에 관하여 제1항 각 호의 사항을 추가로 기재하여야 한다.

제64조(특별조사기일의 조사비용의 부담) ①법원은 법 제162조에서 규정하는 특별조사기일에서 조사의 대상이 되는 회생채권 또는 회생담보권을 갖고 있는 자에게 기간을 정하여 그 조사비용의 예납을 명할 수 있다.

②법원은 회생채권자 또는 회생담보권자가 전항의 예납을 명받고도 정해진 기간 내에 조사비용을 납부하지 아니한 경우에는 그 권리에 관한 신고를 각하할 수 있다.

제65조(조사확정재판의 신청 등) ①법 제170조제1항에서 규정하는 채권조사확정재판의 신청서에는 다음 각 호의 사항을 기재하여야 한다.

1. 당사자 및 대리인의 성명 또는 명칭과 주소
2. 신청의 취지와 이유

②신청서에는 신청의 이유가 되는 사실을 구체적으로 기재하고 증거서류의 사본을 첨부하여야 한다.

③제1항의 신청서에는 당사자의 수에 1을 더한 부본을 첨부하여야 한

다.

④법원은 제1항의 신청서 부본을 상대방 당사자에게 송달하여야 한다.

제66조(조사확정재판의 방식) ①채권조사확정재판의 결정은 이유의 요지만을 적을 수 있다.

②법원은 채권조사확정재판을 구하는 신청에 대하여 화해를 권유하거나 조정에 회부하는 결정을 할 수 있다. 법원이 조정에 회부하는 결정을 한 경우 그 이후의 절차에 관하여는 「민사조정법」 및 「민사조정규칙」을 준용한다.

제67조(회생채권 등의 확정에 관한 소송결과의 기재 신청) 법 제175조의 신청을 하는 자는 재판서 등본과 재판의 확정에 관한 증명서를 제출하여야 한다.

제68조(의결권의 행사) ①법 제187조에 따른 의결권에 대한 이의가 제기되지 아니한 회생채권자 또는 회생담보권자는 목록에 기재되거나 신고한 액수에 따라 의결권을 행사할 수 있다.

②법원은 법 제240조제2항에서 규정하는 서면을 송달하기 전에 다음 각 호의 권리에 관하여 의결권을 행사하게 할 것인지 여부 및 의결권을 행사하게 할 액 또는 수를 결정하여야 한다.

1. 목록에 기재되거나 신고된 회생채권 또는 회생담보권으로서 확정되지 아니한 권리

2. 목록에 기재되거나 신고된 주식 및 출자지분

③제2항의 경우 법 제187조 각 호의 자는 법원에 서면으로 의견을 진술할 수 있다.

④제2항의 결정은 그 의결권에 관계된 회생채권자, 회생담보권자 또는 주주·지분권자에게 송달하여야 한다.

제69조(서면 결의의 경우 의결권 불통일 행사의 취지의 신고) 서면에 의한 결의를 하는 경우 법 제189조제2항에서 정하는 의결권 불통일 행사의 취지의 신고는 법 제240조제2항의 회신기간 내에 직접 의결권을 불통일 행사하여 이를 회신하는 방법에 의한다.

제70조(회생을 위하여 채무를 부담하는 자 등의 동의) 법 제233조제3항에서 규정하는 동의는 서면의 방식에 의하여야 한다.

제71조(항고와 보증으로 공탁하게 할 금액) ①회생계획불인가 또는 회생절차폐지의 결정에 대하여 항고장이 제출된 경우 원심법원은 1주일 이

내에 항고인에게 보증으로 공탁하게 할 것인지 여부를 결정하여야 한다.

②제1항의 경우 항고인에게 보증으로 공탁하게 할 금액은 회생채권자와 회생담보권자의 확정된 의결권액(그 액이 확정되지 않은 경우에는 목록에 기재되거나 신고된 의결권액)의 총액의 20분의 1에 해당하는 금액 범위 내에서 정한다.

③제2항의 금액을 정함에 있어 다음 각 호의 사항을 고려하여야 한다.

1. 채무자의 자산·부채의 규모 및 재산상태
2. 항고인의 지위 및 항고에 이르게 된 경위
3. 향후 사정변경의 가능성
4. 그 동안의 절차 진행경과 및 그 밖의 여러 사정

④원심법원이 기간을 정하여 항고인에게 보증으로 공탁할 것을 명한 경우에 항고인이 정해진 기간 내에 보증을 제공하지 아니한 때에는 원심법원은 결정으로 항고장을 각하하여야 한다.

⑤원심법원이 기간을 정하여 항고인에게 보증으로 공탁할 것을 명한 경우의 항고기록의 송부는 제4항의 규정에 의하여 항고장이 각하되지 아니하는 한 그 보증이 제공된 날로부터 1주일 이내에 하여야 한다.

⑥제1항 내지 제5항의 규정은 제1항의 항고에 관한 재판의 불복에 관하여 준용한다.

제71조의2(간이회생절차개시의 신청서에 첨부할 서류) 법 제293조의4제4항제4호에 규정된 "그 밖에 대법원규칙으로 정하는 서류"란 다음 각 호의 서류를 말한다.

1. 채무자가 개인인 경우에는 주민등록등본, 개인회생절차 또는 파산절차에 따른 면책을 받은 사실이 있으면 그에 관한 서류, 그 밖의 소명자료
2. 채무자가 개인이 아닌 경우에는 법인등기사항증명서, 정관, 회생절차개시의 신청에 관한 이사회 회의록, 그 밖의 소명자료
3. 과거 3년간의 비교재무상태표와 비교손익계산서 또는 이에 준하는 서류
4. 소송이 계속 중이거나 존부에 관하여 다툼이 있는 회생채권·회생담보권의 존재에 관한 소명자료

[본조신설 2015. 6. 2.]

제71조의3(간이조사위원 등의 간이한 업무수행 방법) ① 법 제293조의7 제2항에 따른 간이조사위원의 간이한 업무수행 방법은 다음 각 호와 같다.

1. 법 제90조에 따른 재산가액의 평가는 일반적으로 공정·타당하다고 인정되는 회계관행이 허용하는 범위 내에서 다음의 각 목의 방법 중 채무자의 업종 및 영업특성에 비추어 효율적이라고 판단되는 하나 또는 그 이상의 방법을 선택하여 할 수 있다.

 가. 회계장부의 검토

 나. 문서의 열람

 다. 자산의 실사

 라. 채무자 임직원에 대한 면담

 마. 외부자료의 검색

 바. 과거 영업실적을 통한 추세의 분석

 사. 동종업계의 영업에 관한 통계자료의 분석

2. 법 제91조의 재산목록 및 대차대조표는 제1호에 따른 재산가액의 평가결과를 반영하여 작성한다. 이 경우 재산의 규모와 재산 내역별 중요도를 고려하여 대차대조표의 계정과목을 통합할 수 있다.

3. 법 제92조제1항 각 호의 사항 중 채무자의 회생계획 또는 회생절차에 중대한 영향을 미치지 아니하는 사항은 그 요지만을 보고할 수 있다.

4. 법 제87조제3항에 따라 회생절차를 진행함이 적정한지 여부에 관한 의견을 제출하는 경우, 채무자의 영업 전망, 거래처의 유지 가능성, 공익채권의 규모, 운영자금의 조달 가능성 등에 관한 조사만을 토대로 의견을 제시할 수 있다.

② 제1항은 법 제293조의7제3항에 따른 관리인의 간이한 업무수행 방법에 관하여 준용한다.

[본조신설 2015. 6. 2.]

제3편 파산절차

제72조(파산신청서에 첨부할 서류) ①법 제302조제2항제4호에 규정된 "그 밖에 대법원규칙에서 정하는 서류"는 다음 각 호의 서류를 말한다. <개정 2014. 10. 2.>

1. 채무자가 개인인 경우에는 호적등본, 주민등록등본, 진술서, 그 밖의 소명자료
2. 채무자가 개인이 아닌 경우에는 법인등기사항증명서, 정관, 파산신청에 관한 이사회 회의록, 그 밖의 소명자료

②제1항제1호의 진술서에는 다음 각 호의 사항을 기재하여야 한다.

1. 채무자에 관하여 법원에 회생절차 또는 개인회생절차가 계속되어 있는 경우 당해 사건이 계속되어 있는 법원 및 사건의 표시
2. 채무자가 개인인 경우에는 법 제564조에 의한 면책허가결정 또는 법 제624조에 의한 면책결정을 받은 적이 있는지 여부 및 있는 경우 그 결정의 확정일자

제73조(채권신고방법) ①파산채권자가 법 제447조의 규정에 따라 채권을 신고할 때에는 다음 각 호의 사항을 함께 신고하여야 한다.

1. 채권자 및 대리인의 성명 또는 명칭과 주소
2. 통지 또는 송달을 받을 장소(대한민국 내의 장소로 한정한다) 및 전화번호·팩시밀리번호·전자우편주소
3. 집행력 있는 집행권원 또는 종국판결이 있는 파산채권인 때에는 그 뜻

②제1항의 신고서에는 다음 각 호의 서류를 첨부하여야 한다. <개정 2014. 10. 2.>

1. 채권자가 대리인에 의하여 채권을 신고할 때에는 대리권을 증명하는 서면
2. 파산채권이 집행력 있는 집행권원 또는 종국판결이 있는 것일 때에는 그 사본
3. 채권자의 주민등록등본 또는 법인등기사항증명서

③제59조는 법 제471조제1항의 규정에 따른 신고에 관하여 준용한다.

제74조(채권신고서 부본의 제출 등) ①채권을 신고할 때에는 채권신고서 및 첨부서류의 부본을 2부 제출하여야 한다.

②제1항의 규정에 따라 채권신고서 및 첨부서류의 부본이 제출되었을

때에는 법원사무관 등은 이 중 1부를 파산관재인에게 교부하여야 한다.

제75조(신고사항의 변경) ①파산채권자는 신고한 사항에 관하여 다른 파산채권자의 이익을 해하지 않는 내용의 변경이 생긴 때에는 증거서류 또는 그 사본을 첨부하여 지체없이 그 변경의 내용 및 원인을 법원에 신고하여야 한다.

②법원사무관등은 제1항의 규정에 따른 신고가 있는 때에는 그 신고 내용을 파산채권자표에 기재하여야 한다.

제76조(명의의 변경) ①신고된 파산채권을 취득한 자는 채권조사의 기일 후에도 신고명의를 변경할 수 있다.

②제1항의 규정에 따른 명의변경을 하고자 하는 자는 증거서류 또는 그 사본을 첨부하여 다음 각 호의 사항을 법원에 신고하여야 한다.

1. 신고명의를 변경하고자 하는 자 및 대리인의 성명 또는 명칭과 주소
2. 통지 또는 송달을 받을 장소(대한민국 내의 장소로 한정한다) 및 전화번호·팩시밀리번호·전자우편주소
3. 취득한 권리와 그 취득의 일시 및 원인

③제73조제2항(제2호는 제외한다) 및 제75조제2항의 규정은 제2항의 신고에 관하여 준용한다.

제77조(준용규정) 제65조 내지 제67조는 파산채권 조사확정재판에 관하여 준용한다.

제78조(면책신청에 대한 이의신청서 부본의 제출 등) ①법 제562조의 규정에 따라 면책신청에 대하여 이의신청서를 제출하는 때에는 그 부본 1부를 함께 제출하여야 한다.

②법원은 제1항의 신청서 부본을 채무자에게 송달하여야 한다.

제4편 개인회생절차

제79조(개인회생절차개시신청서에 첨부할 서류) ①법 제589조제2항제7호의 규정에 따라 개인회생절차개시신청서에 첨부하여야 하는 서류는 다음 각 호와 같다. <개정 2011. 9. 28.>

1. 채무자의 주소·주민등록번호(주민등록번호가 없는 사람의 경우에는 여권번호 또는 등록번호를 말한다), 그 밖에 채무자의 인적사항에 관한 자료

2. 법 제579조제4호 가목의 규정에 따른 소득금액에 관한 자료

3. 법 제579조제4호 나목의 규정에 따른 소득세·주민세·건강보험료, 그 밖에 이에 준하는 것으로서 대통령령이 정하는 금액에 관한 자료

4. 법 제579조제4호 다목의 규정에 따라 법원이 생계비를 정하기 위하여 필요한 사항에 관한 자료

5. 법 제579조제4호 라목의 규정에 따른 영업의 경영, 보존 및 계속을 위하여 필요한 비용에 관한 자료

6. 법 제589조제2항제2호의 재산목록에 기재된 재산가액에 관한 자료

7. 유치권·질권·저당권·양도담보권·가등기담보권·전세권 또는 우선특권(이하 "저당권등"이라 한다)으로 담보된 개인회생채권이 있는 때에는 저당권등의 담보채권액 및 피담보재산의 가액의 평가에 필요한 자료

8. 채무자의 재산에 속하는 권리로서 등기 또는 등록이 된 것에 관한 등기사항증명서 또는 등록원부등본

9. 채무자가 법원 이외의 기관을 통하여 사적인 채무조정을 시도한 사실이 있는 경우에 이를 확인할 수 있는 자료

②법 제589조제1항의 규정에 따른 개인회생절차개시신청서에는 채무자에게 연락할 수 있는 전화번호(집, 직장 및 휴대전화)를 기재하여야 한다.

제80조(개인회생채권자목록의 기재사항) ①개인회생채권자목록에는 다음 각 호의 사항을 기재하여야 한다.

1. 채권자의 성명 및 주소

2. 채권의 원인 및 금액

②별제권자가 있는 때에는 제1항에 규정한 사항외에 별제권의 목적과 그 행사에 의하여 변제받을 수 없는 채권액을 기재하여야 한다.

③개인회생채권에 관하여 개인회생절차개시 신청 당시에 소송이 계속하는 때에는 제1항에 규정한 사항 외에 법원·당사자·사건명 및 사건번호를 기재하여야 한다.

④개인회생채권에 관하여 개인회생절차개시 신청 당시에 전부명령이 있는 때에는 제1항에 규정한 사항 외에 전부명령을 내린 법원·당사자·사건명 및 사건번호, 전부명령의 대상이 되는 채권의 범위, 제3채무자에 대한 송달일, 전부명령의 확정 여부를 기재하여야 한다.

제81조(개인회생채권자목록의 수정) ①채무자는 그 책임을 질 수 없는 사유로 인하여 개인회생채권자목록에 누락하거나 잘못 기재한 사항을 발견한 때에는 개인회생절차개시결정후라도 법원의 허가를 받아 개인회생채권자목록에 기재된 사항을 수정할 수 있다. 다만, 변제계획인가결정이 있은 때에는 그러하지 아니하다.

②법원은 제1항의 규정에 따라 개인회생채권자목록에 기재된 사항이 수정된 때에는 그 수정된 사항에 관한 이의기간을 정하여 공고하고, 채무자 및 알고 있는 개인회생채권자에게 이의기간이 기재된 서면과 수정된 개인회생채권자목록을 송달하여야 한다. 다만, 수정으로 인하여 불리한 영향을 받는 개인회생채권자가 없는 경우 또는 불리한 영향을 받는 개인회생채권자의 의사에 반하지 아니한다고 볼만한 상당한 이유가 있는 경우에는 그러하지 아니하다.

제82조(개인회생채권에 관한 자료 제출) ①채무자는 개인회생채권자목록의 작성 및 수정에 참고하기 위하여 필요한 경우에는 개인회생채권자에게 개인회생채권의 존부 및 액수, 담보채권액 및 피담보재산의 가액평가, 담보부족전망액에 관한 자료의 송부를 청구할 수 있다.

②개인회생채권자는 제1항의 규정에 의한 자료송부청구가 있는 경우에는 신속하게 이에 응하여야 한다.

제83조(명의의 변경) ①법 제603조의 규정에 의하여 확정된 개인회생채권을 취득한 자는 채권자 명의변경을 신청할 수 있다.

②제76조제2항 및 제3항의 규정은 제1항의 명의변경에 관하여 준용한다.

제84조(계좌번호의 신고) ①개인회생채권자는 법 제613조의 규정에 따른 개인회생채권자집회의 기일 종료시까지 변제계획에 따른 변제액을 송금받기 위한 금융기관(은행법에 의한 금융기관을 말한다) 계좌 번호를 회생위원에게 신고하여야 한다.

②위 신고를 하지 아니한 개인회생채권자에 대하여 지급할 변제액은 변제계획에서 정하는 바에 따라 공탁할 수 있다.

제85조(부본의 제출) ①개인회생절차개시의 신청을 하는 경우에는 신청

서 부본 1부 및 알고 있는 개인회생채권자 수에 2를 더한 만큼의 개인회생채권자목록 부본을 함께 제출하여야 한다.

②변제계획안 또는 변제계획의 변경안을 제출하는 경우에는 알고 있는 개인회생채권자 수에 1을 더한 만큼의 부본을 함께 제출하여야 한다.

제86조(개인회생채권자목록의 비치) 법원사무관등은 개인회생채권자목록을 개인회생채권에 관한 이의기간의 말일까지 법원 내 일정한 장소에 비치하여야 한다.

제87조(비용의 예납) ①법 제590조의 규정에 따라 신청인이 미리 납부하여야 하는 절차의 비용은 다음 각 호와 같다.

1. 송달료
2. 공고비용
3. 회생위원의 보수
4. 그 밖에 절차 진행을 위하여 필요한 비용

②제1항 각 호의 비용은 개인회생채권자의 수, 재산 및 부채 상황, 회생위원의 선임여부 및 필요한 보수액, 그 밖의 여러 사정을 고려하여 정한다.

③법원은 제1항에 따라 예납된 비용이 부족하게 된 때에는 신청인에게 추가 예납을 하도록 할 수 있다.

제88조(회생위원의 업무) ①회생위원은 법 제602조제1항제4호의 규정에 따라 다음 각 호의 업무를 행한다. <개정 2011. 3. 28.>

1. 법 제602조제1항의 규정에 정해진 업무수행의 결과보고
2. 삭제 <2011. 3. 28.>
3. 저당권등으로 담보된 개인회생채권이 있는 경우 그 담보목적물의 평가
4. 변제계획에 따른 변제가 지체되고 그 지체액이 3개월분 변제액에 달한 경우 법원에 대한 보고
5. 변제계획에 따른 변제가 완료된 경우 법원에 대한 보고
6. 회생위원의 임무가 종료된 때에 법원에 대한 업무수행 및 계산의 보고
7. 변제계획안에 대한 이의가 있었는지 여부와 이의의 내용에 관한 보고

② 채무자는 법 제591조에 따른 보고, 시정 등의 요구 또는 법 제602조제2항의 요청을 받은 경우에는 법원에 대하여 심문을 신청할 수 있다. <개정 2011. 3. 28.>

제88조의2(재정보증) 법원행정처장은 제88조에 따른 사무를 처리하는 법 제601조제1항제2호 회생위원의 재정보증에 관한 사항을 정하여 운용할 수 있다.

[본조신설 2018. 1. 31.]

제89조(준용규정) 제65조 내지 제67조는 개인회생채권 조사확정재판에 관하여 준용한다.

제90조(변제계획에 관한 이의방식) ①법 제613조제5항의 규정에 따른 이의 진술은 개인회생채권자가 개인회생채권자집회기일의 종료시까지 이의진술서를 법원에 제출하는 방식으로 갈음할 수 있다.

②개인회생채권자가 제1항의 이의 진술을 개인회생채권자집회기일에서 말로 한 때에는 법원사무관등이 그 내용을 조서에 기재하여야 한다. <개정 2011. 3. 28.>

③제1항 및 제2항의 이의 진술은 변제계획이 법 제614조에서 정하고 있는 요건을 충족하지 못하고 있음을 그 내용으로 하여야 하고, 그 이유를 구체적으로 나타내야 한다.

제91조(인가후의 변제계획 변경신청) 법 제619조제1항의 규정에 따라 변제계획의 변경안을 제출하는 때에는 다음 각 호의 사항을 기재한 서면을 함께 법원에 제출하여야 한다.

1. 사건의 표시

2. 채무자, 제출인과 그 대리인의 표시

3. 변제계획의 변경안을 제출하는 취지 및 그 사유

제92조(개인회생절차폐지의 신청) 법 제621조제1항의 규정에 따라 개인회생절차폐지의 신청을 하는 때에는 다음 각 호의 사항을 기재한 서면을 법원에 제출하여야 한다.

1. 사건의 표시

2. 채무자, 신청인과 그 대리인의 표시

3. 개인회생절차의 폐지를 신청한 취지 및 그 사유

제93조(항고와 보증으로 공탁하게 할 금액) 제71조의 규정은 변제계획

불인가 또는 개인회생절차폐지의 결정에 대하여 항고장이 제출된 경우에 준용한다.

제94조(면책의 신청) ①법 제624조제1항의 규정에 따라 면책의 신청을 하는 때에는 다음 각 호의 사항을 기재한 서면을 법원에 제출하여야 한다.

1. 사건의 표시
2. 채무자, 신청인과 그 대리인의 표시
3. 면책을 신청한 취지
4. 채무자가 변제계획에 따른 변제를 완료한 내용

②법 제624조제2항의 규정에 따라 면책의 신청을 하는 때에는 다음 각 호의 사항을 기재한 서면을 법원에 제출하여야 한다.

1. 사건의 표시
2. 채무자, 신청인과 그 대리인의 표시
3. 면책을 신청한 취지
4. 법 제624조제2항 각 호의 규정에서 정한 요건을 갖춘 내용

제95조(면책취소결정의 공고) 법 제626조의 규정에 따른 면책취소의 결정은 공고하여야 한다.

제96조(개인회생절차의 종료) 법 제624조의 면책결정이 확정되면 개인회생절차는 종료한다.

제5편 국제도산

제97조(외국도산절차 승인신청서의 기재사항 등) ①법 제631조의 규정에 따른 외국도산절차 승인신청서에는 다음 사항을 기재하여야 한다.

1. 외국도산절차의 대표자 및 대리인의 성명 또는 명칭과 주소
2. 외국도산절차의 대표자에 대한 대한민국 내의 송달장소
3. 채무자의 성명 또는 명칭과 주소
4. 신청취지 및 신청이유

5. 외국도산절차가 신청된 국가에 소재하는 채무자의 영업소·사무소·주소
6. 외국도산절차가 신청된 국가의 명칭, 당해 외국도산절차를 담당하고 있는 법원 그 밖에 그 절차를 관장할 권한있는 기관의 명칭과 사건의 표시
7. 외국도산절차의 신청일 및 그 효력발생일
8. 그 밖에 당해 외국도산절차를 특정할 만한 구체적 사항

②법 제631조제1항제1호, 제4호, 제5호의 규정에 따른 진술서에는 다음 각 호의 사항을 기재하여야 한다.

1. 당해 외국도산절차 사건의 개요, 진행상황(절차개시의 판단유무를 포함한다) 및 향후의 전망
2. 당해 외국도산절차에 있어서 채권의 우선순위를 정하는 외국법의 규정
3. 채무자의 업무의 수행 및 재산에 대하여 외국도산절차의 대표자가 갖는 관리·처분권의 행사범위, 존속기한, 권한행사에 필요한 법원의 허가 그 밖의 조건
4. 채무자가 법인인 경우 그 설립의 준거법
5. 대한민국에 있는 채무자의 주된 영업소 또는 사무소의 명칭과 소재지
6. 채무자의 대한민국에서의 사용인 그 밖의 종업원의 과반수로 조직된 노동조합이 있는 경우에는 그 명칭 및 대표자의 성명, 주소, 전화번호·팩시밀리번호·전자우편주소. 만약 그와 같은 노동조합이 없는 경우에는 채무자의 대한민국에서의 사용인 그 밖의 종업원의 과반수를 대표하는 사람의 성명, 주소, 전화번호·팩시밀리번호·전자우편주소
7. 채무자가 법인인 경우, 그 법인의 설립이나 목적인 사업에 관하여 대한민국 행정청의 허가가 있는 때에는 그 행정청의 명칭과 소재지
8. 외국도산절차의 대표자가 채무자에 대하여 국내도산절차가 계속중인 사실을 알고 있는 경우에는 그 법원·당사자·사건명·사건번호 및 진행상황
9. 외국도산절차의 대표자가 다른 외국도산절차의 승인신청사건이 계속중인 사실을 알고 있는 경우에는 그 법원·당사자·사건명·사건번

호 및 진행상황

③제1항과 제2항의 각 호의 어느 하나에 해당하는 사항을 기재하여 외국도산절차 승인신청서와 진술서를 제출하는 경우에는 그 기재사항을 증명하는 서면을 첨부하여야 한다.

제98조(필요한 사항의 조사 등) 법원은 상당하다고 인정할 경우 법원사무관등 또는 법원조직법 제54조의3의 규정에 따른 조사관에게 다음 사항을 조사하여 보고하게 할 수 있다.

1. 법 제631조제1항에 규정된 외국도산절차 승인신청 요건의 적부
2. 법 제632조제2항 각 호에 규정된 외국도산절차 승인신청 기각사유의 유무
3. 법 제636조제1항 각 호에 규정된 외국도산절차에 대한 지원처분의 필요 여부 및 필요한 처분의 내용 또는 같은 조 제3항에 규정된 지원신청 기각사유의 유무

제99조(변경사항에 관한 서면의 제출 등) ①외국도산절차의 승인신청이 있은 후 외국도산절차의 대표자가 변경되거나 당해 외국도산절차가 개시 또는 종료된 때에는 외국도산절차의 대표자는 지체없이 변경된 사항을 기재한 서면을 법원에 제출하여야 한다.

②외국도산절차의 대표자는 외국도산절차의 승인신청이 있은 후 동일한 채무자에 대하여 국내도산절차 또는 다른 외국도산절차의 승인·지원절차가 계속된 사실을 알게 된 때에는 지체없이 이와 같은 사실을 기재한 서면을 법원에 제출하여야 한다.

③제1항 및 제2항의 서면을 제출하는 때에는 그 기재사항을 증명하는 서면을 첨부하여야 한다.

제100조(외국도산절차 승인결정) 외국도산절차 승인결정서에는 결정의 연·월·일·시를 기재하여야 한다.

제101조(외국도산절차에 대한 지원신청 등) ①법 제636조제1항제1호 내지 제3호의 규정에 따른 금지명령 등 지원신청서에는 다음 각 호의 사항을 기재하여야 한다.

1. 채무자, 신청인 그 밖의 당사자의 성명 또는 명칭과 주소
2. 신청인의 대한민국 내의 송달장소
3. 신청취지 및 신청이유

4. 외국도산절차가 개시되었거나 개시될 국가의 법률이 적용되는 경우 법 제636조제1항제1호 내지 제3호에 적은 절차에 해당하는 당해 국가의 절차가 중지되거나 금지되는지 여부 및 그 범위

②채무자의 재산에 속하는 권리로서 등기 또는 등록이 된 것에 관하여 제1항의 지원신청을 할 경우에는 권리에 대한 등기사항증명서 또는 등록원부를 첨부하여야 한다. <개정 2011. 9. 28.>

③법원은 법 제636조제1항제1호 내지 제3호의 규정에 따른 지원결정을 할 때에 필요하다고 인정하는 경우 신청인 또는 외국도산절차의 대표자에게 채권자의 성명, 주소, 채권의 액 및 발생원인을 기재한 채권자일람표 또는 그 밖의 소명자료의 제출을 명할 수 있다.

④제1항 내지 제3항의 규정은 법 제635조의 규정에 의한 승인전 명령절차에 관하여 준용한다.

제102조(국제도산관리인의 선임 등) ①법 제636조제1항제4호의 규정에 따른 국제도산관리인의 선임신청서에는 다음 각 호의 사항을 기재하고, 대한민국에 있는 채무자의 재산목록 그 밖의 등기사항증명서 등을 첨부하여 제출하여야 한다. <개정 2011. 9. 28.>

1. 제101조제1항 각 호에 적은 사항
2. 채무자의 자산, 부채 그 밖의 재산상태
3. 채무자가 사업을 영위하고 있는 때에는 그 사업의 목적과 업무의 상황, 대한민국에 있는 영업소 또는 사무소의 명칭과 소재지 및 대한민국에서의 사용인 그 밖의 종업원의 현황
4. 외국도산절차의 대표자 이외의 사람을 국제도산관리인으로 선임하기를 원하는 경우에는 그 취지 및 사유

②법원은 국제도산관리인으로 외국도산절차의 대표자 또는 그 밖에 국제도산관리인으로서의 직무를 수행함에 적절한 사람(법인을 포함한다)을 선임하여야 한다.

③법인이 국제도산관리인으로 선임된 경우 그 법인은 대표자 또는 임직원 중에서 국제도산관리인의 직무를 실제 수행할 사람을 지명하여 그 취지를 법원에 신고하여야 한다.

④법원은 국제도산관리인에게 그 선임을 증명하는 서면을 교부하여야 한다.

⑤국제도산관리인은 그 직무를 행하는 경우 이해관계인의 청구가 있는

때에는 제4항의 규정에 의한 서면을 제시하여야 한다.

第103條(국제도산관리인 등의 임무와 감독 등) ①국제도산관리인과 외국도산절차의 대표자는 외국도산절차에 대한 지원절차의 원활한 진행 및 채무자의 대한민국 내에서의 업무의 수행과 재산의 관리 및 처분의 공정성을 도모하기 위하여 상호 긴밀히 협조하여야 한다.

②국제도산관리인은 외국도산절차의 대표자에 대하여 채무자의 대한민국 내에서의 업무의 수행과 재산의 관리 및 처분에 대해 필요한 협력 및 정보의 제공을 요구할 수 있다.

③국제도산관리인은 법원이 정하는 바에 따라 법원에 대하여 업무와 계산에 관한 보고를 하여야 한다.

第104條(국내도산절차와 외국도산절차의 승인·지원절차의 조정) ①외국도산절차의 승인·지원절차가 계속중인 법원의 법원사무관등과 동일한 채무자에 대하여 국내도산절차가 계속중인 법원의 법원사무관등은 당해 외국도산절차의 승인절차 또는 국내도산절차가 계속중이라는 취지를 알게 된 경우 이를 각 해당 법원에 통지하여야 한다.

②외국도산절차의 승인·지원절차가 계속 중인 법원이 국내도산절차의 중지를 명하고자 하는 경우에는 미리 국내도산절차가 계속 중인 법원의 의견을 들어야 한다.

③국내도산절차가 계속 중인 법원의 법원사무관등은 다음 각 호의 어느 하나에 해당하게 된 경우 그 취지를 외국도산절차의 승인·지원절차가 계속 중인 법원에 통지하여야 한다.

1. 국내도산절차의 개시, 폐지 또는 종결 결정이 있은 때
2. 회생계획 또는 변제계획의 인가결정이 있은 때
3. 그 밖의 사유에 의하여 국내도산절차가 종료한 때

④외국도산절차의 승인·지원절차가 계속중인 법원의 법원사무관등은 다음 각 호의 어느 하나에 해당하게 된 경우 그 취지를 국내도산절차가 계속 중인 법원에 통지하여야 한다.

1. 법 제632조의 규정에 의한 외국도산절차의 승인결정이 있거나 그 변경 또는 취소결정이 있은 때
2. 법 제636조의 규정에 의한 외국도산절차에 대한 지원결정 또는 법 제635조의 규정에 의한 승인전 명령이 있거나 그 변경 또는 취소결정이 있은 때

3. 그 밖의 사유에 의하여 외국도산절차의 승인·지원절차가 종료한 때

제105조(복수의 외국도산절차의 조정) 제104조의 규정은 채무자를 공통으로 하는 여러 개의 외국도산절차의 승인신청이 있거나 그 승인결정이 내려진 때 또는 이미 승인결정이 내려진 동일한 채무자에 대하여 다시 다른 외국도산절차의 승인신청이나 외국도산절차에 대한 지원신청이 있는 경우에 준용한다.

제106조(주무관청 등에의 통지) ①법 제632조의 규정에 따라 법인인 채무자에 대하여 외국도산절차의 승인결정이 있는 경우 그 법인의 설립이나 목적인 사업에 관하여 대한민국 행정청의 허가가 있는 때에는 법원은 외국도산절차의 승인결정이 있음을 주무관청에 통지하여야 한다.

②제1항은 법 제637조의 규정에 따라 국제도산관리인이 선임된 경우에 준용한다.

제107조(채권자가 외국에서 변제를 받은 경우의 처리) ①채권자가 국내도산절차의 개시결정(파산선고를 포함한다)이 있은 후 외국도산절차 또는 채무자의 국외재산으로부터 변제받은 때에도 그 변제를 받기 전의 채권 전부로써 국내도산절차에 참가할 수 있다. 다만, 외국도산절차 또는 채무자의 국외재산으로부터 변제받은 채권액에 관하여는 의결권을 행사하지 못한다.

②제1항의 채권자는 법 제642조에 따라 국내도산절차에서 그와 같은 조 및 순위에 속하는 다른 채권자가 동일한 비율의 변제를 받을때까지 국내도산절차에서 배당 또는 변제를 받지 못한다.

부칙 <제2820호, 2018. 12. 31.>

제1조(시행일) 이 규칙은 2019년 1월 1일부터 시행한다.

제2조(적용례) 이 규칙은 이 규칙 시행 후 최초로 접수되는 사건부터 적용한다.

[별표 1] <개정 2017. 2. 2.>

관리위원회를 설치하는 법원

관리위원회 설치법원	서울회생법원, 의정부지방법원, 인천지방법원, 수원지방법원, 춘천지방법원, 대전지방법원, 청주지방법원, 대구지방법원, 부산지방법원, 울산지방법원, 창원지방법원, 광주지방법원, 전주지방법원, 제주지방법원

* 법 부칙에 따라 회생법원이 설치되지 아니한 지역에는 지방법원에 관리위원회를 둠

[별표 2]

관리위원의 보수

구분	보수
상임 관리위원	전임 전문계약직공무원(나급)에 해당하는 금액
비상임 관리위원	회의에 참석하는 경우에 한하여 지방법원장이 정하는 회의출석수당을 지급한다.

[별표 3] 재산조회를 할 기관·단체 등 <개정 2018. 12. 31.>

순번	기관·단체	조회할 재산	조회비용
1	법원행정처	토지·건물의 소유권	20,000원
2	국토교통부	건물의 소유권	없음
3	특허청	특허권·실용신안권·디자인권·상표권	20,000원
4	(삭제)	(삭제)	(삭제)
5	「은행법」에 따른 은행, 「한국산업은행법」에 따른 한국산업은행 및 「중소기업은행법」에 따른 중소기업은행	「금융실명거래 및 비밀보장에 관한 법률」 제2조제2호에 따른 금융자산(다음부터 "금융자산"이라 한다) 중 계좌별로 시가 합계액이 50만원 이상인 것	기관별 5,000원*
6	「자본시장과 금융투자업에 관한 법률」에 따른 투자매매업자, 투자중개업자, 집합투자업자, 신탁업자, 증권금융회사, 종합금융회사 및 명의개서대행회사	금융자산 중 계좌별로 시가 합계액이 50만원 이상인 것	기관별 5,000원*
7	「상호저축은행법」에 따른 상호저축은행 및 상호저축은행중앙회	금융자산 중 계좌별로 시가 합계액이 50만원 이상인 것	기관별 5,000원*
8	「농업협동조합법」에 따른 지역조합 및 품목조합	금융자산 중 계좌별로 시가 합계액이 50만원 이상인 것	기관별 5,000원*
9	「수산업협동조합법」에 따른 조합 및 중앙회	금융자산 중 계좌별로 시가 합계액이 50만원 이상인 것	기관별 5,000원*
10	「신용협동조합법」에 따른 신용협동조합 및 신용협동조합중앙회	금융자산 중 계좌별로 시가 합계액이 50만원 이상인 것	기관별 5,000원*
11	「산림조합법」에 따른 지역조합, 전문조합 및 중앙회	금융자산 중 계좌별로 시가 합계액이 50만원 이상인 것	기관별 5,000원*
12	「새마을금고법」에 따른 금고 및 중앙회	금융자산 중 계좌별로 시가 합계액이 50만원 이상인 것	기관별 5,000원*
13	(삭제)	(삭제)	(삭제)
14	(삭제)	(삭제)	(삭제)
15	「보험업법」에 따른 보험회사	해약환급금이 50만원 이상인 보험계약	기관별 5,000원*
16	과학기술정보통신부	금융자산 중 계좌별로 시가 합계액이 50만원 이상인 것	5,000원*
17	한국교통안전공단	자동차·건설기계의 소유권	5,000원

* 순번 5부터 12까지, 15 및 16 기재 "조회비용"란의 금액에는 「금융실명거래 및 비밀보장에 관한 법률」 제4조의2제4항, 같은 법 시행령 제10조의2에 따른 '명의인에의 통보에 소용되는 비용'이 포함되어 있음

서울회생법원 실무준칙

제 1 편 총 칙

제 101 호

서울회생법원 실무준칙의 목적 등

제1조 (준칙의 목적)

서울회생법원 실무준칙(이하 '준칙'이라 한다)은 서울회생법원에 계속 중인 사건의 절차를 공정하고 신속하며 효율적으로 진행하기 위한 합리적인 실무 기준과 서울회생법원의 신뢰받는 업무처리를 위해 필요한 사항을 정함을 목적으로 한다.

제2조 (준칙의 적용범위)

준칙은 서울회생법원(이하 '법원'이라 한다)에 계속 중인 사건과 법원이 처리하는 업무에 적용된다.

제3조 (업무지침의 제정)

법원은 준칙의 효율적인 시행을 위하여 상세한 기준을 정할 필요가 있는 경우 그에 관한 업무지침을 제정할 수 있다.

제4조 (준칙 및 업무지침에 따른 절차진행)

절차관계인은 법원이 진행하는 절차에 관하여 준칙 및 업무지침을 준수하여야 한다. 다만, 준칙 또는 업무지침에도 불구하고 법원은 구체적 사건이나 절차의 특수성을 반영하여 공정하고 형평에 맞는 방식으로 절차를 진행 할 수 있다.

제 102 호

회생 · 파산위원회 의견조회 등

제1조 (목적)

준칙 제102호는 회생ㆍ파산위원회의 설치 및 운영에 관한 규칙에 따라 설치된 법원행정처 회생ㆍ파산위원회(이하 '회생ㆍ파산위원회'라 한다)에 대한 의견조회 등이 필요한 사항을 정리하고 이에 관한 구체적 사항을 정하여 법원과 회생·파산위원회 사이의 업무가 원활하게 이루어지게 함으로써 법원이 사건을 보다 공정하고 효율적으로 처리하게 함을 목적으로 한다.

제2조 (절차관계인 선임 등에 관한 의견 조회)

① 법원은 관리인(채무자의 대표자가 아닌 자를 관리인으로 선임하는 경우에 한한다), 보전관리인 또는 감사(이하 준칙 제102호에서 관리인, 보전 관리인 또는 감사를 포함하여 '관리인 등'이라 한다)를 선임하는 경우 회생·파산위원회의 의견을 들어야 한다.

② 법원은 조사위원 적임자 명단 및 파산관재인 후보자 명단을 작성할 때에 회생·파산위원회의 의견을 들어야 한다.

제3조 (절차관계인 선임 등에 관한 자료 제공)

법원은 다음 각 호의 자료를 회생·파산위원회에 제공한다.

1. 관리인 등 선임과정에서 참고한 자료
2. 조사위원 적임자 명단 작성 과정에서 참고한 자료
3. 파산관재인 후보자 명단 작성 과정에서 참고한 자료

제4조 (절차관계인 업무수행 평가결과의 통보)

법원은 매년 1회 이상 관리인 등, 조사위원, 회생위원(법원서기관, 법원사무관, 법원주사 또는 법원주사보인 회생위원은 제외), 상임관리위원, 파산관재인이 수행한 업무의 적정성을 평가한 결과를 회생·파산위원회에 통보한다.

제5조 (관리위원 후보자 추천 의뢰)

법원은 관리위원을 위촉하기 위하여 회생·파산위원회에 관리위원 후보자 추천을 의뢰하여야 한다. 다만, 다음 각 호의 경우에는 그러하지 아니하다.

1. 기존 관리위원의 임기가 만료되어 동일한 사람을 다시 관리위원으로 위촉하고자 하는 경우
2. 비상임 관리위원을 위촉하는 경우

제 2 편 회 생

제 1 장 통 칙

제 201 호

간이회생사건 처리기준

제1조 (목적)
준칙 제201호는 채무자 회생 및 파산에 관한 법률(이하 '법'이라 한다) 제2편 제9장에서 규정하고 있는 간이회생절차에 관하여 실무 운영상 필요한 구체적인 사항을 정함으로써 소액영업소득 채무자가 적은 비용으로 신속하고 쉽게 채무재조정을 통해 재기할 수 있도록 하게 함을 목적으로 한다.

제2조 (사물관할)
법 제3조 제5항에 따라 개인이 아닌 채무자에 대한 간이회생사건은 법원합의부가 처리하고, 개인인 채무자에 대한 간이회생사건은 법원 단독판사가 처리한다.

제3조 (적용대상)
법 제293조의2 제2호의 소액영업소득자를 판단할 때 공익채무, 미확정 구상채무는 신청 당시 회생채권 및 회생담보권의 총액에 포함되지 아니하고, 다툼이 있는 채무는 개시신청서 첨부서류, 대표자 또는 채무자 심문결과 기타 소명자료를 근거로 위 총액에 포함시킬지 여부를 판단한다.

제4조 (예납금)
예납금은 간이조사위원의 보수 및 절차비용을 고려하여 [별표 1 예납기준표]에 따라 결정하되, 조사의 난이도, 채무자의 매출규모, 사업구조 및 관계회사의 현황, 채권자의 수 등을 참작하여 가감할 수 있다.

제5조 (신속하고 간이한 절차진행)
① 대표자심문은 소액영업소득자가 아닌 채무자에 대한 회생사건보다

간이한 심문사항을 이용하여 시행한다.

② 현장검증을 실시할 경우 인터넷 화상장치 등을 활용하여 간이한 방법으로 시행할 수 있다.

③ 채권자목록 제출기간, 채권신고기간, 채권조사기간, 조사보고서 제출기간, 회생계획안 제출기간은 원칙적으로 법정 최소기간으로 정하되, 채무자의 자산 및 부채 규모, 사업구조, 채권자 수 등을 고려하여 적절히 정할 수 있다.

④ 관리인 보고를 위한 관계인 집회의 대체절차로는 법 제98조 제2항 제1호의 주요 사항 요지의 통지를 원칙으로 한다.

제6조 (채권자협의회)

간이회생사건의 경우 채권자협의회를 구성하지 아니한다. 다만, 사업의 규모 및 내용, 자산 및 채무 등을 고려하여 필요한 경우 채권자협의회를 구성할 수 있다.

제7조 (관리인 불선임 원칙)

간이회생사건의 경우 관리인을 선임하지 않는 것을 원칙으로 하되, 법 제74조제2항 각 호의 사유가 있는 경우에는 관리인을 선임할 수 있다.

제8조 (간이조사위원)

① 법원은 간이조사위원 선임을 위하여 조사위원 적임자 명단과 별도로 간이조사위원 적임자 명단을 작성하여 관리하고, 간이조사위원의 자격, 선임방법 등에 대한 사항은 준칙 제261호「간이조사위원 선임 및 평정」에서 구체적으로 정한다.

② 간이조사위원은 일반적으로 공정, 타당하다고 인정되는 범위 내에서 재량에 따라 간이한 방법을 선택하여 업무를 수행하고, 사안에 따라서는 조사보고서 중 일정 부분에 대하여는 이를 생략하거나 그 요지만을 기재할 수 있다. 다만, 채무자에 대한 회생절차를 계속 진행함이 적정한지 여부 및 채무자가 제출한 회생계획안이 수행가능성이 있는지 여부를 판단하는 데 필요한 내용은 생략할 수 없다.

③ 법원은 예납금의 범위 내에서 조사의 내용, 조사기간, 조사의 난이도, 조사의 성실성 등을 고려하여 간이조사위원의 보수를 정한다.

제9조 (구조조정담당임원의 위촉)

① 개인이 아닌 채무자에 대한 간이회생절차에서 관리인은 법원이 선정한 적임자를 구조조정담당임원으로 위촉한다(채권자협의회가 구성된 경우에는준칙 제219호「채무자의 구조조정담당임원(CRO)」제3조에 정한 위촉절차에 따른다). 다만, 제3자 관리인이 선임된 경우 또는 다른 특별한 사정이 있는 경우 법원은 구조조정담당임원을 위촉하지 않게 할 수 있다.

② 구조조정담당임원의 위촉, 보수, 운용 등에 대한 사항은 준칙 제262호「간이회생사건 구조조정담당임원(CRO)」에서 구체적으로 정한다.

제10조 (간이회생절차 고유의 기각사유로 인한 기각결정)

① 채무자가 소액영업소득자에 해당하지 아니하는 경우 또는 개인인 소액영업소득자가 신청일 전 5년 이내에 개인회생절차 또는 파산절차에 의한 면책을 받은 사실이 있는 경우(이하 '간이회생절차 고유의 기각사유'라 한다), 채무자가 회생절차 개시신청의 의사가 있음을 밝혔다면, 간이회생절차 개시신청의 기각결정과 함께 회생절차 개시 여부에 대한 결정을 하여야 한다.

② 간이회생절차 고유의 기각사유로 간이회생절차 개시신청의 기각결정을하면서 회생절차 개시신청도 기각하는 경우, 회생사건에는 고유의 사건번호를 부여하지 아니하고 하나의 결정으로 동시에 기각하는 것을 원칙으로 한다.

③ 법원이 간이회생절차 고유의 기각사유로 간이회생절차 개시신청의 기각결정을 하면서 회생절차 개시결정을 하는 경우에는 별도의 사건번호를부여하고, 추가로 비용예납명령을 할 수 있다. 이 경우 원칙적으로 간이회생사건을 담당하였던 재판부에서 회생사건도 처리한다.

제11조 (폐지결정 후 회생절차의 속행)

① 간이회생절차 개시 이후 회생계획인가결정 확정 전까지 채무자가 소액영업소득자에 해당하지 아니하거나 개인인 소액영업소득자가 신청일 전5년 이내에 개인회생절차 또는 파산절차에 의한 면책을 받은 사실이 밝혀진 경우 간이회생절차를 폐지한다.

② 제1항의 간이회생절차 폐지결정이 확정되면 필요한 경우 회생절차 속행결정을 하거나, 관리인에게 회생절차를 다시 신청하도록 안내할 수 있다.
③ 법원은 제2항 전단의 경우 별도의 사건번호를 부여하여 간이회생절차폐지결정 확정 후 지체 없이 회생절차 속행결정을 하고, 이후 회생절차에서는 간이회생사건과 회생사건의 사건번호를 병기한다.
④ 추가 비용예납이 필요한 경우에는 간이회생절차 폐지결정에 앞서 예납명령을 할 수 있다.

제12조 (감사선임)

간이회생사건에서 필요한 경우에는 회생계획 인가결정 후부터 회생절차 종결 또는 폐지결정이 확정될 때까지 구조조정담당임원으로 하여금 감사의 업무를 수행 하게 할 수 있다.

제13조 (신속한 종결)

소액영업소득 채무자의 효율적인 재기를 위하여 특별한 사정이 없는 한 회생계획 인가결정일부터 2개월 내에 간이회생절차를 종결함을 원칙으로 한다

[별표 1 예납기준표]

신청 당시 재무상태표상 자산 및 부채 총액	예납금
자산 또는 부채가 10억 원 이하인 경우	400만 원~500만 원
자산 또는 부채가 10억 원 초과 20억 원 이하인 경우	500만 원~600만 원
자산 또는 부채가 20억 원 초과 30억 원 이하인 경우	600만 원~800만 원
자산 또는 부채가 30억 원 초과 50억 원 이하인 경우	800만 원~1,000만 원

제 202 호

중소기업 회생컨설팅 지원대상 채무자에 대한 회생사건

제1조 (목적)

준칙 제202호는 중소기업진흥공단에 의하여 중소기업 회생컨설팅(이하 준칙 제202호에서 '회생컨설팅'이라 한다) 지원대상으로 선정된 채무자(중소기업 진로제시컨설팅에서 지원대상으로 선정된 후 법원에 회생절차 개시신청을 하는 경우와 회생절차 개시신청 후 법원과 중소기업진흥공단 사이에 체결된 업무협약에 따라 회생컨설팅 지원대상으로 선정된 경우를 포함)의 회생절차 진행에 관하여 필요한 사항을 정함으로써 중소기업인 채무자의 신속한 경영 정상화와 효율적인 회생을 지원함을 목적으로 한다.

제2조 (절차안내)

회생사건 담당판사와 관리위원은 채무자가 회생컨설팅 지원 제외 대상에 해당하지 아니하고 회생컨설팅 신청이 필요하다고 판단되는 경우에는 보전처분 시 또는 채무자나 대표자 심문기일에서 회생컨설팅 신청절차 및 사업내용을 안내할 수 있다.

제3조 (예납금)

회생절차 개시신청서에 중소기업 진로제시컨설팅 지원대상으로 선정되었음이 명시되어 있는 경우에는 조사위원 보수를 제외한 절차비용만을 예납금으로 납부하게 할 수 있다.

제4조 (조사위원 선임여부)

① 채무자에 대한 회생절차 개시결정 당시 이미 회생컨설팅 지원대상으로선정된 경우에는 조사위원을 선임하지 아니함을 원칙으로 한다.

② 채무자에 대한 회생절차 개시결정 당시 회생컨설팅 지원대상 심사 중인경우에는 개시결정 시 조사위원을 선임하지 아니하고, 이후 회생컨설팅지원대상으로 선정되지 아니하였을 때 조사위원선임결정을

하는 것을원칙으로 한다.

③ 제1, 2항에도 불구하고 법원은 필요한 경우 어느 때라도 조사위원을 선임할 수 있다.

제5조 (회생컨설턴트의 업무)

중소기업 회생컨설턴트(이하 '회생컨설턴트'라 한다)는 회생컨설팅 지원 대상으로 선정된 채무자에 대한 회생절차에서 다음 각 호의 업무를 수행한다.

1. 관리인 조사보고서의 작성
2. 관리인이 제출한 회생계획안이 청산가치를 보장하고 수행 가능한지에 대한 조사 및 보고
3. 기타 필요한 사항에 대한 조사 및 보고

제6조 (예납금 환급)

조사위원 보수가 포함된 예납금이 납부된 후 채무자가 회생컨설팅 지원 대상으로 선정되어 회생컨설턴트가 제5조에서 정한 업무를 수행하고 그 업무수행이 적절하다고 판단되는 경우, 법원은 채무자의 신청이 있으면 회생절차폐지결정이나 종결결정 전이라도 조기에 예납금 중 일부를 환급할 수 있다.

제7조 (평가)

① 조사보고서가 제출된 이후 회생절차폐지결정 또는 회생계획에 대한 인가결정이 있으면 관리위원회와 회생사건 주심판사는 지체 없이 회생컨설턴트에 대한 [별지 1 회생컨설턴트 업무수행 평가표]를 작성하여 회생컨설턴트가 수행한 업무의 적정성을 평가한다.

② 법원은 제1항의 업무수행평가표를 중소기업진흥공단에 통지한다.

[별지 1 회생컨설턴트 업무수행 평가표]

회생컨설턴트 업무수행 평가표

<table>
<tr><td rowspan="2">회생
컨설
턴트</td><td rowspan="2"></td><td rowspan="2">채무자
(사건번호)</td><td rowspan="2"></td><td>관리위원</td><td></td><td rowspan="2">조사기간</td><td rowspan="2"></td></tr>
<tr><td>재판부</td><td></td></tr>
<tr><td colspan="8">관리위원회 평가</td></tr>
<tr><td colspan="8">1. 일반적인 업무수행에 대한 평가</td></tr>
<tr><td colspan="5">· 조사보고서 제출기간 준수</td><td colspan="3"></td></tr>
<tr><td colspan="5">· 조사보고서의 일반적 충실도</td><td colspan="3"></td></tr>
<tr><td colspan="5">· 조사사항의 누락 여부</td><td colspan="3"></td></tr>
<tr><td colspan="8">2. 조사의 충실도에 대한 평가</td></tr>
<tr><td colspan="5">· 자산 실사의 충실도</td><td colspan="3"></td></tr>
<tr><td colspan="5">· 서류열람, 회계기록 검토의 충실도</td><td colspan="3"></td></tr>
<tr><td colspan="5">· 계산의 공정성과 신뢰성</td><td colspan="3">상 □ 중 □ 하 □</td></tr>
<tr><td colspan="8">3. 조사보고 결과의 적절성에 대한 평가</td></tr>
<tr><td colspan="5">· 매출액 추정의 합리성</td><td colspan="3">상 □ 중 □ 하 □</td></tr>
<tr><td colspan="5">· 매출원가 추정의 합리성</td><td colspan="3">상 □ 중 □ 하 □</td></tr>
<tr><td colspan="5">· 판매관리비 추정의 합리성</td><td colspan="3">상 □ 중 □ 하 □</td></tr>
<tr><td colspan="5">· 부인대상 행위, 임원 등의 책임에 관한 조사의 합리성</td><td colspan="3">상 □ 중 □ 하 □</td></tr>
<tr><td colspan="5">· 청산조정의 합리성</td><td colspan="3">상 □ 중 □ 하 □</td></tr>
<tr><td colspan="8">4. 회생컨설팅 적절성에 대한 평가</td></tr>
<tr><td colspan="5">· 구체적 개선점 및 대안 제시</td><td colspan="3"></td></tr>
<tr><td colspan="8">5. 특이사항</td></tr>
<tr><td colspan="8"></td></tr>
<tr><td colspan="5">6. 업무수행에 대한 종합 평가</td><td colspan="3">상 □ 중 □ 하 □</td></tr>
<tr><td colspan="8">주심판사 평가(주심판사:)</td></tr>
<tr><td colspan="5">업무수행에 대한 종합 평가</td><td colspan="3">상 □ 중 □ 하 □</td></tr>
<tr><td colspan="8">특이사항</td></tr>
<tr><td colspan="8"></td></tr>
</table>

제 2 장 법 인 회 생

제 211 호

관리인 등의 선임 · 해임 · 감독기준

제1절 총칙

제1조 (목적)

준칙 제211호는 법인 채무자(이하 준칙 제211호에서 '채무자'라 한다)의 업무수행권 및 관리처분권을 갖는 관리인 또는 관리인으로 보게 되는 채무자의 대표자(이하 '관리인 등'이라 한다)에 관하여 그 선임·불선임 및 해임 기준을 제시함으로써 재정적 어려움으로 인하여 파탄에 직면한 채무자의조기 회생절차 진입을 유도하고, 아울러 이들에 대한 감독 및 포상기준을 밝힘으로써 회생절차가 공정하고 투명하게 진행되도록 함을 목적으로 한다.

제2조 (선임증 · 증명서의 수여)

① 채무자의 관리인에게는 선임을 증명하는 선임증을, 관리인으로 보게 되는 채무자의 대표자에게는 업무수행권과 관리처분권이 있음을 증명하는 증명서를 수여한다.

② 관리인 등에게 선임증·증명서를 수여할 때에는 관리인 등으로부터 법원의 감독 하에 업무를 수행하는 공적수탁자로서 공명정대하게 업무를수행하고 채무자의 효율적인 회생과 채권자 등 이해관계인의 권익보호를 위하여 노력하겠다는 내용의 각서를 받는다.

제3조 (관리인 등의 보수)

① 관리인 등의 보수는 노동부에서 발간하는 고용형태별근로실태조사보고서 중 당해 업종 경영자의 보수실태를 참작하고 기존의 보수체계와 채무자의 재정상태, 관리인 등의 업무의 내용과 난이도 등을 고려하여 정하되, 관리인 등의 직무와 책임에 상응하도록 한다.

② 관리인 등이 퇴직하는 때에는 제1항의 보수와는 별도로 퇴직금을 지급할 수 있다. 퇴직금을 지급할 경우 그 액수는 채무자의 퇴직금 규정, 재직기간, 관리인 등이 수행한 업무의 양과 질, 퇴직 사유 기타 제반 사정을 종합하여 정한다.

③ 법원은 다음 각 호의 사유에 해당한다고 인정하는 때에는 채무자의 규모와 재정상황, 기여도 등을 종합적으로 고려하여 관리인 등에게 특별보상금을 지급할 수 있다.

1. 관리인 등이 그의 경영 수완에 의하여 회생계획이 예정한 경영목표를초과하여 달성한 때
2. 관리인 등의 능력과 노력에 기인하여 채무자의 재산상황이 당해 관리인 등의 최초 취임 당시에 비하여 현저히 개선된 때
3. 관리인 등이 능동적으로 신규 자본을 물색·유입하거나 다른 우량기업과 인수·합병을 이룩함으로써 채무자의 회생에 현저한 기여를 한 때

④ 제3항 제1호, 제2호의 특별보상금은 채무자의 규모와 재정상황, 기여도등을 종합하여 3억 원을 한도로 정하되, 이에 갈음하여 일정한 가격으로 주식을 매수할 권리(스톡옵션)를 부여할 수 있다.

⑤ 제3항 제3호의 특별보상금은 준칙 제241호「회생절차에서의 M&A」제39조에 따른다.

제4조 (관리인대리)

① 관리인대리는 관리인 등이 특별한 필요가 있음을 구체적으로 소명한 경우에 한하여 법원이 그 선임을 허가한다.

② 관리인대리를 선임할 필요성이 소멸한 때에는 관리인 등 또는 관리인대리는 즉시 그 사유를 법원에 보고하여야 한다.

③ 관리인대리에 대한 보수 및 특별보상금은 제3조를 준용한다.

제5조 (준용)

준칙 제211호는 성질에 반하지 않는 범위 내에서 개인 채무자, 보전관리인에 대하여도 이를 준용한다.

제2절 관리인으로 보게 되는 채무자의 대표자

제6조 (의의)

관리인으로 보게 되는 채무자의 대표자란 법원이 법 제74조 제3항에 의하여 관리인을 선임하지 아니하는 결정을 한 경우 같은 조 제4항에 의하여 채무자의 관리인으로 보는 채무자의 대표자를 말한다.

제7조 (관리인 불선임 결정의 원칙과 기준)

채무자가 중소기업이거나 채무자 회생 및 파산에 관한 규칙(이하 '규칙' 이라 한다) 제51조에 해당하고 법 제74조 제2항 각 호의 사유가 존재하지않는 경우 관리인을 선임하지 아니한다.

제8조 (관리인 불선임 결정의 절차)

① 법원은 채무자의 회생절차 개시신청 후 지체 없이 채무자의 대표자에대한 심문절차를 진행한다. 위 심문절차에는 채무자의 주거래 은행 등 주요 채권자도 참석하여 관리인 선임 및 회생절차 개시에 관하여 의견을 제시할 수 있다.

② 법원은 위 심문절차가 종료된 후 신속하게 관리위원회와 채권자협의회에 관리인 선임 여부에 관하여 의견을 조회한다. 다만, 필요한 경우 심문 전에도 의견을 조회할 수 있다.

③ 법원은 채무자의 대표자에 대한 심문결과, 관리위원회 및 채권자협의회에 대한 의견조회 결과 등을 종합적으로 고려하여 신속하게 회생절차개시결정을 함과 동시에 관리인을 선임하지 아니하는 결정을 한다.

제9조 (채무자의 대표자 선정 절차 및 기준)

① 회생절차 개시 후 회생계획 인가 전 단계에서는, 채무자 내부의 주주총회결의·사원총회결의 또는 이사회결의 등 통상적인 대표자 선임절차에의하여 채무자의 대표자를 선정한다.

② 회생계획 인가 후 단계에서는, 법 제203조 제1항 내지 제3항, 제26조제1항, 제2항, 제4항에 따라 회생계획에서 선정한 자, 회생계획에서 정한 선정방법에 의하여 선정된 자 또는 회생계획에서 유임할 것으로 정한 자가 채무자의 대표자가 된다.

③ 채무자의 대표자의 선정은 회생채권자ㆍ회생담보권자ㆍ주주ㆍ지분권자 일반의 이익에 합치하여야 한다.

제10조 (관리인의 선임)
법원이 법 제74조 제3항의 관리인 불선임 결정을 한 후 법 제74조 제2항각 호의 사유가 있다고 인정하여 관리인을 선임한 경우에는 채무자의 대표자는 채무자에 대한 업무수행권과 관리처분권을 상실하고, 새로 선임된 관리인이 그 권한을 가진다.

제3절 기존 경영자 관리인

제11조 (의의)
기존 경영자란 회생절차 개시 당시 채무자의 대표자를 말하고, 기존 경영자관리인이란 기존 경영자가 법원의 결정에 의해 관리인으로 선임된 경우 당해 관리인을 말한다.

제12조 (선임 기준과 절차)
① 법원은 회생절차 개시신청 후 회생질사 개시 때까지 채무자에게 법 제74조 제2항 각 호의 사유가 존재하지 아니하고 관리인 선임의 필요성이 인정되는 경우 기존 경영자를 관리인으로 선임하는 결정을 한다.
② 채무자에게 법 제74조 제2항 제1호의 사유가 존재하고 있는지 여부는특별한 사정이 없는 한 회생절차 개시 당시의 이사, 지배인 등을 기준으로 하여 판단한다.
③ 제8조는 법원이 기존 경영자 관리인 선임결정을 할 경우에 준용한다.

제13조 (기존 경영자 관리인의 수)
① 채무자에게 공동 대표자가 존재하는 경우에는 기존 경영자 관리인은 1인을 선임함을 원칙으로 한다.
② 다음 각 호의 경우에는 수인의 기존 경영자 관리인을 선임할 수 있다.
  1. 채무자의 업무적 특성상 2개 이상의 전문적 기능을 필요로 하는 경우

2. 채무자 내부의 대립되는 이해관계의 조정을 위하여 필요한 경우

③ 법원은 기존 경영자 관리인이 수인인 경우 필요한 때에는 그 상호간의 업무분장을 정할 수 있다.

제14조 (임기)

① 기존 경영자를 관리인으로 선임한 경우에는 원칙적으로 임기제를 시행하지 아니한다.

② 기존 경영자를 관리인으로 선임한 후 채무자의 대표자가 변경된 사정은 기존 경영자 관리인의 지위에 영향을 미치지 아니한다.

제15조 (해임)

기존 경영자를 관리인으로 선임한 후 법 제83조 제2항 각 호의 사유가 존재한다고 인정할 만한 명백한 사유가 발견된 경우에는, 기존 경영자 관리인에 대한 심문절차를 거쳐 관리인의 직에서 해임할 수 있다.

제4절 제3자 관리인

제16조 (의의)

제3자 관리인이란 법원이 제3절의 기존 경영자 관리인 이외의 자를 관리인으로 선임한 경우 당해 관리인을 말한다.

제17조 (선임 원칙 및 기준)

① 제3자 관리인은 채무자에 관하여 법 제74조 제2항 각 호의 사유가 존재한다고 인정되거나 관리인을 해임한 경우에 선임한다.

② 제3자 관리인의 선정은 전문경영 또는 그와 유사한 직무수행의 경력 또는 소양이 있는지 여부와 채무자의 업종에 대한 전문지식이 있는지 여부를 가장 중요한 요소로 고려한다.

③ 회생계획에 따라 채무자를 인수한 지배적인 주주 또는 지분권자가 있는경우 그의 의견을 우선적으로 참작한다.

④ 법인보다는 자연인을 우선하여 제3자 관리인으로 선임한다.

제18조 (선임방법 및 절차)

① 법원은 각종 경제단체 기타 여러 경로를 통하여 파악한 경영능력 등

을 구비한 전문인력 중에서 적임자를 제3자 관리인으로 선임한다.

② 법원은 복수의 후보자에 대한 구두 면접을 실시한 후 최다득점자를 제3자 관리인으로 선임한다. 다만, 최다득점자가 제3자 관리인으로 선임되는 것을 원하지 아니하는 경우, 최다득점자에게 제3자 관리인으로 선임될 수 없는 결격사유가 있는 경우 등에는 차순위 득점자를 제3자 관리인으로 선임한다.

③ 다음 각 호의 경우에는 제2항에서 정한 절차에 의하지 아니하고 제3자 관리인을 선임할 수 있다.

1. 기존 제3자 관리인의 임기가 만료되어 그를 해당 채무자의 제3자 관리인으로 재선임하는 경우
2. 제3자 관리인, 구조조정담당임원(CRO), 감사로 선임되어 활동한 경력이 있는 사람으로서, 자질과 경륜, 경영능력, 청렴성 등이 인정된 사람을 선임하는 경우
3. 다른 채무자의 제3자 관리인, 구조조정담당임원(CRO), 감사 면접에 응하였으나 선임되지 않은 사람으로서, 해당 면접과정에서 자질과 경륜, 경영능력, 청렴성 등이 인정된 자를 선임하는 경우
4. 제1항의 방법을 통하여 파악한 전문인력 중에 채무자의 관리인으로 선임하기에 적절한 후보가 없는 경우 또는 채무자의 회생을 위하여 필요한 경우

④ 제3항 제4호에 해당하는 경우에는 채무자, 관리위원회, 채권자협의회, 주요 채권자, 자금력 있는 제3의 인수자, 관련 행정부처, 기타 적절한 기관에 추천을 의뢰하거나 공개모집 등 적절한 방법으로 제3자 관리인을 선임할 수 있다.

제19조 (의견조회)

법원은 선정한 후보자에 관하여 이력서를 첨부하여 관리위원회, 채권자협의회, 회생·파산위원회의 의견을 조회하고 그 의견을 참작하여 제3자 관리인으로 선임한다.

제20조 (제3자 관리인의 수)

① 제3자 관리인은 특별한 사정이 없는 한 1인을 선임함을 원칙으로 한다.

② 다음 각 호의 경우에는 수인의 제3자 관리인 선임을 고려할 수 있다.

1. 채무자의 업무를 적절하게 수행하기 위하여 2개 이상 분야의 전문적 역량을 필요로 하는 경우
2. 대립되는 이해관계의 조정을 위하여 필요한 경우

③ 법원은 제3자 관리인이 수인인 경우 필요한 때에는 그 상호간의 업무분장을 정할 수 있다.

제21조 (임기)

① 제3자 관리인은 임기를 정하여 선임한다. 다만, 회생계획에 따라 채무자를 인수하거나 실질적인 지배 지분을 확보한 제3자 또는 그 제3자가 추천한 자를 관리인으로 선임하는 경우에는 예외로 할 수 있다.

② 제3자 관리인의 임기는 채무자의 결산기, 실적평가에 필요한 기간, 업무량, 기타 사정을 고려하여 적절하게 정한다.

③ 회생절차 개시결정 당시 선임된 제3자 관리인의 임기는 회생계획인가일부터 60일까지(회생계획 인가 전에 회생절차가 폐지되는 경우에는 폐지결정 확정일까지)로 하며, 회생계획이 인가된 후에는 제2항의 사정을 고려하여 새로이 임기를 정한다.

④ 제3자 관리인의 임기가 만료된 때에는 법 제83조 제2항 각 호의 해임사유가 없는 한 동일한 사람을 관리인으로 재선임한다.

⑤ 제3자 관리인을 재선임할 때에도 관리위원회와 채권자협의회에 그 의견을 조회한다.

제22조 (해임)

제3자 관리인의 해임에 관하여는 제15조를 준용한다.

제 212 호

채무자의 지출행위 중 법원의 허가가 필요한 금액의 기준

제1조 (목적)

준칙 제212호는 채무자의 지출행위 중 법원의 허가를 필요로 하는 금액

의기준을 정함으로써 채무자와 이해관계인에게 예측가능성과 신뢰를 부여하는 한편 법원이 일정 규모 이상의 채무자 지출행위를 관리·감독할 수 있도록 하여 회생절차의 공정성을 제고하는 것을 목적으로 한다.

제2조 (채무자의 지출행위 중 법원의 허가를 요하는 금액)

① 채무자의 지출행위 중 법원의 허가를 필요로 하는 금액의 기준은 [별표 1연간 매출액에 따른 허가 필요 금액의 기준]에 따라 정한다. 나만, 채무자의 자산과 부채 총액, 법인 채무자의 경우 그 영업의 특성을, 개인 채무자의 경우 그 직업의 특성을 각 고려하고, 예상되는 허가신청의 빈도,제3자 관리인 선임 여부 등 여러 가지 사정을 종합하여 달리 정할 수 있다.

② 제1항의 기준을 정하는 데 필요한 경우 관리위원회는 사전에 법원에 의견을 제시할 수 있다.

제3조 (회생계획 인가 후 기준의 조정)

① 채무자에 대하여 회생계획이 인가된 후 법원이 해당 채무자의 지출행위에 관해 제2조에 따라 정한 기준을 달리 정할 필요가 있다고 판단한 경우, 법원은 그 기준을 다시 성할 수 있다.

② 제1항의 경우 관리위원회는 법원에 의견을 제시할 수 있다.

[별표 1 연간 매출액에 따른 허가 필요 금액의 기준]

연간 매출액	기준액
100억 원 이하	500만 원
100억 원 초과 500억 원 이하	1,000만 원
500억 원 초과 1,000억 원 이하	2,000만 원
1,000억 원 초과 5,000억 원 이하	3,000만 원
5,000억 원 초과	5,000만 원

제 213 호

관리인의 보고서 작성 등

제1조 (목적)
준칙 제213호는 관리인(관리인이 없을 경우 채무자의 대표자)이 법원에 제출하는 보고서의 종류와 내용, 양식에 관하여 규정함으로써 회생절차의 투명성 및 통일성을 제고함을 목적으로 한다.

제2조 (관리인이 제출하여야 할 보고서의 종류)
① 회생절차 개시결정을 받은 관리인은 다음 각 호의 보고서를 작성하여법원에 제출하여야 한다. 이 경우 관리인이 제출하는 보고서의 분기는 채무자의 회계연도를 기준으로 한다.
1. 매월 1회의 월간보고서
2. 1/4분기 및 3/4분기의 분기보고서
3. 연 1회의 반기보고서(2/4분기 보고서의 제출에 갈음한다)
4. 채무자 현황 및 연간보고서(4/4분기 보고서의 제출에 갈음한다)

② 보전처분을 발령받은 채무자의 대표자는 제1항에서 정한 각 보고서 중월간보고서와 분기보고서를 작성하여 법원에 제출하여야 한다. 채무자가보전처분을 발령받은 후 회생절차 개시결정을 받지 않은 상태에서 채무자의 회계연도 종료일이 도과하여 그때부터 3개월이 지난 경우에는, 채무자의 대표자는 현황 및 연간보고서를 작성하지 않고, 4/4분기 보고서를 작성하여 법원에 제출하여야 한다.
③ 법원은 필요하다고 판단한 경우 수시로 관리인 또는 채무자의 대표자에게 해당 사항에 관하여 구두 또는 서면으로 보고하도록 명할 수 있다.

제3조 (보고서 작성의 일부 면제 등)
① 법원은 채무자의 자산과 부채 액수, 채무자의 영업상황과 자금사정, 관리인의 업무수행 성실도, 인가된 경우 회생계획 수행 정도 등 여러 가지사정을 종합하여 제2조에서 정한 보고서의 일부 또는 전부

를 작성하지 아니하게 할 수 있다.

② 법원은 개인 채무자, 영세한 소기업인 채무자, 간이회생절차를 진행 중인 채무자에 대하여는 보고서의 일부 또는 전부를 작성하지 아니하게 할 수 있다.

제4조 (보고서의 제출시기)

① 관리인은 다음 각 호의 기간 내에 해당 보고서를 제출하여야 한다.

1. 월간보고서는 다음 달 20일까지, 다만, 개인채무자의 경우 다음 달 15일까지
2. 분기보고는 각 분기 종료일부터 1개월 이내
3. 반기보고서는 반기 종료일부터 2개월 이내
4. 채무자 현황 및 연간보고서는 당해 회계연도 종료일부터 3개월 이내

② 채무자가 회계감사기관으로부터 반기검토의견서, 연간감사보고서 등을받은 경우 관리인은 이를 즉시 법원에 제출하여야 한다.

제5조 (보고서의 작성 요령)

① 회생계획에서 매출액과 수입, 지출 등에 관하여 연 목표액만을 정하고월 목표액을 별도로 정하지 않은 경우, 관리인은 연 목표액을 월에 따라배분하는 등의 방식으로 스스로 설정한 월 목표액을 기재하여 보고서를 작성한다.

② 회생계획에서 예상한 수치와 실적 사이에 차이가 큰 경우에는 반드시주(註)를 달아 그 사유를 상세하게 기재하여야 한다.

③ 보고서를 작성할 때에 결산이 완료되지 않은 경우에는 일단 가결산한자료를 기초로 이를 명시하여 원래의 제출기한까지 보고서를 제출하고, 추후 결산이 완료되면 기존 보고서와 달라진 부분을 명시적으로 기재한수정보고서를 다시 제출하여야 한다.

④ 공익채권 현황은 금융기관 공익채권, 상거래 공익채권, 제세공과금 공익채권, 기타 공익채권 등으로 분류하여 작성하되 개시결정일, 전년도 말,직전 분기 말 및 전월 말과 각 대비하여 기재한다.

⑤ 매출실적과 입금실적은 부가가치세를 제외하고 기재한다.

⑥ 보고서 항목 중 채무자에게 해당 사항이 없을 경우에는 항목의 제목을기재한 다음 “해당사항 없음”이라 기재한다.

제6조 (월간보고서의 작성 요령)

① 월간보고서에는 다음 각 호의 내용이 포함되어야 한다.

1. 매출실적, 입금실적
2. 자금수지총괄표, 자금수지실적명세서(미지급급여와 퇴직금, 미납 세금, 미지급 임차료 등, 해당 월에 지급의무가 발생하였으나 지급하지 못한 경우 그 내역을 구체적으로 기재)
3. 발행어음 현황
4. 당월에 발생한 주요사항(회생계획 수행상황, 수행하지 못한 사유, 영업상 특이사항, 기타 보고사항 등)
5. 허가사항 총괄표(법원과 관리위원 허가사항을 구분하고, 허가받았으나이행되지 않은 사항을 별도로 기재하되 그 사유를 소명하여야 한다)
6. 지출내역(법원 허가사항 지출내역, 관리위원 허가사항 지출내역, 허가금액 미만사항 지출내역, 허가금액이상사항 지출내역으로 구분해서 기재한다)
7. 포괄허가 내역
8. 자회사에 대한 주요 변동사항
9. 공익채권 현황(변제내역 포함)
10. 시재보유 현황(받을 어음이 있을 경우 별도 기재)
11. 인가 전 회사의 경우에는 구조조정담당임원(CRO)의 의견, 인가 후 회사의 경우에는 감사의 의견

② 월간보고서 중 “당월에 발생한 주요상황”란에는 해당 월에 발생한 회생계획 수행상황(회생채권의 변제, 자산처분 등), 해당 월에 예정되어 있었으나 수행하지 못한 회생계획사항, 영업상 특이사항, 기타 보고를 요하는 사항을 기재한다.

③ 월간보고서 지출내역 중 “허가금액 이상 지출내역”란에는 허가 기준 금액을 초과하지만 공익채권에 해당하는 항목 중 사전허가대상에서 제외된 항목의 지출내역을 포함하여 기재한다.

④ 회계연도 마지막 달의 월간보고서에는 다음 각 호의 자료를 첨부한다. 다만 제2호의 자료는 제8조의 “채무자 현황 및 연간보고서”의

제출로 갈음할 수 있다.

1. 새로운 회계연도의 월별 매출목표와 자금수지계획, 종전 연도 실적 및 회생계획과 비교한 분기별 손익목표 등의 내용을 기재한 “사업계획서”
2. 당해 연도의 회생계획 수행상황(회생채권의 변제, 자산처분 등)을 기재한 “회생담보권 · 회생채권 변제이행상황표”

⑤ 월간보고서에 자금의 수입과 지출을 기재하는 경우 반드시 회생계획에서 예상한 자금의 수입과 지출을 대비하여 기재하고, 회생계획에서 예상하였던 금액과 차이가 발생한 경우에는 그 사유를 구체적으로 기재하고 소명자료를 첨부한다.

⑥ 월간보고서 말미에 채무자가 거래하는 금융기관 계좌의 해당 월 입출금 내역서를 첨부한다.

제7조 (분기보고서 및 반기보고서의 작성 요령)

① 분기보고서 및 반기보고서에는 다음 각 호의 내용이 포함되어야 한다.

1. 인원현황
2. 영업현황 및 재무상태 요약(재무상태표와 손익계산서 별첨)
3. 회생계획 수행현황
4. 보고사항

가. 회생담보권, 회생채권 현황표(변제내역 포함)

나. 공익채권 현황(변제내역 포함)

다. 신규자본 유치 및 M&A를 위한 조치사항 및 실적

라. 어음 · 수표 발행현황표

마. 가압류 · 가처분 및 소송현황

바. 접대비 사용현황

사. 기타 보고사항

② 인원현황은 채무자의 특성에 따라 직급별 · 지역별 또는 본사 · 공장(현장)별 등으로 적절히 구분하여 작성한다.

③ 영업현황 및 재무상태 요약 부분을 작성할 때에는 다음 각 호에 의한다.

1. 재무상태표 각 항목 중 전기에 비하여 큰 변동이 있는 경우 주(註)

를 달아 그 사유를 상세하게 기재한다.

2. 손익항목의 매출원가율, 판관비율 등 회생계획에서 연간 매출액 대비율을 정한 항목의 경우, 분기보고서를 작성할 때 그 매출액 대비율을 임의로 변경하지 않도록 주의한다.
3. 실적 달성율을 기재할 때에는 전년도 및 회생계획과 대비하여 계산한수치를 백분율로 환산하여 기재한다.
4. 이자보상비율은 이자비용 및 법인세 차감 전 순이익(영업이익)을 이자비용으로 나누는 방법으로 계산하되, 그 이자비용에는 지급이자, 할인료, 사채이자 등이 모두 포함되어야 한다. 다만, 현가할인차금상각 및 채무면제이익은 제외하고 계산한다.

④ 회생담보권과 회생채권의 변제현황을 작성할 때에는 다음 각 호에 의한다.

1. 회생담보권, 회생채권 종합변제실적란의 변제액과 미변제액란에는 인가결정 이후의 누적 변제액 또는 누적된 미변제액의 총액을 기재한다.
2. 조기에 변제한 경우 그 변제액수는 실제 조기에 변제한 연도가 아니라, 당초 회생계획에 예정되어 있던 변제연도란에 기재하고, 일부를 조기에 변제하고 나머지를 면제받은 경우에는 면제받은 부분까지 포함한 전체 금액을 변제실적으로 기재하되 그 사유를 주(註)로 기재한다.
3. 회생계획이 이행되지 않은 경우 미이행된 회생담보권과 회생채권 액수는 회생계획에 예정되어 있던 변제연도란에 기재하여 적시한다.

⑤ 보고사항 중 소송 현황란에는 채무자가 당사자가 된 모든 보전처분과소송 현황을 기재하되, 보전처분(가압류, 가처분)은 해당 분기에 있었던 것만 기재하고, 소송은 현재 계속 중인 것을 모두 기재한다.

⑥ 건설업을 영위하는 채무자는 다음 각 호의 문서를 보고서에 첨부하여 제출하여야 한다.

1. 현장명, 발주처, 수주금액, 공사기간, 회생계획과 대비하여 계산한 달성율(백분율로 환산하여 표시) 등을 기재한 수주실적표
2. 미분양 현황 명세표

3. 사업현장이 여러 곳에 있는 경우 사업현장 명세표

⑦ 조선업을 영위하는 채무자 및 기타 주문생산부문이 있는 채무자에 대하여는 제6항 제1호를 준용한다.

⑧ 관리인은 필요한 경우 이 조에서 정한 양식 이외에도 다음 각 호와 같이 법원에 보고할 필요가 있는 사항이 있는 경우 보고서에 추가 기재하여 제출할 수 있다.

1. 재무상태표상의 특이사항
2. 시설투자 · 기술투자계획과 실적, 인적 자원의 관리계획과 실적, 채권회수계획과 실적 등
3. 기타 회생계획 수행을 위해 추진해야 할 장단기 혁신계획과 실적

제8조 (채무자 현황 및 연간보고서의 작성 요령)

① 채무자 현황 및 연간보고서에는 다음 각 호의 내용이 포함되어야 한다.

1. 채무자 개요(채무자 현황, 조직도, 인원현황, 회생절차 개시신청에 이른 주원인과 신청 경과, 외부회계감사, 법원허가금액 및 허가대상행위, 허가사항내역 총괄표)
2. 관리인 현황(인적사항, 관리인 선임 등)
3. 자본(주식과 자본금, 주권발행여부, 상장법인 어부)
4. 영업현황 및 재무상태 요약(재무상태표와 손익계산서 별첨)
5. 자산 및 부채
6. 영업 및 자금수지
7. 회생계획 수행현황
8. 노사관계 사항
9. 감사의견서
10. 자회사가 있을 경우 자회사의 개요와 현황
11. 기타 사항

② 개요 항목의 외부회계감사란에 과거 5년간 채무자를 외부감사한 회계법인의 이름과 감사의견을 기재하고, 외부회계감사를 받지 않은 경우에는그 사유와 함께 회생절차에서 선임된 조사위원의 이름을 기재한다.

③ 재무상태표와 손익계산서 항목을 작성하는 경우에는 과거 5년간의 비교재무상태표와 비교손익계산서를 기재한다.
④ 회생계획이 인가되기 전의 채무자는, 회생계획 수행현황란에 스스로 계획하고 있는 회생계획의 주요 내용과 채권자들과의 협의 내용, 향후 회생계획 인가를 위해 예정하고 있는 일정 등을 기재한다.
⑤ 기타 항목에는 채권자협의회가 구성되어 있는 경우 그 내용, 회생담보권자와 회생채권자를 구분하지 않고 잔존 채권액의 다액 순으로 채권자10명의 이름과 주소, 연락처, 담당자를 각 기재한다.
⑥ 채무자 현황 및 연간보고서를 작성할 때에는 본조에서 정하는 사항을제외하고는 제6조 및 제7조를 준용한다.
⑦ 채무자 현황 및 연간보고서는 가능한 범위 내에서 회계감사기관의 회계감사보고서에 따라 작성함을 원칙으로 하되, 제출기간까지 결산이 완료되지 아니한 경우에는 제5조 제3항을 준용하여 작성한다.

제 214 호

관리인 직무교육

제1조 (목적)
준칙 제214호는 관리인이 보다 공정하고 효율적으로 채무자를 관리하고 채권자, 주주 등 이해관계인의 다양한 이익을 합리적으로 조정하기 위해 필요한 역량을 키우고 책임의식을 강화하기 위한 직무교육에 관하여 필요한 사항을 정함을 목적으로 한다.

제2조 (관리인 직무교육의 시기와 대상)
관리인 직무교육은 매월 1회 법원에서 전 월에 회생절차 개시결정이 있는채무자의 관리인을 대상으로 하여 실시한다. 다만, 불가피한 사유가 있는관리인은 그 이후의 직무교육에 언제라도 참석할 수 있다.

제3조 (관리인 직무교육의 담당)
관리인 직무교육은 판사와 관리위원이 담당한다.

제4조 (관리인 직무교육의 주요내용)

관리인 직무교육은 관리인이 채무자, 채권자, 주주 등 여러 해관계인들의이익을 공평하게 조정하기 위해 채무자의 업무수행과 재산관리를 위탁받아수행하는 공적 수탁자의 지위에 있음을 인식하게 하며, 관리인으로서 효율적으로 업무를 수행하는 데 필요한 사항을 습득하게 함을 주요내용으로 한다.

제5조 (구조조정담당임원의 참여)

법원은 필요한 경우 구조조정담당임원(CRO)으로 하여금 관리인 직무교육에 참여하게 할 수 있다.

제 215 호

관리인 평정

제1조 (목적)

준칙 제215호는 채무자의 관리인(채무자의 대표자 아닌 자가 관리인으로 선임된 경우에 한함, 이하 준칙 제215호에서 같다)에 대한 정기적인 평정을실시할 때 관리인이 수행한 입무의 적정성을 평가하는 설차 및 그 밖에 필요한 사항을 정함으로써 회생절차가 투명하고 효율적으로 진행되게 함을목적으로 한다.

제2조 (평정시기)

① 법원은 매년 12월 말을 기준으로 회생계획이 인가되어 회생절차가 계속중인 채무자의 관리인에 대하여 채무자의 관리인이 수행한 업무의 적정성에 관한 평가를 한다.

② 법원은 다음 각호의 결정을 하는 경우 그 결정 후 지체없이 채무자의관리인에 대하여 관리인이 수행한 업무의 적정성에 관한 평가를 한다. 다만, 제1항의 평가를 한 때로부터 3월이 경과하지 않은 경우에는 본항의 평가를 생략할 수 있다.

1. 채무자에 대하여 회생절차 폐지결정을 하는 경우
2. 채무자에 대하여 회생절차 종결결정을 하는 경우

제3조 (평정관련 자료의 제출 등)

① 관리인은 제2조 제1항의 평가를 위하여 매년 1월 15일까지 관리위원회에 [별지 1 회사현황 보고]의 제1항 내지 제7항의 내용을 기재하여 제출하여야 한다.

② 관리위원회는 제2조 제1항의 평가를 위하여 주심판사에게 제1항과 같이관리인이 제출한 회사현황 보고와 함께 채무자의 관리인이 수행한 경영성과, 회생계획 수행상황, 허가·보고사항 준수 여부, 조기 종결 또는 인가 후 폐지에 대한 의견, 기타 관리인 및 감사에 대한 의견을 제출한다.

③ 관리위원회는 제2조 제2항의 평가를 위하여 주심판사에게, 제2조 제2항각호의 결정 후 지체없이, 채무자의 관리인이 수행한 경영성과, 회생계획 수행상황, 허가·보고사항 준수 여부, 기타 관리인 및 감사에 대한의견을 제출한다.

제4조 (평가표의 작성 등)

① 법원은 관리위원회의 의견을 참고하여 [별지 2 관리인평가표]에 따라 관리인에 대한 평가표를 작성한다.

② 법원은 관리인에 대한 평정결과를 회생·파산위원회에 통보한다.

제5조 (보전관리인에 대한 평정)

① 법원은 보전관리인의 업무가 종료한 때(회생절차개시결정에 따라 보전관리인이 채무자의 관리인으로 선임된 경우를 제외한다) 보전관리인에 대하여 보전관리인이 수행한 업무의 적정성에 관한 평가를 한다.

② 관리위원회는 제1항의 평가를 위하여 주심판사에게 채무자의 보전관리인이 수행한 경영성과, 허가·보고사항 준수 여부 등에 대한 의견을 제출한다.

③ 제4조는 보전관리인의 성질에 반하지 않는 범위 내에서 보전관리인에 대하여 준용한다.

[별지 1 회사현황 보고]

20**회합** (주)0000 회사현황 보고

2017. 00. 00.

1. 회사의 주된 업종

00업

2. 회생절차 진행 경과

20**. 00. 00. 개시 / 20**. 00. 00. 인가 / 관리인 000 기존 경영자 관리인
감사 000

3. 회생계획 요지

구 분	시인된총 채권액 (백만원)	권리변경 후 변제할채권액 (백만원)	권리변경 및 변제방법
회생 담보권			
회생채권			
조세채권			
공익채권			
합계			
기존주주			

4. 회생계획 수행

가. 매출 및 영업이익 실적

구 분	20**년			20**년			20**년		
	회생계획 (백만원)	실적 (백만원)	달성율 (%)	회생계획 (백만원)	실적 (백만원)	달성율 (%)	회생계획 (백만원)	실적 (백만원)	달성율 (%)
매출액	00								
영업 이익									

나. 회생채권 등 변제 실적 (단위 : 백만원)

구 분		준비연도	1차년도 (20××)	2차년도 (20××)	3차년도 (20××)	4차년도 (20××)	5차년도 (20××)	6차년도 (20××)	7차년도 (20××)	8차년도 (20××)	9차년도 (20××)	10차년도 (20××)	합계
회생담보권	회생계획												
	실변제액												
	달성율(%)												
일반회생채권	회생계획												
	실변제액												
	달성율(%)												
조세회생채권	회생계획												
	실변제액												
	달성율(%)												
공익채권	회생계획												
	실변제액												
	달성율(%)												
합계	회생계획												
	실변제액												
	달성율(%)												

5. 회생계획 수행 상황

- 부동산 등 자산매각 현황
(목적물 / 매각예상연도 / 매각대금예상액 / 실제 매각액)

- 수행 실적에 대한 간단한 분석

- 수행하지 못했을 경우 그 원인

6. 관리인의 장래 대책 / 감사의 의견

- 관리인의 장래 회생계획 수행에 대한 의견

- 감사의 의견

7. 조기 종결 또는 인가 후 폐지에 대한 의견

- 조기 종결의 가능성 등

8. 관리위원회 의견

- 경영성과
- 회생계획 수행상황
- 허가, 보고사항 준수 여부
- 조기종결 또는 인가 후 폐지에 대한 의견
- 기타 관리인 및 감사에 대한 의견(특이사항 있는 경우에만 기재)

[별지 2 관리인평가표]

(제3자, 공동)관리인 평가표

성명	사건번호		재판부		선임일	
	채무자		관리위원		임기만료일	

관 리 위 원 평 가	
1. 일상 업무 수행	
-자금 관리 업무	상 □ 중 □ 하 □
-생산관리 및 영업관리 업무	상 □ 중 □ 하 □
-자금수지, 입출금 현황 감독 업무	상 □ 중 □ 하 □
-공장, 지점, 창고, 거래현장 등 실질 감독업무	상 □ 중 □ 하 □
-회생계획 수행 또는 회생계획안에 대한 검토 업무	상 □ 중 □ 하 □
-허가 신청 업무	상 □ 중 □ 하 □
-기타 회생절차 진행 업무	상 □ 중 □ 하 □
-충분한 시간 투입, 근태	상 □ 중 □ 하 □
2. 법원에 대한 보고업무	
-정기보고서 제출기일 준수 및 보고서 내용의 충실한 기재	상 □ 중 □ 하 □
-법원 지시사항 조사 및 보고 업무	상 □ 중 □ 하 □
3. 이해관계인과의 관계	
-경영자 관리인, 임직원과의 관계	상 □ 중 □ 하 □
-채권자와 협의	상 □ 중 □ 하 □
4. 업무수행의 공정성	
-뇌물수수나 약속, 향응접대 등 부정행위 발견 여부	여 □ 부 □
-기타 계약체결 행위 등에 부정한 관여	여 □ 부 □
5. 평가의견	
6. 업무수행에 대한 종합 평가	상 □ 중 □ 하 □

재 판 부 평 가	
1. 경영능력	상 □ 중 □ 하 □
2. 회생절차 이해도	상 □ 중 □ 하 □
3. 성실도	상 □ 중 □ 하 □
4. 평가 의견	
5. 업무수행에 대한 종합 평가	상 □ 중 □ 하 □

제 216 호

채권자협의회의 운영

제1조 (목적)

준칙 제216호는 채권자협의회가 채권자 일반의 이익을 적절히 대표하게 함으로써 회생절차가 공정하고 효율적으로 진행될 수 있도록 채권자협의회의운영에 필요한 사항을 정함을 목적으로 한다.

제2조 (채권자협의회의 구성)

① 관리위원회는 회생절차 개시신청이 있은 후 7일 이내에 채무자의 주요 채권자를 구성원으로 하는 채권자협의회를 구성하여야 한다.

② 채무자는 주무 관리위원에게 제1항에 따른 채권자협의회 구성을 위해 필요한 채권자 명단, 채권자 연락처, 법인 채권자의 경우 담당부서와 직원, 각 채권의 액수, 채권의 성질 등을 기재한 서류를 지체 없이 제출한다.

③ 채권자협의회의 구성원은 10인 이내로 하되, 회생담보권자, 회생채권자, 금융기관, 비금융기관 등 채권자 그룹별로 적어도 1명 이상의 채권자가 포함되어야 하고, 같은 그룹 내에서는 채권액수를 기준으로 하여 최대채권자부터 포함됨을 원칙으로 한다. 이 때 기준이 되는 채권액수의 판단은 회생절차 개시신청일을 기준으로 하되, 가까운 시일 내에 대위변제등으로 그 순위가 변동될 고도의 개연성이 있을 경우에는 이를 참작하여 달리 정할 수 있다.

④ 제3항의 규정에도 불구하고 관리위원회는 필요하다고 인정하는 때에는 소액채권자를 채권자협의회 구성원으로 참여하게 할 수 있다.

⑤ 채권자협의회가 구성되어 그 통지가 이루어졌음에도 불구하고 그 때부터 5영업일 이내에 대표채권자 지정의 신고가 없는 경우에는 관리위원회는 대표채권자를 지정하여 그 내역을 채권자협의회에 통지하고 지체 없이 주심 판사에게 알린다.

⑥ 제3항 내지 제5항의 규정에도 불구하고 채권자협의회에 속하기를 원하지 아니하는 채권자가 있을 경우에는, 차순위 조건에 해당하는 채권자를채권자협의회 구성원으로 한다.

제3조 (의견제시)

채권자협의회는 다음 각 호의 사항에 관하여 법원에 의견을 제시할 수 있다.

1. 회생절차 개시 및 관리인, 보전관리인, 조사위원 선임에 관한 의견
2. 법 제132조에 따른 회생채권 변제에 관한 의견
3. 법 제179조 제1항 제5호 및 제12호에 따른 신규자금 차입에 관한 의견
4. 법 제62조에 따른 영업양도 및 M&A 진행에 관한 의견
5. 법 제203조 제4항에 따른 감사 선임 및 재선임에 관한 의견
6. 회생절차의 폐지 및 종결에 관한 의견
7. 기타 회생절차에 관한 의견

제4조 (채무자와 협약 체결)

채권자협의회는 회생절차의 조기 종결 이후의 절차에 관하여 채무자와 협약을 체결한 때에는 준칙 제251호「회생절차의 조기 종결」에 따라 향후채무자의 회생계획 수행을 감독할 수 있는 채권자협의체의 구성과 운영에 관한 적절한 규정을 마련하여 협약 체결 후 7일 이내에 법원에 제출하여야한다. 다만 그 협약의 내용은 법과 그 시행령 및 규칙의 규정에 어긋나서는 아니 된다.

제 217 호

조사위원의 선임 및 평정

제1절 총칙

제1조 (목적)

준칙 제217호는 법 제87조에서 정한 조사위원의 선임과 평정에 대한 기준을 수립함으로써 회생절차가 공정하고 투명하게 진행되도록 함을 목적으로 한다.

제2절 조사위원 적임자 명단의 작성 및 관리

제2조 (조사위원 적임자 명단 관리위원회)

① 법원에 「조사위원 적임자 명단 관리위원회」(이하 준칙 제217호에서 '위원회'라 한다)를 둔다.

② 위원회는 다음 각 호의 업무를 한다. 다만, 제1호, 제2호의 업무를 하는 경우에는 회생·파산위원회의 의견을 들어야 한다.

1. 조사위원 적임자 명단(이하 준칙 제217호에서 '적임자 명단'이라 한다)의 작성
2. 적임자 명단에서의 삭제
3. 그 밖에 적임자 명단의 작성, 관리에 필요한 업무

③ 위원회는 위원장 1명과 10명 이내의 위원으로 구성하되, 위원장은 서울회생법원 수석부장판사로 하고, 위원회의 위원은 다음 각 호에 해당하는사람 중 각 1명 이상을 법원장이 지명한다.

1. 법원 소속 부장판사
2. 법원 소속 판사
3. 법원 관리위원회 소속 관리위원

④ 위원회에는 위원장이 법원 소속 판사 또는 직원 중에서 지명한 간사를 둘 수 있다.

⑤ 위원회는 서면으로 심의·의결할 수 있다.

제3조 (적임자 명단의 작성)

① 법원은 한국공인회계사회, 대한변호사협회 등으로부터 조사위원 선정 대상자를 추천받되, 다음 각 호 중 하나 이상의 요건을 충족하는 자들로 적임자 명단을 작성한다.

1. 국내 신용평가기관 중 규모가 3위 이내에 드는 기관
2. 소속 공인회계사가 30명 이상인 국내 회계법인

② 회계법인이 제1항 제2호의 요건을 충족하지 못한 경우라도 상당한 이유가있는 때에는 한국공인회계사회의 추천을 받아 명단에 등재할 수 있다.

③ 위원회는 적임자 명단 작성에 참고한 자료 등을 회생·파산위원회에

통보한다.

제4조 (적임자 명단의 갱신 및 삭제)

① 위원회는 매년 조사위원에 대한 평정 결과 등을 참고하여 적임자 명단을 갱신한다.

② 위원회는 적임자 명단에 등재된 자가 다음 각 호의 1에 해당하거나 기타 조사위원으로서 부적합하다고 볼 상당한 이유가 있는 때에는 언제든지 명단에서 삭제할 수 있다.

1. 조사위원으로 선임되었음에도 정당한 이유 없이 조사위원이 되기를 거부한 때
2. 조사보고 내용이 부실한 때
3. 보수청구액이 현저히 부당하다고 인정되는 때
4. 소속 공인회계사 수의 감소 기타 사유로 그 공신력이 현저히 훼손된 때

제3절 조사위원의 선임 등

제5조 (조사위원의 선임)

① 법원이 조사위원을 선임하는 경우 적임자 명단의 순서에 따라 차례로선정함을 원칙으로 한다. 다만, 적임자 명단에 등재된 회계법인 등이 다음 각 호에 해당하는 경우에는 해당 채무자의 조사위원으로 선정하지 아니한다.

1. 최근 3년간 채무자를 외부감사하였거나 채무자에 관하여 경영컨설팅을 한 사실이 있는 경우
2. 조사업무의 규모와 특성 등에 비추어 회계법인 등이 채무자에 대한 조사업무를 수행하기 부적합하다고 보이는 상당한 사유가 있는 경우

② 채무자의 자산 규모가 300억 원 이상인 경우에는 소속 공인회계사가 80명이상인 회계법인을 우선하여 선정할 수 있다.

③ 법원은 채무자가 영세한 소규모 기업 또는 개인인 경우로서 적임자 명단에 등재된 자 중에서 조사위원을 선임하는 것이 적합하지 아니

하다고인정되는 때에는 법원서기관ㆍ법원사무관ㆍ법원주사보(이하 준칙 제217호에서 '법원사무관등'이라 한다)를 채무자에 대한 조사위원으로 선임할 수 있다.

제6조 (조사위원의 해임)

① 법원은 상당한 이유가 있는 때에는 이해관계인의 신청에 의하여 또는직권으로 조사위원을 해임할 수 있다.

② 전항의 경우 법원은 그 조사위원을 심문하여야 한다.

제7조 (조사위원의 보수 및 비용)

① 조사위원의 기본보수는 [별표]의 기준에 의하여 산정하되, 조사의 내용ㆍ기간ㆍ난이도 및 성실성 등을 고려하여 상당한 범위 내에서 가감할 수 있다. 다만, 조사위원이 법원사무관등인 경우에는 보수를 지급하지 아니하는 것을 원칙으로 한다.

② 조사를 위하여 외부기관의 감정이 필요하거나 그 밖에 이에 준하는 경우에는 그에 소요된 비용을 별도로 지급할 수 있다.

③ 조사위원이 법원사무관등인 경우 법 제88조, 제79조 제1항에 따른 검사에 필요한 조사위원 여비는 절차의 비용으로 보고 그 실비를 지급한다.

④ 제3항의 실비는「법원공무원 여비규칙」제1장부터 제3장까지에서 규정한 기준에 따른다.

제4절 조사위원에 대한 평정

제8조 (조사위원 업무수행 평가표의 작성)

① 위원회의 위원장은 위원회 위원 중 판사 1인을 조사위원 업무수행 평가표를 관리할 책임자로 지정한다.

② 법원은 법인인 채무자에 대한 회생절차에 관하여 조사보고서가 제출된이후 회생절차 개시신청의 기각결정, 회생절차의 폐지결정 또는 회생계획에 대한 인가결정이 있는 경우 [별지 1 조사위원 평가표]를 작성하여야 한다.

제9조 (조사위원에 대한 평정)

① 위원회는 매년 1월 말까지 조사위원 평가표 및 기타 제반사정을 참작하여 적임자 명단에 등재된 기관 또는 회계법인에 대하여 평정을 실시한다.

② 법원은 조사위원에 대한 평정결과를 회생·파산위원회에 통보한다.

[별표]

조사위원 보수 기준표

조사 당시의 자산 총액	기준 보수
50억 원 미만	1,500만 원
50억 원 이상 80억 원 미만	1,800만 원
80억 원 이상 120억 원 미만	2,700만 원
120억 원 이상 200억 원 미만	3,200만 원
200억 원 이상 300억 원 미만	3,900만 원
300억 원 이상 500억 원 미만	4,500만 원
500억 원 이상 1,000억 원 미만	5,000만 원
1,000억 원 이상 3,000억 원 미만	5,700만 원
3,000억 원 이상 5,000억 원 미만	7,700만 원
5,000억 원 이상 7,000억 원 미만	9,200만 원
7,000억 원 이상 1조 원 미만	10,000만 원
1조 원 이상 2조 원 미만	11,000만 원
2조 원 이상	12,000만 원(1조 원당 1,200만 원씩 추가)

[별지 1 조사위원 평가표]

조사위원 평가표

<table>
<tr><td rowspan="2">명칭</td><td rowspan="2"></td><td>사건번호</td><td></td><td>재판부</td><td></td><td rowspan="2">조사기간</td><td rowspan="2"></td></tr>
<tr><td>채무자</td><td></td><td>관리위원</td><td></td></tr>
</table>

관리위원평가	
1. 일반적인 업무수행	
-조사보고서 제출기간 준수	상 □ 중 □ 하 □
-조사보고서 일반의 충실도	상 □ 중 □ 하 □
-조사사항의 누락 여부	상 □ 중 □ 하 □
2. 조사의 충실도	
-자산 실사의 충실도	상 □ 중 □ 하 □
-서류열람, 회계기록 검토의 충실도	상 □ 중 □ 하 □
-계산의 공정성, 신뢰성	상 □ 중 □ 하 □
3. 조사보고 결과의 적절성	
-매출액 추정의 합리성	상 □ 중 □ 하 □
-매출원가 추정의 합리성	상 □ 중 □ 하 □
-판매관리비 추정의 합리성	상 □ 중 □ 하 □
-부인대상 행위, 임원 등의 책임에 관한 조사의 합리성	상 □ 중 □ 하 □
-청산조정의 합리성	상 □ 중 □ 하 □
4. 업무수행의 공정성 및 객관성	
-뇌물수수나 약속, 향응접대 등 부정행위 발견 여부	여 □ 부 □
5. 집회 출석	
-집회 출석여부	여 □ 부 □
6. 업무 협조성	
-재판부와 소통(주요사항 신속 보고 등)	상 □ 중 □ 하 □
7. 평가의견	
8. 업무수행에 대한 종합 평가	상 □ 중 □ 하 □

재판부평가	
평가 의견	
업무수행에 대한 종합 평가	상 □ 중 □ 하 □

제 218 호

조사위원의 조사 · 보고

제1조 (목적)

준칙 제218호는 조사위원이 수행하여야 할 조사·보고에 관하여 필요한 사항을 정함으로써 회생절차의 통일성을 제고하고 이해관계인들의 회생절차에 대한 신뢰성을 확보하는 것을 목적으로 한다.

제2조 (제1차 조사보고서의 작성 및 제출)

조사위원(간이조사위원을 포함한다, 이하 준칙 제218호에서 같다)은 법원의결정에 의하여 법원이 정한 기한까지 다음 각 호의 사항을 조사하여 제1차조사보고서를 작성·제출하여야 한다. 다만, 법원사무관등이 조사위원으로 선임된 경우에는 제2호에 대한 조사를 생략할 수 있다.

1. 법 제90조 내지 제92조 소정의 사항에 관한 의견을 붙인 조사결과
2. 채무자의 사업을 계속할 때의 가치가 채무자의 사업을 청산할 때의 가치보다 큰지의 여부 및 회생절차를 진행함이 적정한지의 여부에 관한 의견
3. 채무자의 부채액에 산입되지 아니한 채무자의 제3자에 대한 보증채무의 금액, 내용 및 보증책임의 발생가능성
4. 채무자의 이사나 이에 준하는 사람 또는 지배인의 중대한 책임이 있는 행위로 인하여 회생절차 개시의 원인이 발생하였는지 여부 및 위와 같은 이사 등의 중대한 책임이 있는 행위에 지배주주 및 그 친족 기타 대통령령이 정하는 범위의 특수관계에 있는 주주가 상당한 영향력을 행사하였는지 여부
5. 법 제100조 내지 제104조의 규정에 의하여 부인할 수 있는 행위의 존부 및 범위

제3조 (제2차 조사보고서의 작성 및 제출)

조사위원은 법원의 결정에 의하여 회생계획안 심리를 위한 관계인집회 전에다음 각 호의 사항을 조사하여 제2차 조사보고서를 작성·제출하여

야 한다.

1. 제출된 회생계획안에 의한 변제방법이 채무자의 사업을 청산할 때 각 채권자에게 변제하는 것보다 불리하지 아니하게 변제하는 내용인지 여부
2. 제출된 회생계획안의 수행이 가능한지 여부

제4조 (변경회생계획안 제출에 따른 조사·보고 사항)

조사위원은 채무자가 인가된 회생계획에 대하여 변경회생계획안을 제출한경우 변경회생계획안 심리를 위한 관계인집회 전에 다음 각 호의 사항을조사하여 보고서를 제출하여야 한다.

1. 변경회생계획안에 의한 변제방법이 채무자의 사업을 청산할 때 각 채권자에게 변제하는 것보다 불리하지 아니하게 변제하는 내용인지 여부
2. 제출된 변경회생계획안의 수행이 가능한지 여부

제5조 (기타 조사·보고 사항)

조사위원은 법원이 필요하다고 인정하여 조사를 명한 사항을 조사하여 보고서를 작성、제출하여야 한다.

제 219 호

채무자의 구조조정담당임원(CRO)

제1조 (목적)

준칙 제219호는 구조조정담당임원이 회생절차에 관하여 관리인에게 충분히 자문을 제공하고, 회생절차의 공정한 진행을 위해 관리인을 적절히 감독하며, 회생절차의 성공적 진행을 위해 채권자 등과의 원활한 의사소통에 기여하도록 하기 위하여 채무자의 구조조정담당임원(Chief Restructuring Officer)위촉 및 업무수행 등에 관하여 필요한 사항을 정함을 목적으로 한다.

제2조 (구조조정담당임원의 위촉 시기)

관리인은 특별한 사정이 없는 한 회생절차 개시결정일부터 14일 이내에 법원의 허가를 받아 구조조정담당임원을 위촉한다.

제3조 (구조조정담당임원의 위촉절차)

① 채권자협의회는 법원에 채무자에 대한 구조조정담당임원 후보자를 추천할 수 있다. 이 때 법원은 채권자협의회에 회계업무 및 감사업무에 상당한 경력이 있는 사람, 채무자의 업종 또는 그와 유사한 업종에 전문적경험이나 식견이 있는 사람 등 다양한 경력을 가진 복수의 후보자를 추천하여 줄 것을 요청한다.

② 법원은 채권자협의회로부터 제1항의 구조조정담당임원 후보자를 추천받는 경우 면접 등의 방법을 통하여 적임자를 선정한다. 다만, 채권자협의회로부터 추천받은 사람 중에 적임자를 선정하기 어려운 경우에는 관리위원회의 추천을 받거나 의견을 들어 적임자를 선정할 수 있다.

③ 관리인은 제2항과 같이 선정된 적임자를 채무자의 구조조정담당임원으로 위촉할 수 있다.

제4조 (구조조정담당임원의 보수)

구조조정담당임원의 보수는 관리인이 법원의 허가를 받아 채무자의 자산 및 부채의 규모, 자금 사정 등을 고려하여 정한다.

제5조 (구조조정담당임원의 임기)

구조조정담당임원의 임기는 회생계획 인가 전 회생절차폐지결정이 확정된날 또는 회생계획 인가 후 감사가 선임된 날까지로 한다.

제6조 (구조조정담당임원의 의무)

① 구조조정담당임원은 그 업무를 수행할 때 선량한 관리자로서의 주의의무를 다하여야 하고, 업무를 수행하는 과정에서 알게 된 채무자의 영업상의 비밀을 정당한 이유 없이 제3자에게 공개하거나 채무자 이외의 자를 위하여 사용하여서는 아니 된다.

② 구조조정담당임원은 채무자와 위촉계약을 체결하는 경우 지체 없이 법원에 [별지 1 서약서]를 작성하여 제출하여야 한다.

제7조 (구조조정담당임원의 업무)

① 구조조정담당임원은 다음 각 호와 같이 회생절차의 원활한 진행을 위한 업무를 수행한다.

1. 회생절차 전반에 대한 자문
   가. 채권자목록, 시·부인표, 회생계획안 작성 등에 대한 사전검토 및 조언
   나. 조사위원의 조사보고서와 관리인의 보고시에 대한 김토 및 자문
   다. 각종 허가신청서와 보고서(월간보고서, 채무자 현황보고서, 관리인 보고서 등) 사전검토 및 작성요령 지도
2. 채권자협의회와의 원활한 의사소통
   가. 채권자협의회에 대한 의견조회를 거쳐야 하는 사항에 관한 사전협의
   나. 채권자들의 문의사항에 대한 답변, 주요 현안에 관한 의견 교환
   다. 회생계획안에 대한 동의를 받기 위한 사전 협의
3. 부인권 행사 또는 이사 등에 대한 책임 추궁 관련 업무
   가. 부인권 행사 대상 행위, 이사 등의 책임이 문제되는 사안에 대한 사전 조사
   나. 부인권 행사 또는 이사 등에 대한 손해배상청구와 관련히여 관리인과 적극 협의

② 구조조정담당임원은 다음 각 호와 같이 관리인에 대한 감독업무를 수행 한다.

1. 자금수지 감독
   가. 채무자의 자금수지 현황을 파악하여, 월 2회 주심판사, 주무 관리위원 및 채권자협의회에 제공
   나. 부적절한 비용 지출이나 입금 누락이 없는지 여부 점검
   다. 채무자에게 특이사항이 있는 경우 법원에 보고
2. 거래관계 및 업무현황 점검
   가. 매출 및 매입에 대한 과소·과대계상, 허위매출, 부적절한 거래 등이 없는지 점검
   나. 가공의 임직원에 대한 급여 지출, 판관비 지출의 적정성 등 점검

3. 자산의 매입, 처분, 설비 이전에 관한 적정성 등 점검
4. 관리인의 법원에 대한 허가사항 사전점검 및 사후조치 경과 보고
5. 관리인 보고서 점검 및 주요사항 의견서 제출
6. 재고자산 등 현장의 직접 점검
7. 관계회사 등 점검
가. 관계회사나 특수관계인과의 부적절한 거래관계가 있는지 여부
나. 관계회사나 특수관계인으로의 자산 유출 등이 있는지 여부

제8조 (구조조정담당임원에 대한 지원)

① 관리인은 구조조정담당임원이 그 업무를 수행하기 위하여 필요한 장소, 비품, 인력 등을 지원하고, 필요경비를 지급해야 한다.

② 관리인은 구조조정담당임원이 업무를 수행하기 위하여 필요하다고 인정되는 정보를 제공하고, 장부, 매출전표, 기타 서류 등(재고상품 등 동산 포함)을 열람, 복사, 확인할 수 있도록 협조하여야 한다.

[별지 1 서약서]

사건번호 :
채 무 자 :

업무 서약서

본인은 채무자의 CRO로 직무를 수행함에 있어 CRO의 관리인 감독업무 및 법원에 대한 보고의무 등 상세항목을 빠짐없이 인지하고 이를 성실하게 수행할 것이며, 관리인 기타 임직원의 불법행위를 방지하기 위하여 CRO로서의 엄중한 주의의무를 다할 것입니다. 만일 그 직무에 관하여 법령 또는 귀 법원의 실무준칙에 위반하거나 고의 또는 과실로 귀 법원에 보고를 누락하거나 사실과 다른 보고를 하는 등 불성실한 직무수행 사실이 확인되는 경우에는 그에 상응하는 어떠한 책임과 문책도 감수할 것임을 서약합니다.

2017. . .

구조조정담당임원 ○○○(서명)

제 220 호

감사의 선임 및 평정

제1조 (목적)
순칙 제220호는 능력과 자질을 갖춘 적임자가 법 제203조 제4항에서 정하는 감사로 선임될 수 있도록 감사의 선임 및 평가에 필요한 사항을 정함으로써 회생절차의 공정성과 투명성을 확보하고 회생절차 전반에 대한 신뢰를 제고함을 목적으로 한다.

제2조 (선임시기)
법원은 회생계획이 인가된 후 지체 없이 채무자의 감사를 선임한다.

제3조 (선임원칙 및 절차)
① 법원은 관리위원회, 채권자협의회 및 회생·파산위원회의 의견을 들어 다음 각 호의 어느 하나에 해당하는 사람으로서 엄정하게 직무를 수행할 수 있는 자질과 경륜이 있는 사람을 감사로 선임한다.
  1. 채무자의 업종 또는 그와 유사한 업종에 전문적 경험이나 식견이 있는 사람
  2. 회계업무 또는 감사업무에 상당한 경험이나 자격이 있는 사람
② 선임방법에 대하여는 준칙 제211호「관리인 등의 선임·해임·감독 기준」제18조, 제19조를 준용한다. 이 경우 관리인을 감사로 본다.
③ 감사는 그 직에 취임할 때 [별지 1 선서서]에 의한 선서서를 법원에 제출하여야 한다.

제4조 (보수)
감사의 보수는 채무자와 동일한 업종에 속하는 다른 업체의 감사 보수 실태, 기존의 보수체계, 채무자의 재정상태, 채무자의 자산 및 매출규모, 감사 업무의 내용과 난이도를 고려하여 정한다.

제5조 (임기)

① 감사의 임기는 특별한 사정이 없으면 1년으로 한다.
② 감사는 특별한 사유가 없는 한 최초 선임된 날부터 3년을 초과하여 연임할 수 없다.

제6조 (구조조정담당임원의 감사 선임)

구조조정담당임원이 위촉되어 있는 경우 법원은 관리위원회, 채권자협의회 및 회생·파산위원회의 의견조회를 거친 후 위 구조조정담당임원을 감사로 선임할 수 있다.

제7조 (겸임금지)

감사는 채무자 및 자회사의 관리인, 관리인대리, 이사, 지배인 기타 사용인의 직무를 겸하지 못한다.

제8조 (복수의 채무자를 위한 감사 선임)

① 법원은 채무자의 자산 및 부채 규모, 업종, 영업력, 영업규모, 감사의 필요성 및 그 정도를 참작하여 1인을 여럿의 채무자의 감사로 선임할 수 있다.
② 이 경우 감사의 근무방식 및 근무일수 배분에 대해서는 미리 정하여야 한다.

제9조 (평가)

① 법원은 준칙 제215호 「관리인 평정」에 따라 관리인 평가를 할 때(단, 채무자의 대표자가 관리인으로 선임된 경우에도 평가를 실시함) 관리위원회의 의견을 참고하여 [별지2 감사 평가표]에 따라 감사에 대한 평가표를 작성한다.
② 법원은 감사에 대한 위 평가결과를 회생·파산위원회에 통보하여야 한다.

제10조 (재선임)

감사의 임기가 만료되는 경우 법원은 특별한 사정이 없으면 현재의 감사를 재선임 한다.

제11조 (사임)

감사는 정당한 사유가 있는 때에는 법원의 허가를 얻어 사임할 수 있다.

제12조 (해임)
법원은 감사가 직무를 태만히 하거나 감사능력이 부족한 때, 그 밖에 상당한 이유가 있는 때에는 이해관계인의 신청에 의하거나 직권으로 감사를 해임 할 수 있다.

[별지 1 선서서]

사건번호 :

채 무 자 :

선 서 서

본인은 채무자의 감사로 취임하여 직무를 수행할때 엄정하게 감사로서의 주의의무를 다하여 직무를 수행할 것이며, 그 직무에 관하여 법령 또는 서울회생법원의 실무준칙에 위반하거나 고의 또는 과실로 법원에 사실과 다른 보고를 하는 등 불성실한 직무수행 사실이 확인되는 경우에는 언제든지 법원이 정한 모든 문책 조치에 그대로 따를 것임을 선서합니다.

0000. 00. 00.

감 사

[별지 2 감사 평가표]

감사 평가표

성 명	사건번호		재판부		선임일	
	채무자		관리위원		임기만료일	

관 리 위 원 평 가	
1. 일상 업무 수행	
-자금수지, 입출금 현황 감독 업무	상 □ 중 □ 하 □
-공장, 지점, 창고, 거래현장 등 실질 감독업무	상 □ 중 □ 하 □
-회생계획 수행 또는 (변경)회생계획안에 대한 검토 업무	상 □ 중 □ 하 □
-허가 신청서 검토 및 허가사항 후속 처리 보고 업무	상 □ 중 □ 하 □
-충분한 시간 투입, 근태	상 □ 중 □ 하 □
2. 법원에 대한 보고업무	
-정기보고서 제출기일 준수 및 보고서 내용의 충실한 기재	상 □ 중 □ 하 □
-법원 지시사항 조사 및 보고 업무	상 □ 중 □ 하 □
3. 이해관계인과의 관계	
-관리인, 임직원과의 관계	상 □ 중 □ 하 □
4. 업무수행의 공정성	
-뇌물수수나 약속, 향응접대 등 부정행위 발견 여부	여 □ 부 □
-기타 계약체결 행위 등에 부정한 관여	여 □ 부 □
5. 평가의견	
6. 업무수행에 대한 종합 평가	상 □ 중 □ 하 □

재 판 부 평 가	
1. 감사업무에 대한 이해도	상 □ 중 □ 하 □
2. 관리인의 허가사항 및 보고업무에 대한 확인	상 □ 중 □ 하 □
3. 특이사항 수시 보고 및 회생계획 이행 지도	상 □ 중 □ 하 □
4. 성실도	
5. 평가 의견	
6. 업무수행에 대한 종합 평가	상 □ 중 □ 하 □

제 221 호

감사의 업무수행

제1조 (목적)

준칙 제221호는 회생절차의 투명하고 공정한 진행을 위해 법 제203조 제4항에서 정한 감사가 채무자 및 관리인에 대하여 실질적인 감사를 하도록 하는 데 필요한 사항을 정함을 목적으로 한다.

제2조 (감사의 업무수행)

① 감사는 다음 각 호와 같이 관리인의 경영과 회생계획 수행활동을 감독하기 위한 업무를 수행한다.

1. 채무자의 회계, 입출금내역 등 운영상황 점검
2. 회생계획 수행에 대한 점검 및 독려
3. 관리인의 허가신청업무 감독 및 확인
4. 관리인의 보고업무에 대한 확인
5. 기타 감사가 업무를 수행하는데 필요한 사항

② 감사는 채무자의 업무처리가 적정한지 여부를 확인하기 위하여 수시로 회계장부 기타 채무자의 내부 서류를 열람하고 영업현장 등을 점검하여야 한다.

③ 감사는 중립적 지위에서 엄정하게 그 직무를 수행하여야 하고, 특히 아래 사항에 대한 점검, 확인을 철저히 하여야 한다.

1. 법원의 허가 없는 자금의 조성과 지출 여부
2. 회계계정의 부적절한 처리 여부
3. 부당한 수입감소 또는 지출증가가 있는지 여부
4. 채무자 조직의 능률성
5. 기타 채무자의 운영에 있어 부정적 요인의 존부
6. 준칙 제252호「채무자의 자회사 현황 보고」제2조에서 정한 자회사 운영에 관한 사항
7. 기타 법원이 조사를 요구한 사항

제3조 (감사의 법원에 대한 보고)

① 감사는 부임 후 1개월 이내에 회사 현황, 영업상황, 회생계획 수행현

황, 향후 감사계획 등을 법원에 보고하여야 한다.

② 감사는 임기만료 1개월 전까지 감사실적 및 감사의 업무수행현황에 대하여 법원에 보고하여야 한다.

③ 감사는 상법 제412조에 규정된 임무를 수행하는 외에 법원으로부터 직접 구두나 공문으로 특정한 사항에 대하여 조사 및 감사를 명령받은 경우 지체 없이 해당 사항을 조사하여 법원에 보고하여야 한다.

④ 다음 각 호의 어느 하나에 해당하는 사유가 발생한 경우 감사는 관련 사실을 지체 없이 법원에 보고하여야 한다.

1. 이사 이상의 직에 있는 사람이 관련된 비위사실을 발견한 때
2. 채무자에 대하여 시정을 촉구하였음에도 불구하고 적절한 조치를 하지 아니한 사항이 있는 경우
3. 급속을 요하거나 사안의 성질상 통상적인 체계를 거쳐서 보고하기에 부적절한 사항이 있는 경우

⑤ 법원에 대한 보고는 대면보고, 서면보고 또는 전화나 이메일 보고 중 적절한 방법으로 할 수 있다.

제4조 (감사의견서 제출)

① 감사는 관리인이 법원에 제출하는 분기별 보고서에 대하여 감사의견서를 제출하여야 한다.

② 감사는 1/4분기, 3/4분기에 대한 감사의견서를 각 분기종료일로부터 1개월 이내에, 2/4분기가 포함된 반기에 대한 감사의견서를 반기종료일로부터 2개월 이내에, 당해 연도에 대한 감사의견서를 회계연도 종료일로부터 3개월 이내에 제출하여야 한다.

③ 감사의견서에는 채무자의 업무처리 과정에 상법 제413조에 규정된 사항이 있는지 여부를 명기하여야 하고, 특히 아래 사항에 관한 의견을 포함 하여야 한다.

1. 회계 및 자금관계 보고내용의 적부
2. 당해 분기 감사실적의 개요
3. 자회사에 대한 사항
4. 기타 특이사항

제5조 (주의의무 등)

① 감사가 선량한 관리자로서의 주의를 해태함으로써 채무자 또는 임직원의 비위를 발견하지 못하고 이로 인해 채무자가 손해를 입을 때에는 감사는 그 손해를 배상하여야 한다.
② 감사는 경영에 직접 관여하여서는 아니 되고, 관리인의 직무를 침범하여서는 아니 된다. 특히 감사는 그 업무를 수행하면서 채무자의 통상적인업무수행에 지장을 주지 않도록 각별히 유념하여야 하며, 채무자의 장부, 공람서류 기타 감사를 위하여 제공된 문서와 자료는 신속히 열람한 후 반환하여야 한다.
③ 감사는 직무상 알게 된 사실을 누설하거나 공개하여서는 아니 된다.

제6조 (감사업무수행에 대한 협조)
① 채무자는 감사로 하여금 그 직무를 수행하기에 충분한 인적, 물적 시설을 제공하여야 하고, 관리인이 결재하는 서류를 모두 그 결재 전 또는 결재 후 지체 없이 감사의 공람에 제공하여야 한다.
② 이사는 채무자 내부에 정관 또는 법령에 위반되는 사항이 있거나 채무자에게 손해를 미칠 염려가 있는 사실을 발견한 때에는 지체 없이 이를 감사에게 보고하여야 한다.
③ 감사가 그 직무를 수행하기 위하여 이사 또는 관계 부서에 회계 장부 기타의 자료를 요청하거나 보고를 요청하는 때에는 관계자는 지체 없이 이를 제공 또는 보고하여야 한다.

제 222 호

채무자 자산의 감정평가를 위한 감정인의 선임과 보수기준

제1조 (목적)
준칙 제222호는 채무자에 대하여 그 소유의 부동산, 기계기구류 등 자산의 가액을 평가하여야 할 필요가 있을 경우 이를 평가할 감정인의 선정과 그 보수기준에 관하여 정함을 목적으로 한다.

제2조 (감정평가를 실시하여야 할 경우)

채무자가 부동산, 기계기구류 등을 보유한 경우 관리인(관리인이 없는 경우채무자의 대표자를 말한다. 이하 같다)은 법원의 허가를 받아 감정인을 선임하여 감정평가를 실시하여야 한다. 다만, 다음 각호의 경우에는 감정평가를 실시하지 아니할 수 있다.

1. 아파트나 중고자동차 등 그 감정목적물에 관하여 공신력 있는 기관, 단체가 제공하거나 또는 널리 통용되는 평균거래시세를 원용하는 방법 등이 적당하다고 인정되는 경우
2. 회생절차 개시신청일부터 1년 전 이내에 감정평가를 실시한 사실이 있고 그 감정평가금액이 적절하다고 인정되는 경우

제3조 (감정인 후보명단)

① 감정인은 감정인 후보명단(이하 준칙 제222호에서 '후보명단'이라 한다)에 등재된 자(이하 준칙 제222호에서 '감정인 후보자'라 한다) 중에서 선정한다. 다만 채무자가 영세한 소규모 기업 또는 개인인 경우로서 후보명단에 등재된 자 중에서 감정인을 선임하는 것이 적합하지 아니하다고인정되는 때에는 그러하지 아니하다.

② 법원은 공고 후 신청을 받아 소속 감정평가사가 10인 이상인 감정평가법인으로서 서울고등법원 관할구역 내에 본점 또는 지점(지점의 경우 상근감정평가사가 3인 이상일 것)을 두고 있는 감정평가법인들로 구성된 후보명단을 작성한다. 위에 해당하는 감정평가법인의 수가 부족하거나 그밖에상당한 이유가 있는 때에는 한국감정평가사협회의 추천을 받아 감정평가법인을 후보명단에 추가로 등재한다.

제4조 (후보명단 관리위원회)

① 법원은 후보명단에 등재될 자의 선정 및 후보명단 관리를 위하여 감정인후보명단 관리위원회(이하 준칙 제222호에서 '위원회'라 한다)를 둔다.

② 위원회의 구성, 업무, 심의·의결 방법에 관하여는 성질에 반하지 않는 한준칙 제217호「조사위원의 선임 및 평정」제2조 내지 제4조를

준용한다.

제5조 (감정인 선정방식)

① 관리인은 감정평가를 실시하여야 할 경우 후보명단에 등재된 감정평가법인 중 법원이 제2항에 따라 선정하는 감정평가법인과 감정평가용역계약을체결하여야 한다. 다만, 관리인이 선정된 감정평가법인 또는 그 감정평가법인이 제시하는 감정비용 등에 대하여 이의를 제기하고 그 이의가 타당한 경우에는 법원이 감정평가법인을 추가로 선정하며, 관리인은 선정된복수의 감정평가법인 중 1개의 감정평가법인과 감정평가용역계약을 체결 하여야 한다.

② 법원은 감정인 후보자 전원에게 선임의 기회가 공평하게 부여되도록 후보명단의 순서대로 감정인을 선정함을 원칙으로 한다. 다만, 위 방식에 의하여 선정될 당해 감정인 후보자가 채무자와 특수관계에 있거나 감정평가대상의 특성과 규모 등에 비추어 해당 감정평가업무를 수행하기 부적합하다고 보이는 상당한 사유가 있는 경우에는 당해 후보자를 배제하고 다음 순서의 후보를 감정인으로 선정할 수 있다. 이 경우 배제된 후보는 다음 기회에 우선적으로 선정할 수 있다.

제6조 (감정인의 보수)

① 감정인은 감정평가가 완료된 이후 관리인에게 그 업무수행에 따른 수수료, 출장 또는 사실확인에 소요된 실비를 청구할 수 있고, 관리인은 위 수수료등의 지급에 관한 법원의 허가를 받아 지체 없이 이를 감정인에게 지급하여야 한다.

② 제1항의 수수료의 요율 및 실비의 범위는 국토교통부장관이 부동산 가격공시 및 감정평가에 관한 법률 제35조 제2항에 따라 결정한 '감정평가업자의 보수에 관한 기준'에 따르되, 위 기준에서 정한 최대할인율을 적용한 금액으로 한다.

제 231 호

개시 전 조사

제1조 (목적)

준칙 제231호는 법원이 회생절차 개시결정을 하기에 앞서 조사위원으로 하여금 채무자에 대하여 조사(이하 준칙 제231호에서 '개시 전 조사'라 한다)하도록 하는 예외적인 경우의 유형 및 개시 전 조사를 하도록 할 경우 그 조사의 절차 등에 관하여 정함을 목적으로 한다.

제2조 (개시 전 조사 대상 사건)

법원은 다음 각 호의 경우에 필요하다고 인정하는 경우 채무자에 대한 개시전 조사를 위해 조사위원을 선임할 수 있다.

1. 채무자 아닌 자가 회생절차 개시신청을 한 사건으로 재무상태표상 자산이 부채를 초과하고 있고, 채무자가 회생절차 개시의 원인이 없다고 개시 요건을 다투는 경우
2. 재신청 사건 중 종전의 회생개시 기각 사유나 회생절차 폐지사유(부결된 사유 제외)가 해소되었다는 점에 관한 소명이 부족한 경우
3. 그 밖에 채무자에 대한 개시 전 조사가 불가피한 합리적인 사정이 있는 경우

제3조 (조사기간)

채무자에 대한 개시 전 조사의 기간은 충실한 조사에 필요한 시간, 신속한 개시여부 결정에 관한 이해관계인의 이익 등을 종합적으로 고려하여 합리적인 범위 내에서 정한다.

제4조 (개시 전 조사 사항)

개시 전 조사 사항은 다음 각 호의 전부 또는 일부로 할 수 있다.

1. 법 제90조 내지 제92조에서 정한 사항
2. 채무자의 사업을 계속할 때의 가치가 채무자의 사업을 청산할 때의 가치보다 큰지 여부 및 회생절차를 진행함이 채권자 일반의 이익을 해하는지 여부

3. 채무자의 부채액에 산입되지 아니한 채무자의 제3자에 대한 보증채무의 금액, 내용 및 보증책임의 발생가능성
4. 채무자의 이사나 이에 준하는 사람 또는 지배인의 중대한 책임이 있는행위로 인하여 회생절차 개시의 원인이 발생하였는지 여부 및 위와 같은 이사 등의 중대한 책임이 있는 행위에 지배주주 및 그 친족 기타 채무자 회생 및 파산에 관한 법률 시행령이 정하는 범위의 특수관계에 있는 주주가 상당한 영향력을 행사하였는지 여부
5. 법 제100조 내지 제104조의 규정에 의하여 부인할 수 있는 행위의 존부
6. 기타 법원이 필요에 의하여 조사를 명한 내용

제 232 호

관리인보고를 위한 관계인집회의 대체절차

제1절 총칙

제1조 (목적)

준칙 제232호는 회생절차의 이해관계인들에게 채무자에 관한 주요한 정보를 적절한 시기에 적정한 방법으로 제공함으로써 회생절차의 투명성을 제고하기 위하여 회생절차(간이회생절차를 포함한다. 이하 준칙 제232호에서 같다)의 관리인이 법 제98조 제2항 각 호가 정한 조치를 이행할 때 준수해야 할 사항을 정함을 목적으로 한다.

제2절 주요 사항 요지의 통지

제2조 (통지의 방법)

관리인은 법원이 정한 방법에 따라 법 제98조 제2항 제1호에 따라 법 제92조 제1항 각 호가 정한 사항(이하 준칙 제232호에서 '주요 사항'이라 한다)의 요지를 통지한다. 다만, 부득이한 사정이 있는 경우에는 다

른 방법으로 통지 할 수 있다. 이 경우 사전에 그 사유와 방법을 명시하여 법원의 허가를 받아야 한다.

제3조 (통지의 시기)

관리인은 통지의 방법에 따라 다음 각 호의 시기까지 상대방에게 통상 도달 할 수 있는 여유(7일)를 두고 통지를 발송하여야 한다.

1. 법원이 시기를 정한 경우에는 그때까지. 다만 그 기한을 준수하지 못할 부득이한 사유가 있는 경우에는 기한 전에 그 연장에 관하여 법원의 허가를 받아야 한다.
2. 법원이 시기를 정하지 않은 경우에는 회생계획안 심리를 위한 관계인집회의 개최 또는 법 제240조 제1항에 따른 서면결의에 부치는 결정전까지

제4조 (통지절차 착수의 사전보고)

관리인은 주요 사항 요지의 통지절차에 착수하기 전에 통지 내용, 예상되는 통지 기간 기타 필요한 사항을 법원에 보고하여야 한다.

제5조 (통지의 상대방)

① 관리인은 목록에 기재되어 있거나 신고한 회생채권자ㆍ회생담보권자ㆍ주주ㆍ지분권자, 조사위원ㆍ간이조사위원, 채무자, 회생을 위하여 채무를 부담하거나 담보를 제공한 자, 신규자금 지원자, 채무자를 위하여 보증을 제공한 자, 채무자의 자산에 관한 인수예정자(이하 준칙 제232호에서 '회생채권자 등'이라 한다)에게 주요 사항의 요지를 통지한다.

② 관리인은 회생채권자 등에게 임의로 통지를 생략하거나 통지가 누락되지 않도록 하여야 한다.

제6조 (통지의 내용)

① 관리인은 [별지 1 주요 사항 요지 통지서 표지]에 법 제92조 제1항 각 호가 정한 사항의 요지를 기재한 보고서 및 법 제92조 제1항이 정한 관리인보고서 또는 조사위원 조사보고서의 요약본을 첨부하여 통지한다.

② 채무자의 업무 및 재산에 관한 사항에는 채무자의 주요 사업목적,

조사기준일 현재 채무자의 자산·부채 총액, 채무자의 사업을 청산할 때의 가치와 사업을 계속할 때의 가치(산정한 경우에 한한다), 회생채권 및 회생담보권 시·부인 총괄내역이 포함되도록 한다.

③ 그 밖에 채무자의 회생에 관하여 필요한 사항에는 회생절차 개시 후 채무자의 사업 현황 및 전망, M&A·영업양도 또는 주요한 자산매각을 추진하는 경우에는 그 내용 등을 기재한다.

④ 관리인은 주요 사항 요지를 통지하면서 그 상대방에게 주요 사항에 대한 의견을 법원에 서면으로 제출할 수 있다는 취지를 알려야 한다.

제7조 (사후 보고)

① 관리인은 주요 사항 요지의 통지절차를 이행한 경우에는 [별지 2 주요 사항 요지 통지 결과보고서]에 의해 지체 없이 그 결과를 법원에 보고하되, 늦어도 통지기한 경과 후 7일 이내에 하여야 한다.

② 제1항의 보고에는 통지절차를 이행한 기간, 통지한 내용, 통지 현황, 통지하지 못한 상대방이 있을 경우 그 현황과 사유 그 밖에 필요한 사항을 포함한다. 이 경우 통지한 내용이 제4조에 따른 사전보고의 내용과 같은 경우에는 그 취지만을 보고할 수 있다.

제3절 관계인설명회

제8조 (관계인설명회 개최 명령의 대상)

법원은 회생절차 개시신청 당시 200억 원 이상의 채무를 부담하는 채무자에 관하여는 관리인보고집회의 대체절차로서 관계인설명회(이하 준칙 제232호에서 '설명회'라 한다) 개최를 명하는 것을 원칙으로 한다. 다만, 채무의 성격, 채권자 등 이해관계인의 수 등을 고려하여 다른 대체절차의 이행을 명 할 수 있다.

제9조 (설명회 개최의 시기와 장소)

① 관리인은 법원이 정한 시기까지 적당한 일시와 장소를 정하여 1회 또는 수회의 법 제98조 제2항 제2호에 따른 설명회를 개최할 수 있다.

② 관리인은 설명회의 구체적인 일시와 장소에 관하여 법원의 허가를

받아야 한다.

③ 관리인은 제2항의 허가를 얻은 후 지체없이 회생채권자 등 및 노동조합(노동조합이 조직되어 있지 않은 경우에는 근로자 대표자, 이하 같다)에 [별지 3 관계인설명회 통지문]에 따라 설명회를 개최한다는 취지를 통지하되, 그 통지는 늦어도 설명회 개최 7일 전까지 발송하여야 한다.

④ 관리인이 제3항의 통지를 발송한 후 설명회를 개최하기 전에 관리인 보고를 위한 관계인집회 기일의 지정, 회생절차폐지 또는 기타 설명회를 개최하지 않을 사유가 발생한 경우에는 지체없이 각 통지의 상대방에게 그 취지를 통지하여야 한다.

⑤ 제3항, 제4항의 각 통지는 서면·전자문서 또는 문자메시지의 발송, 모사전송, 구두 또는 유선에 의한 통지 기타 상당한 방법에 의하여 개별적으로 하여야 한다. 다만, 의결권이 없는 회생채권자 등에 대한 통지는 미리 법원의 허가를 얻어 홈페이지 게시, 중앙일간지 공고 기타 적절한 방법으로 갈음할 수 있다.

제10조 (설명회의 참석대상자)

① 설명회에는 다음 각 호의 사람이 참석함을 원칙으로 한다.

1. 관리인. 다만, 제11조 제1항 단서에 따라 관리인을 대신하여 설명회를 주관할 자를 따로 정한 때에는 설명회 주관자
2. 채무자의 회생절차 개시신청 대리인이 있는 경우에는 신청대리인
3. 조사위원
4. 구조조정담당임원

② 채무자가 부담하는 부채가 300억 원 이상이고, 공익채권자를 제외한 회생채권자의 수가 100인 이상인 사건에서 설명회가 개최되는 경우에는 주무관리위원이 그 설명회에 참석한다. 다만, 부득이한 사정이 있는 경우에는 참석하지 아니할 수 있다.

제11조 (설명회의 진행)

① 설명회는 관리인이 주관한다. 다만, 설명회를 동시에 여러 곳에서 개최하거나, 관리인의 질병 그 밖에 부득이한 사정이 있는 경우에는 예외로 한다. 이 경우 관리인은 관리인을 대신하여 설명회를 주관할

자를 정하여 미리 법원의 허가를 받아야 한다.

② 관리인은 회생채권자 등에게 제6조에서 정한 사항의 요지를 설명하고, 주요사항에 대한 의견을 법원에 서면으로 제출할 수 있다는 취지를 알려야 한다.

③ 회생채권자 등 및 노동조합 대표자와 그 대리인은 설명회에 출석하여 의견을 진술할 수 있다.

④ 관리인은 회생채권자 등 및 노동조합 대표자와 그 대리인이 아닌 자의 설명회 출석을 금지할 수 있다.

⑤ 관리인은 설명회의 질서를 유지하기 위한 적절한 조치를 취하여야 하고, 영상녹화, 속기록의 작성ㆍ보존 등 설명회 종료 후에 설명회의 내용과 진행 상황을 확인할 수 있는 방안을 강구하여 시행하여야 한다.

제12조 (사후 보고)

① 관리인은 설명회를 개최한 후 [별지 4 관계인설명회 개최 결과보고서]에 의해 지체 없이 그 결과를 법원에 보고하여야 한다.

② 제1항의 보고에는 설명회를 개최한 일시ㆍ장소, 설명회 일시ㆍ장소의 사전 통지 현황 및 통지하지 못한 회생채권자 등이 있는 경우 그 현황과 사유, 설명히 출석 현황, 설명한 내용, 진행 순시에 따른 설명회 진행 경과, 회생채권자 등의 의견진술이 있은 경우 그 내용, 그 밖에 필요한 사항을 포함하여야 한다.

③ 관리인은 위 설명회 개최 결과보고서에 설명회에 관한 녹취록 또는 속기록을 첨부하여야 한다. 다만, 부득이한 사유가 있는 경우에는 녹취록 또는 속기록 대신 음성ㆍ영상 등 멀티미디어 방식의 자료를 제출할 수 있다.

[별지 1 주요 사항 요지 통지서 표지]

서울회생법원 2017회합○○ 회생

관리인보고서 요지 송부서

채무자 ○○ 주식회사 관리인 홍길동
서울 ○○구 ○○로 100

채무자 ○○ 주식회사에 대한 서울회생법원 2017회합○○ 회생 사건에 관하여 위 법원은 2017. ○○. ○○. 회생절차 개시결정을 하였고, 홍길동이 채무자의 관리인으로서 직무를 수행하고 있습니다.
관리인은 채무자 회생 및 파산에 관한 법률 제92조 제1항에 따라 채무자가 회생절차의 개시에 이르게 된 사정, 채무자의 업무 및 재산에 관한 사항, 채무자의 이사 등에 대한보전처분 또는 손해배상청구권 조사확정재판에 관한 사항, 그 밖에 채무자의 회생에 관하여 필요한 사항을 조사하여 법원에 보고하였습니다.
이에 관리인보고서의 요지를 별첨과 같이 송부하여 드리오니 참조하시기 바랍니다. 아울러 이해관계인 여러분께서 위 각 사항에 관한 의견이 있으시면 직접 법원에 서면으로 의견을 제출하실 수 있습니다.

별첨 1. 관리인보고서 1부.
2. 조사위원 조사보고서 요약 1부. 끝.

문의사항이 있을 경우 채무자 ○○ 주식회사의 담당자 ○○○(전화 ○○○-○○○-○○○○, 팩스 ○○○-○ ○○-○○○○)에게 연락하여 주시기 바랍니다.

[별지 2 주요 사항 요지 통지 결과보고서]

주심판사	재판장

○○ 주식회사

우 12345 / 서울 ○○구 ○○로 ○○○ / 담당 김갑동 / 전화 (02)1234-5678 / 팩스 (02)2234-5678

문서번호 : ○○ 회생 세2017-○○호
시행일자 : 2017. ○○. ○○.
사 건 : 2017회합○○ 회생
수 신 : 서울회생법원 제1파산부
제 목 : 주요 사항 요지 통지 결과보고

관리위원

1. 폐사는 2017. ○. ○. 회생절차 개시결정을 받은 회사입니다.
2. 관리인은 다음과 같이 채무자 회생 및 파산에 관한 법률 제98조 제2항 제1호에 따른 주요 사항 요지 통지절차를 이행하였기에 보고합니다.

◇ 다 음 ◇

1. 통지 기간 : 2017. ○○. ○○. ~ 2017. ○○. ○○.
2. 통지 내용 : 2017. ○○. ○○.자 법원 보고 내용과 같음[1)]
3. 통지 현황 : 별첨 통지 현황과 같음[2)]
4. 통지 불이행 현황 : 별첨 통지 불이행 현황과 같음[3)]
5. 기타 통지 관련 특이 사항 : 별첨 기타 보고사항과 같음. 끝.

CRO

○○ 주식회사

법률상 관리인 대표이사 홍 길 동

1) 법원에 보고한 내용과 다른 경우 달라진 내용과 사유를 별첨으로 기재.
2) 통지 총괄현황 및 개별현황을 기재. 총괄현황은 통지한 채권자 수, 주주 수를 통지 방법(우편송부, 이메일송부 등) 별로 구분하여 기재하고, 개별현황은 통지 방법별 통지 상대방을 특정하여 기재하되, 통지 도달 여부가 확인된 경우에는 해당 사항도 기재.
3) 통지를 이행하지 못한 상대방과 사유를 기재.

[별지 3 관계인설명회 통지문]

서울회생법원 2017회합○○ 회생

관계인설명회 안내장

이해관계인 귀하

채무자 ○○ 주식회사 관리인 홍길동
서울 ○○구 ○○로 ○○○

채무자 ○○ 주식회사에 대한 서울회생법원 2017회합○○ 회생 사건에 관하여 위 법원은 2017. ○○. ○○. 회생절차 개시결정을 하였고, 홍길동이 채무자의 관리인으로서 직무를 수행하고 있습니다.
관리인은 채무자 ○○ 주식회사가 회생절차의 개시에 이르게 된 사정, 채무자의 업무 및 재산에 관한 사항, 채무자의 이사 등에 대한 보전처분 또는 손해배상청구권 조사확정 재판에 관한 사항, 그 밖에 채무자의 회생에 관하여 필요한 사항의 요지를 이해관계인 여러분께 보고하기 위한 설명회를 다음과 같이 개최할 예정이오니, 이해관계인 여러분의 많은 참석을 바랍니다.

◇ 다 음 ◇

1. 일시 : 2017년 ○○월 ○○일 ○○시 ○○분
2. 장소 : ○○회관 대강당
(별지 안내도면을 참조하시기 바랍니다)
*대리인이 참석할 경우 본인의 위임장 및 위임인의 인감증명서 등을 지참하시기 바랍니다.

문의사항이 있을 경우 채무자 ○○ 주식회사의 담당자 ○○○(전화 ○○○-○○○-○○○○, 팩스 ○○○-○○○-○○○○)에게 연락하여 주시기 바랍니다.

[별지 4 관계인설명회 개최 결과보고서]

주심판사	재판장

○○ 주식회사

우 12345 / 서울 ○○구 ○○로 ○○○ / 담당 김갑동 / 전화 (02)1234-5678 / 팩스 (02)2234-5678

관리위원

문서번호 : ○○ 회생 제2017-○○호
시행일자 : 2017. ○○. ○○.
사 건 : 2017회합○○ 회생
수 신 : 서울회생법원 제○파산부
제 목 : 관계인설명회 개최 결과보고

1. 폐사는 2017. ○. ○. 회생절차 개시결정을 받은 회사입니다.

2. 관리인은 다음과 같이 채무자 회생 및 파산에 관한 법률 제98조 제2항 제2호에 따른 관계인설명회를 개최하였기에 보고합니다.

◇ 다 음 ◇

1. 일시 : 2017년 ○○월 ○○일 ○○시 ○○분
2. 장소 : ○○회관 대강당
3. 설명회 통지 현황: 별첨 설명회 통지현황과 같음[4)]
4. 설명회 출석 현황: 별첨 설명회 출석현황과 같음[5)]
5. 설명회 진행내용
가. 관리인의 설명 내용
나. 출석자의 발언 내용
6. 기타 필요사항. 끝.

○○ 주식회사

법률상 관리인 대표이사 홍 길 동

4) 통지 상대방별 통지현황, 통지하지 못한 상대방 현황 및 그 사유를 기재.
5) 관리인, CRO, 조사위원, 회생채권자 등 이해관계인의 출석현황(대리인 포함)을 기재.

제 241 호

회생절차에서의 M&A

제1절 총칙

제1조 (목적)

준칙 제241호는 채무자의 재무구조를 개선하여 회생채무를 조기에 변제할 수 있도록 관리인으로 하여금 M&A(주식교환, 유상증자, 주식이전, 합병, 분할, 분할합병, 영업양도, 회사설립 등)를 적극적으로 추진하게 하고, 회생절차 내 M&A가 효율적이면서도 공정하고 투명하게 이루어질 수 있도록 적정한 절차 운영의 기준을 제시함을 목적으로 한다.

제2조 (정의)

준칙 제241호에서 사용하는 용어의 뜻은 다음과 같다.

1. '인수의향서[LOI(Letter Of Intent)]'란 단순히 입찰절차에 참여할 의사가 표시된 서면으로, 인수대금이 기재되어 있지 않고 당사자에게 아무런법적 구속력이 없는 서면을 말한다.
2. '인수제안서'란 실제 매각대상을 인수할 의사로 그 인수금액을 기재하여 입찰절차에서 매각주간사 등에게 제출하는 서면을 말한다.
3. '인수희망자'란 매각대상을 인수할 의사를 가진 자로서 입찰절차에서 인수의향서나 인수제안서를 제출한 자를 말한다.
4. '우선협상대상자'란 입찰절차에서 법원의 허가를 받아 미리 작성된 기준에 따라 선정된 배타적 협상권(일정기간 우선적으로 협상할 권리)을 가진 자를 말한다.
5. '인수예정자'란 법원의 허가를 받아 관리인과 매각대상에 관하여 양해각서를 체결한 자를 말한다.
6. '인수자'란 법원의 허가를 받아 관리인과 인수계약을 체결한 자를 말한다.

제3조 (M&A 절차 진행의 원칙)

① 관리인은 매각대금의 극대화, 절차의 공정성과 투명성 확보, 매각절차의 시급성, 개별 방식에 따른 매각절차의 성공가능성 등을 종합적으로 고려 하여 다음 각 호의 방법 중 적정한 방법을 선택하여 회생절차에서의 M&A를 진행할 수 있다.

1. 공고를 통한 공개입찰방법
2. 제한적인 경쟁입찰방법
3. 수의계약

② 관리인은 제한적인 경쟁입찰이나 수의계약으로 M&A를 진행할 경우 이러한 매각방식을 선택해야 하는 필요성과 이러한 매각방식으로의 M&A진행이 절차의 공정성을 해하지 않는다는 사실을 소명하여야 한다.

제4조 (M&A의 방식)

① 관리인은 제3자 배정 유상증자, 회사채 발행과 병행하는 제3자 배정 유상증자, 영업양수도, 자산매각, 회사 분할, 신회사 설립 등의 방식 중에채무자의 상황에 따라 적절한 방법을 선택하여 M&A를 추진하여야 한다.

② 준칙 제241호 제2절 이하에서는 제3자 배정 유상증자 방식을 전제로 절차를 정하고 있으나, 성질상 허용되지 않는 경우를 제외하고는 제2절 이하의 규정은 제3자 배정 유상증자 방식이 아닌 다른 방식에 의한 M&A절차에도 적용된다.

제5조 (관리인의 의무)

① 채무자의 관리인은 채무자가 독자적으로 사업을 계속하기 어려운 경우에는 지체없이 M&A를 추진하여야 한다. 특히 제3자 관리인은 회생계획인가 후 회생계획의 수행가능여부가 명백하지 않은 경우에는 M&A를 적극적으로 추진하여야 한다.

② 관리인은 준칙 제242호 「M&A 관련 홈페이지(웹사이트)의 관리 요령」에 따라 채무자의 인터넷 홈페이지, 대법원 홈페이지 및 서울회생법원 홈페이지에 M&A와 관련한 자료의 게시 및 안내를 충실히 하여야 한다.

③ 관리인은 M&A 진행상황을 수시로 법원에 보고하여야 한다.

제6조 (M&A 절차와 관련한 법원의 허가사항)

① 법원은 필요하다고 인정하는 때에는 관리인에게 다음 각 호의 사항에 관하여 법원의 허가를 받도록 할 수 있다.

1. M&A 절차 추진 및 매각주간사 선정 방법
2. 매각주간사 선정 및 용역계약 체결
3. 매각공고
4. 입찰안내서 및 우선협상대상자 선정기준 작성
5. 우선협상대상자 선정
6. 양해각서 체결
7. 인수대금 조정
8. 인수계약 체결

② 관리인은 제1항에서 정한 사항이 아니더라도 M&A 절차와 관련한 주요 사항은 법원에 사전 보고하여야 한다.

제7조 (이해관계인의 의견청취)

① 법원은 관리위원회와 채권자협의회의 의견을 들어 채무자에 대한 M&A절차 진행 여부를 결정한다. 채권자협의회가 구성되지 아니한 경우에는 적정한 방법으로 주요채권자들의 의견을 들어야 한다.

② 회생채권자, 회생담보권자, 주주 등 이해관계인은 M&A 절차 진행 과정에서 법원에 의견을 제출할 수 있다.

제2절 매각주간사

제8조 (매각주간사 선정)

① 관리인은 M&A 절차의 공정성을 확보하고 전문성을 보완하기 위하여 법무법인, 회계법인, 투자전문회사, 기업구조조정 전문회사, 은행 또는 금융기관의 M&A팀 및 위 업체들의 컨소시엄을 매각주간사로 선정할 수 있다.

② 관리인은 법원에 M&A 절차 추진 허가신청을 함과 동시에 매각주간사 선정방법에 대한 허가신청을 할 수 있다.

③ 관리인은 필요한 경우 별도로 법률자문, 회계자문, 기술자문 등을 받

을 수 있다.

제9조 (매각주간사 선정방법 및 선정기준)

① 관리인은 회사의 규모, 신속한 절차진행의 필요성, 이해관계인 사이의 분쟁 발생 가능성, 매각주간사 업무의 난이도, 사안의 특수성 등을 고려하여 다음 각 호의 방법 중 적정한 방법을 선택하여 매각주간사를 선정할 수 있다. 다만, 수의계약은 회생절차의 신속한 진행 필요성 등 특별한 사정이 인정되고 절치의 공정성을 해하지 않는 경우에 허용될 수 있다.

1. 공개경쟁방법 : 매각주간사 선정을 위한 신문 공고 및 홈페이지 공고 와 주요 업체에 대한 용역제안서 제출안내서 발송을 병행하여 용역제안서를 제출받은 후 선정절차를 거쳐 매각주간사 선정
2. 제한적 경쟁방법 : 복수의 업체에 용역제안서 제출안내서를 발송하여 용역제안서를 제출받은 후 선정절차를 거쳐 매각주간사 선정
3. 수의계약

② 관리인은 복수의 용역제안서가 제출될 경우를 대비하여 용역제안서 제출기간 만료 전에 구체적인 매각주간사 선정기준 및 평가위원을 미리 정하여야 한다.

③ 매각주간사를 선정함에는 아래의 요소들에 대한 배점 기준을 사안별로 적절히 조정하여 매각대상에 관하여 구체적이고 합리적인 M&A 추진계획을 제시한 업체를 매각주간사로 선정한다.

1. M&A 수행·자문 실적 : 채무자의 업종 관련 업무실적, M&A 실적 등
2. 참여인원의 능력·경력 : 매각주간사의 규모, 참여인원의 수·경험 등
3. M&A 추진계획의 적정성 : 매각추진의 구도 및 방법의 적정성, 잠재적 인수자 확보 여부 및 마케팅 능력, 추진계획의 적정성 및 신속성, 이해관계자와의 협상 및 이해 조정능력, 주간사 수수료의 적정성 등
4. 회사현황 및 M&A에 대한 이해도
5. 용역제안서 내용의 충실도

④ 관리인은 매각주간사로부터 [별지 1 각서]를 용역제안서와 함께 제출 받아야 한다.

제10조 (매각주간사 선정 및 용역계약 체결)

① 관리인은 제9조 제3항에서 정한 선정기준에 따라 업체의 우선순위를 평가한 다음, 그 순위에 따라 용역수수료, 계약기간 등 구체적인 계약조건을 협의하여 계약조건이 가장 우수한 업체를 법원의 허가를 받아 매각 주간사로 최종 선정한다.

② 용역계약의 기간은 절차 진행의 기간을 고려하여 6개월 또는 1년을 단위로 정한다. 다만 필요한 경우 법원의 허가를 받아 계약기간을 연장할 수 있다.

제11조 (매각주간사의 용역수수료)

① 관리인은 다음 각 호의 기준에 의하여 정해지는 매각주간사의 착수금 및 성공보수 금액을 기준금액으로 하여 채무자의 업종, 규모, 자금사정, M&A의 성사가능성, 매각주간사의 업무의 난이도, 인수희망자의 유치 및 인수대금 결정에 대한 기여도 등 여러 사정을 고려하여 기준금액의60% 범위 내에서 증감하여 매각주간사의 용역수수료를 정하고, 이에 대하여 법원의 허가를 받아야 한다.

1. 착수금

용역계약 당시 채무자의 자산 총액을 기준으로 아래 표 금액의 범위 내로 정한다. 다만 채무자의 자금사정이 좋지 않아 착수금 지급이 어려운 경우에는 착수금을 지급하지 않는 것으로 정할 수 있다.

용역계약 당시 채무자의 자산 총액	착수금
100억 원 미만	2,000만 원
100억 원 이상~250억 원 미만	3,000만 원
250억 원 이상~500억 원 미만	4,000만 원
500억 원 이상~1,500억 원 미만	5,000만 원
1,500억 원 이상~3,000억 원 미만	7,000만 원
3,000억 원 이상~6,000억 원 미만	1억 원
6,000억 원 이상~1조 원 미만	1억 5,000만 원
1조 원 이상~1조 5,000억 원 미만	2억 원
1조 5,000억 원 이상~2조 원 미만	2억 5,000만 원
2조 원 이상~3조 원 미만	3억 원
3조 원 이상	4억 원

2. 성공보수

성공보수는 유상증자대금의 전액과 사채 인수대금의 1/2을 합산한 금액(이하 준칙 제241호에서 '유입자금'이라 한다)을 기준으로 아래 표와 같이 정한다.

유입자금	성공보수금
100억 원 미만	유입자금의 3%에 해당하는 금액
100억 원 이상~300억 원 미만	유입자금의 1.5%에 해당하는 금액 + 1억 5,000만 원
300억 원 이상~500억 원 미만	유입자금의 1.2%에 해당하는 금액 + 2억 4,000만 원
500억 원 이상~1,000억 원 미만	유입자금의 0.9%에 해당하는 금액 + 3억 9,000만 원
1,000억 원 이상~2,000억 원 미만	유입자금의 0.6%에 해당하는 금액 + 8억 9,000만 원
2,000억 원 이상~5,000억 원 미만	유입자금의 0.4%에 해당하는 금액 + 13억 원
5,000억 원 이상~1조 원 미만	유입자금의 0.3%에 해당하는 금액 + 19억 원
1조 원 이상	유입자금의 0.3%에 해당하는 금액 + 25억 원

② 지급된 착수금은 지급할 성공보수에서 공제한다. 다만, 기지급한 착

수금 액수가 제1항 제2호에 따라 계산한 성공보수보다 클 경우에는 기지급한 착수금을 성공보수로 보고 별도의 성공보수를 지급하지 않는다.

③ 관리인은 제1항에도 불구하고 법원의 허가를 받아 채무자의 자산 규모, 주간사의 업무 난이도 등을 고려하여 유입자금 규모에 비례한 금액이 아닌 특정금액을 매각주간사의 용역수수료로 정할 수 있다.

제12조 (매각주간사의 업무)

① 매각주간사는 M&A의 성공적인 추진을 위하여 다음 각 호의 업무를 수행한다.

1. 매각전략수립 및 투자자 유치
2. 매각대상의 가치평가, 주요 현안 분석을 통한 최적의 M&A 진행 방안 마련
3. 입찰절차 진행에 필요한 자문 및 문서 작성
4. 매각공고부터 매매계약 체결 및 거래의 종결까지 M&A 절차 전반에

걸친 자문 및 업무 지원

5. 법률, 세무, 회계 및 재무에 관한 제반 검토와 자문
6. 회생계획안 작성 및 채권자 동의를 위한 업무 지원
7. 기타 거래를 종결하기 위하여 필요한 범위 내에서 관리인이 요청하는 사항

② 매각주간사는 법원이 필요하다고 인정한 경우 회생계획안의 심리 및 결의를 위한 관계인집회에 출석하여 채권자 등 이해관계인의 질문에 답변 하여야 한다.

제3절 M&A 절차 일반

제13조 (절차의 개요)

① 매각주간사 선정 이후 M&A절차는 특별한 사정이 없는 한 아래와 같은 순서로 진행한다. 다만, 각 절차별 소요기간은 조정할 수 있고, 사건의특성에 비추어 불필요하다고 판단되는 절차는 생략할 수 있다.

<table>
<tr><th></th><th>절차</th><th>예상소요기간</th><th>비고</th></tr>
<tr><td>1</td><td>매각주간사선정</td><td></td><td></td></tr>
<tr><td>2</td><td>매각주간사의 실사 및 매각 준비</td><td>2주~5주</td><td>■채무자의 자산 및 부채 실사 후 청산가치와 계속기업가치 산정
■매각전략 수립</td></tr>
<tr><td>3</td><td>매각공고</td><td rowspan="2">2주~6주</td><td rowspan="2">■매각공고 후 간략한 회사소개서 배포
■마케팅
■인수의향서 제출안내서 배포</td></tr>
<tr><td>4</td><td>인수의향서 제출</td></tr>
<tr><td>5</td><td>예비실사</td><td rowspan="2">2주~4주</td><td>■예비실사를 위한 데이디룸 오픈
■입찰안내서 및 양해각서안 배포
■우선협상대상자 선정기준 작성</td></tr>
<tr><td>6</td><td>인수제안서 제출</td><td>■입찰보증금 납입</td></tr>
<tr><td>7</td><td>우선협상대상자 선정</td><td rowspan="2">1~2주</td><td></td></tr>
<tr><td>8</td><td>양해각서 체결</td><td>■이행보증금 납입</td></tr>
<tr><td>9</td><td>정밀실사</td><td>2주~4주</td><td></td></tr>
<tr><td>10</td><td>인수대금조정</td><td rowspan="2">1~2주</td><td>■양해각서에 인수대금조정의 요건과 기한 명시</td></tr>
<tr><td>11</td><td>인수계약 체결</td><td>■양해각서에 인수계약 체결 기한 명시
■계약금 납부</td></tr>
<tr><td>12</td><td>회생계획안 작성</td><td></td><td></td></tr>
<tr><td>13</td><td>인수대금 예치</td><td></td><td>■집회기일 수 영업일 전</td></tr>
<tr><td>14</td><td>관계인집회 개최</td><td></td><td></td></tr>
</table>

② 조사위원이 작성한 조사보고서의 청산가치와 계속기업가치를 매각주간사 실사에 인용할 수 있는 경우에는 매각주간사에게 별도의 실사를 하지 아니하게 할 수 있다.

제14조 (매각공고)

① 관리인은 매각전략을 수립한 후 법원의 허가를 받아 매각공고를 한다.

② 매각공고에는 다음 각 호의 내용이 포함되어야 한다.

1. 매각의 개요 : 매각대상, 매각방법, 입찰방법, 채무자의 영위업종
2. 진행일정

가. 인수의향서 및 비밀유지확약서 접수 : 제출기한, 제출장소, 제출방법, 제출서류 등

나. 예비실사 : 기간, 참가자격 등

다. 인수제안서 접수 : 제출기한, 제출장소, 제출서류 등

3. 기타 주요사항

③ 관리인은 신문 공고 외에도 준칙 제242호「M&A 관련 홈페이지(웹사이트)의 관리 요령」에 따른 공고도 함께 하여야 한다.

제15조 (인수의향서 제출과 예비실사)

① 인수의향서를 제출하는 인수희망자는 관리인에게 비밀유지확약서를 제출하여야 한다.

② 인수의향서 제출기간이 지나면 관리인은 인수의향서를 제출한 업체의현황, 인수목적, 인수의향서에 나타난 투자전략, 자금조달계획, 향후 회사 경영방안 등을 법원에 보고하여야 한다.

③ 인수의향서를 제출한 인수희망자는 소정의 정보이용료를 지급하고 채무자가 마련한 데이터룸(자료실)에서 제공되는 채무자의 재무 관련 자료, 영업 관련 자료 등을 통하여 예비실사를 할 수 있다.

제16조 (입찰안내서)

① 관리인은 예비실사 기간 중 입찰대상 .입찰방법 .입찰시기 등 입찰에 관한 유의사항이 기재된 입찰안내서를 작성하여 인수의향서를 제출한 인수희망자에게 배포한다.

② 입찰안내서에는 다음 각 호에서 정한 내용이 포함되도록 한다.

1. 입찰의 목적, 거래구조, 컨소시엄의 구성 등 입찰의 개요
2. 입찰금액의 의미, 확정된 인수금액의 사용계획(사용용도) 등
3. 입찰서류의 종류, 제출기한, 제출장소
4. 입찰보증금의 납입을 필요로 하는지 여부, 액수, 처리방법
5. 무효로 하는 입찰서류
6. 우선협상대상자 선정 및 지위 상실
7. 이행보증금의 납입과 처리방법
8. 양해각서안
9. 입찰 이후 잠정적인 M&A 추진 일정
10. 기타 입찰참가자 유의사항

③ 관리인은 입찰안내서에 “인수희망자에게 구 사주와의 연관성 등을 확인하기 위한 자료제출을 요구할 수 있고, 만일 이에 응하지 않는

인수희망자의 경우 인수자 또는 우선협상대상자 선정에서 배제될 수 있다."는 내용을 명시하여야 한다.

제17조 (우선협상대상자 선정기준의 작성)

① 관리인은 인수제안서 제출일 이전에 법원의 허가를 받아 구체적이고 상세한 내용의 우선협상대상자 선정기준을 작성하고, 관리인, 구조조정담당임원, 감사, 매각주간사 담당자, 법률자문 담당자 등 3인 이상을 인수제안서 평가위원으로 정한다.

② 관리인은 우선협상대상자 선정기준에 관한 세부적인 배점내용이 사전에 공개되지 않도록 하여야 한다.

③ 우선협상대상자 선정기준에서는 아래 각 호의 항목을 평가하고, 평가요소별 배점과 세부 항목별 배점 기준을 사안별로 적절히 조정하여 인수 후 채무자를 실제로 경영·발전시킬 의사와 능력이 있는 인수희망자를 우선협상대상자로 선정할 수 있도록 한다.

1. 인수대금 : 인수대금의 규모, 유상증자 비율 등
2. 회사채 인수조건
3. 자금조달증빙
4. 인수희망자의 재무건전성
5. 인수 후 경영능력
6. 종업원 고용승계 및 고용안정에 대한 입장
7. 기타 사안의 특수성을 반영한 선정조건

④ 인수제안서를 제출한 인수희망자가 다음 각 호에 해당하는 경우에는 인수자 또는 우선협상대상자 선정에서 배제할 수 있다.

1. 채무자 회생 및 파산에 관한 법률 시행령 제4조의 특수관계인, 주주,주주였던 자 및 이와 관련 있는 자로서 회생절차 개시의 원인에 중대 책임이 있는 경우
2. 인수희망자의 인수 목적 또는 인수 시도 과정 등이 회생절차를 남용하는 등 반사회적 법률행위에 해당하는 경우
3. 매각주간사 등과 경제적 이해관계가 있는 경우
4. 채무자의 M&A와 관련하여 위법·부당한 행위를 하였음이 소명되는 경우

5. 인수자금 조달과 관련하여 자금의 출처가 과거 채무자의 회생절차를 개시하게 된 원인관계에 대하여 직, 간접적으로 영향을 미친 것으로 추정되는 경우

제18조 (인수제안서 제출 및 입찰보증금)

① 관리인은 회생절차의 특수성, M&A 절차 악용 방지의 필요성, 매각절차 방해의 가능성, 절차의 안정성 등을 고려하여 필요한 경우 인수희망자가 인수제안서를 제출할 때 입찰보증금을 납부하도록 요구할 수 있다.

② 입찰보증금을 요구할 경우에는 미리 입찰안내서에서 입찰보증금의 납부시기, 액수, 처리방법 등을 정하여야 한다.

③ 인수희망자는 인수제안서에 [별지 1 각서]를 첨부하여 제출하여야 한다.

제19조 (우선협상대상자의 선정 및 통지)

① 관리인은 우선협상대상자 선정기준에 따라 평가한 결과 가장 우수한 인수제안서를 제출한 인수희망자를 법원의 허가를 받아 우선협상대상자로 선정한다.

② 법원은 우선협상대상자로 선정될 자에게 제17조 제4항에서 정한 배제사유가 있는지 여부를 확인하기 위하여 필요한 경우 채권자협의회, 구조조정 담당임원, 감사 및 기타 이해관계인 등에 대하여 의견조회를 할 수 있다.

③ 관리인은 필요한 경우 우선협상대상자를 선정하면서 순위에 따라 예비 협상대상자를 선정할 수 있다.

제20조 (양해각서 체결)

① 관리인은 우선협상대상자와 미리 배포한 양해각서안에 대하여 협상을 한 후 법원의 허가를 받아 양해각서를 체결한다.

② 양해각서에서는 인수대금 조정의 요건, 조정가능한 인수금액의 범위, 조정 절차ㆍ기간, 협의가 이루어지지 않을 경우 처리 방안 등을 구체적으로 정하여야 한다.

③ 우선협상대상자는 양해각서 체결 전까지 인수대금의 일정 비율에 해

당하는 금액(일반적으로 인수대금의 5%)을 이행보증금으로 납입하여야 한다. 입찰 보증금이 납입된 경우에는 이를 위 이행보증금의 일부로 충당할 수 있다.

제21조 (인수대금 조정)

관리인은 정밀실사를 마친 인수예정자로부터 인수대금 조정 요청을 받은 경우 인수대금 조정에 관한 협의를 하고, 법원의 허가를 받아 인수대금을 조정할 수 있다.

제22조 (인수계약 체결)

관리인은 인수대금이 확정된 후 인수예정자로부터 인수대금의 약 10% 상당을 계약금으로 지급받고 본 계약을 체결한다. 입찰보증금이나 이행보증금이 납입된 경우에는 이를 계약금의 일부로 충당한다.

제23조 (인수대금 납입)

회생계획안에 대하여 관계인집회에서의 결의가 필요한 경우 인수자는 늦어도 관계인집회 기일 수 영업일 전까지 인수대금을 전액 납부하여야 한다.

제24조 (수의계약방식에 의한 M&A)

① 관리인은 공개매각방식에 의하여 M&A를 진행하였으나 매각이 성시되지 아니한 경우 또는 신속하게 매각절차를 진행할 필요성이 있는 경우 등 상당한 이유가 있는 경우, 법원의 허가를 받아 수의계약 방식의 M&A 절차를 진행할 수 있다.

② 수의계약방식에 의할 경우 매각공고로부터 양해각서 체결 전 단계까지의 절차를 생략하거나 간이하게 진행할 수 있다.

제4절 인가 전 M&A 절차에 관한 특칙

제25조 (인가 전 M&A 절차의 진행)

① 관리인은 필요한 경우 법원의 허가를 받아 회생계획인가 전 M&A 절차를 진행할 수 있다.

② 법원은 제1항의 M&A 절차 진행 허가결정을 하는 경우 관리위원회

및채권자협의회의 의견을 들어야 한다.

제26조 (청산가치가 계속기업가치를 초과하는 경우)

① 조사위원의 조사결과 청산가치가 계속기업가치를 상회하는 것으로 산정된 경우라도, 관리인은 법원의 허가를 받아 인가 전 M&A 절차를 진행할 수 있다.

② 법원은 필요한 경우 관리인에게 잠재적인 인수희망자가 존재함을 알 수있는 자료를 제출하도록 할 수 있다.

제27조 (매각주간사 선정의 특칙)

① 채무자에 대하여 회생절차개시 전에 진행된 M&A 절차가 있는 경우 관리인은 법원의 허가를 받아 회생절차개시 전에 선임된 매각주간사를 인가 전 M&A 매각절차의 매각주간사로 선정할 수 있다.

② 신속한 절차진행을 위하여 필요하고 절차의 공정성을 해하지 않을 경우 관리인은 법원의 허가를 받아 회생절차에서의 조사위원을 매각주간사로 선정할 수 있다.

제28조 (생략 가능한 절차)

청산가치와 계속기업가치에 대한 조사위원의 조사보고서 제출 후 M&A 절차를 진행하게 된 경우 법원은 매각주간사로 하여금 별도로 채무자의 자산과 부채에 대한 실사를 하지 않도록 할 수 있다.

제29조 (회생계획안의 작성과 제출)

① 관리인은 인가 전 M&A 절차에서 인수계약이 체결된 경우 특별한 사정이 없는 한 그 계약내용에 기초한 회생계획안을 작성하여 제출하여야 한다.

② 법원은 여러 개의 회생계획안이 제출된 경우 각 회생계획안의 장점을 살려 병합하는 내용의 회생계획안으로 수정할 것을 명할 수 있다.

제30조 (회생계획안에 의하지 않은 영업양도)

① 관리인은 회생절차 개시 전에 추진된 영업 또는 사업의 중요한 일부 또는 전부의 양도절차를 회생절차에서 계속 진행할 필요가 있는 경우, 법원의 허가를 받아 법 제62조에 따라 회생계획에 의하지 아니하고 그 양도절차를 진행할 수 있다.

② 관리인은 채무자의 회생을 위하여 필요한 경우 회생절차 개시 후 회생계획인가 전에 법원의 허가를 받아 법 제62조에 따라 회생계획에 의하지 아니하고 채무자의 영업 또는 사업의 중요한 일부 또는 전부의 양도를 추진할 수 있다.

③ 법원은 영업양도의 허가 여부를 결정하는 경우에 다음 각 호의 사항을 고려한다.

1. 양수인 후보자의 선정방법이 합리적인지 여부
2. 입찰조건에 양도대가를 하락시키는 부당한 조건이 부가되어 있는지 여부
3. 양수인 후보자의 선정절차가 공정하게 진행되었는지 여부
4. 양도대금의 사용방법 등에 대하여 회생채권자 등과 사전 협의가 이루어졌는지 여부
5. 영업양도계약의 내용

제5절 회생절차 개시신청 전 진행된 M&A의 승인에 관한 특칙

제31조 (원칙)

① 회생절차 개시 전 추진된 채무자에 대한 M&A 절차를 회생절차에서 계속 진행할 필요가 있는 경우, 관리인은 법원에 위 M&A 절차 허가신청을 할 수 있다.

② 법원은 제1항의 개시 전 M&A 절차가 공정하게 진행되었고 제시된 인수내용이 적정하다고 판단하는 경우 이를 계속 진행하도록 허가할 수 있다.

③ 법원은 제2항의 허가를 하는 경우 관리위원회 및 채권자협의회의 의견을 들어야 한다.

제32조 (생략 가능한 절차)

법원이 제31조 제1항의 M&A 절차를 승인한 경우 채권자협의회와 관리위원회의 의견을 들어 조사위원을 선임하지 않을 수 있다.

제33조 (새로운 인수예정자 선정을 위한 절차)

관리인이 법원으로부터 제31조 제1항 기재 M&A 절차 승인에 관한 허

가를 얻지 못한 경우, 관리인은 제6절의 규정에 따라 법원의 허가를 받아 새로운 인수자 선정을 위한 절차를 진행할 수 있다.

제6절 공고 전 인수희망자가 있는 경우의 특칙

제34조 (새로운 인수자 선정을 위한 절차 진행)

① M&A 공고를 하기 전 적정한 인수내용으로 인수를 희망하는 자(이하 '공고 전 인수희망자'라 한다)가 있는 경우 관리인은 법원의 허가를 받아 위 인수희망자와 조건부인수계약을 체결한 후 공고 전 인수희망자가 제시한 인수내용보다 더 나은 인수내용을 제시하는 자를 찾기 위하여 공개입찰방식에 따른 인수자 선정절차를 진행할 수 있다.

② 법원은 제1항의 선정절차를 허가하는 경우 관리위원회 및 채권자협의회의 의견을 들어야 한다.

③ 관리인은 제1항의 선정절차를 진행하는 경우 공고 전 인수희망자가 제17조제4항 제1호에 해당하는지 여부를 조사하여 그 결과를 법원에 보고하여야 한다.

④ 관리인은 제1항의 공개입찰방식을 진행하는 경우 공고 전 인수희망자에게 해약보상금(break-up fee)을 지급하는 등의 방법으로 조건부인수계약을 체결한 인수희망자의 이익을 보호할 수 있도록 매각구조를 설계하여야 한다.

제35조 (공고 전 인수희망자의 지위)

① 관리인은 공고 전 인수희망자로 하여금 제34조 제1항의 인수자선정 절차에서 다시 인수제안서를 제출할 수 있도록 매각구조를 설계할 수 있다. 다만, 이 경우 관리인은 다시 인수제안서를 제출하는 공고 전 인수희망자에게는 해약보상금(break-up fee)을 지급하지 않고, 공고 전 인수희망자가 종전에 제시한 인수조건에 비해 채무자에 불리한 내용으로 입찰에 참여할 수 없도록 하는 등으로 절차의 효율성 및 입찰참여자들의 이익 균형을 확보하여야 한다.

② 새로운 인수자 선정절차에서 새로운 인수희망자가 없거나, 제시된 인수내용이 공고 전 인수희망자가 제시한 인수내용에 미치지 못하거

나 그것과 동등한 경우에는, 관리인은 법원의 허가를 받아 새로운 인수예정자를 선정하지 아니하고 공고 전 인수희망자를 최종 인수예정자로 확정한다.

제36조 (차순위 인수예정자 선정)

관리인은 최종 인수예정자를 선정함과 동시에 차순위 인수예정자를 선정할 수 있고, 법원의 허가를 받아 차순위 인수예정자의 지위와 권한에 관하여 정할 수 있다.

제37조 (새로운 인수예정자와 사이의 인수계약 체결)

관리인은 확정된 새로운 인수예정자와 사이에 인수계약을 체결하는 경우에 특별한 사정이 없는 한 공고 전 인수희망자가 제시한 인수내용에 미치지 못하는 계약내용을 정하여서는 아니 된다.

제38조 (이 절의 적용범위)

이 절에서 정하는 공고 전 인수희망자가 있는 경우의 특칙 규정은 회생계획 인가 전후에 관계없이 회생절차에서의 모든 M&A 절차에 적용한다.

제7절 M&A절차 종료 후 업무

제39조 (관리인 특별 보수)

① M&A를 성공시킨 관리인에게는 특별보상금을 지급할 수 있다. 다만, 관리인의 M&A에 대한 적극성, 기여도가 미미한 경우에는 그러하지 아니하다.

② 제1항의 특별보상금은 채무자의 업종, 규모, M&A의 난이도, 관리인의 적극성, 기여도, 인수자의 상황, 인수조건, 회생절차 종결 여부, 잔여 임기 동안의 관리인의 보수 총액 등을 고려하여 [별지 2 M&A를 성공시킨 관리인에 대한 특별보수산정에 관한 세칙]에 따라 법원이 정한다.

③ 채무자의 임직원이 자신의 통상적인 업무 범위를 넘어 M&A 성공에 상당한 공헌을 한 경우에는, 법원은 그 임직원에게도 [별지 2 M&A를 성공시킨 관리인에 대한 특별보수산정에 관한 세칙]의 취지를 반영하여 합리적인 범위 내에서 특별보상금을 지급할 수 있다.

제40조 (M&A절차 종료 후 업무)

① 관리인은 회생채무의 변제 등 회생절차 종결을 위한 절차를 신속히 진행하고, 법원은 관리인 및 임직원의 개임 등 향후 채무자의 운영에 관하여 인수자의 의사를 존중한다.

② 법원은 필요한 사항을 직접 협의하기 위하여 매각주간사, 인수희망자, 인수예정자, 인수자 등의 출석을 요구할 수 있다.

[별지 1 각서]

각 서

채무자 ○○○○ 주식회사의 M&A를 위한 용역제안서(또는 인수제안서)를 제출한 본인은, 최종 주간사(또는 회계자문사, 법무자문사, 기술자문사, 인수자)로 선정되지 않더라도 이에 승복하고 어떠한 이의도 제기하지 않을 것임을 확약합니다.

2017. ○. ○.

제출인 :

[별지 2 M&A를 성공시킨 관리인에 대한 특별보수산정에 관한 세칙]

[M&A를 성공시킨 관리인에 대한 특별보수산정에 관한 세칙]

1. 특별보수산정의 기준
제39조(관리인 특별보수)에서 지급하는 관리인에 대한 특별보수는, 아래 기준보수에서 제39조 제2항에서 열거한 제반사정을 고려하여 60%의 범위 내에서 증감하여 산정 한다 (다만, 관리인의 M&A 대한 기여도가 미미한 경우에는 특별보상금을 지급하지 아니한다).

2. 기준보수 산정표
※ 아래 기준보수 산정표에서 '인수대금'은 유상증자대금의 전액 및 사채 인수대금의1/2을 합산한 금액을 말한다.
※ 산식 : 기준보수 = ③+(④-③)× {(인수대금-①) / (②-①) }

① 인수대금(이상)	② 인수대금(미만)	③ 보수(이상)	④ 보수(미만)
0원	100억 원	5,000만 원	1억 원
100억 원	300억 원	1억 원	1억 4,000만 원
300억 원	700억 원	1억 4,000만 원	2억 원
700억 원	1,000억 원	2억 원	2억 3,000만 원
1,000억 원	1,500억 원	2억 3,000만 원	2억 5,500만 원
1,500억 원	2,000억 원	2억 5,500만 원	2억 7,500만 원
2,000억 원	3,000억 원	2억 7,500만 원	3억 원
3,000억 원	5,000억 원	3억 원	3억 3,000만 원
5,000억 원	7,000억 원	3억 3,000만 원	3억 5,000만 원
7,000억 원	1조 원	3억 5,000만 원	3억 7,000만 원
1조 원	2조 원	3억 7,000만 원	4억 원

제 242 호

M&A 관련 홈페이지(웹사이트)의 관리 요령

제1조 (목적)

준칙 제242호는 채무자의 신규자본 유치 및 M&A를 촉진하기 위하여 인터넷에 개설되는 M&A 관련 홈페이지(웹사이트, 이하 준칙 제242호에서 '홈페이지'라 한다)를 효율적으로 관리하는 데 필요한 사항을 정함을 목적으로 한다.

제2조 (적용범위)

① 준칙 제241호 「회생절차에서의 M&A」가 적용되어 M&A가 추진되는 채무자에 대하여 준칙 제242호를 적용한다. 다만, 준칙 제241호 「회생절차에서의 M&A」 제24조 제1항에 따라 제3자 매각절차를 계속 진행하는 경우는 예외로 한다.

② 다만, 제1항에 해당하지 않는 경우에도 관리인 또는 관리인으로 보게 되는 채무자의 대표자(이하 준칙 제242호에서 '관리인 등'이라 한다)가 동의하는 경우에는 제6조를 적용한다.

제3조 (공시)

① 관리인 등은 인터넷에 당해 채무자의 홈페이지를 개설하고 그 적절한 란에 다음의 각 호의 자료를 공시하여야 한다.

1. 채무자의 개요(명칭, 업종, 개시결정일, 계획인가일, 종업원 수, 본사소재지, 공장현황 등)
2. 자본과 관련된 사항(상장 여부, 주식 수, 액면가, 납입자본금, 수권자본금, 출자전환 예정 내역)
3. 최근 3년간 재무상태표, 손익계산서, 주요 자산, 특허권 등
4. 회생담보권, 회생채권에 관한 사항(채권 금액, 회생계획상 변제계획, 변제내역)
5. 채권자협의회 또는 채권단
6. M&A 접촉 안내(M&A 유인 홍보문, 담당자 부서 및 담당자 성명,

전화번호, 이메일주소)

② 제1항의 각 자료를 공시할 때에는 그 기준일자(예 : 2017. 5. 1. 현재)를 부기하여야 한다.

③ 이미 M&A가 완료되었거나 기타 특별한 사유가 있는 때에는 관리인 등은 법원의 허가를 얻어 제1항의 자료 중 일부의 공시를 생략할 수 있다.

제4조 (갱신)

① 관리인 등은 각 분기마다 제3조의 규정에 의하여 공시된 사항에 변동이 있는지 여부를 점검하여 변동이 있는 때에는 즉시 그 내용을 갱신하여야 한다.

② 관리인 등은 분기별 보고서의 M&A 항목에 인터넷에 공시된 M&A 관련 사항의 점검 결과와 갱신 여부 및 갱신 내용을 명기하여 보고하여야 한다.

제5조 (시정조치)

주심판사는 소관 각 채무자 홈페이지의 M&A 관련 항목이 최신의 정보를 정확하게 공시하고 있는지 해당 채무자의 평정기일마다 이를 확인하고, 게재내용에 오류가 있는 때에는 관리인 등에게 즉시 시정하도록 조치를 취한다.

제6조 (법원 홈페이지의 M&A 공고 등)

법원은 대법원 홈페이지의 공고란과 서울회생법원 홈페이지의 “회생회사M&A 안내(이하 준칙 제242호 ‘M&A 안내’라 한다)”란에 M&A의 목적, 방법, 일정 등 주요사항을 게재한다.

제7조 (보고)

관리인 등은 제6조 M&A 공고 등을 통하여 협의 제의를 받은 때에는 그 내용과 조치 및 의견을 법원에 보고하여야 한다.

제 251 호

회생절차의 조기종결

제1조 (목적)

준칙 제251호는 회생절차 조기종결에 관한 기준을 제시함으로써 회생절차의 예측가능성을 제고하여 채권자 등 이해관계인의 이익을 보호하고 채무자의 신속하고 실질적인 회생을 촉진함을 목적으로 한다.

제2조 (조기종결의 원칙)

법원은 향후 채무자가 회생계획을 수행하는 데 지장이 있다고 인정되지 않은 때에는 관리위원회, 채권자협의회 및 이해관계인의 의견을 들어 특별한 사정이 없는 한 회생절차를 조기에 종결한다.

제3조 (운영기준)

채무자가 회생계획에 따른 변제를 시작하였고 다음 각 호의 전부 또는 일부에 해당하는 경우에는 특별한 사정이 없는 한 회생절차를 종결함을 원칙으로 한다.

1. 채무자의 총 자산이 총 부채를 안정적으로 초과하고 있는 경우
2. 제3자가 채무자를 인수하였거나 채무자의 매출실적이나 영업실적이 양호하여 회생계획 수행에 필요한 자금조달이 가능한 경우
3. 담보물이 처분되지 아니하였더라도 회생절차를 계속하는 것이 담보물 처분에 유리할 것으로 판단되지 않는 경우
4. 회생절차를 종결하면 채무자의 영업이나 매출이 개선될 것으로 예상 되는 등 회생계획 수행가능성이 높아지는 경우

제4조 (채권자협의체 구성)

① 법원은 필요하다고 판단하는 경우에는 관리인에게 주요 채권자들의 협의체(이하 준칙 제251호에서 '채권자협의체'라 한다)를 구성하도록 권고할 수 있다.

② 채권자협의체 구성원은 특별한 사정이 없는 한 채권자협의회 구성원으로 하되, 관리인은 필요한 경우 채권자협의회의 구성원이 아닌 자를 그 구성원으로 정할 수 있다.

③ 제1항에 따라 법원이 채권자협의체의 구성을 권고한 경우에도 채권자협의체의 구성은 종결의 요건에 해당하지 아니한다.

제5조 (채권자협의체와의 협약 체결)

① 관리인은 법원의 권고가 있을 경우 채권자협의체와 사이에 채권자협의체 내부의 구성과 운영, 활동범위에 관한 필요한 사항을 정하는 협약을 체결한다.

② 회생절차 종결 전에 협약을 체결하는 경우에는 법원의 허가를 받아야 한다. 다만, 인가된 회생계획에서 다르게 정하고 있는 경우에는 그에 따른다.

③ 채권자협의체와의 협약내용은 정기적인 보고서 제출, 중요 자산의 처분에 관한 보고 등 회생계획의 적정한 수행을 감독하기 위하여 필요한 한도 내에서 정하도록 한다.

제 252 호

채무자의 자회사 현황 보고

제1조 (목적)

준칙 제252호는 채무자의 현황을 정확히 파악함으로써 공정한 회생절차를 진행하기 위하여 채무자의 자회사의 현황을 파악하는 데 필요한 사항을 정함을 목적으로 한다.

제2조 (정의)

준칙 제252호에서 자회사라 함은 다음 각 호에 해당하는 회사(해외법인을 포함한다)를 말한다.

1. 채무자가 당해 회사 지분(주식회사의 경우 발행주식 총수를 기준으로 하되 상법 제344조의3의 규정에 의한 의결권 없는 주식을 제외한다, 이하 같다)의 50%를 초과하여 소유하고 있는 회사(상법 제342조의2 참조)
2. 채무자가 당해 회사의 지분 소유자로서 단독으로 또는 다른 지분

소유자와 공동으로 당해 회사의 실질적 경영권을 행사하는 회사

제3조 (지분의 합산)

제2조 각 항의 지분을 산정하는 경우 채무자, 채무자의 자회사 및 관리인이 각자 소유하는 지분은 이를 모두 합산하여 채무자의 지분으로 본다.

제4조 (예외)

채무자가 다른 회사의 최대 지분을 소유하고 있음에도 불구하고 그 다른 회사에 대하여 실질적인 경영권을 행사하지 않고 있는 경우에는 그 내역과 사유를 매년 채무자 현황보고서에 기재하여야 한다.

제5조 (자회사 보고서에 기재할 내용)

① 채무자는 매년 채무자 현황보고서를 제출할 때에 자회사의 개요, 자본에 관한 사항, 자산 및 부채에 관한 사항, 영업에 관한 사항, 채무자와 자회사의 관계, 기타 중요한 사항을 명기한 자회사 현황보고서를 첨부하여 제출하여야 한다.

② 자회사의 개요에는 다음 각 호의 사항이 포함되어야 한다.

1. 설립연월일, 설립자, 채무자 연혁, 자회사 관계를 유지하는 이유, 본·지점 및 공장소재지
2. 주요 업종, 생산품, 주요 판매처
3. 임원 현황, 임기 및 직책, 선임 전 채무자와의 관계, 보수(임원 이력서 첨부)
4. 직원 현황(총수 및 사업별·직급별 현황)
5. 채무자의 경영 관여 정도

③ 자본에 관한 사항에는 다음 각 호의 사항이 포함되어야 한다.

1. 현재 납입자본금, 발행주식 수, 주식소유관계(총 주식 수 5% 이상 소유하는 주주명단 및 그 소유비율)
2. 주권발행 여부, 상장(장외등록)법인 여부, 주당 액면가, 최근 주식시세(또는 거래가격) 및 지난 1년간 주식시세 변동상황의 개요
3. 자회사가 주식회사가 아닌 경우에는 위 각 사항에 대응하는 사항

④ 자산 및 부채에 관한 사항(최근 감사보고서 또는 결산서 기준)에는 다음 각 호의 사항이 포함되어야 한다.

1. 최근 5년간의 채권·채무 총액의 추이
2. 최근 5년간의 비교 대차대조표
3. 자회사의 주요 재산목록

⑤ 영업에 관한 사항에는 다음 각 호의 사항이 포함되어야 한다.

1. 최근 5년간의 요약 비교 손익계산서(매출액 중 매출원가, 매출총이익, 판관비, 영업이익, 영업외비용, 경상이익, 특별이익, 당기순이익 등이 차지하는 비율을 백분율로 부기할 것)
2. 직전 회계연도의 상세 손익계산서(각 항목의 매출액에 대한 백분율을 부기함과 아울러 재무회계 및 관리회계에 따른 각 손익상황을 비교할 것)
3. 차기 회계연도 손익계획 및 사업전망

⑥ 채무자와 자회사의 관계에는 다음 각 호의 사항이 포함되어야 한다.

1. 상호간의 영업 거래현황
2. 상호간의 금전대차 기타 채권·채무 내역
3. 회생계획 인가 당시와 전년도 및 당년도의 상호간 채권·채무 총액의 추이
4. 상호 보증관계
5. 최근 5년간 채무자가 받은 이익배당의 내용
6. 자회사 매각계획의 유무 기타 자회사에 대한 향후 운용방침과 그 경과

제6조 (채무자 보고서에 기재할 사항)

채무자는 자회사에 관한 주요 사항에 변동이 있을 때에는 월간보고서 및 분기보고서에 그 내용을 기재하고, 특히 분기보고서에는 자회사의 손익계산서(당해 분기까지의 실적을 누계하여 재무회계 및 관리회계에 따른 각 손익상황을 비교한 제5조 제5항의 규정에 의한 상세 손익계산서)를 첨부하여야 한다.

제7조 (사전허가가 필요한 사항)

채무자가 자회사의 주주총회 결의, 임원의 구성 기타 자회사의 운영에 관하여 주주 또는 경영주로서의 권한을 행사하는 경우 법원의 사전 허가를 받아야 한다.

제8조 (보고서의 제출)
채무자는 법원에 채무자 현황보고서를 제출할 때에 자회사 현황보고서도 첨부하여 함께 제출하여야 한다.

제 253 호

외부감사인에 의한 회계감사

제1조 (목적)
준칙 제253호는 채무자의 재무상태 등에 대한 감사결과의 객관성을 높이고채무자의 재정상황을 보다 투명하게 파악하여 채권자 등 이해관계인이 회생절차를 보다 신뢰하고 법원이 회생계획 수행을 효율적으로 감독하기 위하여 법인 채무자로 하여금 매년 의무적으로 공신력 있는 외부인의 회계감사를 받게 하는 데 필요한 사항을 정함을 목적으로 한다.

제2조 (적용범위)
준칙 제253호는 회생절차가 개시된 모든 법인 채무자(이하 준칙 제253호에서 '채무자'라 한다)에 대하여 적용된다. 다만, 채무자가 주식회사의 외부감사에 관한 법률(이하 준칙 제253호에서 '외감법'이라 한다)의 적용을 받지 아니하고 영세한 소규모 법인, 비영리 법인 또는 합명회사, 합자회사 중 어느 하나에 해당하는 때에는 직권으로 또는 관리인의 신청에 의하여 이 준칙의 적용을 면제할 수 있다.

제3조 (정의)
① 관리인은 매 회계연도의 개시 후 4월 이내에 법원의 허가를 받아 외부감사인과 채무자에 대한 회계감사계약을 체결하여야 한다. 다만, 장기회계감사계약이 이미 체결되어 있거나 기타 사유로 당해 연도에 별도 회계감사계약을 체결할 필요가 없는 때에는 위 기간 내에 그 사유를 법원에 보고하여야 한다.
② 외감법 제4조의3의 규정에 의하여 외부감사인의 지정을 받는 채무자

의 경우에는 매 회계연도의 개시 후 4월 이내에 법원의 허가를 받아 외부감사인을 선정한 후 증권선물위원회에 그 외부감사인을 지정 요청하여야 하고, 증권선물위원회로부터 외부감사인 지정(외감법 제4조의3 제 2항의 규정에 의한 재지정을 포함한다)을 통보받은 날부터 2주 이내에 법원의 허가를 받아 그 지정된 외부감사인과 회계감사계약을 체결하여야 한다. 이 경우 제1항 본문은 적용하지 아니한다.

③ 관리인은 매 회계연도 개시 후 3월 이내에 당해 채무자가 외감법 제4조의3 규정에 의한 외부감사인 지정 대상기업에 해당되는지 여부를 보고하고, 외부감사인 선정방식과 절차에 대한 법원의 허가를 받아야 한다.

제4조 (외부 회계감사 면제)

채무자가 외부감사인에 의한 회계감사를 받지 못할 특별한 사유가 있는 때에는 관리인은 그 사유를 소명하여 매 회계연도 개시 후 4월 이내에 법원으로부터 외부 회계감사 면제에 대한 허가를 받아야 한다.

제5조 (외부감사인의 선정자격)

① 관리인은 채무자의 자산 및 영업규모 등을 감안하여 당해 채무자에 대한 회계감사를 실시할 만한 충분한 인적·물적 시설을 갖춘 외부감사인을 선정하여야 한다.

② 회생절차 개시신청 전 3년 이내에 채무자에 대하여 외부회계감사 또는경영컨설팅 등을 한 적이 있는 외부감사인은 회생계획 인가 회계연도 다음해부터 3년간, 당해 채무자의 조사위원직을 수행하였던 외부감사인은 회생계획 인가 회계연도 다음해부터 3년간 당해 채무자의 외부감사인으로 선정될 수 없다.

③ 동일한 외부감사인과는 3개 회계연도를 초과하는 기간 연속하여 회계감사계약을 체결할 수 없다. 다만, 상당한 이유가 있어 법원의 허가를 받은 때에는 그러하지 아니하다.

제6조 (서약서의 제출)

① 외부감사인은 회계감사계약을 체결할 때 [별지 1 서약서]를 작성하고, 관리인은 이 서약서를 계약체결 허가신청서에 첨부하여, 법원에 제출하여야 한다.

② 제3조 제1항 단서에 의하여 별도의 회계감사계약을 체결하지 않는 경우에는 현재의 외부감사인으로부터 제1항의 서약서를 제출받아 법원에 제출하여야 한다.

제7조 (회생계획 조항)

채무자는 회생계획을 작성할 때에 “채무자는 서울회생법원 실무준칙이 정하는 바에 따라 매년 외부감사인으로부터 회계감사를 받는다”는 조항을 회생계획에 삽입한다.

[별지 1 서약서]

서 약 서

본인은 채무자 ○○○○ 주식회사에 대한 회계감사를 실시하면서 법원으로부터 직접 회계감사명령을 받은 사람과 동일한 내용의 주의의무를 다할 것이며, 만일 본인의 고의 또는 과실로 인하여 회계상의 부실이나 분식결산의 결과를 밝혀내지 못한 때에는 법원이내리는 어떠한 문책도 이의 없이 승복할 것임을 이 각서로써 서약합니다.

2017. . .

감사인 ○○○(서명)

제 254 호

단체협약 체결

제1조 (목적)

준칙 제254호는 법인 채무자(이하 준칙 제254호에서 '채무자'라 한다)의 관리인이 근로자 측과 임금 기타 근로조건에 관하여 원만히 협상하여 불필요한 노사 갈등이 발생하지 않도록 함으로써 회생의 가능성을 높이기 위하여 관리인이 근로자 측과 근로조건에 관한 협약을 체결하는 경우에 필요한사항을 규정함을 목적으로 한다.

제2조 (원칙)

관리인은 단체협약을 체결하기 전에 법원의 허가를 받아야 한다. 관리인이위 허가신청을 할 때에는 단체협약의 내용이 회생계획상의 추정 임금 인상률 등 관련 규정의 범위 내이고 회생계획의 수행에 지장을 초래하지 않음을 확인할 수 있는 자료를 첨부하여야 한다.

제3조 (절차)

관리인은 임금 기타 근로조건에 관하여 근로자 측과 협상을 개시하기에 앞서 추정되는 적정한 임금 기타 근로조건의 수준을 법원에 보고하여야 하며, 근로자 측과 합의를 할 때에도 합의 예정안을 법원에 사전 보고하고 법원과 충분한 협의를 거쳐야 한다.

제4조 (보고 자료)

관리인이 제3조에 따라 적정한 임금 기타 근로조건의 수준 및 합의 예정안을 법원에 보고할 때에는 다음과 같은 자료를 구비하여야 한다.

1. 과거 실적
   가. 최근 3년간 회생계획에 정해진 매출·매출원가·판매관리비·영업이익 달성 정도
   나. 최근 5년간 직급별 임금인상률
   다. 과거 상여금 지급률(단체협약 내용 및 실제 지급률)
   라. 인상 전 동종업체와 임금수준 비교
2. 당해 연도 협상 과정 및 관리인 의견
   가. 노동조합 유무, 노동조합 가입자의 수 및 비율, 상급노동단체, 최근 노사관계의 동향
   나. 회생계획상 예정된 당해 연도 임금인상률·인건비총액·매출액대비 인건비율

다. 당해 연도 임금인상 요구내용과 그 협상과정
라. 당해 연도 적정임금 기타 근로조건의 수준 또는 합의 예정안, 이에 대한 관리인 등의 의견
3. 인상 후 예상 자료
가. 직급별 1인당 연간 실수령 총액 기준, 인상 전 임금ㆍ인상 후 임금ㆍ인상액ㆍ인상률(연간 호봉승급분 포함)
나. 인상 전ㆍ인상 후 예상 인건비총액(제 수당 및 퇴직금충당금 포함)ㆍ인건비부담증가율
다. 임금인상 후의 당해 연도의 추정 매출ㆍ매출원가ㆍ판매관리ㆍ영업이익 및 회생계획 달성률
라. 인상 후 동종업체와 임금수준 비교

제 261 호

간이조사위원 선임 및 평정

제1조 (목적)
준칙 제261호는 간이회생절차의 공정하고 효율적인 진행을 위해 법 제293조의7에서 규정하고 있는 법원사무관등이 아닌 간이조사위원(이하 준칙 제261호에서 '간이조사위원'이라 한다)에 대한 간이조사위원 적임자 명단 작성 및 관리 등 간이조사위원의 선임 및 평정에 관하여 필요한 사항을 정함을 목적으로 한다.

제2조 (적임자 명단 관리위원회)
① 법원은 간이회생사건 조사위원 업무를 담당할 간이조사위원 적임자 명단(이하 준칙 제261호에서 '적임자 명단'이라 한다)을 작성하여 관리한다.
② 적임자 명단에 등재될 자의 선정 및 적임자 명단 관리를 위하여 '간이조사위원 적임자 명단 관리위원회'(이하 준칙 제261호에서 '위원회' 라 한다)를 둔다.

③ 위원회의 구성, 업무, 심의·의결의 방법에 관하여는 준칙 제217호 「조사위원의 선임 및 평정」 제2조 제2항 내지 제5항을 준용한다.

제3조 (적임자 명단의 작성)

① 적임자 명단에 등재될 수 있는 자는 법 제601조 제1항 제3호 내지 제7호의 자격을 가진 자로 한다.

② 위원회는 특별한 사정이 없는 한 1년마다 적임자 명단을 새로 작성한다.③ 위원회의 위원장은 위원 중 3인 이상을 심사위원으로 지정하여 적임자 명단에 등재되기를 지원한 자의 선발에 필요한 업무를 수행하게 할 수 있다.

④ 심사위원은 적임자 명단에 등재되기를 지원한 자에 대하여 서류심사와 면접을 시행한다. 다만, 기존 적임자 명단에 등재되어 있던 자에 대하여는 서류심사와 면접 절차를 각각 생략할 수 있다.

⑤ 위원회는 심사위원의 심사결과에 기초하여 심의를 거쳐 간이조사위원 업무를 수행할 의사와 능력이 있다고 평가된 자를 적임자 명단에 등재하고, 명단 작성에 참고한 자료 등을 회생·파산위원회에 통보한다.

제4조 (간이조사위원 선임 원칙)

① 법원은 적임자 명단에 등재된 후보자(이하 준칙 제261호에서 '후보자' 라 한다) 전원에게 균등한 선임 기회가 부여되도록 한다.

② 법원은 후보자가 수행하고 있는 간이조사위원 업무의 과중도, 후보자와 해당 간이회생사건과의 이해관계 유무, 사건의 난이도, 후보자의 업무능력과 성실도, 경험, 법원의 사건 관리·감독의 효율성 등을 고려하여 제1항과 달리 간이조사위원을 선임할 수 있다.

③ 관계회사가 법인회생 사건 진행 중에 있어 동일한 조사위원을 선임하여야 하는 필요성이 있는 경우에는 간이조사위원 적임자 명단에 등재되어있지 아니한 자를 간이조사위원으로 선임할 수 있다.

제5조 (간이조사위원에 대한 평가)

① 간이조사위원의 업무수행에 대한 평가에 관하여는 준칙 제217호「조사위원의 선임 및 평정」 제8조를 준용한다. 다만, 법원은 준칙 제

217호 제8조 제2항의 [조사위원 평가표] 대신 [별지 1 간이조사위원 평가표]를 작성한다.

② 간이회생사건 담당판사는 매년 초 후보자에 대하여 [별지 2 간이조사위원의 업무수행에 대한 의견서]를 작성한다.

제6조 (간이조사위원에 대한 평정)

① 법원은 제5조에 따른 간이조사위원에 대한 평가결과 및 기타 제반사정을 바탕으로 매년 초 후보자에 대한 평정을 실시한다.

② 위원회는 제3조 제2항에 따라 적임자 명단을 새로 작성하거나 제7조 제1항에 따라 후보자를 적임자 명단에서 삭제할 경우 위 평정결과를 고려한다.

③ 법원은 간이조사위원에 대한 평정결과를 회생·파산위원회에 통보하여야 한다.

제7조 (적임자 명단에서의 삭제 및 간이조사위원 변경)

① 위원회는 다음 각 호의 어느 하나에 해당하는 경우 심의를 거쳐 언제든지 해당 후보자를 적임자 명단에서 삭제할 수 있다.

1. 후보자가 직무를 위반하거나 간이회생절차의 공정과 신뢰를 해할 우려가 있는 행위를 한 경우
2. 후보자가 간이조사위원 업무를 수행할 의사 또는 능력이 부족하거나 불성실하여 간이조사위원업무를 수행하는 것이 곤란하다고 인정되는 경우
3. 그 밖에 후보자가 간이조사위원으로 계속 활동하기 어렵다고 인정할상당한 이유가 있는 경우

② 후보자가 적임자 명단에서 삭제된 경우(제3조 제2항에 따라 적임자 명단이 새로 작성되면서 기존 후보자가 새로운 명단에 등재되지 않은 경우를 포함한다) 법원은 간이회생절차의 공정하고 원활한 진행을 위하여 적임자 명단에서 삭제된 경위, 간이회생절차의 진행 정도 등을 고려하여 그 후보자가 간이조사위원으로 선임된 사건의 간이조사위원을 변경할 수 있다.

[별지 1 간이조사위원 평가표]

간이조사위원 평가표

명칭		사건번호		재판부		조사기간	
		채무자		관리위원			

관 리 위 원 평 가	
1. 일반적인 업무수행	
-조사보고서 제출기간 준수	상 □ 중 □ 하 □
-조사보고서 일반의 충실도	상 □ 중 □ 하 □
-조사사항의 누락 여부	상 □ 중 □ 하 □
2. 조사의 충실도	
-자산 실사의 충실도	상 □ 중 □ 하 □
-서류열람, 회계기록 검토의 충실도	상 □ 중 □ 하 □
-계산의 공정성, 신뢰성	상 □ 중 □ 하 □
3. 조사보고 결과의 적절성	
-매출액 추정의 합리성	상 □ 중 □ 하 □
-매출원가 추정의 합리성	상 □ 중 □ 하 □
-판매관리비 추정의 합리성	상 □ 중 □ 하 □
-부인대상 행위, 임원 등의 책임에 관한 조사의 합리성	상 □ 중 □ 하 □
-청산조정의 합리성	상 □ 중 □ 하 □
4. 업무수행의 공정싱 및 객관성	
-뇌물수수나 약속, 향응접대 등 부정행위 발견 여부	여 □ 부 □
5. 집회 출석	
-집회 출석여부	여 □ 부 □
6. 업무 협조성	
-재판부와 소통(주요사항 신속 보고 등)	상 □ 중 □ 하 □
7. 평가의견	
8. 업무수행에 대한 종합 평가	상 □ 중 □ 하 □

재 판 부 평 가	
평가 의견	
업무수행에 대한 종합 평가	상 □ 중 □ 하 □

[별지 2 간이조사위원의 업무수행에 대한 의견서]

법원사무관 등이 아닌 간이조사위원의 업무수행에 대한 의견서

간이조사위원	
평가 대상 기간	
업무수행에 대한 의견	
재위촉 여부에 대한 의견	

제 262 호

간이회생사건 구조조정담당임원(CRO)

제1조 (목적)
준칙 제262호는 적은 비용으로 신속하게 진행되는 간이회생절차의 특성에 맞추어 구조조정담당임원 제도가 효율적으로 운영될 수 있도록 준칙 제219호 「채무자의 구조조정담당임원(CRO)」이 정한 사항 중 간이회생절차에 우선하여 적용할 사항을 별도로 정함을 목적으로 한다.

제2조 (구조조정담당임원 적임자의 선정)
법원은 관리위원회의 추천을 받거나 의견을 들어 간이회생사건 채무자의 구조조정담당임원 적임자를 선정한다. 단, 준칙 제201호 「간이회생사건 처리기준」 제6조 단서에 따라 채권자협의회가 구성된 경우에는 준칙 제219호 「채무자의 구조조정담당임원(CRO)」 제3조에 정한 바에 따라 구조조정 담당임원 적임자를 선정한다.

제3조 (위촉절차)
관리인은 특별한 사정이 없는 한 간이회생절차 개시결정일부터 7일 이내에 법원의 허가를 받아 제2조에 따라 법원이 선정한 사람을 구조조정담당임원으로 위촉할 수 있다.

제4조 (보수)
구조조정담당임원의 보수는 채무자의 자산 및 부채 규모, 매출규모, 자금사정, 업무의 난이도 등을 고려하여 정한다.

제5조 (업무내용)
① 간이회생사건의 구조조정담당임원은 채권자목록, 시·부인표, 회생계획안 작성 등에 대한 사전검토 및 조언과 같은 회생절차 전반에 대한 자문업무, 자금수지 점검 및 보고 업무 등을 주로 수행한다.
② 간이회생사건의 구조조정담당임원은 법원에 자금수지상황 등을 보고하는 경우에 이메일 보고 등 간이한 방법을 선택할 수 있다.

제6조 (임기)
구조조정담당임원의 임기는 위촉계약에 정함이 없으면 다음 각 호 중 가장 먼저 도래하는 때까지로 한다.
1. 감사 선임 시
2. 간이회생절차 종결 또는 폐지 시

제7조 (준용규정)
이 준칙에서 정하지 않고 있는 사항에 관하여는 준칙 제219호 「채무자의구조조정담당임원(CRO)」을 준용한다.

제 3 장 일 반 회 생

제 291 호

일반회생 사건의 처리

제1조 (목적)

준칙 제291호는 법 제2편 회생절차에 의하여 회생절차를 진행하는 '개인 채무자에 대한 회생' 사건의 처리에 필요한 사항을 정함을 목적으로 한다.

제2조 (용어)

준칙 제291호에서 사용하는 용어의 정의는 다음과 같다.

1. "일반회생"이라 함은 법 제2편 회생절차에 의하여 회생절차를 진행하는 개인채무자에 대한 회생을 말한다.
2. "내부조사위원"이라 함은 조사위원 중 법원사무관등 법원 직원인 조사위원을 말한다.
3. "외부조사위원"이라 함은 조사위원 중 법원 직원이 아닌 자로서 공인회계사 또는 회계법인 등인 조사위원을 말한다.

제3조 (법인회생 준칙의 적용 등)

① 일반회생 사건에 관하여는 다음 각 호에 해당하는 경우를 제외하고는 법인회생 사건의 준칙을 적용할 수 있다.

1. 이 장에서 달리 정한 것
2. 일반회생의 성질상 적용할 수 없는 것
3. 일반회생의 특성상 적용하기에 적절하지 아니한 것

② 법인회생 사건의 준칙 중 회생사건에 대한 준칙과 간이회생사건에 대한 준칙이 달리 정하고 있는 경우에는 일반회생절차의 신속하고 원활한 진행을 위하여 양 준칙 중 어느 하나를 선별하여 적용하거나 혼용하여 적용할 수 있다.

제4조 (법원의 허가를 받아야 하는 금액)
채무자의 지출행위 중 법원의 허가를 받아야 하는 금액의 기준은 아래와 같다. 다만 사업 규모 및 내용, 월급여액 또는 사업소득액, 자산 및 채무, 허가 신청의 빈도 등을 고려하여 적절히 가감할 수 있다.

1. 급여소득자 : 300만 원
2. 영업소득자 : 법인회생 준칙에서 정한 금액
3. 소액영업소득자(간이회생 사건) : 300만 원

제5조 (채권자협의회의 예외적 구성)
일반회생 사건의 간이, 신속한 진행 등을 위하여 원칙적으로 채권자협의회를 구성하지 아니하되, 사업 규모 및 내용, 월급여액 또는 사업소득액, 자산 및 채무 등을 고려하여 필요한 경우에는 채권자협의회를 구성할 수 있다.

제6조 (조사위원 적임자 명단)
① 조사위원은 일반회생 사건의 조사위원 적임자 명단에 등재된 자 중에서 선임한다.
② 조사에 필요한 학식과 경험이 있는 자로서 그 회생절차에 이해관계가 없는 내부조사위원을 일반회생 사건의 조사위원 적임자 명단에 등재할 수 있다.
③ 조사위원 적임자 명단의 작성, 관리, 평정 등 필요한 사항은 당해 간이회생 사건의 준칙을 준용하되, 일반회생 사건의 원활한 진행을 위하여 일부 절차를 생략할 수 있다.

제7조 (조사위원의 선임)
① 채무자의 사업 규모 및 내용, 월급여액 또는 사업소득액, 자산 및 채무, 채권자 수 등을 고려하여 내부조사위원을 채무자의 조사위원으로 선임 할 수 있다.
② 조사위원 적임자 명단에 등재된 적임자 전원에게 균등한 선임기회가 부여되도록 한다.
③ 회생절차가 진행 중인 법인의 임원에 대한 일반회생 사건의 경우 당해법인의 조사위원이 일반회생 사건의 조사위원 명단에 등재되어

있지 않더라도 위 임원에 대한 일반회생 사건의 조사위원으로 선임할 수 있다.

④ 조사의 충실성, 정확성 등을 강화하기 위하여 필요한 경우에는 내부조사위원과 외부조사위원을 조사위원으로 공동선임할 수 있다.

제8조 (조사위원의 보수)

① 내부조사위원의 보수는 별도로 지급하지 않는다. 다만 현장조사 경비 등 실제 지출한 비용은 채무자의 예납금 등에서 지급할 수 있다.

② 외부조사위원의 보수는 부가가치세를 포함하여 다음 각 호의 기준에 의하여 지급하되, 사업 규모 및 내용, 자산 및 채무, 월급여액 또는 사업소득액, 채권자 수, 조사의 내용, 기간, 난이도 및 성실성 등을 고려하여 적절히 가감할 수 있다.

1. 급여소득자의 경우에는 300만 원 내지 800만 원으로 한다. 다만, 회생절차가 진행 중인 법인의 임원에 대한 조사위원 보수는 특별한 사정이 없는 한 위 보수기준의 80% 이하의 금액으로 정할 수 있다.
2. 소액영업소득자가 아닌 영업소득자의 경우에는 500만 원 내지 1,200

만 원으로 한다. 다만 위 보수기준이 적정하지 아니한 경우에는 법인회생 사건의 해당 준칙에 의할 수 있다.

3. 소액영업소득자의 경우(간이회생 사건)에는 300만 원 내지 1,000만 원으로 한다.

제9조 (예금계좌개설명령)

법원은 채무자에 대한 회생절차 개시결정과 동시에 또는 그 이후에 관리인에게 예금계좌개설명령을 한다.

제10조 (정해진 계좌를 통한 자금거래)

관리인은 법원의 예금계좌개설명령에 따라 개설한 계좌를 이용하여 수입, 지출 등 자금거래를 하여야 하고, 특별한 사정이 없는 한 현금거래, 다른계좌를 이용한 자금거래를 하여서는 아니된다.

제11조 (계좌 입출금 내역의 보고)

관리인은 월간보고서 제출 시 위 예금계좌의 입출금 내역을 보고하여야 하고, 그 증빙자료로 위 예금계좌의 거래내역서 또는 통장사본을 첨부하여야 한다.

제 292 호

회생절차가 진행 중인 법인의 임원에 대한 일반회생사건 처리

제1조 (목적)
준칙 제292호는 회생절차가 진행 중인 법인의 대표이사, 이사, 감사 등 임원(이하 준칙 제292호에서 '법인의 임원'이라 한다)이 일반회생절차개시신청을 한 경우 당해 임원의 일반회생절차 진행에 대한 부담을 경감하고 효율적인 회생을 도모함을 목적으로 한다.

제2조 (적용범위)
일반회생절차개시신청 당시 회생절차가 진행 중인 법인의 임원에 대하여 적용하고, 회생절차가 종료된 법인의 임원에 대하여는 적용하지 아니한다.

제3조 (사건배당)
사건배당권자는 회생절차가 진행 중인 법인의 임원에 대한 일반회생 사건을 다음 각 호에 따라 배당할 수 있다.

1. 당해 법인회생 사건의 주심 판사가 일반회생 사건의 재판장을 겸하고 있는 경우에는 당해 주심 판사의 일반회생 사건 담당 재판부로 하여금 처리하게 할 수 있다.
2. 당해 법인회생 사건의 주심 판사가 일반회생 사건의 재판장을 겸하고 있지 아니한 경우에는 통상적인 사건의 배당기준에 따를 수 있다.

제4조 (조사위원의 선임)

회생절차가 진행 중인 법인의 임원에 대한 일반회생 사건의 조사위원으로는 특별한 사정이 없는 한 당해 법인회생 사건의 조사위원을 선임한다.

제5조 (기일의 병행 진행)

① 회생절차가 진행 중인 법인의 임원에 대한 일반회생 사건의 채권자목록제출기간, 신고기간, 조사기간, 조사보고서 제출기간, 주요사항 통지명령 등 절차, 회생계획안 제출기간은 다음 각 호에 의한다.

1. 법인회생 사건과 동시에 신청된 경우에는 특별한 사정이 없는 한 당해 법인회생 사건과 같은 날짜로 정한다.
2. 법인회생 사건보다 먼저 신청된 경우에는 각 기간의 연장 등을 통해 같은 날짜에 진행할 수 있다.
3. 법인회생 사건보다 나중에 신청된 경우에는 당해 법인회생 사건의 날짜를 고려하여 근접한 날짜 또는 같은 날짜에 진행할 수 있다.

② 회생절차가 진행 중인 법인의 임원에 대한 일반회생 사건의 관계인집회는 특별한 사정이 없는 한 당해 법인 사건의 관계인집회와 동시 또는 근접한 기일에 진행한다.

제 3 편 파 산

제 1 장 통 칙

제 301 호

파산관재인의 선정 및 평정

제1조 (목적)

준칙 제301호는 파산관재인 선정 절차, 파산관재인에 대한 평정 기준을 수립함으로써 파산절차가 공정하고 투명하게 진행되도록 하기 위하여 「파산관재인 후보자 명단의 작성 및 관리에 관한 예규」(재민2016-3)에서 정한 내용을 법원에서 시행하기 위하여 필요한 사항을 정함을 목적으로 한다.

제2조 (파산관재인 후보자 명단 관리위원회)

① 법원에 「파산관재인 후보자 명단 관리위원회」(이하 준칙 제301호에서'위원회'라 한다)를 둔다.

② 위원회는 다음 각 호의 사무를 행한다. 단 제1, 2호의 사무를 행하는 경우 파산관재인 후보자 명단의 작성 및 관리에 관한 예규 제2조 제1항 및 제3항에 따라 회생·파산위원회의 의견을 들어야 한다.

1. 파산관재인 후보자 명단(이하 준칙 제301호에서 '후보자 명단'이라 한다)에 등재될 후보자의 선정
2. 후보자 명단에서의 삭제
3. 그 밖에 후보자 명단의 작성, 관리에 필요한 사무

③ 위원회는 위원장 1명과 10명 이내의 위원으로 구성한다.

④ 위원장은 서울회생법원 수석부장판사로 하고, 위원회의 위원은 다음 각호에 해당하는 사람 중 각 1명 이상과 서울회생법원 파산과장을 법원장이 지명한다.

1. 법원 소속 부장판사
2. 법원 소속 판사
3. 법원 관리위원회 소속 관리위원

⑤ 위원회의 회의는 위원장이 소집한다.

⑥ 위원회에는 위원장이 법원 소속 판사 또는 직원 중에서 지명한 간사를 둘 수 있다.
⑦ 위원회는 서면으로 심의·의결할 수 있다.

제3조 (후보자 명단의 작성)
① 후보자 명단에 등재될 수 있는 사람은 서울지방변호사회 소속 변호사로서 법조경력 3년 이상인 자로 한다.
② 위원회는 법인 파산관재인과 개인 파산관재인 후보자 명단을 각각 작성하되, 특별한 사정이 없는 한 2년마다 각 후보자 명단을 새로 작성한다.
③ 위원회의 위원장은 2인 이상의 판사와 1인 이상의 관리위원회 소속 관리위원을 심사위원으로 지정한다.
④ 심사위원은 후보자 명단에 등재되기를 지원한 사람에 대하여 지원자의 경력, 파산관재업무와 파산절차 및 파산 관련 소송·집행절차에 대한 이해의 정도, 파산관재업무에 임하고자 하는 자세, 성실성 등을 고려하여 서류심사와 면접을 시행한다. 다만, 기존 후보자 명단에 등재되어 있던사람에 대하여는 위원회의 의결에 따라 서류심사와 면접 절차를 생략할 수 있다.
⑤ 위원회는 심사위원의 심사 결과에 기초하여 심의를 거쳐 파산관재인 업무를 적정히 수행할 의사와 능력이 있다고 인정되는 자를 후보자 명단에 등재한다.
⑥ 위원회는 후보자 명단을 새로 작성할 때 파산사건의 접수건수, 지원자의수, 지원자의 후보자 명단 등재기간과 평정 결과 등을 고려하여 기존 후보자 명단에 등재되어 있던 사람 중 일부를 교체 또는 삭제한다.

제4조 (파산관재인 선임 원칙)
① 법원은 특별한 사정이 없는 한 후보자 명단에 등재된 후보자(이하 준칙 제301호에서 '후보자'라 한다) 전원에게 균등한 선임 기회가 부여되도록 노력한다.
② 법원은 후보자가 수행하고 있는 관재업무의 과중도, 후보자와 해당 파산사건과의 이해관계 유무, 사건의 난이도, 후보자의 업무능력과

성실도, 경험, 전문성, 파산관재인 대리인의 선임 여부 및 대리인의 수, 후보자가 파산관재인으로 선임된 다른 파산 사건의 선임시기, 파산원인, 채무자의 자산과 부채 규모, 법원의 사건 관리·감독의 효율성 등을 고려하여 제1항과 달리 파산관재인을 선임할 수 있다.

③ 법원은 부부, 직계 존·비속, 형제자매, 주채무자와 보증인, 채무자 및 그와 함께 동일한 채무를 부담하는 자에 대하여는 동일한 개인 파산관재인을 선임할 수 있다.

제5조 (후보자에 대한 평가표의 작성)

① 후보자는 매년 3월 말, 9월 말을 기준으로 후보자가 파산관재인으로 선임된 사건에 관한 업무현황보고서를 작성하여 각 다음 달 말일까지 법원에 제출하여야 한다.

② 법인파산 사건 주심판사는 [별지 1 법인 파산관재인 평가표] 양식에 따라, 개인파산 사건 담당판사는 [별지 2 개인 파산관재인 평가표] 양식에 따라 1년에 2회 후보자에 대한 평가표를 작성한다.

③ 법원은 후보자가 파산관재인으로 선임된 사건에 대하여, 채무자가 제출한 자료와 파산관재인 보고서 기재 내용의 일치 여부, 환가 및 배당 과정에서 파산재단의 적절한 관리 여부, 그 밖에 필요하다고 인정되는 사항에 관한 조사를 관리위원회에 의뢰할 수 있다.

제6조 (후보자에 대한 평정)

① 위원회는 제5조 제2항의 평가표와 제5조 제3항의 조사결과 등을 기초로 관리위원회의 의견을 들어 매년 1회 이상 후보자가 파산관재인으로서 수행한 업무의 적정성에 관한 평정을 실시한다.

② 법원은 제1항의 평정결과를 회생·파산위원회에 통보한다.

③ 위원회는 제5조 제2항의 평가 또는 제6조 제1항의 평정결과에 따라 업무수행의 적정성이 미흡한 파산관재인에 대하여 후보자 명단에서 삭제 할 수 있음을 개별적으로 경고할 수 있다.

④ 위원회는 제3조 제2항에 따라 후보자 명단을 새로 작성하거나 제7조 제1항에 따라 후보자를 후보자 명단에서 삭제할 경우 제1항의 평정결과를 고려한다.

제7조 (후보자 명단에서의 삭제)

① 위원회는 다음 각 호의 어느 하나에 해당하는 사유가 있는 경우 심의를 거쳐 언제든지 해당 후보자를 후보자 명단에서 삭제할 수 있다.

1. 후보자가 직무를 위반하거나 재판의 공정과 신뢰를 해할 우려가 있는 행위를 한 경우
2. 후보자 또는 그 보조인이 관재업무에 관하여 뇌물을 수수·요구 또는 약속하거나, 파산재단에 속하는 금품을 횡령하는 등으로 파산재단의 형성·관리에 지장을 초래한 경우
3. 후보자가 관재업무를 수행할 의사 또는 능력이 부족하거나 불성실하여 관재업무를 적절히 수행하는 것이 곤란하다고 인정되는 경우
4. 그 밖에 후보자가 파산관재인으로 계속 활동하기 어렵다고 인정할 상당한 이유가 있는 경우

② 후보자가 후보자 명단에서 삭제된 경우(제3조 제2항에 따라 후보자 명단이 새로 작성되면서 기존 후보자가 새로운 후보자 명단에 등재되지 않은 경우를 포함한다) 법원은 파산절차의 공정하고 원활한 진행을 위해 후보자 명단에서 삭제된 경위, 파산절차의 진행 정도 등을 고려하여 그 후보자가 파산관재인으로 선임된 사건의 파산관재인을 변경할 수 있다.

제8조 (청문절차)

위원회는 제6조의 평정의 실시, 제7조의 삭제 여부의 판단에 필요한 경우 후보자 등의 의견을 듣고 관련 자료를 조사하는 등의 청문을 실시할 수 있다.

제9조 (손해배상책임의 보장)

법원은 후보자가 파산관재인 업무를 수행하는 경우에 고의 또는 과실로 파산재단에 재산상 손해를 발생하게 한 때에 지게 되는 손해배상책임을 보장하기 위하여 후보자를 보증보험에 가입하게 할 수 있다.

[별지 1 법인 파산관재인 평가표]

법인 파산관재인 평가표

성명	재판부	관리위원

재판부 평가			
평가 항목	상	중	하
1. 파산관재업무 수행의 성실성	□	□	□
2. 업무처리의 신속성	□	□	□
3. 파산 관련 법령, 법리, 절차의 숙지 여부	□	□	□
4. 허가신청, 보고 내용의 충실도 및 적절성	□	□	□
5. 환가 내용의 적절성, 신속성	□	□	□
6. 보조인 사용, 경비 내역의 적절성	□	□	□
7. 관련 소송 수행의 적절성, 신속성	□	□	□
8. 파산관재업무 개선에 대한 기여도	□	□	□
종합평점	□	□	□
종합평가 및 의견	(장점, 개선할 점, 재위촉 여부)		

관리위원 평가	
• 보고서의 형식적 완결성	상 □ 중 □ 하 □
평가의견	(업무수행일지 기재 성실성, 보고서 및 법원 제출서류 작성 충실도, 제출기한 준수 등)

[별지 2 개인 파산관재인 평가표]

개인 파산관재인 평가표

성명	재판부	
	관리위원	

관 리 위 원 평 가	
보고서의 형식적 완결성	상 □ 중 □ 하 □
평가 의견	(업무수행일지 기재 성실성, 보고서 및 법원 제출서류작성 충실도, 제출기한 준수 등)

재판부 평가	
파산절차 및 관련법령, 법리의 숙지 정도	상 □ 중 □ 하 □
재산 .부채 조사의 충실도	상 □ 중 □ 하 □
절차 진행의 신속성	상 □ 중 □ 하 □
환가 .배당 업무의 충실도	상 □ 중 □ 하 □
사건관리 및 보고의 적시성 및 충실도	상 □ 중 □ 하 □
면책허부 조사의견의 적정성	상 □ 중 □ 하 □
채권자 이의 사유에 대한 조사 충실도	상 □ 중 □ 하 □
보조인 업무수행의 실질적 감독 여부	상 □ 중 □ 하 □
보조인 사용의 적정성	상 □ 중 □ 하 □
관재업무 개선에 대한 기여도	상 □ 중 □ 하 □
이해관계인에 대한 안내의 충실도 (신청인 직접 면담 포함)	상 □ 중 □ 하 □
소송수계, 부인권행사 등 소송수행의 신속성 및 적절성	상 □ 중 □ 하 □
종합평가 및 의견	상 □ 중 □ 하 □
	(장점, 개선할 점, 재위촉 여부 등)

제 302 호

파산재단에 속한 재산의 환가방법

제1조 (목적)

준칙 제302호는 파산재단에 속한 재산을 공정하고 효율적으로 환가할 수 있도록 합리적인 환가방법을 정함을 목적으로 한다.

제2조 (환가의 방법)

① 파산관재인은 파산재단에 속한 재산을 다음 각 호의 방법으로 환가할 수 있다.

1. 공고를 통한 공개매각
2. 수의계약
3. 파산선고 전 강제집행의 속행
4. 법 제497조 제1항, 민사집행법 제274조 제1항에 따른 경매 신청
5. 법 제335조에 따라 기본계약을 해제한 후 원상회복청구권 등 행사
6. 처분 전 임대
7. 추심
8. 수개 자산의 일괄매각
9. 영업의 양도
10. 그 밖에 재산의 환가에 적당한 방법

② 파산관재인은 특별한 사정이 없는 한 파산재단에 속한 재산을 처분하기 전에 파산선고로 실효된 강제집행 및 체납처분의 외관을 제거하여 정당한 가격에 매각이 이루어질 수 있도록 한다.

③ 파산관재인은 필요한 경우 채무자의 시재와 해당 재산의 예상 환가액을 고려하여 전문 중개업자, 매각주간사 등에게 매각 주선을 의뢰할 수 있다.

④ 파산관재인은 환가의 실익이 없는 자산의 경우 법원의 허가를 얻어 포기할 수 있다.

제3조 (공개매각)

① 파산관재인은 법원에 공개매각허가를 신청할 경우 신청서에 다음 각 호의 사항을 기재한다.
1. 공개매각할 자산의 구체적인 내용
2. 최저매각가격 및 그 산정 근거
3. 입찰일시, 장소
4. 입찰보증금

② 법원사무관등은 법원이 제1항의 공개매각허가 신청을 허가하면 법원 홈페이지 공고 게시판에 입찰공고를 한다. 파산관재인은 법원 홈페이지 외에 다른 매체에 공고할 수 있고, 위 공고사실을 채무자의 거래처, 동종업체 등 해당 재산에 관심이 있을 만한 자들에게 별도로 통지할 수 있다.

③ 법원은 공개매각을 통해 낙찰자가 결정되더라도 낙찰금액이 예상된 시가에 미치지 못한 경우 매매계약 체결허가 신청을 불허할 수 있다.

제4조 (수의계약)

① 파산관재인은 법원에 수의계약체결 허가를 신청하는 경우 시가에 관한 객관적인 자료를 첨부한다. 파산관재인은 3개 이상 업체의 견적서를 첨부하여 위 시가에 관한 객관적인 자료에 갈음할 수 있다.

② 파산관재인은 시가에 관한 객관적인 자료가 없거나 시가에 미달한 금액으로 수의계약을 체결할 경우 수의매각금액을 최저매각가로 하여 공개매각을 했을 때 유찰될 것을 조건으로 계약을 체결할 수 있다.

제5조 (환가방법에 관한 업무지침)

법원은 파산재단에 속한 각종 재산의 합리적인 환가를 위해 필요한 구체적인 사항에 관하여 업무지침을 제정할 수 있다.

제 2 장 법 인 파 산

제 321 호

법인파산 예납금 납부 기준

제1조 (목적)
준칙 제321호는 법인파산 사건의 예납금의 산정기준을 정함을 목적으로 한다.

제2조 (예납금의 산정기준)
법인파산 사건의 예납금은 부채총액(다만 미확정 구상채무 등 중복적 채무는 제외한다)을 기준으로 하여 [별표 1]과 같이 정하되, 파산재단의 규모, 파산절차의 예상 소요기간, 재단수집의 난이도, 채권자의 수 등을 고려하여 가감할 수 있다.

[별표 1]

부채총액	예납기준액
동시폐지사건	불필요(인터넷공고시)
5억 원 미만	500만 원
5억 원~10억 원 미만	700만 원
10억 원~30억 원 미만	1,000만 원
30억 원~50억 원 미만	1,200만 원
50억 원~100억 원 미만	1,500만 원
100억 원 이상	2,000만 원 이상

제 322 호

법인 파산관재인의 보수 등

제1조 (목적)
준칙 제322호는 법인 파산관재인(이하 준칙 제322호에서 '파산관재인'이라 한다)에게 적정한 보수와 특별보상금이 시급될 수 있도록 하기 위하여 법 제30조 제1항에 의한 파산관재인의 보수·특별보상금의 액수 및 지급시기 등에 관하여 필요한 사항을 정함을 목적으로 한다.

제2조 (보수의 총액)
① 파산관재인에게 지급할 보수의 총액은 파산관재인이 수집한 파산재단의 가액(이하 준칙 제322호에서 '수집액'이라 한다)을 기준으로 [별표 1]과같이 산정한 기준보수를 다음 각 호의 사항을 고려하여 50%의 범위 내에서 증감하고, 제3조에 따라 산정한 소송수행보수를 합산하여 산정한다.
1. 채권이 종류와 채권자의 수
2. 관재업무 수행기간과 배당 횟수
3. 관재입무의 구제석 내용과 난이도, 채무자가 영업을 계속하였는지 여부
4. 관재업무를 위하여 행한 법률검토 내용과 횟수
5. 관재업무를 위한 근무장소, 근무형태
6. 파산관재인 정기보고서, 법원이 요청하는 각종 보고서의 제출 여부와 그 내용의 충실도
7. 예상 배당률과 실제 배당률
8. 기타 관재업무와 관련하여 파산관재인 보수 결정에 필요한 사항

② 수집액은 다음 각 호와 같이 산정한다.
1. 수집액은 파산관재인이 현금화한 것을 기준으로 한다. 단, 파산선고 당시 현금이나 현금 등가물과 같이 이미 현금화가 되어 있는 것은 제외한다.

2. 현금화 대상 재산이 별제권과 환취권을 부담하는 경우, 추심 대상 채권에 반대채권이 있는 경우에는 정산 후 차액만 수집액에 산입한다. 단, 파산관재인이 별제권자나 환취권자의 요구를 받아 현금화 대상 재산을 현금화한 경우에는 현금화한 액수 전부 또는 일부를 수집액에 산입할 수 있다.
3. 채무자가 영업을 계속하는 경우, 그 수입에서 비용을 뺀 차액만을 수집액에 산입한다.
4. 파산관재인이 중간에 사임 또는 해임되어 새로운 파산관재인이 선임되는 경우, 그 수집액은 당해 파산관재인이 수집한 파산재단만의 가액으로 한다.

③ 다음 각 호의 항목은 파산관재인에게 지급할 보수의 총액에서 공제한다. 단, 영업 계속 등 부득이한 사정으로 보조인을 고용하는 경우 전부 또는 일부를 공제하지 아니할 수 있다.
1. 파산관재인이 파산선고 이후 고용한 보조인에게 지급된 급여(연차수당, 명절상여금, 공로상여금, 연말정산금, 식비 등 각종 보조경비 명목의 실질급여 등 보조인에게 지급되는 모든 금전을 포함한다)
2. 제1호의 경우, 공공보험료, 신원보증보험료 등 보조인의 채용으로 발생한 모든 비용

제3조 (소송수행보수)

① 법원은 파산재단에 관한 소송(조정, 화해, 행정심판 등도 이에 준한다)을 직접 수행한 파산관재인에게 각 심급단위로 소송목적의 값을 기준으로 「변호사보수의 소송비용 산입에 관한 규칙」에 따라 계산한 변호사 보수 상당액을 지급한다. 이 보수는 「변호사보수의 소송비용 산입에 관한 규칙」 제6조에 따라 감액할 수 있다.

② 법원은 파산관재인이 직접 수행하는 파산재단에 관한 소송이 각 심급에서 종결하는 경우, 파산관재인의 신청을 받아 제1항에 따라 산정한 소송수행보수를 지급한다.

③ 파산관재인이 직접 수행한 부인의 청구, 부인의 소, 부인의 청구 결정에 대한 이의의 소 등에서 승소하여 그 판결 또는 결정이 확정된 경우에는 파산재단이 얻게 된 이익의 30% 범위 내에서 제반 사정을

고려하여 파산관재인에게 지급할 소송수행보수를 증액할 수 있다.

제4조 (공동파산관재인, 파산관재인대리가 있는 경우)

파산관재인이 수인인 경우 또는 파산관재인대리가 선임된 경우, 파산관재인 1인에게 지급할 보수의 액수는 제2조에 따라 산정한 보수의 총액을 파산관재인과 파산관재인대리 전체 인원수로 나누어 산정함을 원칙으로 한다.

제5조 (우선보수)

법원은 파산관재인으로부터 파산재단의 점유착수보고를 받은 직후 파산관재인에게 우선보수를 지급한다. 법원은 3,000만 원 이하의 범위에서 파산재단의 규모, 파산재단의 점유·관리업무의 난이도 등을 고려하여 우선보수의 액수를 결정한다.

제6조 (중간보수)

① 법원은 다음의 각 호에 해당하는 경우, 파산관재인에게 중간보수를 지급할 수 있다.

1. 제1회 채권자집회와 일반 채권조사기일이 종료된 후
2. 중간배당이 이루어지는 경우
3. 파산재단이 부족하여 파산채권자들에게 배당하지 못하고 재단채권자에대한 변제만으로 파산절차가 종결될 것으로 예상하여 재단채권자들에게일괄 변제를 하는 경우. 다만, 파산폐지 직전에 일괄 변제를 하는 경우는제외한다.
4. 채무자가 영업을 계속하는 경우. 이 경우 제1회 채권자집회가 종료된 때부터 파산선고를 받은 후 2년이 되는 때까지(관재업무의 복잡성, 현금화 진행의 정도 등을 고려하여 1년의 범위 내에서 연장할 수 있다) 매 분기 마지막 달에 중간보수를 지급한다.
5. 파산관재인이 신청하는 경우

② 법원은 중간보수를 지급할 때까지 수집액을 기준으로 제2조에 따라 산정한 기준보수에서 이미 지급한 보수(소송수행보수, 특별보상금은 제외한다)를 뺀 나머지 금액을 파산재단의 점유·관리업무와 배당업무의 난이도 등에 따라 가감하여 중간보수의 액수를 결정한다.

제7조 (최종보수)

① 법원은 파산절차를 종료하는 경우 또는 파산관재인이 중도에 사임하거나 해임되는 경우에 파산관재인에게 최종보수로 당시까지의 수집액과 소송수행 결과 등을 기준으로 제2조, 제3조에 따라 산정한 보수의 총액에서 이미 지급한 보수를 뺀 나머지 금액을 지급한다.

② 법원은 제1항의 최종보수의 액수를 결정할 때 제8조에 따라 산정한 특별보상금을 합산할 수 있다.

제8조 (특별보상금)

① 법원은 다음 각 호의 사유가 발생한 경우 파산관재인의 신청을 받아 특별보상금을 지급할 수 있다.

1. 다음 각 목과 같이 현금화에 이례적인 성과를 거두어 파산재단의 증식에 특별히 이바지한 경우

가. 부동산 위에 설정된 담보권의 피담보채권 총액이 부동산의 시가를 초과함에도 부동산 매각대금의 일부를 파산재단에 유입시킨 경우(다만 당해세와 체당금 등 경매절차에 의할 경우 당연히 파산관재인이 배당받았어야 할 금액은 유입액에서 제외한다)

나. 파산선고 전에 이미 대손상각이 된 채권을 회수한 경우

다. 파산재단에 속한 부동산·동산을 예정가(원칙적으로 감정가를 말한

다. 감정가가 없는 경우 공시지가 등 적정한 방법으로 시가를 반영한 액수를 말한다) 이상으로 환가한 경우

라. 그 밖에 이에 준하는 경우

2. 영업양도나 기업인수합병에 성공하는 등 특별한 방법으로 파산절차를 파산선고로부터 2년 이내에 조기 종결한 경우

② 제1항 제1호의 특별보상금 액수는 그로 인하여 파산재단이 얻게 된 이익의 30% 범위 내에서 제반 사정을 고려하여 정한다.

③ 제1항 제2호의 특별보상금 액수는 기준보수의 100% 범위 내에서 제반 사정을 고려하여 정한다.

제9조 (자료제출요구)

법원은 파산관재인에게 보수와 특별보상금의 액수를 산정하기 위하여 필요한 자료의 제출을 요구할 수 있다.

제10조 (적용대상의 제외)
준칙 제322호는 예금보험공사 또는 그 임ㆍ직원이 파산관재인으로 선임된 경우에는 적용되지 아니한다.

[별표 1]

기준보수의 산정

기준보수는 다음 산식에 따라 산정한다.
기준보수 = ④ + ③ × (수집액 - ①)

① 수집액 (이상)	② 수집액 (미만)	③ 보수상승율	④ 보수 (이상)	⑤ 보수 (미만)
0원	1억 원	16%	300만 원	1,900만 원
1억 원	2억 원	12%	1,900만 원	3,100만 원
2억 원	10억 원	8%	3,100만 원	9,500만 원
10억 원	30억 원	4%	9,500만 원	1억 7,500만 원
30억 원	100억 원	1%	1억 7,500만 원	2억 4,500만 원
100억 원	~	0.5%	2억 4,500만 원	~

제 323 호

법인 파산재단에 속하는 재산의 점유관리 착수 및 조사보고서 작성

제1조 (목적)
준칙 제323호는 파산절차가 공정하고 효율적으로 진행되도록 하기 위하여 법인 파산관재인(이하 준칙 제323호에서 '파산관재인'이라 한다)이 파산재단에 속하는 재산의 점유 및 관리에 착수하면서 취해야 할 조치에 관한 사항을 정함을 목적으로 한다.

제2조 (파산재단의 점유 및 관리 착수)
① 파산관재인은 취임 직후 지체없이 채무자의 사무실 등에 방문하여 [별지1 안내문] 또는 [별지 2 공고문]을 부착한다.
② 파산관재인은 파산재단에 관한 점유 및 관리에 착수할 때 주요사항 누락 방지를 위해 [별표 1 점검표]를 활용할 수 있다.

제3조 (점유 및 관리 착수 보고서의 작성)
① 파산관재인은 특별한 사정이 없는 한 제2조의 착수일부터 14일 이내에 점유 및 관리 착수보고서를 제출하여야 한다.
② 제1항의 보고서에는 다음 각 호의 사항이 포함되어야 한다.
1. 파산선고 직후 보고서 작성일까지 수행한 업무의 내역
2. 파산재단의 점유 착수 실행 내역
3. 채무자 회사의 임직원 현황
4. 채권자 현황 및 부채 현황(부채 현황은 파산채권, 재단채권, 별제권 등으로 분류하여 기재한다)
5. 계류 중인 소송 등의 현황
6. 재무상태표상 자산현황 및 환가계획(환가계획에는 예상되는 자산별 청산가치를 포함하여 기재한다)
7. 기타 파산재단의 현황을 파악하기 위한 중요한 사항

[별지 1 안내문]

알 림

채무자 ○○○ 주식회사

위 채무자는 2017. ○. ○. 10 : 00 서울회생법원 제○부로부터 2017하합 ○○○호로 파산선고를 받고, 본인이 파산관재인으로 선임되었습니다. 이 주거, 사무실 및 그 안의 일체의 유체동산은 본인의 점유 관리하에 있으므로 본인의 허가 없이 출입하거나 이를 반출하는 경우에는 형법에 의하여 처벌될 것입니다.

파산관재인 변호사 ○ ○ ○

(연락처 : 서울 서초구 서초중앙로 1 전화 500-1000)

[별지 2 공고문]

주식회사 ○○ 파산선고 공고

사　건　2017하합○○ 파산선고
채 무 자　주식회사 ○○
서울 ○○구 ○○로 ○○
대표이사 ○○○

위 사건에 관하여 이 법원은 2017. ○. ○. 10:00 파산선고를 하였으므로, 채무자 회생 및 파산에 관한 법률 제313조 제1항에 의하여 다음과 같이 공고합니다.

다　음

1. 파산결정의 주문
채무자 주식회사 ○○에 대하여 파산을 선고한다.
2. 파산관재인의 성명 및 사무소
변호사 ○○○(생년월일), 서울 ○○구 ○○로 ○○
3. 채권신고기간 및 채권자집회ㆍ채권조사 기일, 채권자집회 결의사항
① 채권신고기간 및 장소: 2017. ○. ○.까지, 서울회생법원
② 채권자집회ㆍ채권조사 기일 및 장소 : 2017. ○. ○. 14:00, 서울법원종합청사 3별관 제1호 법정
③ 채권자집회는 영업의 폐지 또는 계속, 고가품의 보관방법에 관하여 결의를 할 수 있음.
4. 유의사항
파산선고를 받은 자의 채무자와 파산재단에 속하는 재산의 소지자는 파산선고를 받은 자 에게 채무를 변제하거나 그 재산을 교부하여서는 아니 되며, 채무를 부담하는 사실, 그 재산을 소지하는 사실(소지자가 별제권을 가지고 있는 경우에는 그 채권을 가지고 있다는 사실)을 2017. ○. ○.까지 파산관재인에게 신고하여야 한다.
채무자의 주요자산 매각: 채무자의 주요자산 매각ㆍ포기 정보는 '대한민국 법원' 홈페이지 → '대국민서비스' → '공고' → '회생ㆍ파산 자산매각 안내' (http://www.scourt.go.kr/portal/notice/realestate/RealNoticeList.work)에서 확인할 수 있습니다.

2017. ○. ○.

서 울 회 생 법 원 제○부
재 판 장　판 사　○ ○ ○
판 사　○ ○ ○
판 사　○ ○ ○

[별표 1 점검표]

점유착수 점검표				
○파산회사명 :				
○점유착수일시 및 장소 :				
항 목		존재 유무	확보 여부	특이사항
I. 회사 경영 전반				
1	회사 조직도			
2	임직원 비상연락망(담당업무, 이메일, 주소 포함)			
3	정관			
4	이사회 운영규정, (단체협약이 체결된 경우) 단체협약			
5	주주명부 (최근일 기준)			
6	[견련파산(인가후 폐지)의 경우] 인가받은 회생계획			
7	채권자 현황과 원인서류, 담당자의 연락처 및 이메일			
8	ERP 프로그램			
9	(가동의 경우) 서버용도, 구성 및 SPEC, 관리자 I.D 및 Password, 운영체제 및 탑재 S/W			
II. 회계 및 세무				
1	외부 기장(또는 내부 기장)			
2	회계장부가 기록된 컴퓨터 파일			
3	(외부 기장인 경우) 세무대리인의 연락처 및 담당자, 계약조건			
4	운용 중인 회계프로그램의 I.D 및 Password, Lock Key			
5	최근 5년간의 법인세, 지방소득세, 부가가치세, 원천징수세 등의 신고서 일체			
6	최근 재무제표 및 각 계정과목에 대한 거래처별 잔액 명세			
7	원가명세서			
8	임직원 대여금, 보증금 등의 현황과 원인 서류			
9	최근 5년간의 대손처리내역 및 그 사유			
10	(부가가치세) 총괄 납부 신고			
11	사업자등록 말소			
12	유형자산 목록과 보관장소와 상태			
13	부외자산 및 부채의 존재			
III. 영업				
1	매출채권 등 현황과 원인 서류			
2	각 매출채권의 소멸시효 완성			
3	매출채권 별 거래처 담당자의 연락처, 이메일			
4	(지점, 지사, 현장별) 재고자산 현황과 보관 상태 및 실재			

IV. 금융				
1	금융기관별 담당자의 연락처, 이메일			
2	유동성 장기부채, 장기차입금 등 차입 현황과 원인 서류			
3	계좌개설 내역 및 통장 일체			
4	각 통장별 비밀번호, OTP 카드, 거래인감			
5	각 계좌에 등록된 자동이체 약정			
6	인터넷 뱅킹 개설 여부(개설된 경우 I.D 및 Password)			
7	금고 비밀번호 및 열쇠			
8	법인신용카드 발급 현황 및 신용카드 실물			
9	(약속어음 및 수표 발행의 경우) 미발행 어음 및 수표 실물			
10	은행에서 발급한 미도래 약속어음, 수표 명세			
V. 총무				
1	법인 인감 및 법인 인감카드(비밀번호)			
2	일체의 사용인감과 명판			
3	사업자등록증			
4	지적재산권 등 권리증서			
5	(각 업무를 위해 발급받은) 일체의 공인인증서			
6	부동산 현황과 등기권리증 및 관리형태			
7	부동산의 화재보험 가입 여부			
8	부동산의 임대여부, (만일 임대한 경우) 임대차 현황 및 계약서			
9	골프장(또는 콘도 등) 회원권과 입회증, 회원등록증			
10	차량 현황과 보관장소 및 해당 차량 열쇠, 종합보험 가입 현황			
11	채무자가 투자(또는 출자)한 현황 및 그 권리증서			
12	도메인의 존재여부, (존재하는 경우) 관리기관 및 계약 상태			
13	파산선고일 현재의 임직원 명단 및 인사기록 카드			
14	미지급 임금 및 퇴직금 명세, 그 원인 서류			
15	퇴직연금 가입 여부, (가입된 경우) 통장 및 원인 서류			
VI. 법무				
1	소송 및 강제집행, 보전처분 등 현황과 사건기록 일체			
2	소송대리 내역 및 대리인의 연락처와 계약 조건			
VII. 기타 사항				
1	채무자가 가입한 각종 업무용 인터넷 사이트의 I.D 및 Password			
2	기타 파산절차의 진행에 도움이 될 사항			

제 324 호

재산목록 작성

제1조 (목적)

준칙 제324호는 파산재단을 효율적으로 관리ㆍ감독하고 채권자 등 이해관계인들에게 충실한 정보를 제공함으로써 파산절차를 투명하게 진행하기 위하여 법 제483조에 따라 법인 파산관재인(이하 준칙 세324호에서 '파산관재인'이라 한다)이 재산목록을 작성하는 경우에 필요한 사항을 정함을 목적으로 한다.

제2조 (재산목록의 작성)

① 파산관재인은 특별한 사정이 없는 한 제1회 채권자집회기일 전에 파산재단에 속하는 모든 재산에 관하여 파산선고 당시 가액을 평가하여 재산목록을 작성한다.

②파산관재인은 재산목록을 작성하는 경우에 재무상태표상 각 자산항목을 기준으로 [별표 1]과 같은 양식을 활용하여 작성할 수 있다.

③ 법원은 필요한 경우 외부 회계법인으로 히여금 재신목록의 직징싱을 감사하도록 할 수 있다.

④ 파산관새인은 분기마다 재산복독을 갱신한다.

[별표 1]

2017하합00 채무자 주식회사 000 재산목록(2017. 0. 0. 현재)

순번	구분 (재무상태표 자산항목과 일치)	상대방/내역	장부가액	청산조정	파산선고일 기준 청산가치	예상환가일	현황(상세내역)	최종환가결과		비고
								환가종료일	환가액	
1	당좌자산									
1-1	현금및현금성자산									
1-2	매출채권									
1-3	…									
2	재고자산									
2-1	제품									
2-2	…									
3	유형자산									
3-1	토지									
3-2	건물									
3-3	비품									
3-4	…									
4	무형자산									
4-1	…									
5	기타비유동자산									
5-1	…									
6	기타자산									
6-1	…									
	자산총계									

채무자 주식회사 000의 대표이사는 파산관재인이 작성한 위 재산목록이 채무자 회사의 재산을 빠짐없이 반영하였고, 적정하게 청산가치를 산정하였음을 확인합니다.

2017년 0월 0일 대표이사 000 (서명 또는 날인)

제 325 호

파산관재인의 보조인 사용 및 감독

제1조 (목적)

준칙 제325호는 법인 파산관재인(이하 준칙 제325호에서 '파산관재인'이라 한다)의 보조인 사용 및 감독에 관한 기본적인 사항을 정함을 목적으로 한다.

제2조 (보조인의 고용)

① 파산관재인은 그 직무상 필요에 따라 자신의 비용 또는 파산재단의 비용으로 파산관재업무를 보조할 보조인을 고용할 수 있다.

② 파산재단의 비용으로 보조인을 고용할 경우 보조인에게 지급한 급여는파산관재인에게 지급할 보수의 총액에서 공제한다.

제3조 (보조인 고용 허가신청서)

① 파산관재인은 파산재단의 비용으로 보조인을 고용할 경우 다음 각 호의 사항을 기재한 신청서를 법원에 제출한다.

1. 보조인의 성명, 연령, 경력
2. 보조인의 고용기간
3. 보조인이 수행할 업무내용 등 고용이 필요한 이유
4. 급여의 예정액

② 파산관재인은 파산재단의 비용으로 보조인을 재고용할 경우 제1항의 각 사항에 더하여 다음 각 호의 사항을 기재한 신청서를 법원에 제출한다.

1. 보조인이 기존 고용기간에 수행한 업무의 구체적인 내용(환가한 재산 등)
2. 재고용기간 동안 보조인에게 지출이 예정된 금액의 합계
3. 파산재단의 잔여 재산의 환가예상액
4. 현재까지 고용한 보조인 전원에게 지급된 보수의 총액

제4조 (보조인에 대한 관리 ·감독)

① 파산관재인은 선량한 관리자의 주의로서 보조인을 관리·감독한다.
② 파산관재인은 임치금 보관 통장과 인감을 직접 점유·관리한다.
③ 임치금 인출행위는 법원의 허가를 받아 파산관재인이 직접 수행한다. 다만 부득이한 사정으로 보조인에게 인출행위를 맡긴 경우에는 임치금 보관은행으로 하여금 다음과 같은 조치를 취하도록 한다.
1. 파산관재인에게 인출금액을 유선 또는 문자로 통보
2. 1,000만 원 이상의 금액을 인출하는 경우에는 사전에 파산관재인에게 유선으로 확인

제 3 장 개 인 파 산

제 361 호

개인파산 예납금 납부기준

제1조 (목적)
준칙 제361호는 개인 파산관재인(이하 준칙 제361호에서 '파산관재인'이라 한다)의 실질적인 조사업무 수행과 채무자의 예납금에 대한 부담 경감을 고려하여 개인파산 및 면책신청사건의 처리에 관한 예규(재민 2005-1, 이하준칙 제361호에서 '예규'라 한다) 제2조의4에 정한 예납기준에 관한 사항을 구체적으로 정함을 목적으로 한다.

제2조 (예납금의 기본원칙)
① 개인파산 사건에서 동시폐지를 하지 아니하는 경우의 예납금은 30만원으로 한다.
② 제1항의 금액은 물가상승률, 파산관재인의 업무 수행 환경 및 개인파산사건 실무 변경 등 여러 요인을 고려하여 변경할 수 있다.

제3조 (예납금의 증액)

다음 각 호의 경우를 종합적으로 고려하여 예납금을 예규 제2조의4에서 정한 상한인 500만 원까지 증액할 수 있다.

1. 부채총액이 다액인 경우
2. 부채총액 중 잔존채무 원금이 높은 비율을 차지하는 경우
3. 채권자가 다수인 경우
4. 비금융기관 채권자가 존재하는 경우
5. 파산신청일에 근접하여 지급불능에 이른 경우
6. 파산신청일에 근접하여 채무자 및 직계가족의 재산변동이 있는 경우
7. 파산신청일에 근접하여 발생한 채무가 다액인 경우
8. 파산재단의 규모가 클 것으로 예상되는 경우
9. 부인권 대상 행위가 있는 것으로 예상되는 경우
10. 관련 소송이 존재하는 경우

제4조 (예납금의 감액)

다음 각 호 중 2개 이상의 사유에 해당할 경우 예납금을 감액할 수 있다.

1. 채무자가 생계급여 수급자인 경우
2. 지급불능에 이른 시기가 파산신청 10년 이전인 경우
3. 채무자 및 직계존비속인 부양가족에 대하여 의료비가 지속적으로 지출되어야 하는 불가피한 사정이 있는 경우
4. 채무자에게 질병이 있거나, 재산이나 수입이 전혀 없는 등 예납금의 납입이 곤란한 특별한 사정이 인정되는 경우

제 371 호

개인 파산관재인의 보수

제1조 (목적)

준칙 제371호는 개인 파산관재인(이하 준칙 제371호에서 '파산관재인'이라 한다)에게 적정한 보수가 지급되도록 하기 위하여 파산관재인의 보

수산정방법에 관한 사항을 정함을 목적으로 한다.

제2조 (보수의 지급시기)

① 이시폐지로 종료될 것으로 예상되는 사건은 이시폐지 결정 시 최후보수를 한 번 지급함을 원칙으로 하되, 이 경우에도 관재 업무의 복잡성, 환가 진행의 정도 등을 고려하여 법원이 우선보수를 지급함이 상당하다고 인정하는 경우에는 우선보수를 지급할 수 있다.

② 환가할 재산이 있어서 배당절차 진행이 예상되는 사건은 특별한 사정이 없는 한 제1회 채권자집회 종료 직후 또는 채권조사기일 종료 직후 우선보수를 지급한다.

③ 파산관재인이 중도에 사임·해임되거나 변경되는 경우 최후보수를 정산한다.

제3조 (우선보수)

파산관재인에게 우선보수를 지급하는 경우, 우선보수금은 절차비용으로 예납된 금액 범위 내에서 파산재단의 규모, 채권조사의 난이도, 소송의 수계 유무, 부인권 행사 유무, 채권자 집회 준비과정에 투입된 노력 등을 고려하여 결정한다.

제4조 (최후보수의 산정)

① 최후보수 배당 시까지 총 수집액에 의하여 [별지 파산관재인 보수산정표]에 따라 기준보수를 산정하고, 다음 각 호를 고려하여 기준보수의50%의 범위 안에서 적정한 금액을 가감하여 정한다.

1. 채권의 종류 및 채권자의 수
2. 관재업무의 수행기간
3. 환가업무의 구체적 내용과 업무난이도
4. 파산업무를 위하여 행한 법률적 검토 내용과 횟수
5. 파산관재인 보고서 작성 횟수, 제출 누락 여부, 작성 수준
6. 예상 배당률과 실제 배당률의 차이
7. 기타 관재업무와 관련하여 파산관재인 보수 결정에 필요한 사항

② 파산관재인이 이미 지급받은 보수가 있는 경우는 제1항에 따라 산정한금액에서 차감하여 결정한다.

제5조 (특별보수)

① 파산관재인이 환가에 이례적인 성과(예 : 부동산 위에 설정된 담보권의 피담보채권 총액이 부동산의 시가를 초과함에도 부동산 매각대금의 일부를 파산재단에 유입시키는 협상에 성공한 경우 등)를 거두는 등 파산재단의 재산증식에 특별한 기여를 한 경우 특별보수를 지급할 수 있다.

② 특별환가로 인한 특별보수는 이익금액의 20%의 범위 내에서 제반 사정을 고려하여 정한다.

③ 파산관재인은 특별보수를 지급받을 수 있는 사유가 발생한 경우 즉시 또는 제4조의 보수신청 시 소명자료를 첨부하여 특별보수의 지급을 신청한다.

제6조 (중도 선임된 파산관재인의 보수)

파산관재인이 중간에 사임 또는 해임되어 새로운 파산관재인이 선임되는 경우 그 기준보수를 정할 때 보수산정표 상의 수집액은 당해 파산관재인이 수집한 액을 기준으로 산정한다.

제7조 (재단채권자에 대한 변제만 실시된 경우)

파산재단이 부족하여 파산채권자들에게 전혀 배당하지 못하고 재단채권자에 대한 변제만으로 파산절차가 종료되는 경우에도 특별한 사정이 없는 한 제3조 내지 제6조의 규정을 준용한다.

제8조 (파산재단에 편입할 재산이 없는 경우)

파산관재인의 조사결과, 파산재단에 편입할 재산이 없어서 파산채권자들 및 재단채권자들에게 전혀 배당하지 못하고 이시폐지하는 사건의 경우, 최후보 수는 절차비용으로 예납된 금액 범위 내에서 채권자의 수, 업무수행기간, 업무난이도, 보고서 제출 횟수 및 작성 수준, 소송의 수계 유무, 부인권 행사 유무, 면책불허가 사유, 조사업무의 난이도 등의 제반 사정을 감안하여 결정한다.

[별지 파산관재인 보수산정표]

파산관재인 보수산정표

① 최후보수 산정의 기초가 되는 기준보수의 산정은 아래와 같이 한다.

수집액	산정방식
500만 원 이하	30만 원 + 수집액 × 20%
500만 원 초과~1,000만 원 이하	130만 원 + (수집액 - 500만 원) × 10%
1,000만 원 초과~5,000만 원 이하	180만 원 + (수집액 - 1,000만 원) × 8%
5,000만 원 초과~1억 원 이하	500만 원 + (수집액 - 5,000만 원)× 5%
1억 원 초과~5억 원 이하	750만 원 + (수집액 - 1억 원) × 2%
5억 원 초과~10억 원 이하	1,550만 원 +(수집액 - 5억 원) × 1%
10억 원 초과~50억 원 이하	2,050만 원 + (수집액 - 10억 원)× 0.2%
50억 원 초과	2,850만 원 + (수집액 - 50억 원)× 0.1%

② 수집액은 파산관재인이 환가하여 금전화한 것을 말하며, 파산선고 당시 이미 현금이나 현금 등가물과 같이 이미 현금화되어 있거나, 즉시 현금화가 가능한 것은 제외한다. 끝.

제 372 호

개인 파산관재인 간담회 등

제1조 (목적)

준칙 제372호는 개인 파산관재인(이하 준칙 제372호에서 '파산관재인'이라 한다) 업무의 통일성, 전문성 제고를 위하여 파산관재인에 대한 간담회, 직무교육 등에 관한 사항을 정함을 목적으로 한다.

제2조 (간담회)

법원은 파산관재인 사이의 업무 편차를 줄이고, 현안을 논의하기 위하여 개인파산 담당판사와 파산관재인 사이의 간담회를 연 2회 개최한다.

제3조 (직무교육)

법원은 파산관재인이 새로이 후보자 명부에 등재된 경우 등재 후 가까운 시일 내에 직무교육을 실시한다.

제 373 호

개인 파산관재인의 현장방문 조사

제1조 (목적)

준칙 제373호는 개인파산절차의 공정성을 제고하고 채무자에 대한 권리 침해를 방지하기 위하여 개인 파산관재인(이하 준칙 제373호에서 '파산관재인'이라 한다)이 현장방문 조사를 할 때 유의해야 할 사항을 정함을 목적으로 한다.

제2조 (파산관재인의 현장방문 조사)

파산관재인은 파산재단의 관리 및 면책불허가사유의 조사에 관한 권한을 행사하기 위하여 필요한 경우 채무자가 운영하는 것으로 보이는 사업장 또는 채무자가 실제 거주하는 것으로 보이는 주거지를 방문하여 조사할 수 있다.

제3조 (채무자의 사전 동의)

파산관재인이 현장방문 조사를 하기 전에 채무자로부터 동의를 받아야 한다.

제4조 (현장방문 시 유의사항)

파산관재인은 현장방문 조사 시 사생활이 침해되거나 영업이 방해되지 않도록 주의한다.

第5조 (현장방문 보고서의 제출)
파산관재인은 현장방문 후 파악한 채무자의 재산, 소득 등 조사내용에 관한 현장방문 보고서를 제출한다.

제 374 호

개인 파산관재인의 자료제출 요구

제1조 (목적)
준칙 제374호는 개인 파산관재인(이하 준칙 제374호에서 '파산관재인'이라 한다)이 개인파산 및 면책신청사건의 처리에 관한 예규(재민 2005-1, 이하 준칙 제374호에서 '예규'라 한다) 별지 제1호 내지 제10호 외의 자료를 제출할 것을 요구하는 경우에 관한 사항을 구체적으로 정함을 목적으로 한다.

제2조 (파산관재인의 자료제출 요구)
파산관재인이 채무자에 대하여 예규 별지 제1호 내지 제10호 외의 자료를 제출할 것을 요구하는 경우에 파산관재인으로서는 채무자에게 당해 사건에서 어떠한 정황에 기초하여 이를 요구하는 것인지 고지하여야 하고, 법원에 그러한 고지 및 자료제출 요구를 하였음을 사후에 보고하여야 한다.

제 4 편 개인회생

제 401 호

사건배당의 기준

제1조 (목적)

준칙 제401호는 개인회생 사건의 배당에 관하여 필요한 아래의 사항을 정함으로써 절차의 신뢰성과 업무처리의 전문성을 확보하고, 절차의 효율성을 높이는 것을 목적으로 한다.

1. 법원사무관등이 아닌 회생위원을 선임할 사건에 관한 기준
2. 유관기관 경유사건의 전담재판부 배당에 관한 처리

제2조 (법원사무관등이 아닌 회생위원을 선임할 사건)

① 법원에 법 제601조 제1항 제1호, 제3호 내지 제7호에 의한 회생위원(이하 준칙 제401호에서 '외부 회생위원'이라 한다)을 선임할 사건을 전담하는 재판부(이하 준칙 제401호에서 '외부 회생위원 전담재판부'라 한다)를 둔다.

② 법원은 다음 각 호에서 정한 채무자의 개인회생절차 개시신청 사건은 외부 회생위원 전담재판부에 배당하고, 외부 회생위원을 선임한다.

1. 법 제579조에서 정한 영업소득자인 채무자(채무자 명의로 사업자등록이 되어 있는지 여부와 무관하게 채무자가 실질적으로 영업소득을 얻는 경우를 의미한다)
2. 법 제579조에서 정한 급여소득자인 채무자 중 채무액 총합계(담보부채무액을 포함한다)가 2억 원을 초과하는 채무자
3. 법 제579조에서 정한 급여소득자인 채무자 중 다음 각 목에서 정한직업에 종사하는 채무자. 다만, 채무자가 영업활동에 따른 성과급을 지급받지 않는 경우에는 외부 회생위원 전담재판부에 배당하지 않을 수 있다.
   가. 보험설계사
   나. 영업사원 및 방문판매사원
   다. 법인의 대표자

라. 지입차주

마. 그 밖에 영업활동에 따른 성과급을 지급받는 직업

③ 법원은 법 제579조에서 정한 급여소득자인 채무자 중 제2항 제2호, 제3호에 해당하지 않는 채무자가 신청한 개인회생절차 개시신청 사건의 경우에도 부인권 대상 행위의 존부, 접수 사건수의 추이 등 여러 사정을 참작하여 사건을 외부 회생위원 전담재판부에 배당하고, 외부 회생위원을 선임할 수 있다.

④ 채무자가 신청한 개인회생절차 개시신청 사건이 외부 회생위원 전담재판부가 아닌 재판부에 배당된 경우에도 사건에 대한 조사결과 제2항, 제3항에 해당하는 사건으로 밝혀진 경우에는 외부 회생위원 전담재판부로 재배당할 수 있다. 다만, 개인회생절차 개시결정을 한 경우에는 재배당하지 않는다.

⑤ 외부 회생위원은 그와 합동으로 사무소를 운영하는 자 또는 그가 소속된 법인이 수임하였거나 처리하는 사건을 배당받은 경우 법원에 재배당을 요청하여야 한다.

제 402 호

개인회생 사건 신청서에 첨부할 서류

제1조 (목적)

준칙 제402호는 효율적이고 신속한 개인회생 사건 심리를 위하여 법 제589조 제2항, 규칙 제79조, 개인회생 사건 처리지침(재민 2004-4) 제2조에 따라 채무자가 개인회생절차 개시신청서에 첨부할 서류에 관하여 필요한 사항을 구체적으로 정함을 목적으로 한다.

제2조 (개인회생 사건 신청 시 첨부할 서류의 목록)

채무자는 개인회생절차 개시신청서에 다음 각 호의 서류를 첨부하여야 한다.

1. 채권자목록 : 원본과 채권자 수에 2를 더한 개수의 부본(회생위원용 1부, 채권자표 작성용 1부)
2. 재산목록
   가. 부동산등기사항전부증명서
   나. 가입된 보험의 예상 해약환급금확인서
   다. 채무자 본인 명의의 지적전산자료조회결과서, 지방세세목별과세증명서
   라. 채무자 본인 소유 부동산에 대한 국민은행 홈페이지 부동산 시세 확인 또는 국토교통부 홈페이지의 아파트실거래정보 또는 부동산 인근 소재지 공인중개사 2인의 시세확인서
   마. 자동차등록원부와 시가 증명자료(자동차 전문 중고거래 사이트 등의 인터넷 시가자료)
   바. 채무자 본인 명의의 임대차계약서 사본
3. 채무자의 수입 및 지출에 관한 목록
   가. 급여소득자 : 원칙적으로 근로소득원천징수영수증, 불가피한 경우에는 사용자의 기명날인 또는 서명이 된 급여명세서 또는 소득증 명서나 최근 6개월간 급여를 지급받은 통장거래내역
   나. 영업소득자 : 부가가치세과세표준증명, 세무서 발행의 소득금액증명서, 매출처·매입처별 세금계산서 합계표, 신용카드 매출전표 발행금액 등 집계표, 손익계산서 또는 총매출액, 필요비 실질소득을 매 월별로 산정한 신청일 직전 1년간의 수입상황보고서
   다. 국민건강보험자격득실확인서, 국민연금산정용가입내역확인서
4. 급여소득자 또는 영업소득자임을 증명하는 서류
   가. 급여소득자 : 재직증명서, 사업자등록증이 첨부된 사업주의 확인서 또는 이에 준하는 서류
   나. 영업소득자 : 사업자등록증 또는 이에 준하는 서류
5. 진술서
6. 신청일 전 10년 이내에 회생, 파산, 개인회생을 신청한 사실이 있는 경우 이와 관련되는 서면[종전 사건의 사건번호, 종국내역(취하, 기각, 폐지 등), 종국일자가 기재된 서류 등]

7. 그 밖에 대법원 규칙이 정하는 서류(규칙 제79조)
   가. 주민등록등본
   나. 소득세 등을 납부한 증명서
   다. 영업에 필요한 필요비 지출을 증명할 수 있는 세금계산서나 명세
   서, 사업장의 임료, 전기세, 기타 공과금의 납부를 소명할 수 있는 서류
   라. 시설 및 비품의 시가확인서
   마. 신용회복위원회, 한국자산관리공사 등을 통하여 개인워크아웃 등을 신청한 경우 이와 관련된 자료

제3조 (법원이 추가로 제출을 명할 수 있는 서류의 목록)

법원은 개인회생사건의 적정한 심리와 원활한 진행을 위하여 채무자에게 제2조에 규정된 서류 이외에 다음 각 호의 서류를 추가로 제출하도록 명할 수 있다.

1. 재산목록 관련 서류
   가. 배우자 명의의 지적전산자료조회결과서, 지방세세목별괴세증명서
   나. 신청일 기준 직전 1년간 채무자 본인 명의의 예금계좌거래내역
   나. 재무자 본인 및 배우자 명의의 보험가입내역조회서, 보험증권 사본
   라. 채무자 배우자 소유 부동산에 대한 국민은행 홈페이지 부동산 시세확인 또는 국토교통부 홈페이지의 아파트실거래정보 또는 부동산 인근 소재지 공인중개사 2인의 시세확인서
   마. 신청일 기준 직전 2년간 채무자 본인 및 배우자가 부동산 매매를 한 경우 매매대금의 사용처를 확인할 수 있는 자료
   바. 배우자 명의의 임대차계약서 사본
   사. 신청일 기준 직전 5년간 주거지 등기부등본
   아. 채무자가 사업을 하다가 폐업한 경우 폐업증명서, 사업장 임대차 계약서 사본, 임차보증금, 권리금, 사용설비 및 재고품 등의 가액, 그 처분대금의 잔존 여부 및 사용처를 소명할 수 있는 자료
2. 채무자의 수입 및 지출에 관한 목록 관련 서류

무상거주사실확인서(작성자의 인감증명서 또는 신분증 사본 첨부)

3. 진술서 관련 서류
   가. 최근에 직장이 변경된 경우 종전 직장의 급여액을 확인할 수 있는 자료
   나. 현재의 주거상황을 확인할 수 있는 자료
4. 신청일 전 10년 이내에 회생, 파산, 개인회생을 신청한 사실이 있는 경우 이와 관련되는 서면
   가. 종전 사건의 채권자목록, 변제계획안, 보정권고 또는 보정명령 사항
   나. 종전 사건의 종결 후 그 사유를 해소할 만한 사정변경이 있었는지 여부가 기재된 사유서
5. 그 밖에 대법원 규칙이 정하는 서류(규칙 제79조) 관련
   가. 본인의 개명 등을 소명할 기본증명서, 배우자의 유무를 확인할 수 있는 혼인관계증명서

제 403 호

중지명령 등의 발령

제1조 (목적)

준칙 제403호는 중지명령 및 금지명령(이하 준칙 제403호에서 '중지명령등'이라 한다) 발령의 시기, 발령의 기준 등에 관하여 필요한 사항을 정함으로써 과도한 채무독촉에 시달리는 채무자의 신속한 구제 및 채권자와 채무자 사이의 이익 균형 도모를 목적으로 한다.

제2조 (중지명령 등의 발령)

법원은 중지명령 등의 신청이 있는 경우에는 특별한 사정이 없는 한 신청서접수일부터 3일 이내에 중지명령 등의 발령 여부를 결정한다. 다만, 채무자가 인지대 또는 송달료를 납부하지 않은 경우에는 그러하지 아니

하다.

제3조 (중지명령 등의 취소 및 변경)

① 법원은 법 제593조 제4항에 따라 개인회생채권자 등 이해관계인이 중지명령 등의 취소 또는 변경을 신청하면서 다음 각 호의 사유를 소명한 경우에는 중지명령 등의 취소 또는 변경 여부를 면밀히 검토하여야 한다.

1. 신청일 전 1년 이내에 발생한 채무의 합계가 총 채무액에서 차지하는 비중이 큰 경우
2. 신청일 전 1년 이내에 발생한 채무의 합계가 다액인 경우
3. 채무자가 과거 개인파산이나 개인회생을 신청한 적이 있는 경우
4. 그 밖에 중지명령 등의 신청이 개인회생절차의 남용에 해당한다고 볼 객관적인 사정이 있는 경우

② 법원은 제1항 각 호의 사유가 있다고 판단하는 경우 채무자로 하여금 다음 각 호의 자료 또는 기타 소명자료의 제출을 명할 수 있다.

1. 신청일 전 1년 이내에 발생한 채무의 발생경위, 사용처 및 소명자료
2. 신청일 전 1년 간 시용한 신용가드이용명세서
3. 종전에 신청한 개인회생 사건의 결정문, 채권자목록, 변제계획안, 보정명령 및 보정권고 사항

제 404 호

채무자에 대한 면담 및 심문절차

제1조 (목적)

준칙 제404호는 개인회생 사건을 신속하고 적정하게 처리하기 위하여 회생위원의 채무자에 대한 면담절차와 법원의 채무자 등에 대한 심문절차의 진행과 관련하여 필요한 사항을 정함을 목적으로 한다.

제2조 (채무자에 대한 면담절차)

① 접수 담당 법원사무관 등은 개인회생 사건을 접수하는 즉시 신청인 혹은 신청인의 대리인에게 회생위원별로 미리 협의된 면담기일을 고지할 수 있다.
② 우편접수사건이나 전항에 의한 면담기일 고지가 어려운 사건에 대해서는회생위원이 사건을 배당받아 검토 후 면담기일을 고지하되, 개인회생 사건의 접수일부터 3주를 넘지 않는 날을 최초 면담기일로 지정하여야 한다.
③ 전항에도 불구하고 회생위원은 기록 검토 후 면담절차의 진행이 불필요하다고 판단한 사건에 대해서는 면담절차를 진행하지 않을 수 있다.

제3조 (회생위원의 보정권고)
① 회생위원은 회생위원의 업무수행을 위하여 필요한 경우 서면으로 채무자에게 보정권고를 할 수 있다.
② 회생위원이 전항에 따라 채무자에게 보정권고를 할 때 면담기일을 함께 지정하거나 이미 면담기일이 지정되어 있는 경우에는 보정권고에 따른 보정서 제출기한을 면담기일 이전으로 정하여야 한다.
③ 회생위원은 특별한 사정이 없는 한 면담절차를 진행하지 않는 사건에 대한 보정서 제출기한을 개인회생 사건의 접수일부터 4주 이내로 정한다.
④ 회생위원은 개인회생절차 개시신청서의 오기, 누락 등을 이유로 한 간단한 보정사항에 대해서는 구두 또는 유선, 팩시밀리 전송 등의 방법으로 보정권고를 할 수 있다. 다만, 이 경우 회생위원은 보정권고사항이 기록에 드러날 수 있도록 적절한 조치를 취하여야 한다.

제4조 (채무자 등에 대한 심문절차)
① 법원은 다음 각 호의 사유가 있는 경우 채무자에 대한 심문절차를 진행 할 수 있다.
  1. 회생위원이 업무수행결과를 보고하면서 채무자의 재산 및 소득 등에 관하여 특이사항이 있다는 의견을 진술한 경우
  2. 채무자가 규칙 제88조 제2항에 따라 법원에 심문을 신청한 경우
  3. 그 밖에 법원이 심문이 필요하다고 인정한 경우

② 법원은 채무자에 대한 심문절차에 회생위원, 법원이 알고 있는 개인회생채권자, 개인회생절차가 개시된 채무자의 재산을 소지하고 있거나 그에게 채무를 부담하는 자를 참여시켜 의견을 진술하게 할 수 있다.

③ 법원은 채무자에 대한 심문절차를 마친 후 법 제595조 각 호의 사유를 검토하여 지체없이 개인회생절차의 개시 여부의 결정을 하여야 하고, 심문절차를 진행하는 경우에 위 결정이 지나치게 지체되지 않도록 주의하여야 한다.

제5조 (면담기일에 불출석한 경우의 처리)

① 회생위원은 채무자가 면담기일에 불출석한 경우 유선으로 불출석한 사유를 확인하고 다음 면담기일을 약속하여 기일을 진행한다.

② 회생위원은 채무자가 두 번째 면담기일에도 불출석한 경우에는 상당한 이유 없이 절차를 지연시키는 때에 해당함을 사유로 한 개인회생신청기각의견 취지의 업무수행결과보고서를 작성하여 재판장에게 인계한다.

제 411 호

회생위원의 개시결정 전 업무수행결과보고

제1조 (목적)

준칙 제411호는 규칙 제88조 제1항 제1호에 따른 회생위원의 업무수행결과보고에 필요한 사항을 정함을 목적으로 한다.

제2조 (회생위원의 업무수행결과보고서 작성)

회생위원은 채무자의 재산 및 소득에 대한 조사가 완료된 경우 그로부터 2주 이내에 다음 각 호의 사항을 포함한 [별지 1 업무수행결과보고서]를 작성하여 판사에게 제출하여야 한다.

1. 채무자가 개인회생신청에 이르게 된 경위

2. 개인회생채권자목록의 적정성
3. 저당권 등으로 담보된 개인회생채권이 있는 경우 그 담보목적물에 대한 평가
4. 채무자의 재산
5. 채무자의 소득
6. 부인권 행사대상의 존부
7. 중점관리대상 유형
8. 법 제595조에서 정한 개시신청 기각사유의 존부

제3조 (회생위원의 보고의무)

회생위원은 개인회생 사건 접수일부터 3개월이 경과한 사건에 관하여는 채무자의 재산 및 소득에 대한 조사가 완료되지 않은 경우라도 업무수행결과 보고서를 작성하여 판사에게 제출하여야 한다.

[별지 1 업무수행결과보고서]

제 회생위원 업무수행결과 보고서

사 건 : 2017 개회 개인회생 재판장
채무자 : 이○○
대리인 : 변호사 김○○
접수일 : 2017. ○. ○.

재판장

위 사건에 관하여 제 회생위원은 다음과 같이 업무수행결과를 보고합니다.

다 음

<table>
<tr><td colspan="2">개인회생신청에 이르게 된 경위</td><td colspan="2">'신청서' 및 신청서에 첨부한 '진술서' 기재와 같음</td></tr>
<tr><td colspan="2" rowspan="2">개인회생채권자목록의 적정성</td><td>개인채권자</td><td></td></tr>
<tr><td>특이사항</td><td></td></tr>
<tr><td rowspan="4">재산</td><td rowspan="3"></td><td>부동산 소유</td><td></td></tr>
<tr><td>차량 소유</td><td></td></tr>
<tr><td>특이사항</td><td></td></tr>
<tr><td>담보목적물의 평가</td><td colspan="2"></td></tr>
<tr><td colspan="2" rowspan="2">소득</td><td>신청직전
소득감소</td><td></td></tr>
<tr><td>성인부양</td><td></td></tr>
<tr><td colspan="2">부인권 행사대상의 존부</td><td colspan="2"></td></tr>
<tr><td colspan="2" rowspan="4">기타사항</td><td>보정권고 미이행</td><td></td></tr>
<tr><td>미송달채권자</td><td></td></tr>
<tr><td>채권자추가등</td><td></td></tr>
<tr><td>채권자이의등</td><td></td></tr>
</table>

2017. . .

제 회생위원 김 ○ ○ (인)

서울회생법원 제 회생 단독판사 귀중

제 412 호

개시결정의 송달

제1조 (목적)

준칙 제412호는 신속하고 통일적인 개인회생절차 진행을 위하여 법 제597조 제2항에서 정한 개인회생절차 개시결정의 송달에 관한 구체적 사항 및 송달불능 시 처리방안 등에 관한 기준을 정립함을 목적으로 한다.

제2조 (관련 서류의 송달)

①법원은 개인회생절차 개시결정을 한 직후 채무자, 알고 있는 개인회생채권자, 개인회생절차가 개시된 채무자의 재산을 소지하고 있거나 그에게 채무를 부담하는 자에게 법 제596조 각 호의 사항이 기재된 개인회생절차 개시결정 정본 및 개시통지서, 개인회생채권자목록, 변제계획안 및 계좌신고서를 송달한다.

②법원의 사건담당 공무원은 제1항 기재 각 서류를 송달함과 동시에 전산시스템에 개인회생절차 개시결정일, 이의기간 및 채권자집회기일을 입력하고, 개인회생채권자에게 송달한 개인회생채권자목록 및 변제계획안을 각 제출일자별로 특정하여 입력한다.

제3조 (송달의 방법)

① 제2조 각 항의 송달은 송달받을 사람에게 서류의 등본 또는 부본을 우편 또는 집행관에 의하여 교부하는 방법으로 한다. 다만 채무자의 소송대리인에 대한 송달은 법원사무관등이 전화·팩시밀리·전자우편 또는 휴대전화 문자전송을 이용하여 할 수 있다.

② 제1항 단서의 규정에 따른 송달을 한 경우 법원사무관등은 송달받은 소송대리인으로부터 송달을 확인하는 서면을 받아 소송기록에 붙여야 한다.

③제1항에도 불구하고, 법 제593조의 중지명령, 금지명령 등을 이미 송달받은 개인회생채권자에게 송달할 서류는 달리 송달할 장소를 알 수 없는 경우 중지명령, 금지명령 등을 송달받은 장소에 등기우편의 방법으로 발송할 수 있다.

제4조 (송달에 갈음하는 공고)

① 개인회생채권자의 주소 또는 근무장소를 알 수 없는 경우 또는 외국에서 하여야 할 송달에 관하여 제3조의 규정에 따를 수 없거나 이에 따라도 효력이 없을 것으로 인정되는 경우, 법원은 직권으로 또는 당사자의 신청에 따라 공고로써 송달을 갈음하는 내용의 결정을 할 수 있다.

② 제1항의 신청에는 다음 각 호 중 하나에 해당하는 사유를 소명하여야 한다.

1. 개인회생채권자가 개인인 경우, 개인회생채권자의 주민등록초본상 현재 주소지에 집행관에 의한 송달을 하였음에도 송달되지 않은 경우
2. 개인회생채권자가 은행・농업협동조합・수산업협동조합・축산업협동조합・산림조합・신용협동조합・신용보증기금・기술신용보증기금・지역신용보증재단・새마을금고・상호저축은행・종합금융회사・시설대여회사・보험회사・신탁회사・증권회사・신용카드회사・할부금융회사 또는 신기술사업금융회사인 사건으로서 법인등기부등본상 주사무소에 우편송달을 하였음에도 송달되지 않은 경우
3. 개인회생채권자가 제2호에서 정한 금융기관 외의 법인인 경우, 법인등기부등본상 주사무소에 우편송달을 하였음에도 송달되지 않았고, 대표자의 주소지에 집행관에 의한 송달을 하였음에도 송달되지 않은 경우

③ 재판장은 제1항의 경우 외에 개인회생절차의 지연을 피하기 위하여 필요하다고 인정하는 때에는 송달에 갈음하는 공고결정을 할 수 있다.

④법원의 사건담당 공무원은 송달에 갈음하는 공고결정이 있는 경우 전산시스템에 해당 개인회생채권자와 결정일을 특정하여 입력한다.

⑤재판장은 직권으로 또는 신청에 따라 송달에 갈음하는 공고결정을 취소 할 수 있다.

제 421 호

이의기간의 부여

제1조 (목적)

준칙 제421호는 신속하고 통일적인 개인회생절차 진행을 위하여 개인회생절차 개시결정 후 개인회생채권자목록이 수정된 경우 수정된 사항에 관한 이의기간 부여의 기준을 각 유형별로 명확히 정함을 목적으로 한다.

제2조 (개시결정 후 채권자목록의 수정)

채무자는 책임질 수 없는 사유로 개인회생채권자목록에 누락하거나 잘못 기재한 사항을 발견한 경우 개인회생절차 개시결정 후 변제계획인가 결정이 있기 전까지 법원의 허가를 받아 개인회생채권자목록에 기재된 사항을 수정할 수 있다. 이 경우 법원은 그 수정된 사항에 관한 이의기간을 정하여 공고하고, 채무자 및 알고 있는 개인회생채권자에게 이의기간이 기재된 서면과 수정된 개인회생채권자목록을 송달한다. 다만, 수정으로 인하여 불리한 영향을 받는 개인회생채권자가 없는 경우 또는 불리한 영향을 받는 개인회생채권자의 의사에 반하지 아니한다고 볼만한 상당한 이유가 있는 경우에는 공고와 송달을 하지 않을 수 있다.

제3조 (누락된 개인회생채권 추가)

①누락된 개인회생채권을 추가하는 내용으로 개인회생채권자목록의 수정 허가를 신청한 경우, 채무자는 법원에 해당 채권을 뒤늦게 추가한 사유를 소명하여야 한다. 법원은 추가된 채권액이 다액이고 채무자가 해당채권을 고의로 누락하였다고 판단하는 경우 법 제620조 제2항 제1호, 제595조 제2호에 해당한다고 보아 인가 전 폐지결정을 할 수 있다.

②법원은 누락된 개인회생채권을 추가하는 내용으로 개인회생채권자목록 수정을 허가할 경우 새로운 이의기간을 지정한다. 이 때 이의기간의 새로운 지정으로 인하여 이의기간과 이미 공고된 채권자집회기일 사이의 기간이 2주 이하로 된 경우, 채권자집회기일을 변경한

다.

③추가된 개인회생채권이 보증채권인 경우, 제2항의 기재에도 불구하고 법원은 별도의 이의기간을 지정하지 않고, 추가된 개인회생채권자에게 개시결정통지서와 수정된 개인회생채권자목록 및 변제계획안을 송달한다.

제4조 (개인회생채권금액의 변경)

①개인회생채권자가 이의기간 내에 개인회생채권자목록에 기재된 자신의 개인회생채권금액에 대하여 이의를 제기한 경우, 채무자는 그 이의 내용을 인정하여 개인회생채권자목록의 수정허가를 신청할 수 있다.

②법원은 제1항의 신청에 따라 개인회생채권금액을 변경하는 내용의 개인회생채권자목록수정을 허가할 경우, 새로운 이의기간을 지정한다. 이 때 이의기간의 새로운 지정으로 인하여 이의기간과 이미 공고된 채권자집회기일 사이의 기간이 2주 이하로 된 경우, 채권자집회기일을 변경한다.

③제2항에도 불구하고 다음 각 호의 1에 해당하는 경우, 법원은 이의기간의 연장이나 집회기일의 변경을 하지 않을 수 있다.

1. 채권금액이 감액 변경된 경우
2. 개인회생채권자목록 수정으로 인하여 불리한 영향을 받는 개인회생채권자가 없는 경우
3. 증액된 금액이 총 채권액의 5% 미만의 소액으로서 다른 채권자에게 미치는 불리한 영향이 미미한 경우

제5조 (채권양도, 대위변제)

①채무자가 개인회생절차 개시결정 전에 채권양도나 대위변제가 있었음을 이유로 개인회생채권자와 개인회생채권금액을 변경하는 내용의 개인회생채권자목록의 수정허가를 신청한 경우, 법원은 개인회생채권자목록의 수정을 허가하고, 새로운 이의기간을 지정한다. 이 때 이의기간의 새로운 지정으로 인하여 이의기간과 이미 공고된 채권자집회기일 사이의 기간이 2주 이하로 된 경우, 채권자집회기일을 변경한다.

②채무자가 개인회생절차 개시결정 후에 채권양도나 대위변제가 있었음

을 이유로 개인회생채권자와 개인회생채권금액을 변경하는 내용의 개인회생채권자목록의 수정허가를 신청한 경우, 법원은 개인회생채권자목록의 수정을 허가할 수 있다. 다만 이 경우 법원은 별도의 이의기간을 지정하지 아니하고, 변경 전 및 변경 후 개인회생채권자에게 수정된 개인회생채권자목록 및 변제계획안을 송달한다.

제 422 호

회생위원의 채권자집회 전 및 집회 후 보고서 제출

제1조 (목적)

준칙 제422호는 규칙 제88조 제1항 제7호에 따른 변제계획안에 대한 이의여부 등에 관한 회생위원의 채권자집회 보고에 필요한 사항을 정함을 목적으로 한다.

제2조 (채권자집회 전 보고서)

① 회생위원은 특별한 사정이 없는 한 개인회생채권자집회기일(이하 준칙 제422호에서 '채권자집회기일'이라 한다) 전까지 채권자집회 전 보고서를 작성하여 판사에게 제출하여야 한다.

② 채권자집회 전 보고서에는 다음 각 호의 사항에 관한 내용이 포함되어야 한다.

1. 개시결정 이후 채권자목록·변제계획안 등의 변동사항
2. 법원이 정한 기간 내에 개인회생채권자들이 변제계획안에 대한 이의가 있었는지 여부 및 그 이의내용
3. 채무자의 가용소득 적립여부
4. 변제계획의 인가요건 충족 여부

제3조 (채권자집회 후 보고서)

① 회생위원은 개인회생채권자가 채권자집회기일에서 출석하여 이의를 제기한 사건에 중 추가조사를 진행한 사건에 관하여, 추가조사가 완료된 후 2주 이내에 채권자집회 후 보고서를 작성하여 판사에게 제

출하여야 한다.

② 채권자집회 후 보고서에는 다음 각 호의 사항에 관한 내용이 포함되어야 한다.

1. 개인회생채권자의 이의 내용 및 채무자의 답변 내용
2. 채무자에 대한 추가조사 사항 및 조사결과
3. 변제계획의 수정 여부 및 수정된 변제계획의 요지
4. 변제계획의 인가요건 충족 여부

제 423 호

채권자집회기일의 진행

제1조 (목적)

준칙 제423호는 개인회생 채권자집회의 효율적이고 통일적인 운영을 위하여 기일 진행 방식, 조서 작성 등 채권자집회의 진행과 관련하여 필요한 사항을 정함을 목적으로 한다.

제2조 (채무자의 출석)

① 채권자집회는 특별한 사정이 없는 한 채무자 본인이 출석함을 원칙으로 한다.

② 법원은 채무자가 첫 번째 채권자집회기일에 불출석한 경우 특별한 사정이 없는 한 새로운 채권자집회기일을 지정하여 채무자에게 채권자집회기일에 출석할 수 있는 기회를 준다.

제3조 (개인회생채권자가 출석하지 않은 사건의 진행)

① 판사는 채무자에게 변제계획안에 관하여 설명하도록 하고, 회생위원은 집회 전 보고서를 진술한다.

② 개인회생채권자가 출석하지 않더라도 채권자집회를 진행하고 종료할 수 있다.

제4조 (개인회생채권자가 출석한 사건의 진행)

① 판사는 채무자에게 변제계획안에 관하여 설명하도록 하고, 회생위원에게 집회 전 보고서를 진술하도록 한 후 개인회생채권자에게 변제계획안에 대한 이의 여부 등을 진술하도록 한다.
② 법원은 개인회생채권자의 이의에 대한 추가 조사를 위해 채권자집회를 속행할 수 있고, 채권자집회 종료 후 개인회생채권자의 이의에 대한 추가 조사를 거쳐 변제계획안의 인부를 결정할 수 있다.

제5조 (기일의 변경, 연기)

① 법원은 다음 각 호의 사유가 있는 경우 채권자집회기일을 연기 또는 변경하여야 한다.
  1. 누락된 개인회생채권을 추가한 경우
  2. 월 변제액의 감소·채무액의 증가 등으로 개인회생채권자가 불리한 영향을 받을 수 있는 경우
  3. 개인회생절차 개시결정 전에 개인회생채권에 대하여 채권양도나 대위변제가 있었음을 이유로 개인회생채권자와 개인회생채권금액이 변경된 경우 등 새로운 이의기간을 부여할 필요가 있는 경우
  4. 채권자목록 및 변제계획안이 송달되지 않은 개인회생채권자가 있고 그 개인회생채권자에 대한 송달을 공고로 갈음할 수 없는 경우
② 개인회생절차 개시결정 당시와 비교하여 개인회생채권자나 개인회생채권액이 변경되었더라도 다음의 경우에는 채권자집회기일을 연기 또는변경할 필요가 없다.
  1. 개인회생채권액이 감소한 경우
  2. 개인회생채권액이 증가하였더라도 증가한 금액이 전체 개인회생채권액과 비교하여 소액이어서 개인회생채권자들의 이의가 없을 것으로 보이는 경우
  3. 개인회생절차 개시결정 후에 개인회생채권에 대하여 채권양도나 대위변제가 있었음을 이유로 개인회생채권자와 개인회생채권금액이 변경된 경우
③ 그 밖의 기일의 연기 또는 변경에 관하여는 민사소송법 및 민사소송규칙에서 정한 사유에 따른다.

제6조 (채권조사확정재판 등이 진행 중인 경우)

채권조사확정재판이나 이에 불복한 이의의 소가 진행 중이더라도 특별한 사정이 없는 한 채권자집회기일을 진행한다. 다만, 위 재판이 조기에 종결될 것으로 예상되고 그 결과를 변제계획안에 반영하는 것이 바람직한 경우에는 채권자집회기일을 변경, 연기 또는 속행할 수 있다.

제7조 (채무자에 대한 신고 및 보고의무 설명)

① 판사 또는 회생위원은 채권자집회기일에서 채무자에게 아래와 같은 신고 및 보고의무가 있음을 설명한다.

1. 주소 및 연락처가 변경된 경우 즉시 법원이나 회생위원에게 변경된주소 및 연락처를 신고할 것
2. 인가된 변제계획에 따른 변제가 지체되고 그 지체액이 3개월분에 달한 경우 그로부터 14일 이내에 법원이나 회생위원에게 지체내역, 지체사유, 변제계획변경 등에 의한 절차의 수행가능성 유무에 관하여 보고하고 관련된 소명자료를 제출할 것

② 판사 또는 회생위원은 제1항의 설명을 마친 후 채무자로부터 [별지 1 확약서]를 제출받아 이를 개인회생 사건의 기록에 편철한다.

제8조 (조서의 작성)

① 채권자집회기일의 조서는 작성하지 않는 것을 원칙으로 한다. 다만, 법원사무관 등은 채무자가 불출석하거나 채권자가 출석하여 변제계획에관한 이의의 진술을 한 경우에는 조서를 작성한다.

② 법원사무관등이 채권자집회에 참여하지 않은 경우 조서 작성이 필요한 사건에 대하여는 판사 또는 회생위원의 설명에 따라 사후에 조서를 작성한다.

[별지 1 확약서]

확 약 서

사 건 : 201○개회○○개인회생
채무자 : ○○○

1. 채무자는 주소 및 연락처가 변경된 경우, 즉시 법원이나 회생위원에게 변경된 주소 및 연락처를 신고하고, 이를 게을리 하여 법원이나 회생위원으로부터 필요한 연락을 받지 못하더라도 아무런 이의가 없음을 확약 합니다.
2. 채무자는 인가된 변제계획에 따른 변제가 지체되고 그 지체액이 3개월분 변제액에 달한 경우, 그로부터 14일 이내에 법원이나 회생위원에게 지체내역, 지체사유, 변제계획변경 등에 의한 절차의 수행가능성 유무, 기타사항에 관하여 필요한 소명자료를 첨부하여 서면으로 보고할 의무가 있고, 이를 게을리 할 경우 어떠한 불이익을 받더라도 아무런 이의가 없음을 확약합니다.

201○. ○. ○.

채무자 : (서명 또는 인)

제 431 호

변제계획의 인가결정

제1조 (목적)

준칙 제431호는 법원이 신속하게 변제계획 인가 여부의 결정을 할 수 있도록 개인회생 채권자집회기일 이후 변제계획 인가 여부의 결정이 있을 때까지의 개인회생 사건의 진행에 관하여 추가 보정의 필요성 유무 등에 따라 상세한 절차를 정함을 목적으로 한다.

제2조 (변제계획의 신속한 인가)

① 회생위원은 개인회생 채권자집회기일을 마친 사건 중 변제계획을 즉시 인가할 수 있는 사건들을 취합하여 판사에게 보고한다.

② 판사는 회생위원으로부터 인가의견으로 보고된 제1항 기재 사건에 관하여 즉시 변제계획의 인가 여부를 결정한다.

제3조 (개인회생 채권자집회기일 이후의 보정)

① 회생위원은 개인회생 채권자집회기일을 마친 사건 중 다음 각 호의 사건들에 관하여는 변제계획을 즉시 인가할 수 없는 사정 및 이후의 절차에 관한 의견을 판사에게 보고한다.

1. 채무자나 개인회생채권자에게 개시결정, 채권자목록, 변제계획안이 송달되지 않은 사건
2. 개인회생채권자의 이의신청에 대하여 채무자로부터 답변서나 개인회생채권자의 이의내용을 인정하는 취지의 보정서가 제출되지 않은 사건
3. 재권자들에게 최종적으로 송달된 채권자목록, 변제계획안과 다른 내용의 채권자목록, 변제계획안이 제출된 사건
4. 변제계획에서 정한 변제금을 3회 이상 납부하지 않은 사건

② 회생위원은 제1항에서 정한 사유가 소멸된 사건을 취합하여 판사에게 변제계획의 인가 여부에 관한 의견서를 제출하고, 판사는 회생위원으로부터 위 의견서를 제출받은 후 지체없이 변제계획의 인가 여부를 결정한다.

제 432 호

변제계획 인가 전 폐지결정

제1조 (목적)

준칙 제432호는 개인회생 사건의 공정하고 통일적인 처리를 위하여 법 제620조 제1항 제2호, 제2항 제2호에 따라 법원이 개인회생절차를 폐지하는 기준을 정함을 목적으로 한다.

제2조 (적립금의 미납)

① 회생위원은 개인회생 채권자집회기일을 마친 사건 중 1개월이 지나도록 3개월분 이상의 적립금(변제계획에 따라 인가결정 이전에 채무자가 납부하여야 할 변제금을 의미한다)을 미납한 사건을 취합하여 판사에게 보고한다.

② 판사는 채무자가 3개월분 이상의 적립금을 납부하지 않은 경우 채무자의 여러 사정을 고려하여 법 제620조 제1항 제2호에서 정한 폐지사유인 '채무자가 제출한 변제계획안을 인가할 수 없는 때'에 해당하는지 여부를 판단한다.

제3조 (채무자의 채권자집회기일 불출석)

① 법원은 채무자가 개인회생 채권자집회기일에 1회 불출석한 경우 특별한 사정이 없는 한 새로운 채권자집회기일을 지정하여 채무자에게 채권자 집회기일에 출석할 수 있는 기회를 준다.

② 법원은 다음 각 호의 경우에 특별한 사정이 없는 한 개인회생절차폐지의 결정을 한다. 다만, 채무자가 개인회생 채권자집회기일에 출석할 수 없었거나, 적립금을 납부할 수 없었던 정당한 사유를 소명한 경우에는 개인회생절차폐지의 결정을 하지 않는다.

1. 채무자가 개인회생 채권자집회기일에 2회 불출석한 경우
2. 채무자가 개인회생 채권자집회기일에 1회 불출석하였고, 변제계획에 따른 적립금을 3개월분 이상 미납한 경우

제 441 호

변제계획 불수행 사건의 처리

제1조 (목적)

준칙 제441호는 법원이 인가된 변제계획에 따른 변제가 지체되고 있는 사건을 신속하게 파악하고, 채무자의 변제계획 이행가능성, 변제계획 변경의 필요성 등을 종합적으로 고려하여 신속히 개인회생절차의 폐지, 변제계획변경 등의 조치를 취할 수 있도록 변제가 지체되고 있는 사건에 관한 통일적인 업무처리기준을 정립함을 목적으로 한다.

제2조 (정의)

준칙 제441호에서 변제계획 불수행 사건이란 채무자가 인가된 변제계획에서 정한 변제를 3개월분 이상 지체한 개인회생 사건을 말한다.

제3조 (회생위원의 채무자에 대한 통지 및 의견 청취)

① 회생위원은 주기적으로 변제계획 불수행 사건을 확인하여 채무자의 변제금 미납기간이 길어지지 않도록 관리하여야 한다.

② 회생위원은 변제계획 불수행 사건의 채무자에게 유선 또는 서면의 방법으로 연락하여 변제계획 불수행 사유, 변제계획변경의 필요성 및 가능성을 확인하여야 한다.

③ 회생위원은 제2항의 확인을 함과 동시에 채무자에게 [별지 1 통지서],[별지 2 채무자 진술서], [별지 3 변제계획변경 절차 이용 안내문]을 발송하여 채무자로부터 지체사유, 변제계획 변경 필요성에 관한 의견을 들어야 한다. 다만 채무자에게 위 서류를 송달할 송달료가 부족하고, 다른 방법으로도 채무자에게 연락할 수 없는 경우에는 이를 생략할 수 있다.

제4조 (회생위원의 보고)

① 회생위원은 채무자로부터 제3조 제3항에 따른 의견을 청취한 후 개인회생 사건 처리지침 제11조의3에 따른 변제계획 불수행 보고서를 작성하여 판사에게 보고하여야 한다.

② 회생위원은 변제계획 불수행 보고서에 채무자의 지체내역 및 지체사유에 관한 사실, 변제계획의 이행가능성, 변제계획변경의 필요성, 법 제624조 제2항에 따른 면책결정의 가능성에 관한 의견을 기재하여야 한다. 다만, 변제계획의 이행가능성에 관한 의견을 정함에 있

어서 천재지변, 감염병 확산, 전쟁, 테러, 소요사태 등으로 인하여 재정적 어려움을 겪은 기간 동안의 변제계획 불수행은 부정적인 요소로 고려하지 아니할 수 있다.

제5조 (인가 후 개인회생절차폐지의 결정)

법원은 다음 각 호에서 정한 사유가 있는 경우에는 특별한 사정이 없는 한 개인회생절차폐지의 결정을 한다.

1. 회생위원이 제3조 제2항에 따라 채무자에게 연락을 시도하였으나 채무자에게 연락이 되지 않았고, 채무자도 법원이나 회생위원에게 변제계획 불수행에 대한 보고를 하지 않은 경우
2. 회생위원이 제3조 제3항에 따른 통지서 등을 채무자에게 발송 하였으나, 채무자가 '채무자 진술서'를 제출하지 않은 경우
3. 채무자가 제출한 진술서 및 소명자료에 의하더라도 변제계획 수행가능성이 없다고 판단되고, 법 제619조에 따른 변제계획 변경이나 법 제624조 제2항에 따른 면책결정을 할 사유에 해당되지도 않는다고 판단된 경우 (다만, 천재지변, 감염병 확산, 전쟁, 테러, 소요사태 등으로 인하여 재정적 어려움을 겪은 기간 동안의 변제계획 불수행은 변제계획 수행가능성이 없다는 판단의 근거로 고려하지 아니할 수 있다)

제6조 (인가 후 개인회생절차폐지결정에 대한 즉시항고)

개인회생절차폐지결정에 대하여 즉시항고가 제기된 경우 원심법원은 다음 각 호에서 정한 사유 중 하나에 해당하는 경우에는 폐지결정을 취소할 수 있다.

1. 채무자가 개인회생절차폐지결정 이후 기록이 항고심에 송부되기 전까지지체한 변제액을 모두 납입하고 원심법원에 그 소명자료를 제출한 경우
2. 채무자가 지체한 변제액을 모두 납입하지 않았더라도 그 지체사유가 소명되었고, 그 사유가 법 제619조에 따른 변제계획의 변경이나 법 제624조 제2항에 따른 면책결정을 하여야 할 사유로 판단되는 경우

[별지 1 통지서]

통 지 서

사 건 : 201○개회○○개인회생
채무자 : ○○○

채무자는 인가된 변제계획에 따라 변제액을 납입하여야 함에도 이를 지체하고 있고, 그 지체액이 3개월분에 달하였음을 통지합니다(별첨 '변제수행 납입증명원' 참조). 이 통지서를 송달받은 날부터 7일 이내에 별첨 '채무자 진술서'에 지체사유 및 미납금 해결방안 등을 구체적으로 기재하여 필요한 소명자료와 함께 제출하기 바랍니다. 이에 응하지 아니할 경우 개인회생절차가 폐지되는 불이익을 받을 수 있습니다.

<첨부>
1. 변제수행 납입증명원
2. 채무자 진술서

201○. ○. ○.

서울회생법원 제○회생위원 ○○○

[별지 2 채무자 진술서]

채무자 진술서

사 건 : 2010○개회○○개인회생
채무자 : ○○○

채무자는 변제금 납부 지체와 관련하여 다음과 같이 진술합니다.
1. 변제금 납부 지체사유 (구체적으로 기재하고 소명자료 첨부)

2. 미납금 해결방안 (구체적으로 기재하고 실현가능성에 관한 소명자료 첨부)
[예시]
① 앞으로 월 변제액을 제때 납입하면서 미납금은 진술서 제출일부터 1개월 이내(또는 2개월 이내)에 모두 납부하도록 하겠습니다.
② 앞으로 월 변제액을 제때 납입하면서 미납금은 월 변제액에 추가하여 일정 금액씩(구체적인 금액 기재) 납부하도록 하겠습니다.
③ 기타

2010○. ○. ○.

채무자 : (서명 또는 인)

[별지 3 변제계획변경 절차 이용 안내문]

<변제계획변경 절차 이용 안내문>

1. 채무자가 변제계획상의 변제액을 이미 지체하였거나 앞으로 일정 시점부터 지체가 예상되는 경우, 채무자 회생 및 파산에 관한 법률 제619조에 따라 가용소득의 변동사유를 소명하여 변제계획 변경안을 제출할 수 있습니다.

가. 현재의 근로활동이나 사업활동을 계속 유지할 수 없을 정도의 병에 걸렸거나 신체 사고를 당한 경우

나. 임신, 출산 등으로 근로활동을 할 수 없어 소득이 사라지거나 감소한 경우

다. 출산, 부모의 간호 등으로 부양가족이 발생하여 생계비가 증가한 경우

라. 주택이 경매 당하여 주거지를 이전함으로써 새로운 월세비용이 발생하였거나, 기타 사유로 주거비가 크게 증가한 경우

마. 고용주의 폐업이나 임금 체불, 채무자의 실직, 이직 등으로 인해 소득이 사라지거나 감소한 경우

바. 기타 채무자가 예상하지 못하였거나 통제할 수 없는 사유로 인해 가용소득이 사라지거나 감소한 경우

2. 변제계획 변경안을 작성한 때에는 다음과 같은 방식을 채무자의 상황에 맞게 고려할 수 있습니다. 단, 개인회생채권자나 회생위원이 이의를 진술하는 때에는 채무자 회생 및 파산에 관한 법률 제614조 제2항 각 호에서 정한 청산가치 보장의 원칙과 가용소득 전부 투입의 원칙, 최저변제액 투입의 원칙을 모두 만족해야 합니다.

가. 변제기간의 변동 없이 일정한 시점부터 월 변제액을 줄이는 방법

나. 일정한 횟수의 변제액을 추후에 분할 변제하는 것으로 변제기간을 연장하는 방법

다. 일정한 횟수의 변제액의 지급을 중지하는 방법

※ 단, 어떤 경우에도 인가된 원 변제계획상의 최초 변제일을 기준으로 5년의 변제기간을 초과할 수 없고, 이미 1회 이상 변제계획 변경안을 인가받은 적이 있다면 경우에 따라 다시인가 받기 어려울 수 있습니다.

※ 참고로 채무자 회생 및 파산에 관한 법률 제624조 제2항에 의하면, 법원은 채무자가 변제계획에 따른 변제를 완료하지 못한 경우에도 ① 채무자가 책임질 수 없는 사유로 인하여 변제를 완료하지 못하였을 것 ② 개인회생채권자가 면책결정일까지 변제받은 금액이 채무자가 파산절차를 신청한 경우 파산절차에서 배당받을 금액보다 적지 아니할 것 ③ 변제계획의 변경이 불가능할 것이라는 요건이 모두 충족되는 때에는 이해관계인의 의견을 들은 후 면책의 결정을 할 수 있도록 규정되어 있습니다.

제 442 호

변제계획의 변경

제1조 (목적)

준칙 제442호는 변제계획 변경 절차가 신속히 이루어질 수 있도록 하기 위하여 회생위원의 의견서 제출, 채권자집회기일의 지정, 회생위원의 보고사항 등 법 제619조에서 정한 인가 후의 변제계획 변경과 관련하여 필요한 사항을 정함을 목적으로 한다.

제2조 (변제계획 변경안의 제출)

① 채무자, 회생위원 또는 개인회생채권자는 특별한 사정이 없는 한 변제완료일 3개월 전까지 변제계획 변경안을 제출하여야 한다.

② 회생위원은 변제계획 변경안이 제출된 경우 지체없이 변제계획 변경사유가 있는지 여부, 변제계획 변경안 기재의 적정성 여부를 판단한 후 변제계획 변경안에 대한 의견서를 작성하여 법원에 보고하여야 한다.

③ 회생위원은 제2항의 의견서에 사건번호, 인가일, 현재 수행회차, 변경사유로 주장하는 내용 및 회생위원의 조사내용을 기재하여야 한다.

제3조 (채권자집회기일 지정)

법원은 변제계획 변경안에 관하여 개인회생 채권자집회기일을 지정하고, 채무자 및 개인회생채권자들에게 변제계획 변경안 부본을 송달한다.

제4조 (회생위원의 조사 및 보고서 제출)

① 회생위원은 채무자가 주장하는 변제계획 변경사유에 대하여 조사하고, 채무자로부터 관련 소명자료를 제출받아 이를 확인하여야 한다.

② 회생위원은 채무자가 주장하는 변제계획 변경사유가 다음 각 호에 해당하는 경우 아래에서 예시하는 사항들에 관하여 중점적으로 확인하고, 기타 변경사유를 뒷받침할 수 있는 자료를 확인하여야 한다.

1. 수입의 감소 : 질병휴직서, 회사와의 협약서, 사직의 경위에 관한 자료, 과거 경력에 비추어 현재의 수입이 적정한지 여부에 관한 자료
2. 일시적인 수입의 감소 : 수입이 회복될 것으로 예상되는 시기에 변

제계획 변경안을 제출할 의무를 기타사항에 기재
3. 생계비의 증가 : 본인이나 가족들의 질병, 부상, 출산, 실직 등에 관한 객관적인 자료

③ 회생위원은 개인회생 채권자집회기일 1주 전까지 변제계획 변경사유 및 변제계획 변경안에 대한 보고서를 작성하여 판사에게 제출하여야 한다.

제 443 호

변제계획의 수정처리

제1조 (목적)

준칙 제443호는 개인회생절차가 효율적으로 진행될 수 있도록 변제계획 인가 후 담보권의 실행, 채권의 양도 등 변동이 생긴 경우에 변동사유별로 변제계획인에 빈영할 것인지 어부 및 그 사유를 반영할 경우의 구체적인 절차에 관하여 정함을 목적으로 한다.

제2조 (담보권의 실행으로 인한 미확정 개인회생채권의 확정)

① 변제계획인가 후 별제권자가 자신의 담보권을 실행하여 채권최고액 범위내에서 변제에 충당한 후 변제받지 못하는 채권액이 존재하는 경우, 그 개인회생채권자는 법원에 채권확정신고를 하여 그 권리를 행사할 수 있다.

②제1항의 경우 개인회생채권자는 채권확정신고서에 부동산등기사항증명서(담보물이 자동차인 경우에는 자동차등록원부), 배당표 및 확정채권액계산서를 첨부하여야 한다.

③개인회생채권자의 채권확정신고액이 미확정 개인회생채권액과 동일하거나 그보다 적은 경우, 법원은 확정신고한 금액으로 변제계획안을 수정한다.

④개인회생채권자의 채권확정신고액이 미확정 개인회생채권액을 초과하

는 경우, 개인회생채권자는 법원에 확정금액을 반영한 변제계획 변경안을 제출하여 법 제619조에 따른 변제계획 변경을 청구할 수 있다. 다만, 개인회생채권자가 미확정 개인회생채권액을 그대로 확정하여 달라는 취지의 채권확정신고서를 제출하는 경우, 법원은 변제계획 변경절차 없이 미확정 개인회생채권액을 확정신고한 금액으로 변제계획안을 수정할 수 있다.

제3조 (조사확정재판 또는 소송으로 인한 미확정 개인회생채권의 확정)

① 변제계획인가 후 다툼이 있는 채권의 존부 및 내용이 조사확정재판이나 소송을 통해 확정된 경우, 그 개인회생채권자는 법원에 채권확정신고를 하여 그 권리를 행사할 수 있다.

② 제1항의 경우 개인회생채권자는 채권확정신고서에 확정된 결정서 또는 판결정본을 첨부하여야 한다.

③법원은 제1항 기재 채권확정신고가 있는 경우, 미확정 개인회생채권액을 확정신고한 금액으로 변제계획을 수정한다.

제4조 (채무의 소멸에 따른 수정)

①변제계획인가 후 상계에 의하거나 주채무자나 채무자 본인의 변제에 의하여 개인회생채권이 소멸한 경우, 법원은 소멸한 개인회생채권자에 대한 완제일 이후의 변제금을 다른 개인회생채권자들에게 안분하여 변제하는 내용으로 변제계획안을 수정한다.

②제1항의 경우 변제계획안의 변제율이 원금의 100%인 때에는 아래와 같이 처리한다.

1. 변제개시일부터 36개월 이전에 원금의 전부를 변제하는 때에는 36개월까지 남은 기간 동안 이자를 지급하는 내용으로 변제계획안을 수정한다.
2. 36개월 이후에 원금의 전부를 변제하는 때에는 남은 유보금 전액을 채무자에게 환급하는 내용으로 변제계획안을 수정한다.

제5조 (채권양도 및 대위변제)

①개인회생채권자는 변제계획인가 후 개인회생채권을 제3자에게 양도한 경우, 법원에 채권양도계약서, 채무자에 대한 양도통지서 또는 채무

자의 양도승낙서 및 양수인의 계좌신고서를 첨부한 채권양도신고서를 제출하여야 한다.

②법원은 제1항 기재 채권양도신고서가 제출된 경우, 전산시스템의 변제예정액표상 채권자명을 "채권양수인(채권양도인)"의 형태로 수정하고,채권양도신고서의 사본을 회생위원에게 송부한다.

③제2항과 같이 변제예정액표가 수정된 경우, 법원은 변제금을 채권양수인에게 계좌이체 방식으로 지급한다.

④보증인이 보증범위의 전부에 대하여 대위변제한 경우, 제1항 내지 제3항을 준용한다.

제 444 호

변제기간 중의 일시변제

제1조 (목적)

준식 세444호는 채무자가 변제계획에 대한 인가결정 후에 변제기간 중에남은 기간의 변제예정액을 일시에 변제하는 내용의 신청서(이하 준칙 제444호에서 '일시변제 신청서'라 한다)를 제출하는 경우 변제자금의 출처 및 재산목록에 대한 조사, 개인회생채권자에 대한 의견청취 등의 절차를 정함으로써 채권자들의 신뢰를 바탕으로 채무자가 신속히 면책결정을 받을 수 있도록 함을 목적으로 한다.

제2조 (신청서의 제출)

① 채무자는 일시변제 신청서에 일시변제를 하게 된 사유를 소명하고 다음 각 호의 서류를 첨부하여야 한다.

1. 변제자금의 출처에 관한 금융거래자료
2. 재산목록에 기재된 재산내역에 변동이 있는 경우 그에 대한 소명자료
3. 채무자의 진술서
4. 일시변제에 따른 변제계획수정안

② 채무자는 특별한 사정이 없는 한 이미 수행한 변제계획은 그대로 유지 하고 마지막 회차에 개인회생채권자들에게 일시변제금을 안분하는 내용의 변제계획수정안을 작성하여야 한다.

제3조 (채권자의 의견청취)

① 법원은 채무자로부터 일시변제 신청서가 제출된 경우 개인회생채권자들에게 신청서 사본을 첨부한 의견청취서를 송달한다.

② 법원은 개인회생채권자로부터 의견서 등이 접수되면 이를 기록에 편철한다.

제4조 (일시변제 사유에 대한 조사)

회생위원은 채무자가 제출한 일시변제 신청서 및 소명자료와 개인회생채권자가 제출한 의견서를 검토한 후 일시변제금의 재원 마련 경위가 적절한지 여부, 개인회생 신청 당시의 수입 및 재산신고가 진실하였는지 여부, 면책 결정이 가능한지 여부 등에 관한 의견을 기재한 보고서를 판사에게 제출하여야 한다.

제5조 (변제금 납입 및 회생위원의 이체)

① 채무자는 일시변제에 대한 법원의 허가가 있으면 일시변제금을 입금하고, 회생위원은 위 변제금을 개인회생채권자들에게 이체한다.

② 채무자는 일시변제 신청서를 제출하면서 일시변제금을 미리 입금할 수 있다.

제6조 (면책의 신청)

채무자는 일시변제에 대한 법원의 허가를 얻어 일시변제금을 전부 입금한후 법원에 면책신청을 할 수 있고, 법원은 법 제624조에 따라 면책의 허부에 관한 결정을 한다.

제 451 호

면책허부의 결정

제1조(목적)

준칙 제451호는 규칙 제94조에 따른 면책 허가에 관하여 필요한 사항을 정함을 목적으로 한다.

제2조 (신청 면책)

① 회생위원은 채무자가 규칙 제94조 제1항의 면책 신청서를 법원에 제출한 경우, 그로부터 1개월 이내에 다음 각 호의 사항에 관한 보고서를 작성하여 판사에게 제출하여야 한다.

1. 채무자가 규칙 제94조 제1항 각 호의 사항을 기재한 신청서를 제출하였는지 여부
2. 채무자가 변제계획안에 따른 변제를 완료하였는지 여부
3. 채무자에게 법 제624조 제3항 제1호, 제2호의 면책불허가 사유가 존재하는지 여부

② 판사는 회생위원으로부터 제1항의 보고서를 제출받은 후 특별한 사정이 없는 한 1주 이내로 채무자에 대한 면책허가여부에 관한 결정을 하여야 한다.

제3조 (직권 면책)

① 회생위원은 채무자가 변제계획안에 따른 변제를 완료하였음에도 6개월 이내에 면책신청을 하지 않는 경우, 제2조 제1항 제2호, 제3호의 사항에 관한 보고를 판사에게 하여야 한다.

② 판사는 회생위원으로부터 제1항의 보고를 받은 후 특별한 사정이 없는한 1주 이내에 채무자에 대한 면책허가여부에 관한 결정을 하여야 한다.

제4조 (특별면책)

① 회생위원은 채무자가 규칙 제94조 제2항의 면책신청서를 법원에 제출한 경우, 1개월 이내에 다음 각 호의 사항에 관한 조사를 마쳐야

한다.

1. 채무자가 책임질 수 없는 사유(예 : 비자발적 실직으로 인한 장기간의 소득 상실 등)로 인하여 변제를 완료하지 못한 구체적인 사정
2. 청산가치 이상의 변제를 하였는지 여부
3. 변제계획의 변경이 불가능한 사유(예 : 생계비를 초과하는 수입을 계속적으로 얻을 수 있다고 보기 어려운 경우 등)
4. 채무자에게 법 제624조 제3항 제1호, 제2호상의 면책불허가 사유가 존재하는지 여부

② 회생위원은 제1항의 조사과정에서 필요한 경우, 채무자에 대한 면담 또는 심문절차를 진행할 수 있다.

③ 회생위원은 채무자에 대한 제1항의 조사를 마친 후 14일 이내에 제1항 각 호의 조사내용에 관하여 [별지 1 의견서]를 작성하여 판사에게 하여야 한다. 이때, 비자발적 실직으로 인한 소득의 상실이 있더라도 전문직종사자 등으로서 다시 소득을 얻는 것이 용이한지 여부, 개인파산절차의 면책불허가 사유가 있는지 여부(나아가 재량면책이 가능한지 여부), 개인회생절차에서는 면책될 수 있으나 개인파산절차에서는 면책될 수 없는 채무를 부담하고 있는지 여부 등을 고려하여 면책에 관한 의견을 기재하여야 한다.

④ 판사는 회생위원으로부터 제3항의 보고를 받은 후 특별한 사정이 없는한 1주 이내에 채무자에 대한 면책허가여부에 관한 결정을 하여야 한다.

[별지 1 의견서]

제 회생위원 특별면책에 대한 의견서

사 건 : 20○○개회 호
채무자 :

위 사건에 관하여 제 회생위원은 다음과 같이 채무자 회생 및 파산에 관한 법률 제624조 제2항에 따른 면책에 대한 의견서를 제출합니다.

\- 다 음 -

<table>
<tr><td colspan="2">특별면책 신청 여부</td><td>○ 또는 ×</td></tr>
<tr><td rowspan="3">요건 충족 여부</td><td>채무자가 책임질 수 없는 사유(예 : 비자발적 실직으로 인한 장기간의 소득 상실 등)로 인하여 변제를 완료하지 못하였는지 여부</td><td>○ 또는 ×</td></tr>
<tr><td>청산가치보장의 원칙 충족 여부</td><td>○ 또는 ×</td></tr>
<tr><td>변제계획의 변경이 불가능(예 : 생계비를 초과하는 수입을 계속적으로 얻을 수 있다고 보기 어려운 경우 등)한 것인지 여부</td><td>○ 또는 ×</td></tr>
<tr><td rowspan="3">이해관계인</td><td>송달 여부</td><td>○ 또는 ×</td></tr>
<tr><td>의견서 제출 여부</td><td>○ 또는 ×</td></tr>
<tr><td>의견 중 특이사항</td><td></td></tr>
<tr><td colspan="2">기타사항</td><td></td></tr>
<tr><td colspan="2">회생위원 의견</td><td>적정 의견 또는 부적정 의견</td></tr>
</table>

20○○. . .

제 회생위원 (인)

서울회생법원 제 회생 단독판사 귀중

제 452 호

면책결정 후의 절차

제1조 (목적)

준칙 제452호는 개인회생절차에서 면책결정을 받은 채무자가 신속히 경제적 재기를 할 수 있도록 법원이 면책결정을 전후하여 해야 할 사항을 정함을 목적으로 한다.

제2조 (한국신용정보원의 장에 대한 통보)

법원은 채무자에 대한 면책결정이 확정되면 이를 한국신용정보원의 장에게 즉시 통보하여 변제계획인가 결정 시에 등록된 채무자의 특수기록정보 등 신용거래정보가 해제될 수 있도록 하여야 한다.

제3조 (미환급 적립금 처리방안)

법원은 채무자가 변제계획에 정한 변제금의 납입을 완료하여 채권자들에게 변제금이 모두 배분되었음에도 불구하고 채무자에게 환급해야 할 적립금이 있는 경우 채무자가 미리 신고한 계좌에 입금하는 방법으로 채무자에게 환급한다.

제4조 (확정신고가 없는 경우 미확정 개인회생채권 처리방안)

① 법원은 채무자가 변제계획에 정한 변제금의 납입을 완료한 경우 미확정 개인회생채권의 확정 여부를 확인하여야 한다.

② 법원은 확인 결과 대출기간이 연장되는 등의 사유로 면책단계에 이를 때까지 미확정 개인회생채권이 확정되지 않은 경우에는 최종변제기에 유보한 금액 전부를 일반 개인회생채권자들의 채권액에 비례하여 추가로 배분하는 방식으로 유보금을 처리한 후 면책을 진행한다.

제 491 호

외부 회생위원 제도의 운영

제1조 (목적)

준칙 제491호는 법 제601조 제1항 제1호, 제3호 내지 제7호에 따른 외부 회생위원 제도가 안정적으로 시행될 수 있도록 외부 회생위원의 적정한 보수기준, 외부 회생위원에 대한 교육 등 외부 회생위원 제도의 운영과 관련하여 필요한 사항을 정함을 목적으로 한다.

제2조 (보수의 기준)

① 외부 회생위원의 인가결정 이전 업무에 대한 보수는 15만 원으로 정하되, 사안의 난이, 회생위원이 수행한 직무의 내용 등을 참작하여 적절히 증감할 수 있다. 다만 특별한 사정이 없는 한 30만 원을 넘을 수 없다.

② 법원은 인가결정이 있기 전에 다음 각 호의 사유가 발생한 경우 인가결징 이전 업무에 내하여 별도의 보수결정을 한다.

1. 개인회생절차 개시신청 기각결정이 있은 경우
2. 개인회생절차 개시신청이 취하된 경우
3. 변제계획인가결정이 있기 전에 개인회생절차의 폐지결정이 있은 경우
4. 이송결정이 있은 경우

③ 외부 회생위원의 인가결정 이후 업무에 대한 보수는 인가된 변제계획에따라 채무자가 실제 임치한 금액의 5% 범위 내로 정한다.

④ 외부 회생위원의 인가결정 이후 업무에 대한 보수의 합리적 기준을 검토·조정하기 위하여 법원에 보수검토위원회(이하 본조에서 '위원회'라 한다)를 둔다.

⑤ 위원회는 위원장 및 3인 이상 6인 이하의 위원으로 구성한다.

⑥ 위원회의 위원장은 수석부장판사로 하고, 위원은 법원장이 지명한다.

⑦ 위원회의 위원에는 개인회생 담당 판사, 개인회생과장, 관리위원, 법원사무관이 포함되어야 한다.

⑧ 위원회는 심의를 위하여 필요한 경우 외부 회생위원에게 의견 제출을 요구할 수 있다.

제3조 (보수의 결정)

① 법원은 변제계획을 인가한 때에는 인가결정이 확정된 이후 지체없이 인가결정 이전 업무에 대한 외부 회생위원의 보수를 결정한다.

② 법원은 인가결정이 있기 전에 제2조 제2항 각 호의 사유가 발생한 경우에는 그 사유가 확정된 이후 지체없이 인가결정 이전 업무에 대한 외부 회생위원의 보수를 결정한다.

제4조 (직무교육)

법원은 외부 회생위원의 신규위촉 후 지체없이 직무교육을 실시한다.

제5조 (간담회)

법원은 외부 회생위원 사이의 업무 편차를 줄이고, 개인회생절차의 현안 등을 논의하기 위하여 개인회생 담당판사와 외부 회생위원 사이, 법원사무관 등 회생위원과 외부 회생위원 사이의 간담회를 각 연 2회 이상 개최한다. 이때, 개인회생 담당판사와 외부 회생위원 사이의 간담회와 법원사무관등 회생위원과 외부 회생위원 사이의 간담회를 통합하여 실시할 수 있다.

제6조 (외부 회생위원에 대한 평가 및 통보)

① 법원은 매년 6월과 12월에 외부 회생위원이 수행한 업무의 적정성에 관하여 평가한다.

② 법원은 제1항의 평가를 하기 전에 외부 회생위원으로부터 업무처리에 관한 의견서를 제출받고, 관리위원회의 의견을 듣는다.

③ 법원은 제1항의 평가결과를 회생ㆍ파산위원회에 통보한다.

제 492 호

개인회생 신뢰성 제고 위원회의 운영

제1조 (목적)

준칙 제492호는 채무자가 채권자 등 이해관계인 모두가 신뢰하는 개인회생절차를 통해 경제적으로 재기할 수 있도록 하고 개인회생절차의 공정성과 신뢰를 저해하는 행위를 방지하기 위하여 법원 내에 설치할 개인회생 신뢰성 제고 위원회의 운영에 관하여 필요한 사항을 정함을 목적으로 한다.

제2조 (위원회의 구성)

① 체크리스트의 효율적 활용을 위하여 법원에 개인회생 신뢰성 제고 위원회(이하 준칙 제492호에서 '위원회'라 한다)를 둔다.

② 위원회는 위원장을 포함하여 5인의 위원으로 구성하고, 매년 법관 정기 인사일부터 7일 이내에 구성한다.

③ 위원회의 위원장은 법원장이 개인회생 사건의 항고심을 담당하는 재판부의 재판장 중에서 지명한다.

④ 위원은 위원장이 지명한다.

⑤ 위원장은 위원 중 1인을 간사로 지명한다.

⑥ 위원회의 위원에는 다음 각 호의 사람이 포함되어야 한다.

1. 개인회생 담당 판사
2. 개인회생과장
3. 법원사무관등 회생위원
4. 외부 회생위원

제3조 (정기회의)

위원장은 매년 6월 및 12월 중에 위원회의 정기 회의를 소집하여야 한다.

제4조 (임시회의)

① 위원장은 필요한 경우 회의를 소집할 수 있다.

② 위원 5분의 2 이상이 회의의 목적 사항을 밝혀 위원회 회의 소집을 청구할 경우 위원장은 위원회의 회의를 소집하여야 한다.

제5조 (의결 방법)

위원회의 의사는 위원장을 포함한 위원 전원의 출석과 출석한 인원의 과반 수로써 결정한다.

제6조 (회의록)

① 위원회의 회의에 관하여는 회의록을 작성하여야 한다.

② 회의록에는 회의 경과와 그 결과를 적고 위원장 및 위원 전원이 서명한다.

제7조 (보고)

위원장은 위원회의 회의 결과를 회의 후 7일 이내에 법원장과 수석부장판사에게 보고한다.

제8조 (체크리스트 양식)

① 개인회생 체크리스트 양식은 [별표 1 체크리스트]와 같다.

② 위원장은 체크리스트 작성 주체에게 직접 또는 서면, 이메일 등의 방법으로 체크리스트 작성요령을 설명하고, 체크리스트 양식을 송부한다.

③ 제2항은 체크리스트 작성 주체의 변경이나, 체크리스트 양식의 변경이 있을 때마다 7일 이내에 실시하여야 한다.

제9조 (체크리스트 작성 주체)

체크리스트 작성 주체는 다음과 같다.

1. 개인회생 담당 판사
2. 개인회생 사건을 담당하는 회생위원

제10조 (체크리스트 작성)

① 체크리스트 작성 주체는 체크리스트 작성이 필요한 사안에 관하여 체크리스트를 작성하되, 체크리스트 양식 해당란에 체크한 후 작성경위에 관한 사유를 우측에 기재한다.

② 체크리스트 작성시에는 양식 뒤에 작성경위와 관련된 자료를 첨부한

다. 이때 체크리스트를 전자적 방법으로 송부할 경우에는 관련 자료를 스캔하여 첨부하고, 서면으로 송부할 경우에는 관련 자료의 사본을 첨부한다.

제11조 (체크리스트 수집)

① 위원회의 간사는 체크리스트 작성 주체로부터 체크리스트를 수집하는 역할을 한다.

② 체크리스트 작성 주체는 체크리스트를 작성하였을 경우 이메일 또는 서면으로 위원회 간사에게 송부한다.

③ 위원회 간사는 짝수달 마지막 주에 위원장에게 체크리스트 취합현황을 보고한다.

④ 위원회 간사는 취합현황 보고 외에 중대한 법위반 사실에 관한 체크리스트에 관하여는 수시로 위원장에게 보고할 수 있다.

제12조 (자료의 분석)

① 위원회의 간사는 체크리스트를 취합하여 이를 분석하고 위원회의 회의전 분석보고서를 작성한다.

② 제1항의 분석보고서에 포함할 내용은 다음과 같다.

1. 체크리스트 작성 주체별 제출현황표(누적 건수)
2. 중복 적발된 대리인의 현황표
3. 대리인 직역별 분포표
4. 체크리스트 항목별 유형 분포표
5. 각 체크리스트별 기재내용 요약표(작성일, 사건번호, 대리인, 유형과 간략한 내용)

제13조 (자료의 공유)

① 위원회는 회의에서 자료의 공유가 필요하다고 판단되는 사항을 결정하여 개인회생 사건 처리담당자에게 해당 내용을 알려줄 수 있다.

② 위원장은 자료의 공유가 필요한 사건에 관하여 개인회생 사건 처리담당자에게 해당 내용을 고지한다.

제14조 (대응조치)

① 관리위원회는 체크리스트가 작성된 사안에 관하여 법위반 사실의 경

중 에 따라 회의를 거쳐 다음의 조치를 취할 수 있다.
1. 수사기관에 수사의뢰
2. 해당 단체에 징계의뢰
3. 서면경고

② 관리위원회는 대응조치에 관한 의결과 함께 해당 사건의 자료 제공의 범위도 결정한다.

③ 관리위원장은 관리위원 중 1인을 체크리스트와 관련된 사무를 담당할 주무 관리위원으로 지명한다.

[별표 1 체크리스트]

사건번호	2017개회	신청대리인	
작성자		작성일	2017. . .

1. 허위[6]자료 제출

가. 허위 채권자목록 제출

☐ 금지명령 받은 후 최근 채무 추가

☐ 허위 개인채권자 기재

☐ 채권자 고의 누락

나. 허위 소득자료 제출

☐ 소득 축소신고

다. 허위 지출자료 제출

라. 허위 재산목록 제출

1) 현금, 예금

☐ 신청 직전 이체

2) 보험

3) 자동차

☐ 허위의 시가 서류 제출

4) 임대차보증금

☐ 위·변조된 임대차계약서나 무상거주 확인서 제출

6) 허위임이 밝혀진 경우 및 허위라는 의심이 들 만한 사정이 있는 경우를 포함합니다.

5) 부동산
□ 허위의 시가 서류 제출
□ 명의신탁
□ 신청 직전 처분행위
6) 사업용 설비
□ 허위의 시가 서류 제출
7) 채권
□ 고의 누락
8) 퇴직금
□ 고의 누락
9) 기타
마. 허위 진술서 제출
2. 소송위임 관련 항목
□ 무자격자가 형식상의 대리인만 내세우고 개인회생사무를 취급한 경우
□ 신청대리인 측 상담자를 통해서 수임료를 지급하기 위하여 대부회사와 대출계약을 한 경우
□ 수임료 미지불을 이유로 채무자 동의 없이 취하서를 제출한 경우
□ 그 밖에 브로커 개입 정황이 있는 경우
※ 이 공간을 활용하여 좌측에 체크한 항목의 구체적인 내용을 적습니다.

제 493 호

외부 회생위원 평가위원회의 운영

제1조 (목적)
준칙 제493호는 외부 회생위원에 대한 평가 및 심사가 공정하고 투명하게 진행되도록 하기 위하여 법원 내에 설치할 외부 회생위원 평가위원회의 운영에 관한 사항을 정함을 목적으로 한다.

제2조 (위원회의 구성)

① 법원에 「외부 회생위원 평가위원회」(이하 준칙 제493호에서 '위원회'라 한다)를 둔다.

② 위원회는 다음 각 호의 사무를 행한다.

1. 외부 회생위원에 대한 매년 6월과 12월의 정기 평가
2. 외부 회생위원에 대한 해촉 사유 등에 관한 심사
3. 그 밖에 외부 회생위원에 대한 평가가 필요한 경우의 사무

③ 위원회는 위원장 1명과 10명 이내의 위원으로 구성한다.

④ 위원장은 서울회생법원 수석부장판사로 하고, 위원회의 위원은 다음 각호에 해당하는 사람 중 각 1명 이상과 서울회생법원 개인회생과장을 법원장이 지명한다.

1. 법원 소속 부장판사
2. 법원 소속 판사
3. 법원 관리위원회 소속 관리위원

⑤ 위원회의 회의는 위원장이 소집한다.

⑥ 위원회에는 위원장이 법원 소속 판사 또는 직원 중에서 지명한 간사를 둘 수 있다.

⑦ 위원회는 서면으로 심의 .의결할 수 있다.

제3조 (외부 회생위원에 대한 정기평정)

① 법원의 개인회생사건 담당 판사는 외부 회생위원으로부터 매년 6월 및 12월 중에 제출받은 업무처리에 관한 의견서를 기초로 하여 [별지 1 외부 회생위원 평가표]를 작성한다.

② 법원의 개인회생사건 담당 판사는 [별지 1 외부 회생위원 평가표]의 총점이 85점 이상인 경우 '상', 70점 이상 85점 미만인 경우 '중', 70점 미만인 경우 '하'로 평가자 종합평가를 기재한다.

③ 법원의 개인회생사건 담당 판사는 외부 회생위원이 제출한 의견서의 적절성, 그 밖에 필요하다고 인정되는 사항에 관한 조사를 관리위원회에 의뢰할 수 있다.

④ 위원회는 개인회생사건 담당 판사가 작성한 평가표와 관리위원회의 조사결과 등을 기초로 매년 6월 및 12월 중에 외부 회생위원이 수

행한 업무의 적정성에 관한 평정을 실시한다.

⑤ 위원회는 제4항에 따른 평정결과에 따라 업무수행의 적정성이 미흡한 외부 회생위원에 대하여 평정결과를 고지하고, 고지를 받은 외부 회생위원은 평정결과에 대한 의견을 제출할 수 있다.

⑥ 법원은 위원회의 평정결과와 외부 회생위원의 의견을 종합하여 회생·파산위원회에 외부 회생위원이 수행한 업무의 적정성에 관한 평정결과를 통보한다.

제4조 (외부 회생위원에 대한 임시평정)

① 위원회는 외부 회생위원이 다음 각호의 어느 하나에 해당하는 사유가있다고 볼 사정이 있는 경우 언제든지 해당 외부 회생위원에 대한 평정을 실시할 수 있다.

1. 품위를 잃은 행위를 한 경우
2. 법원에 대한 보고의무를 다하지 아니하는 등 회생위원 업무 처리가 불성실한 경우
3. 그 밖에 회생위원으로서 계속 활동하기 어렵다고 인정할 상당한 이유가 있는 경우

② 위원회는 제1항의 평정을 실시하는 과정에서 관리위원회에 필요하다고 인징되는 사항에 관한 조사를 의뢰할 수 있다.

③ 위원회는 제1항의 평정결과를 즉시 법원장에게 보고하고, 법원장은 위원회의 평정결과를 참고하여 해당 외부 회생위원에 대한 해촉 건의 여부등 필요한 조치를 취한다.

제5조 (청문절차)

위원회는 제3조의 정기평정, 제4조의 임시평정 과정에서 판단에 필요한 경우 외부 회생위원 등의 의견을 듣고 관련 자료를 조사하는 등의 청문을 실시할 수 있다.

[별지 1 외부 회생위원 평가표]

외부 회생위원 평가표

201 . . .　　　　　　　　　　　　　　　　　　　　평가자 : 판사

평가대상자				
평가항목(배점)	점수	비고(특이사항)		
절차의 신속성(25점)				
재산 및 소득 조사의 충실도(25점)				
사건관리 및 보고의 충실도(25점)				
인가 후 변제수행 관리, 감독업무의 충실도(25점)				
총점	점	평가자 평정		
		상	중	하
관리위원회의 의견				
기타사항				

제 5 편 국 제 도 산

제 501 호

법원사무관 등의 조사 · 보고

제1조 (목적)

준칙 제501호는 법 제12조 제2항, 규칙 제98조에서 정한 법원사무관 등 또는 법원조직법 제54조의3의 규정에 따른 조사관(이하 준칙 제501호에서 '조사관'이라 한다)이 수행하여야 할 조사·보고 사항에 관하여 정하여, 국제도산 절차가 신속하고 효율적이며, 공정·투명하게 진행되도록 함으로써 절차의 신뢰성을 확보하는 것을 목적으로 한다.

제2조 (승인신청에 관한 조사 ·보고 사항)

법원사무관 등 또는 조사관은 법원의 결정에 의하여 법원이 정한 기한까지 다음 각 호의 사항을 조사하여 조사보고서를 작성·제출하여야 한다.

1. 승인신청에 관한 일반사항
   가. 외국도산절차가 신청된 국가에 채무자의 영업소·사무소 또는 주소가 있는지 여부
   나. 승인신청서에 법 제631조 제1항 각 호의 사항에 관한 서류(규칙 제97조 제2항 각 호에 규정된 사항 포함)가 첨부되어 있는지(외국어로 작성된 서면인 경우에는 번역문 포함) 여부
   다. 법 제632조 제2항 각 호에 규정된 사유가 있는지 여부
2. 외국도산절차에 관한 사항
   가. 채무자의 설립의 준거법(개인 채무자인 경우에는 국적)
   나. 외국도산절차의 진행현황[신청, 개시, 도산채권의 시·부인, 계획안의 수립 내지 인가, 계획안의 수행 및 변경 여부 등 어느 단계인지를 확인하고, 만약 계획안이 수립되어 있다면 그 요지(시·부인 내역, 계획안 상의 조 분류 및 변제방법 등)도 포함할 것]
3. 국내채권자에 관한 사항
   가. 국내채권자의 이름, 주소, 연락처 및 채권내역(발생원인, 채권액 등)
   나. 국내채권자의 외국도산절차에의 참가현황[채권신고, 계획안에의

반영, 실권여부 등(만약, 반영되어 있다면 채권액, 조 분류, 변제율, 변제기한 등 구체적인 변제방법 포함할 것)]

다. (만약, 절차에 참가하지 못했다면) 국내채권자에게 외국도산절차의 진행에 관한 정보를 충분히 고지하였다는 자료 및 국내채권자가 외국도산절차에 적법하게 참가하였을 경우 종국적으로 변제받아갈수 있을 것으로 예상되는 금액[해당 채권과 성질이 가장 유사한 채권이 외국도산절차상 어느 조로 분류되어 어떠한 내용(변제율, 변제방법 등)으로 변제받도록 구성되어 있는지 등도 밝힐 것]

라. 채무자 내지 외국도산절차의 대표자와 국내채권자 간에 진행 중인 소송현황(본안소송, 신청ㆍ집행 소송 등 일체)

4. 기타사항

가. 채무자에 대한 다른 국외도산절차(승인 및 지원 절차 포함)의 진행현황

나. 외국도산절차(가목 기재 절차가 있다면 이를 포함)의 담당재판부 연락처(판사의 인적사항, 전화번호, 이메일 등. 별도의 도산관련 대리인이 있는 경우에는 그에 관한 정보도 포함)

다. 승인신청에 대한 국내채권자의 의견

제3조 (지원신청에 관한 조사 ·보고 사항)

① 법원사무관 등 또는 조사관은 법원이 정한 기한까지 다음 각 호의 사항을 조사하여 조사보고서를 작성ㆍ제출하여야 한다.

1. 지원신청서에 규칙 제101조 제1항 각 호의 사항이 기재되어 있는지 여부
2. 채무자의 재산에 속하는 권리로서 등기 또는 등록이 된 것에 관한 지원신청인 경우에는 권리에 대한 등기사항증명서 또는 등록원부가 첨부되어 있는지 여부
3. 법 제636조 제3항에 규정된 사유가 있는지 여부
4. 지원신청에 대한 국내채권자의 의견

② 해당 지원신청이 국제도산관리인 선임신청인 경우에 법원사무관 등 또는 조사관은 다음 각 호의 사항을 추가로 조사ㆍ보고하여야 한다.

1. 규칙 제102조 제1항에 규정된 서류가 첨부되어 있는지 여부
2. 외국도산절차의 대표자에게 법 제83조 제2항 제1호, 제2호, 제4호의 사유가 있는지 여부
3. 채무자 내지 외국도산절차의 계획안에 따라 채무자를 인수한 지배주주가 특정한 제3자 국제도산관리인의 선임을 희망하고 있는지 여부
4. 수인의 국제도산관리인이 필요한지 여부

제4조 (기타 조사 ·보고 사항)

법원사무관 등 또는 조사관은 제2조, 제3조에서 정한 사항 외에 법원이 필요하다고 인정하여 조사를 명한 사항을 조사하여 보고서를 작성 · 제출하여야 한다.

제 502 호

국제도산관리인의 선임 · 해임 · 감독 기준

제1절 총칙

제1조 (목적)

준칙 제502호는 법 제637조, 규칙 제102조에서 정한 국제도산관리인의 선임 및 해임 기준과 이들에 대한 감독 및 포상기준을 정함으로써 국제도산절차가 공정하고 투명하게 진행되도록 함을 목적으로 한다.

제2조 (선임증의 수여)

① 국제도산관리인에게는 선임을 증명하는 선임증을 수여한다.

② 국제도산관리인에게 선임증을 수여할 때에는 국제도산관리인으로부터 법원의 감독 하에 업무를 수행하는 공적수탁자로서 공명정대하게 업무를 수행하고 채무자의 효율적인 도산절차 처리와 채권자 등 이해관계인의 권익보호를 위하여 노력하겠다는 내용의 각서를 받는다.

제3조 (제3자 국제도산관리인의 보수 등)

① 제3자 국제도산관리인의 보수는 채무자의 재정상태, 제3자 국제도산관리인의 업무의 내용과 난이도 등을 고려하여 정하되, 그 직무와 책임에 상응하도록 한다.

② 법원은 다음 각 호의 사유가 있다고 인정되는 때에는, 채무자의 규모와 재정상황, 기여도 등을 종합적으로 고려하여 제3자 국제도산관리인에게 특별보상금을 시급할 수 있다.

1. 제3자 국제도산관리인의 능력과 노력으로 채무자의 국내 재산상황이 선임 당시에 비하여 현저히 개선된 때
2. 제3자 국제도산관리인이 도산재단의 재산증식에 특별한 기여를 한 경우
3. 그밖에 제3자 국제도산관리인이 능동적으로 대한민국 내에서의 업무 수행과 재산의 관리 및 처분을 함으로써 외국도산절차에 현저한 기여를 한 때

③ 법원은 제1항의 보수 및 제2항의 특별보상금을 산정할 때, 준칙 제211호 「관리인 등의 선임ㆍ해임ㆍ감독 기준」, 제322호 「법인 파산관재인의 보수 등」, 제371호 「개인 파산관재인의 보수」의 관련 규정 등을 참조 할 수 있다.

제4조 (국제도산관리인대리)

① 국제도산관리인대리는 특별한 필요가 있음을 구체적으로 소명한 경우에 한하여 그 선임을 허가한다.

② 국제도산관리인대리를 선임할 필요성이 소멸한 때에는 국제도산관리인 또는 국제도산관리인대리로 하여금 즉시 그 사유를 법원에 보고하도록 한다.

③ 국제도산관리인대리에 대한 보수 및 특별보상금은 제3조 제1항 내지 제3항을 준용한다.

제2절 기존 국제도산관리인

제5조 (의의)

외국도산절차의 대표자란 국제도산관리인 선임신청 당시 외국도산절차에서 대표자로서 활동할 권한을 부여받은 사람 또는 기구를 말하고, 임시로 임명된 자를 포함한다. 기존 국제도산관리인이란 외국도산절차의 대표자가 국제도산관리인으로 선임된 경우 당해 국제도산관리인을 말한다.

제6조 (선임기준)

외국도산절차의 대표자에게 해당 외국도산절차에서 대표자로서 활동할 권한을 부여받은 이후 국제도산관리인 선임신청 전 사이에 법 제83조 제2항 제1호, 제2호, 제4호의 사유가 존재한다고 명백히 인정되지 아니하면, 법원은 외국도산절차의 대표자를 국제도산관리인으로 선임한다.

제7조 (선임방법 및 절차)

① 외국도산절차의 대표자가 국제도산관리인 선임신청을 하면 법원은 지체없이 위 대표자에 대한 심문절차를 진행한다. 국내채권자 등 이해관계인은 위 심문절차에 참석하여 국제도산관리인의 선임에 관한 의견을 개진할 수 있다.

② 법원은 위 심문절차가 종료한 후 신속하게 관리위원회에 국제도산관리인 선임에 관하여 의견을 조회한다. 다만, 필요한 경우에는 심문 전에도 의견을 조회할 수 있다.

③ 외국도산절차의 대표자에 대한 심문결과와 관리위원회에 대한 의견 조회 결과에도 불구하고 법 제83조 제2항 제1호, 제2호, 제4호의 사유가 존재한다고 명백히 인정되지 아니하면, 법원은 신속하게 외국도산절차의 대표자를 국제도산관리인으로 선임하는 결정을 한다.

제8조 (기존 국제도산관리인의 수)

① 외국도산절차의 대표자가 복수로 존재하는 경우, 기존 국제도산관리인은 그 중 1인을 선임하는 것을 원칙으로 한다.

② 다음 각 호의 경우에는 수인의 기존 국제도산관리인 선임을 고려할 수 있다.

1. 외국도산절차의 승인 및 지원에 관한 업무특성상 2개 이상의 전문적 기능을 필요로 하는 경우
2. 채무자 내부의 대립되는 이해관계의 조정을 위하여 필요한 경우

③ 법원은 기존 국제도산관리인이 수인인 경우, 필요한 때에는 그 상호 간의 업무분장을 정할 수 있다.

제9조 (임기 등)

① 외국도산절차의 대표자를 기존 국제도산관리인으로 선임한 경우에는 원칙적으로 임기제를 시행하지 아니한다.

② 외국도산절차에서 그 대표자가 변경된 사정은 기존 국제도산관리인의 지위에 영향을 미치지 아니한다. 다만, 외국도산절차의 대표자는 외국도산절차에서의 지위에 변경이 생기는 경우, 지체없이 이를 법원에 보고 하여야 한다.

제10조 (해임)

외국도산절차의 대표자를 기존 국제도산관리인으로 선임한 후 법 제83조 제2항 제1호, 제2호, 제4호의 사유가 존재한다고 인정할 만한 명백한 사유가 발견된 경우에는 심문절차를 거쳐 국제도산관리인의 직에서 해임할 수 있다.

제3절 제3자 국제도산관리인

제11조 (의의)

제3자 국제도산관리인이란 법원이 외국도산절차의 대표자 이외의 다른 자를 국제도산관리인으로 선임한 경우 당해 국제도산관리인을 말한다.

제12조 (선임기준)

① 제3자 국제도산관리인은 외국도산절차의 대표자에게 법 제83조 제2항 제1호, 제2호, 제4호의 사유가 존재한다고 인정되거나, 기존 국제도산관리인을 해임하고 그 필요성이 인정되는 경우에 선임한다.

② 제3자 국제도산관리인은 전문경영 또는 그와 유사한 직무수행의 경력 또는 소양이 있는지 여부와 채무자의 업종 및 외국도산절차에 대한 전문지식이 있는지 여부를 가장 중요한 요소로 고려하여 선임한다.

③ 제3자 국제도산관리인을 선임할 때에는 채무자, 외국도산절차의 대표자의 의견을 고려하고, 외국도산절차의 회생계획에 따라 채무자를

인수한 지배주주가 있는 경우 그의 의견을 우선적으로 참작한다.
④ 제3자 국제도산관리인을 선임할 때에는 법인보다 자연인을 우선한다.

제13조 (선임방법 및 절차)

① 법원은 외국도산절차의 성질, 채무자의 대한민국 내에서의 업무현황 및 재산상황 등을 고려하여 제3자 국제도산관리인을 선임한다.
② 법원은 제3자 국제도산관리인을 선정할 때, 준칙 제211호 「관리인 등의 선임·해임·감독 기준」, 준칙 제301호 「파산관재인의 선정 및 평정」의 관련 규정 등을 참조할 수 있다.
③ 법원은 선정한 후보자에 관하여 이력서를 첨부하여 관리위원회에 의견을 조회하고, 그 의견을 참작하여 제3자 국제도산관리인으로 선임한다.

제14조 (제3자 국제도산관리인의 수)

① 제3자 국제도산관리인은 특별한 사정이 없는 한 1인을 선임함을 원칙으로 한다.
② 다음 각 호의 경우에는 수인의 제3자 국제도산관리인 선임을 고려할 수 있다.
  1. 외국도산절차의 승인 및 지원에 관한 업무특성상 2개 이상의 전문적 기능을 필요로 하는 경우
  2. 채무자 내부의 대립되는 이해관계의 조정을 위하여 필요한 경우
③ 법원은 제3자 국제도산관리인이 수인인 경우, 필요한 때에는 그 상호 간의 업무분장을 정할 수 있다.

제15조 (임기)

① 제3자 국제도산관리인은 임기를 정하여 선임함으로써 책임관리 체제를 확립한다. 다만, 외국도산절차의 회생계획안에 따라 채무자를 인수하거나 실질적인 지배 지분을 확보한 제3자 또는 그 제3자가 추천한 자를 국제도산관리인으로 선임하는 경우에는 예외로 할 수 있다.
② 제3자 국제도산관리인의 임기는 외국도산절차가 종료된 때부터 90일까지로 하는 것을 원칙으로 하되, 외국도산절차의 진행 상황, 업무량, 기타 사정을 고려하여 적절하게 정한다.

③ 제3자 국제도산관리인의 임기가 만료된 때에는 법 제83조 제2항 제1호, 제2호, 제4호의 해임사유가 없는 한 동일한 사람을 관리인으로 재선임한다.
④ 제3자 국제도산관리인을 재선임할 때에는 관리위원회에 그 의견을 조회한다.

제16조 (해임)
제3자 국제도산관리인의 해임에 관하여는 제10조를 준용한다.

제 503 호

국제도산관리인의 보고서 작성 등

제1조 (목적)
준칙 제503호는 규칙 제103조 제3항에서 정한 업무와 계산에 관한 보고에 관하여 국제도산관리인이 작성하여 법원에 제출하는 보고서의 종류와 내용, 양식에 관하여 규정함을 그 목적으로 한다.

제2조 (보고서 작성의무)
국제도산관리인은 제3조에서 정한 보고서를 작성할 의무가 있다.

제3조 (보고서의 종류)
① 국제도산관리인은 매월 1회의 월간보고서를 법원에 제출하여야 한다. 다만, 법원은 필요한 경우 분기보고서, 반기보고서 및 연간보고서의 제출을 추가로 명할 수 있다(이때 반기보고서, 연간보고서의 제출은 각 2/4분기 보고서, 4/4분기 보고서의 제출에 갈음한다).
② 제1항의 경우 분기의 표시는 채무자의 회계연도를 기준으로 한다.
③ 법원은 제1항의 규정에도 불구하고 필요하다고 판단할 경우 해당 사항에 관하여 국제도산관리인에게 구두 또는 서면으로 보고하도록 명할 수 있다.

제4조 (보고서의 제출시기 및 제출횟수)

① 월간보고서는 다음 달 20일까지, 1/4분기 보고서와 3/4분기 보고서는 각 분기 종료일부터 1개월 이내에, 반기보고서는 반기 종료일부터 2개월 이내에, 연간보고서는 당해 회계연도 종료일부터 3개월 이내에 각 제출한다.

② 법원은 제1항의 규정에도 불구하고 채무자의 자산과 부채 액수, 채무자의 영업상황과 자금사정, 국제도산관리인의 업무수행 성실도 등 여러 가지 사정을 종합하여 보고서의 일부 또는 전부를 작성하지 아니하게 할 수 있다.

제5조 (월간보고서의 작성 요령)

월간보고서에는 다음 각 호의 내용이 포함되어야 한다.

1. 외국도산절차의 진행 현황에 관한 자료

가. 외국도산절차의 진행 현황(신청, 개시, 도산채권의 시·부인, 계획안의 수립 내지 인가, 계획안의 수행 및 변경 여부 등)을 밝히고, 각 진행 단계에서의 구체적인 내용(시·부인 내역, 계획안상의 조 분류 및 변제방법 등)을 명시할 것

나. 외국도산절차에서의 국내채권자의 법적지위(채권신고, 채권액, 조분류, 변제방법 등)를 설명하고, 만약 국내채권자가 외국도산절차에 참가하지 못하였다면 그 이유 및 대응방법을 밝힐 것[외국도산절차가 개시된 국가의 도산법(이하 준칙 제503호에서 '도산법정지법'이라 한다) 상 추완신고의 가부 등]

다. 채무자가 도산법정지법 내지 외국도산절차를 관할하는 법원의 명령 등에 따라 정기적으로 제출하여야 하는 보고서가 있는 경우에는 해당 보고서 및 그 요지(채무자의 자산 및 부채 현황, 공익채권 현황, 시재보유 현황 등을 알 수 있는 자료)

2. 채무자의 국내 재산 및 채무에 관한 자료

가. 채무자가 국내에 보유하고 있는 재산현황

나. 국내채권자의 현황[이름, 주소, 연락처, 채권내역(발생원인, 채권액 등)]

다. 국제도산관리인(수계 전이라면 채무자 내지 외국도산절차의 대표자)과 국내채권자 간에 진행 중인 소송현황(본안소송, 신청·집

행소송 등 일체)

라. 당월 주요 발생사항

마. 허가사항 총괄표

3. 기타사항

가. 채무자에 대하여 진행 중인 다른 국외도산절차(승인 및 지원 절차 포함) 현황[만약, 해당 절차가 있다면 그에 관한 서류를 제출하고, 담당재판부의 연락처(담당 판사의 인적사항, 전화번호, 이메일 등)도 밝힐 것]

나. 향후 계획(외국도산절차에서의 계획 포함)

제6조 (분기보고서, 반기보고서, 연간보고서의 작성요령)

국제도산관리인은 준칙 제213호「관리인의 보고서 작성 등」의 관련 규정을 참조하여 분기보고서, 반기보고서, 연간보고서를 작성하되, 제5조에 규정된 내용을 포함하여야 한다.

제 504 호

국제도산 사건에서의 법원 간 공조

제1조 (목적)

준칙 제504호는 법 제641조에서 정한 외국법원 및 외국도산절차의 대표자와의 공조에 관한 구체적인 방법과 절차를 정하여, 병행절차에서 채권자나 채무자를 포함한 이해관계인(이하 준칙 제504호에서 '이해관계인'이라 한다)들의 이익을 보호하고, 국제도산 절차가 효율적이고 효과적으로 관리되도록 하는 것을 목적으로 한다.

제2조 (법원의 공조)

① 법원은 병행절차의 공정하고 원활한 진행을 위해 외국법원 내지 외국도산절차의 대표자(이하 준칙 제504호에서 '외국법원 등'이라 한다)와 통신수단을 이용하여 의견을 교환(이하 준칙 제504호에서 '교

신'이라한다)할 수 있다.

② 법원은 외국법원 등으로부터 교신에 관한 요청을 받으면 신속히 이에 응하여야 한다.

③ 교신은 다음 각 호에 따른 방법으로 행할 수 있다.

1. 판결, 결정, 명령, 조서 등·사본의 송달 내지 전송
2. 전화, 영상 컨퍼런스 콜, 다른 전자적 수단을 통한 쌍방향 교신
3. 기타 법원이 외국법원 등과 합의한 다른 방법

제3조 (쌍방향 교신)

① 채무자와 관련된 국내도산절차를 담당하는 법관은 쌍방향 교신에 참여할 수 있고, 법원은 필요하다고 판단하는 경우 국내도산절차의 이해관계인도 쌍방향 교신에 참여시킬 수 있다.

② 법원은 외국법원 등과 협의하여 쌍방향 교신의 일시·장소를 정할 수 있고, 그 일정 조율을 위해 법관 이외의 다른 직원으로 하여금 외국법원 등의 담당자와 연락을 취하도록 할 수 있다.

③ 법원은 외국법원 등과의 쌍방향 교신을 기록할 수 있고, 외국법원 등이 동의하는 경우에는 위 쌍방향 교신의 내용을 기록한 서류(이하 준칙 제504호에서 '녹취서'라 한다)를 공식적인 문서로 취급할 수 있다.

④ 법원은 적절하다고 판단하는 경우에는 쌍방향 교신에 관한 기록, 녹취서 등의 기밀성이 유지되도록 명령할 수 있다.

제4조 (관리인 등의 공조)

① 국내도산절차의 관리인 또는 파산관재인(이하 준칙 제504호에서 '관리인 등'이라 한다)은 법원의 허가를 얻어 외국법원 등과 교신할 수 있다.

② 관리인 등은 외국법원 등으로부터 교신에 관한 요청을 받으면 지체없이 법원에 이를 보고하고 교신에 관한 허가를 신청하여야 한다.

③ 관리인 등이 요청하는 경우 법원은 관리인 등이 외국법원 등과 원활히 교신할 수 있도록 협조할 수 있다.

④ 관리인 등이 외국법원 등과 교신을 마친 이후에는 그 내용을 법원에 보고하여야 한다.

제5조 (절차합의서의 체결)

① 관리인 등은 법원의 허가를 얻어 외국법원 등과 도산절차의 조정에 관한 절차합의서(protocol, 이하 준칙 제504호에서 '절차합의서'라 한다) 를 체결할 수 있다.

② 절차합의서는 원칙적으로 절차적인 사항만을 규정한다. 다만, 국내도산절차에 적용되는 준거법이 허용하는 한도 내에서는 실체적인 사항도 규정할 수 있다.

③ 절차합의서를 체결하였다는 것이 다음 각 호의 사항을 의미하거나 허용하는 것은 아니다.

1. 법원이나 관리인 등이 국내도산절차에 관하여 가지는 권한의 포기 또는 외국법원 등에 대한 권한의 부여
2. 국내도산절차에 적용되는 준거법에 따라 관리인 등이 준수해야 하는 규범의 배제
3. 대한민국의 선량한 풍속 그 밖의 사회질서에 반하거나, 이해관계인들의 이익이 충분히 보호되지 않는 경우 법원이 국내도산절차에서 행사 할 수 있는 권한의 포기
4. 국내도산철차에서 이해관계인들이 보유한 권리의 실체적 변경

제6조 (참여)

① 법원은 이해관계인이 외국법원의 승인을 얻어 당해 법원에 진행 중인 절차에 출석하고 참여하는 것을 허가할 수 있다.

② 법원은 법이 허용하는 한도 내에서 필요한 경우에는 외국도산절차의 이해관계인이 특정 쟁점에 관하여 국내도산절차에 출석하고 참여하도록 허가할 수 있다. 이때 그 이해관계인은 관련 쟁점을 제외한 나머지 모든 쟁점에 대해서는 국내도산절차의 관할권에 구속되지 않는다.

제7조 (기타)

준칙 제504호에서 규정하지 않은 교신 및 공조방법 등에 관하여는 법원이 당사자의 신청 내지 직권에 의하여 도산사법네트워크(Judicial Insolvency Network)에서 정한 [별지 1] 가이드라인(Guidelines) 및

[별지 2] 세부원칙(Modalities)의 내용의 전부 또는 일부를 따르기로 결정할 수 있다.

[별지 1 Guidelines의 내용]

1. 원문(영어)

GUIDELINES FOR COMMUNICATION AND COOPERATION BETWEEN COURTS IN CROSS-BORDER INSOLVENCY MATTERS INTRODUCTION

A. The overarching objective of these Guidelines is to improve in the interests of all stakeholders the efficiency and effectiveness of cross-border proceedings relating to insolvency or adjustment of debt opened in more than one jurisdiction ("Parallel Proceedings") by enhancing coordination and cooperation amongst courts under whose supervision such proceedings are being conducted. These Guidelines represent best practice for dealing with Parallel Proceedings.

B. In all Parallel Proceedings, these Guidelines should be considered at the earliest practicable
opportunity.

C. In particular, these Guidelines aim to promote:

(i) the efficient and timely coordination and administration of Parallel Proceedings;

(ii) the administration of Parallel Proceedings with a view to ensuring relevant stakeholders' interests are respected;

(iii) the identification, preservation, and maximisation of the value of the debtor's assets, including the debtor's business;

(iv) the management of the debtor's estate in ways that are proportionate to the amount of money involved, the nature of the case, the complexity of the issues, the number of creditors,

and the number of jurisdictions involved in Parallel Proceedings;
(v) the sharing of information in order to reduce costs; and
(vi) the avoidance or minimisation of litigation, costs, and inconvenience to the parties[7] in Parallel Proceedings.

D. These Guidelines should be implemented in each jurisdiction in such manner as the jurisdiction deems fit.[8]

E. These Guidelines are not intended to be exhaustive and in each case consideration ought to be given to the special requirements in that case.
F. Courts should consider in all cases involving Parallel Proceedings whether and how to implement these Guidelines. Courts should encourage and where necessary direct, if they have the power to do so, the parties to make the necessary applications to the court to facilitate such implementation by a protocol or order derived from these Guidelines, and encourage them to act so as to promote the objectives and aims of these Guidelines wherever possible.

ADOPTION & INTERPRETATION

Guideline 1: In furtherance of paragraph F above, the courts should encourage administrators in Parallel Proceedings to cooperate in all aspects of the case, including the necessity of notifying the courts at the earliest practicable opportunity of

---

7) The term "parties" when used in these Guidelines shall be interpreted broadly.
8) Possible modalities for the implementation of these Guidelines include practice directions and commercial guides.

issues present and potential that may (a) affect those proceedings; and (b) benefit from communication and coordination between the courts. For the purpose of these Guidelines, "administrator" includes a liquidator, trustee, judicial manager, administrator in administration proceedings, debtor-in-possession in a reorganisation or scheme of arrangement, or any fiduciary of the estate or person appointed by the court.

Guideline 2: Where a court intends to apply these Guidelines (whether in whole or in part and with or without modification) in particular Parallel Proceedings, it will need to do so by a protocol or an order,[9] following an application by the parties or pursuant to a direction of the court if the court has the power to do so.

Guideline 3: Such protocol or order should promote the efficient and timely administration of Parallel Proceedings. It should address the coordination of requests for court approvals of related decisions and actions when required and communication with creditors and other parties. To the extent possible, it should also provide for timesaving procedures to avoid unnecessary and costly court hearings and other proceedings.

Guideline 4: These Guidelines when implemented are not intended to:

(i) interfere with or derogate from the jurisdiction or the

---

9) In the normal case, the parties will agree on a protocol derived from these Guidelines and obtain the approval of each court in which the protocol is to apply.

exercise of jurisdiction by a court in any proceedings including its authority or supervision over an administrator in those proceedings;
(ii) interfere with or derogate from the rules or ethical principles by which an administrator is bound according to any applicable law and professional rules;
(iii) prevent a court from refusing to take an action that would be manifestly contrary to the public policy of the jurisdiction; or
(iv) confer or change jurisdiction, alter substantive rights, interfere with any function or duty arising out of any applicable law, or encroach upon any applicable law.

Guideline 5: For the avoidance of doubt, a protocol or order under these Guidelines is procedural in nature. It should not constitute a limitation on or waiver by the court of any powers, responsibilities, or authority or a substantive determination of any matter in controversy before the court or before the other court or a waiver by any of the parties of any of their substantive rights and claims.

Guideline 6: In the interpretation of these Guidelines or any protocol or order under these Guidelines, due regard shall be given to their international origin and to the need to promote good faith and uniformity in their application.

COMMUNICATION BETWEEN COURTS

Guideline 7: A court may receive communications from a foreign court and may respond directly to them. Such communications may occur for the purpose of the orderly making of submissions and rendering of decisions by the courts, and to coordinate and resolve any procedural, administrative or preliminary matters relating to any joint hearing where Annex A is applicable. Such communications may take place through the following methods or such other method as may be agreed by the two courts in a specific case:

(i) Sending or transmitting copies of formal orders, judgments, opinions, reasons for decision, endorsements, transcripts of proceedings or other documents directly to the other court and providing advance notice to counsel for affected parties in such manner as the court considers appropriate.

(ii) Directing counsel to transmit or deliver copies of documents, pleadings, affidavits, briefs or other documents that are filed or to be filed with the court to the other court in such fashion as may be appropriate and providing advance notice to counsel for affected parties in such manner as the court considers appropriate.

(iii) Participating in two-way communications with the other court, in which case Guideline 8 should be considered.

Guideline 8: In the event of communications between courts, unless otherwise directed by any court involved in the communications whether on an ex parte basis or otherwise, or permitted by a protocol, the following shall apply:

(i) In the normal case, parties may be present.

(ii) If the parties are entitled to be present, advance notice of the communications shall be given to all parties in accordance with the rules of procedure applicable in each of the courts to be involved in the communications and the communications between the courts shall be recorded and may be transcribed.

A written transcript may be prepared from a recording of the communications that, with the approval of each court involved in the communications, may be treated as the official transcript of the communications.

(iii) Copies of any recording of the communications, of any transcript of the communications prepared pursuant to any direction of any court involvcd in the communications, and of any official transcript prepared from a recording may be filed as part of the record in the proceedings and made available to the parties and subject to such directions as to confidentiality as any court may consider appropriate.

(iv) The time and place for communications between the courts shall be as directed by the courts. Personnel other than judges in each court may communicate with each other to establish appropriate arrangements for the communications without the presence of the parties.

Guideline 9: A court may direct that notice of its proceedings be given to parties in proceedings in another jurisdiction. All notices, applications, motions, and other materials served for purposes of the proceedings before the court may be ordered to be provided to such other parties by making such materials available electronically in a publicly accessible system or by facsimile transmission, certified or registered mail or delivery by courier, or in such other manner as may be directed by the court in accordance with the procedures applicable in the court.

APPEARANCE IN COURT

Guideline 10: A court may authorise a party, or an appropriate person, to appear before and be heard by a foreign court, subject to approval of the foreign court to such appearance.

Guideline 11: If permitted by its law and otherwise appropriate, a court may authorise a party to a foreign proceeding, or an appropriate person, to appear and be heard by it without thereby becoming subject to its jurisdiction.

CONSEQUENTIAL PROVISIONS

Guideline 12: A court shall, except on proper objection on valid grounds and then only to the extent of such objection, recognise and accept as authentic the provisions of statutes, statutory or administrative regulations, and rules of court of general application applicable to the proceedings in other jurisdictions without further proof. For the avoidance of doubt, such recognition and acceptance does not constitute recognition or acceptance of their legal effect or implications.

Guideline 13: A court shall, except upon proper objection on valid grounds and then only to the extent of such objection, accept that orders made in the proceedings in other jurisdictions were duly and properly made or entered on their respective dates and accept that such orders require no further proof for purposes of the proceedings before it, subject to its law and all such proper reservations as in the opinion of the court are appropriate regarding proceedings by way of appeal or review that are actually pending in respect of any such orders. Notice of any amendments, modifications, extensions, or appellate decisions with respect to such orders shall be made to the other court(s) involved in Parallel Proceedings, as soon as it is practicable to do so.

Guideline 14: A protocol or order made by a court under these Guidelines is subject to such amendments, modifications, and extensions as may be considered appropriate by the court, and to reflect the changes and developments from time to time in any Parallel Proceedings. Notice of such amendments, modifications, or extensions shall be made to the other court(s) involved in Parallel Proceedings, as soon as it is practicable to do so.

ANNEX A (JOINT HEARINGS)

Annex A to these Guidelines relates to guidelines on the conduct of joint hearings. Annex A shall be applicable to, and shall form a part of these Guidelines, with respect to courts that may signify their assent to Annex A from time to time. Parties are encouraged to address the matters set out in Annex A in a protocol or order.

ANNEX A: JOINT HEARINGS

A court may conduct a joint hearing with another court. In connection with any such joint hearing, the following shall apply, or where relevant, be considered for inclusion in a protocol or
order:

(i) The implementation of this Annex shall not divest nor diminish any court's respective independent jurisdiction over the subject matter of proceedings. By implementing this
Annex, neither a court nor any party shall be deemed to have

approved or engaged in any infringement on the sovereignty of the other jurisdiction.

(ii) Each court shall have sole and exclusive jurisdiction and power over the conduct of its own proceedings and the hearing and determination of matters arising in its proceedings.

(iii) Each court should be able simultaneously to hear the proceedings in the other court. Consideration should be given as to how to provide the best audio-visual access possible.

(iv) Consideration should be given to coordination of the process and format for submissions and evidence filed or to be filed in each court.

(v) A court may make an order permitting foreign counsel or any party in another jurisdiction to appear and be heard by it. If such an order is made, consideration needs to be given as to whether foreign counsel or any party would be submitting to the jurisdiction of the relevant court and/or its professional regulations.

(vi) A court should be entitled to communicate with the other court in advance of a joint hearing, with or without counsel being present, to establish the procedures for the orderly making of submissions and rendering of decisions by the courts, and to coordinate and resolve any procedural, administrative or preliminary matters relating to the joint hearing.

(vii) A court, subsequent to the joint hearing, should be entitled to communicate with the

other court, with or without counsel present, for the purpose of determining outstanding issues. Consideration should be given as to whether the issues include procedural and/or substantive matters. Consideration should also be given as to whether some or all of such communications should be recorded and preserved.

2. 번역문(국어)

국제 도산 사건에서 법원 간 교신 및 공조에 관한 가이드라인

전 문

A. 본 가이드라인의 전반적인 목적은 둘 이상의 국가에서 개시된 도산 내지 채무조정과 관련된 국제적 절차("병행절차")에서 그 법원들 간의 조정과 공조를 증진함으로써 모든 이해관계인을 위하여 그 절차의 효율성과 효과를 향상시키는 데 있다. 본 가이드라인은 병행절차를 처리함에 있어 최선의 실무를 제시한다.

B. 모든 병행절차에 있어 본 가이드라인은 가능한 한 초기 단계에서 고려되어야 한다.

C. 특히 본 가이드라인은 다음과 같은 사항을 장려하는 것을 목표로 한다.
(i) 병행 절차의 효율적이고 시의적절한 공조와 처리
(ii) 관련 이해관계인의 이익이 존중받을 수 있도록 배려한다는 관점에서의 병행절차 처리
(iii) 채무자의 사업을 포함한 채무자 자산 가치의 인식, 보존 및 극대화
(iv) 관련 자금의 액수, 사건의 특성, 쟁점들의 복잡성, 채권자의 수, 병행 절차가 진행되는 국가의 수 등에 상응한 도산재단의 관리
(v) 비용 절감을 위한 정보의 공유
(vi) 병행절차에서의 소송, 비용, 당사자들[10]이 겪는 불편함의 회피 내지 최소화

10) 본 가이드라인에서 "당사자들"이란 용어는 광의로 이해되어야 한다.

D. 본 가이드라인은 각 국가에서 적절하다고 생각되는 방식으로 수행되어야 한다.[11)]

E. 본 가이드라인은 절대적인 것이 아니고, 개별 사건에서는 그 사안의 특수한 상황이 고려되어야 한다.
F. 법원은 병행절차에 관한 모든 사안에서 본 가이드라인의 수행 여부 및 그 방법을 검토하여야 한다. 법원은 본 가이드라인에서 파생되는 프로토콜이나 명령에 의하여 본 가이드라인이 수행되도록 장려하기 위하여 당사자들로 하여금 법원에 필요한 신청을 하도록 권고하고, 권한이 있다면 필요한 경우 이를 명령하여야 하며, 당사자들이 언제나 본 가이드라인의 목적과 목표를 증대하는 방향으로 행동하도록 권고하여야 한다.

채택 및 해석

가이드라인 1: 위 F항의 연장선상에서, 법원은 (a) 당해 절차에 영향을 미치고, (b) 법원간의 교신 및 조정을 통하여 해결할 수 있는 현재의 또는 잠재적인 쟁점들을 가능한 한 초기 단계에서 법원에 알려야 할 필요성을 포함하여, 병행절차의 관리인들이 사건의 모든 측면에서 공조하도록 장려하여야 한다. 본 가이드라인의 목적상, "관리인"에는 청산인, 파산관재인, 도산관리관, 관리절차에서의 관리자, 회생절차나 자율협약절차에서의 법률상관리인(DIP), 도산재단의 수탁자, 기타 법원이 임명한 개인이 포함된다.

가이드라인 2: 특정 병행절차에서 (전체 내지 일부든, 수정 사항이 있든 없든) 당사자들의 신청 또는 법원이 권한이 있는 경우 직권으로 본 가이드라인을 적용하려 하는 경우에는, 프로토콜 내지 명령[12)] 에 의하여

---

11) 본 가이드라인의 수행을 위하여 가능한 방식으로는 실무지침이나 상사안내서와 같은 것이 있다.

할 필요가 있다.

가이드라인 3: 이와 같은 프로토콜이나 명령은 병행절차가 효율적이고 시의적절하게 처리될 수 있도록 하여야 한다. 필요한 경우 관련 결정이나 소송에 관한 법원의 승인에 관한 조정, 채권자 및 기타 당사자들과의 교신에 관한 사항도 포함되어야 한다. 불필요하고 비용이 많이 드는 법원의 심리 기타 절차를 피하기 위하여 시간을 절약할 수 있는 절차에 관한 사항도 가능한 범위 내에서 포함되어야 한다.

가이드라인 4: 본 가이드라인의 이행이 다음 사항을 의도하는 것은 아니다.
(i) 당해 절차에 관한 법원의 관할권이나 그 행사(관리인에 대한 권한이나 감독권 행사 등)에 간섭하거나 이를 손상시키는 것
(ii) 준거법이나 전문가 규칙에 따라 관리인이 따라야 하는 규정 내지 윤리원칙에 간섭 하거나 이를 손상시키는 것
(iii) 법원으로 하여금 당해 국가의 공공질서에 명백히 반하는 행위를 하는 것을 거부하지 못하도록 하는 것
(iv) 관할권의 부여나 이선, 실제적 권리의 변경, 준거법으로부터 노출되는 모든 기능 내지 의무에 간섭하거나 준거법을 침해하는 것

가이드라인 5: 의문의 여지를 없애기 위하여, 본 가이드라인에 따른 프로토콜이나 명령은 본질적으로 절차적 성격을 가지고 있음을 밝혀둔다. 법원의 권능, 책임 내지 권한이 제한되거나 당해 법원 또는 다른 법원에서 문제되는 쟁점에 대하여 실체적인 결정이 내려져서는 안 되고, 당사자들의 실체적 권리와 채권을 포기하는 것과 같은 사항이 규율되어서도 안 된다.

가이드라인 6: 본 가이드라인 또는 본 가이드라인에 따른 프로토콜 내

12) 통상의 사건에서 당사자들은 본 가이드라인으로부터 파생된 프로토콜에 동의하고 프로토콜이 적용될 개별 법원의 승인을 얻게 될 것이다.

지 명령을 해석함에 있어, 이들의 국제적 연원과 위 가이드라인을 적용하는 과정에서 선의와 통일성이 증대되어야 한다는 점이 적절히 고려되어야 한다.

법원 간 교신

가이드라인 7: 법원은 외국 법원으로부터 교신을 받고 직접 회신할 수 있다. 이와 같은 교신은 서면 제출과 법원 결정의 발령을 원활히 하고, 별첨 A가 적용되는 경우에는 해당 공동심리와 관련된 절차적, 행정적, 예비적 쟁점을 공조하고 해결하기 위한 목적에서 행하여질 수 있다. 그러한 교신은 다음의 방법 또는 개별 사건에서 법원이 합의한 다른 방법으로 이루어질 수 있다.

(i) 공식적인 명령, 판결, 의견, 결정의 이유, 승인, 녹취서, 기타 서류의 사본을 직접 다른 법원에 송달하거나 전송하고, 해당 법원이 적절하다고 생각하는 방법에 의하여 이해 당사자의 대리인에게 사전통지를 하는 것

(ii) 법원에 제출되었거나 제출될 서류, 변론서, 진술서, 요약서 기타 서류를 대리인으로 하여금 적절한 방법으로 다른 법원에 제공하도록 하고 해당 법원이 적절하다고 생각하는 방법에 의하여 이해 당사자의 대리인에게 사전통지를 하는 것

(iii) 전화, 영상 컨퍼런스 콜, 다른 전자적 수단을 통하여 다른 법원과의 쌍방향 교신에 참여하는 것. 이 경우에는 가이드라인 8이 검토되어야 함.

가이드라인 8: 법원 간 교신을 하는 경우에는 그 교신이 일방적 진행에 의한 것인지 프로토콜에 의한 것인지 관계없이, 일방 법원이 특별히 다른 명령을 하는 경우가 아닌 한, 다음 사항이 적용된다.

(i) 일반적 사건의 경우 당사자들이 출석할 수 있다.

(ii) 그 당사자들이 출석할 권리가 있다면, 당해 교신과 관련된 각 법원의 절차 규칙에 따라 위 당사자들에게 대하여 교신에 대한 사전 통지가 이루어져야 하고, 법원 간 교신은 기록되고 녹취되어야 한다. 속기록은 교신 기록에 기초하여 작성될 수 있는데, 관련 법원의 승인을 얻는 경

우에는 공식적인 기록으로 취급될 수 있다.
(ⅲ) 교신에 관한 기록이나 법원의 명령을 따라 준비된 교신 관련 녹취서 또는 공식적인 녹취서의 각 사본은 해당 절차에서 기록의 일부로 제출될 수 있고 당사자들이 이에 접근할 수도 있으나, 법원은 적절하다고 판단하는 경우 그 기밀성을 유지하도록 명령하여 이를 제한할 수 있다.
(ⅳ) 법원 간 교신의 일시 및 장소는 법원들이 결정한다. 법관이 아닌 각 법원의 직원들은 교신을 소율하기 위하여 낭사자들의 참여 없이도 그 의견을 주고받을 수 있다.
가이드라인 9: 법원은 절차에 관한 통지가 다른 국가에서 진행되는 절차의 당사자들에게 이루어질 수 있도록 명령할 수 있다. 해당 법원의 절차에서 송달된 모든 통지, 신청, 발의, 기타 서류들은 공개적으로 접근 가능한 시스템을 통하여 해당 서류들이 전자적으로 접근될 수 있도록 하거나 팩시밀리, 인증 내지 등록된 우편, 배달원의 송달 기타 그 법원에 적용되는 절차규칙에 따라 법원이 명령하는 방법을 통하여 다른 당사자들에게 제공될 수 있다.

법원에의 출석

가이드라인 10: 법원은 당사자 또는 적절한 사람이 외국 법원의 승인을 얻어 당해 법원에 진행 중인 절차에 출석하고 참여하는 것을 허가할 수 있다.
가이드라인 11: 법원은 법에 의하여 허용되거나 적절한 경우 외국도산절차의 당사자 또는 적절한 사람이 해당법원의 절차에 출석하고 참여하는 것을 허가할 수 있다. 다만, 그러한 경우에도 외국도산절차의 당사자가 해당 법원의 관할권에 구속되는 것은 아니다.

결과적 규정

가이드라인 12: 법원은, 타당한 근거에 기한 적절한 이의가 제기되는 경우 그러한 이의에 따라 배제되는 범위를 제외하고는, 다른 국가의 절차에 적용되는 법령, 행정적 규정, 법원규칙을 추가적 증명 없이도 진정한 것으로 승인하고 받아들여야 한다. 의문의 여지를 없애기 위하여, 그러한 승인과 수용이 이들의 법적 효과 내지 효력의 승인 또는 수용을 구성하는 것은 아님을 밝혀둔다.

가이드라인 13: 법원은, 타당한 근거에 기한 적절한 이의가 제기되는 경우 그러한 이의에 따라 배제되는 범위를 제외하고는, 다른 국가의 절차에서 내려진 명령들이 그 각각의 일자에 적법한 절차를 거쳐 적절하게 이루어진 점과, 그러한 명령들이 추가적 증명을 필요로 하지 않고, 그 법에 구속되며, 그 명령에 관하여 실제 진행 중인 상소 내지 재심의 방법으로 그 법원이 타당하다고 보는 유보사항에 구속된다는 점을 받아들여야 한다. 그러한 명령에 관한 수정, 정정, 연장 또는 상소심의 결정은 가능한 한 신속히 병행절차에 관련된 다른 법원들에게 통지되어야 한다.

가이드라인 14: 본 가이드라인에 따라 법원에서 이루어지는 프로토콜, 명령은 그 법원이 적절하다고 생각하는 바대로 수정, 변경, 연장될 수 있고, 병행절차에서 때로 발생하는 사정변경과 전개사항을 반영할 수 있다. 그러한 수정, 변경, 연장은 가능한 한 신속히 병행절차에 관련된 다른 법원들에게 통지되어야 한다.

별첨 A(공동심리)

본 가이드라인의 별첨 A는 공동심리의 진행에 관한 가이드라인과 관련된다. 별첨 A는 그 적용에 대한 동의를 명시적으로 표시하는 법원에 대해 적용되고 이때 본 가이드라인의 일부를 구성한다. 당사자들에게는 프로토콜이나 명령에 별첨 A에 설시된 사항을 포함할 것이 권고된다.

<u>별첨 A: 공동심리</u>

법원은 다른 법원과 공동심리를 진행할 수 있다. 그러한 공동심리에 관하여 다음 사항이 적용되고, 필요한 경우에는 이들이 프로토콜이나 명령

에 포함되도록 고려하여야 한다.

(i) 이 별첨에 기재된 사항을 이행하는 것이 해당 절차의 대상에 관한 법원의 개별적이고 독립적인 권한을 박탈하거나 축소하는 것이어서는 안 된다. 이 별첨에 기재된 사항이 이행되더라도 이로써 법원이나 당사자들이 다른 관할권에 속하는 권한의 침해를 승인하거나 이에 관여한 것으로 간주되어서는 안 된다.

(ii) 각 법원은 해당 국가에서 진행되는 절차의 진행, 심리, 그 절차에서 발생하는 문제들의 결정에 관하여 유일하고 배타적인 관할권과 권한을 가진다.

(iii) 각 법원은 다른 법원의 절차를 실시간으로 참관할 수 있어야 한다. 가능한 최상의 음향 및 영상 접근을 제공할 수 있도록 방법을 고려하여야 한다.

(iv) 각 법원에 제출되었거나 제출될 서면과 증거의 제출과정 및 형식에 대한 공조를 고려하여야 한다.

(v) 법원은 상대국의 외국 대리인이나 당사자가 출석하여 의견을 진술하는 것을 허용하는 명령을 행할 수 있다. 그러한 명령이 행하여진 경우 외국 대리인이나 당사자가 관련 법원의 관할이나 전문가 규정에 구속되는지 여부를 고려할 필요가 있다.

(vi) 법원은 공동심리 이전에, 원활한 문건 제출과 법원의 결정 발령을 위한 절차를 모색하고, 그 공동심리와 관련된 절차적, 행정적, 예비적 쟁점들을 공조하고 해소하기 위하여 대리인의 관여 여부를 불문하고 그 다른 법원과 교신할 수 있어야 한다.

(vii) 법원은 공동심리 이후에, 드러난 쟁점들을 결정하기 위하여 대리인의 관여 여부를 불문하고 다른 법원과 교신할 수 있어야 한다. 이 쟁점들에 절차적 또는 실체적 사항들이 포함될 것인지 여부는 검토해 보아야 한다. 그러한 교신의 전부 또는 일부가 녹음되어 보존되어야 하는지 여부도 검토해 보아야 한다.

[별지 2 Modalities의 내용]

1. 원문(영어)

MODALITIES OF COURT-TO-COURT COMMUNICATION

Scope and definitions

1. These Modalities apply to direct communications (written or oral) between courts in specific cases of cross-border proceedings relating to insolvency or adjustment of debt opened in more than one jurisdiction ("Parallel Proceedings"). Nothing in this document precludes indirect means of communication between courts, such as through the parties or by exchange of transcripts, etc. This document is subject to any applicable law.

2. These Modalities govern only the mechanics of communication between courts in Parallel Proceedings. For the principles of communication (e.g., that court-to-court communications should not interfere with or derogate from the jurisdiction or the exercise of jurisdiction by a court in any proceedings, etc.), reference may be made to the Guidelines for Communication and Cooperation between Courts in Cross-Border Insolvency Matters (the "Guidelines") issued by the Judicial Insolvency Network in October 2016 and attached as APPENDIX A.

3. These Modalities contemplate contact being initiated by an "Initiating Judge" (defined below). The parties before such judge may request him or her to initiate such contact, or the Initiating Judge may seek it on his or her own initiative.

4. In this document:

a. “Initiating Judge” refers to the judge initiating communication in the first instance;
b. “Receiving Judge” refers to the judge receiving communication in the first instance;
c. “Facilitator” refers to the person(s) designated by the court where the Initiating Judge sits or the court where the Receiving Judge sits (as the case may be) to initiate or receive communications on behalf of the Initiating Judge or the Receiving Judge in relation to Parallel Proceedings.

Designation of Facilitator

5. Each court may designate one or more judges or administrative officials as the Facilitator. It is recommended that, where the Facilitator is not a judge, a judge be designated to supervise the initial steps in the communication process.
6. Courts should prominently publish the identities and contact details of their Facilitators, such as on their websites.
7. Courts should prominently list the language(s) in which initial communications may be made and the technology available to facilitate communication between or among courts (e.g. telephonic and/or video conference capabilities, any secure channel email capacity, etc.).

Initiating communication

8. To initiate communication in the first instance, the Initiating Judge may require the parties over whom he or she exercises jurisdiction to obtain the identity and contact details of the Facilitator of the other court in the Parallel Proceedings, unless the information is already known to the Initiating Judge.
9. The first contact with the Receiving Judge should be in

writing, including by email, from the Facilitator of the Initiating Judge's court to the Facilitator of the Receiving Judge's court, and contain the following:

a. the name and contact details of the Facilitator of the Initiating Judge's court;

b. the name and title of the Initiating Judge as well as contact details of the Initiating Judge in the event that the Receiving Judge wishes to contact the Initiating Judge directly and such contact is acceptable to the Initiating Judge;

c. the reference number and title of the case filed before the Initiating Judge and the reference number and title (if known; otherwise, some other identifier) of the case filed before the Receiving Judge in the Parallel Proceedings;

d. the nature of the case (with due regard to confidentiality concerns);

e. whether the parties before the Initiating Judge have consented to the communication taking place (if there is any order of court, direction or protocol for court-to-court communication for the case approved by the Initiating Judge, this information should also be provided);

f. if appropriate, the proposed date and time for the communication requested (with due regard to time differences); and

g. the specific issue(s) on which communication is sought by the Initiating Judge.

Arrangements for communication

10. The Facilitator of the Initiating Judge's court and the Facilitator of the Receiving Judge's court may communicate fully with each other to establish appropriate arrangements for

the communication without the necessity for participation of counsel or the parties unless otherwise ordered by one of the courts.

11. The time, method and language of communication should be to the satisfaction of the Initiating Judge and the Receiving Judge, with due regard given to the need for efficient management of the Parallel Proceedings.

12. Where translation or interpretation services are required, appropriate arrangements shall be made, as agreed by the courts. Where written communication is provided through translation, the communication in its original form should also be provided.

13. Where it is necessary for confidential information to be communicated, a secure means of communication should be employed where possible.

Communication between the Initiating Judge and the Receiving Judge

14. After the arrangements for communication have been made, discussion of the specific issue(s) on which communication was sought by the Initiating Judge and subsequent communications in relation thereto should, as far as possible, be carried out between the Initiating Judge and the Receiving Judge in accordance with any protocol or order for communication and cooperation in the Parallel Proceedings[13)]

13) See Guideline 2 of the Guidelines for Communication and Cooperation Between Courts in Cross-Border Insolvency Matters.

15. If the Receiving Judge wishes to by-pass the use of a Facilitator, and the Initiating Judge has indicated that he or she is amenable, the judges may communicate with each other about the arrangements for the communication without the necessity for the participation of counsel or the parties.

16. Nothing in this document should limit the discretion of the Initiating Judge to contact the Receiving Judge directly in exceptional circumstances.

2. 번역문(국어)

법원 간 교신의 세부원칙

범위와 정의

1. 이 세부원칙들은 둘 이상의 국가에서 개시된 도산 내지 채무조정과 관련된 국제적 절차("병행절차")에서 법원들 간의 직접 교신(서면 또는 구두)에 적용된다. 이 문서의 어느 부분도 당사자들을 통하거나 녹취서의 교환에 의하는 것과 같은 간접적인 방법에 의한 법원 간의 교신을 방해하지 아니한다. 이 문서는 준거법에 따른 제한을 받는다.

2. 이 세부원칙들은 병행절차에서 법원 간 교신의 방법에만 적용된다. 교신의 원칙(예를 들어, 법원 간 교신이 당해 절차에 관한 법원의 관할권이나 그 행사에 간섭하거나 이를 손상시켜서는 안 된다는 점 등)에 관하여는 2016년 10월에 도산사법네트워크에 의하여 공표되고 별첨A로 첨부된「국제 도산 사건에서 법원 간 교신 및 공조에 관한 가이드라인」("가이드라인")[14] 이 참조될 수 있다.

3. 이 세부원칙들은 “개시법관”(뒤에서 정의 내려짐)에 의하여 연락이 개시되는 것을 예정하고 있다. 그 법관으로부터 재판을 받는 당사자들이 그 법관에게 그와 같은 연락을 개시할 것을 요청할 수 있고, 혹은 개시법관이 스스로의 판단에 따라 그와 같은 연락을 시도할 수도 있다.

4. 이 문서에서:
a. “개시법관”은 처음에 교신을 게시한 법관을 말한다.
b. "수신법관“은 처음에 교신을 수신한 법관을 말한다.
c. “조력자”는 개시법관이 근무하는 법원 또는 수신법관이 근무하는 법원으로부터 병행절차와 관련하여 (경우에 따라) 개시법관이나 수신법관을 위하여 교신을 개시하거나 수신하기 위하여 지정된 사람(들)을 말한다.

조력자의 지정

5. 각 법원은 1인 또는 다수의 법관 또는 행정 공무원을 조력자로 지정할 수 있다. 조력자가 법관이 아닌 경우에는 교신 과정의 초기 단계를 감독할 법관이 지정되는 것이 권고된다.

6. 법원들은 조력자의 신분 및 상세 연락처를 그들의 웹사이트와 같은 곳에 잘 알려지도록 공표하여야 한다.

7. 법원들은 최초의 교신이 이루어질 수 있는 언어(들) 및 법원 간 교신을 촉진하기 위하여 사용가능한 기술(예를 들어, 전화 또는 화상 회의 가능 여부, 보안 채널 이메일 가능 여부 등)을 잘 알려지도록 열거하여야 한다.

교신의 개시

14) 이 준칙의 [별지 1] 가이드라인(Guidelines)을 말하는 것이므로, [별지 2] 세부원칙(Modalities) 부분에 위 가이드라인을 중복하여 첨부하지는 아니하였음

8. 처음에 교신을 개시하기 위하여 개시법관은 그가 관할권을 행사하고 있는 당사자들에게 병행절차가 진행되는 다른 법원의 조력자의 신분과 상세 연락처를 입수할 것을 요구할 수 있으나, 개시법관이 그 정보를 이미 알고 있는 경우에는 그렇지 아니하다.

9. 수신법관과의 첫 번째 연락은 개시법관의 조력자로부터 수신법관의 조력자에게 이메일을 비롯한 서면으로 이루어져야 하고, 다음과 같은 사항을 포함하여야 한다:
a. 개시법관이 있는 법원의 조력자의 이름과 상세 연락처
b. 개시법관의 이름과 직위 및 수신법관이 개시법관과 직접 연락하기를 원할 때에 개시법관이 그러한 연락을 받아들일 수 있는 경우에는 개시법관의 상세 연락처
c. 개시법관에게 신청되어 있는 사건의 사건번호와 사건명 그리고 병행절차에서 수신법관에게 신청되어 있는 사건의 사건번호와 사건명(알고 있는 경우. 알고 있지 않다
면, 달리 식별할 수 있는 것)
d. 사건의 특성 (비밀성에 대한 우려를 감안하여)
e. 교신이 이루어지는 것에 대하여 개시법관으로부터 재판을 받는 당사자들이 동의하였는지 여부 (만일 그 사건에 관하여 법원 간 교신을 위한 법원의 명령, 지시 또는 프로토콜로서 개시법관으로부터 승인받은 것이 있다면 그러한 정보도 제공되어야 한다)
f. 가능한 경우에는, 요청된 교신을 위하여 제안된 일자와 시간 (시차를 감안하여)
g. 개시법관에 의하여 교신이 구하여지는 구체적인 쟁점(들)

교신을 위한 준비

10. 개시법관이 속한 법원의 조력자와 수신법관이 속한 법원의 조력자는 그 법원들 중하나가 다르게 정하지 아니하는 한 당사자들이나 대리인을 참여시킬 필요 없이 교신을 위한 적절한 준비를 하기 위하여 서로

충분히 연락을 주고받을 수 있다.

11. 교신의 시간, 방법 및 언어는 병행절차의 효율적인 관리가 필요함을 고려하여 개시법관과 수신법관을 만족시키는 것이어야 한다.

12. 번역이나 통역 서비스가 필요한 경우에는 법원들에 의하여 합의된 바에 따라 적절한준비가 이루어져야 한다. 서면으로 된 교신이 통역되어 제공되는 경우에는 원래 형태의 교신도 제공되어야 한다.

13. 비밀인 정보가 교신될 필요가 있는 경우에는 가능하다면 교신을 위하여 안전한 수단이 이용되어야 한다.

개시법관과 수신법관 사이의 교신

14. 교신을 위한 준비가 이루어진 후, 개시법관에 의하여 교신이 구하여지는 구체적인 쟁점(들)에 대한 논의 및 그와 관련된 그 이후의 교신은 가능한 한 개시법관과 수신법관 사이에서 병행절차에 있어 교신 및 공조를 위한 프로토콜이나 명령에 따라 수행 되어야 한다.[15)]

15. 만일 수신법관이 조력자의 사용을 피하기를 원하고 개시법관이 이를 받아들일 것을 나타내었다면, 그 법관들은 당사자들이나 대리인을 참여시킬 필요 없이 교신을 위한 준비에 관하여 서로 연락을 주고받을 수 있다.

16. 이 문서의 어느 부분도 예외적인 상황에서 개시법관이 수신법관에게 직접 연락할 재량을 제한하지는 아니한다.

---

15) 「국제 도산 사건에서 법원 간 교신 및 공조에 관한 가이드라인」 중 가이드라인 2를 참조.

제 6 편 일 반 사 항

제 601 호

조사확정 전담재판부 운영

제1조 (목적)
준칙 제601호는 도산재판의 공정성, 효율성을 제고하기 위하여 회생·파산·개인회생 사건의 주된 절차를 진행하는 재판부와 이 주된 절차에서 파생된 채권조사확정 재판, 부인권 재판을 담당하는 재판부를 분리 운영하는 데 필요한 사항을 정함을 목적으로 한다.

제2조 (조사확정 전담재판부의 설치와 구성)
① 법원은 회생·파산·개인회생 사건의 주된 절차에서 파생된 채권조사확정 재판, 부인권 재판을 전담하여 처리하는 전담재판부(이하 이 호에서 '조사확정 전담재판부'라 한다)를 둘 수 있다.
② 조사확정 전담재판부는 회생·파산·개인회생 사건의 주된 절차를 담당하는 재판부에 속하지 않은 판사로 구성한다.

제 602 호

뉴스타트 상담센터 설치 및 운영

제1조 (목적)
준칙 제602호는 법원에 뉴스타트 상담센터(이하 준칙 제602호에서 '상담센터'라 한다)를 설치하여 회생·파산·개인회생절차(이하 준칙 제602호에서 '도산절차'라 한다)에 대하여 알고자 하는 채무자, 채권자, 이해관계인 등이 전문가로부터 직접 상담을 받을 수 있도록 함으로써 도산절차의 이용을 쉽게 하고 도산절차가 신뢰받을 수 있도록 하는 데 목적이 있다.

제2조 (상담센터의 업무)
상담센터는 다음 각 호의 업무를 수행한다.

1. 도산절차에 관한 일반적인 안내
2. 도산절차 신청방법 등 구체적인 절차 이용 안내
3. 도산절차 이용에 경제적 어려움이 있는 사람에 대한 소송구조 등 관련 지원제도 안내
4. 신용회복위원회, 서울시 금융복지상담센터, 한국가정법률상담소, 한국자산관리공사 등 유관기관의 채무조정제도 안내
5. 기타 도산절차 관련 사항에 관한 상담

제3조 (상담위원)

법원장은 회생위원, 파산관재인, 유관기관 직원 등 도산절차 또는 채무조정절차에 관하여 지식과 경험이 있는 사람을 상담위원으로 위촉한다.

제4조 (운영지원단)

① 상담센터의 운영지원을 위하여 운영지원단을 둔다.

② 운영지원단은 법원장이 지명한 10명 이내의 법관 및 법원공무원으로 구성한다.

③ 운영지원단은 상담 내역 및 진행 상황을 정기적으로 법원장에게 보고하여야 한다.

제5조 (상담일지)

① 운영지원단은 상담일지를 상담센터 내에 비치하고 관리한다.

② 상담일지에는 상담내용을 기재하되, 개인정보 보호법이 정하는 개인정보, 민감정보 및 고유식별정보 기타 상담신청인의 인적사항을 특정할 수 있는 정보를 기재하지 않음을 원칙으로 한다.

제6조 (홈페이지 게시)

상담센터 운영에 관한 사항은 서울회생법원 홈페이지에 게시한다.

제7조 (간담회)

법원은 상담위원 사이의 업무 편차를 줄이고, 현안을 논의하기 위하여 법관과 상담위원 간의 간담회를 연 1회 이상 개최한다.

제8조 (직무교육)

법원은 유관기관 상담의 객관성, 중립성, 전문성을 제고하고 업무 편차

를 줄이기 위하여 유관기관 상담위원에 대한 직무교육을 연 1회 이상 실시한다.

제 603 호

면책 전 신용관리 등 교육 및 상담

제1조 (목적)
준칙 제603호는 채무자가 실질적인 경제적 재기에 성공할 수 있도록 지원하기 위하여 법원이 채무자에 대하여 신용관리, 취업지원 등에 관하여 교육 또는 상담(이하 준칙 제603호에서 '신용관리 등 교육'이라 한다)을 실시하는 데 필요한 사항을 정함을 목적으로 한다.

제2조 (신용관리 등 교육의 내용)
법원이 실시하는 신용관리 등 교육은 개인회생·파산절차를 이용하는 채무자가 법적 도산절차를 성공적으로 수행하고, 면책결정 후에는 경제활동을 온전히 할 수 있도록 하는 데 필요한 사항을 전달하거나 또는 이에 관하여 상담하는 것을 주요내용으로 한다.

제3조 (신용관리 등 교육의 시기)
채무자에 대한 신용관리 등 교육은 개인회생·파산절차 종료 전까지 실시 하는 것을 원칙으로 한다.

제4조 (유관기관과의 협약 체결)
법원은 신용관리 등 교육, 그 밖에 채무자의 실질적 재기지원을 위한 업무의 수행을 위하여 필요한 경우 유관기관과 협약을 체결할 수 있다.

부 칙

제1조 (시행일)
이 준칙은 2017. 9. 1.부터 시행한다.

제2조 (적용례)
이 준칙은 이 준칙 시행 당시 법원에 계속 중인 사건에 대하여도 적용된다. 다만, 이 준칙 시행 전에 서울중앙지방법원 파산부에서 시행하던 실무준칙의 규정에 따라 생긴 효력에는 영향을 미치지 아니한다.

제3조 (준칙 제242호에 대한 경과규정)
준칙 제242호「M&A 관련 홈페이지(웹사이트)의 관리 요령」(이하 이 조에서 '준칙'이라 한다) 시행 당시 회생절차가 진행 중인 채무자 중 준칙 제2조에 해당하는 채무자에 대해서는 준칙 시행일부터 30일 이내에 제3조에 따라 홈페이지를 개설하고 자료를 공시하도록 하고, 준칙 제6조에서 정한 사항을 M&A 안내에 게재한다.

제4조 (준칙 제301호에 대한 경과규정)
서울회생법원 설립 이후 후보자 명단이 다시 작성되지 않은 경우 기존에 시행 중이던 서울중앙지방법원 법인 또는 개인 파산관재인 후보자 명단은 준칙 제301호「파산관재인의 선정 및 평정」에 의한 서울회생법원의 후보자 명단으로 본다.

부 칙 (2017. 8. 29.)

제1조 (시행일)
이 준칙은 2017. 9. 1.부터 시행한다.

제2조 (적용례)
이 준칙은 이 준칙 시행 당시 법원에 계속 중인 사건에 대하여도 적용된다. 다만, 이 준칙 시행 전에 서울중앙지방법원 파산부에서 시행하던 실무준칙의 규정에 따라 생긴 효력에는 영향을 미치지 아니한다.

부 칙 (2017. 12. 21.)

제1조 (시행일)
이 준칙은 2017. 12. 26.부터 시행한다.

제2조 (적용례)

이 준칙은 이 준칙 시행 당시 법원에 계속 중인 사건에 대하여도 적용된다.

부 칙 (2018. 2. 13.)

제1조 (시행일)
이 준칙은 2018. 2. 26.부터 시행한다.

제2조 (적용례)
이 준칙은 이 준칙 시행 당시 법원에 계속 중인 사건에 대하여도 적용된다. 다만, 이 준칙 시행 전에 서울회생법원에서 시행하던 실무준칙의 규정에 따라 생긴 효력에는 영향을 미치지 아니하고, 준칙 제401호 제2조, 준칙 제491호 제2조는 같은 개정조항 시행 후 서울회생법원에 신청한 개인회생사건부터 각 적용한다.

부 칙 (2018. 2. 22.)

제1조 (시행일)
이 준칙은 2018. 2. 26.부터 시행한다.

제2조 (적용례)
이 준칙은 이 준칙 시행 당시 법원에 계속 중인 사건에 대하여도 적용된다. 다만, 이 준칙 시행 전에 서울회생법원에서 시행하던 실무준칙의 규정에 따라 생긴 효력에는 영향을 미치지 아니한다.

부 칙 (2018. 6. 28.)

제1조 (시행일)
이 준칙은 2018. 7. 1.부터 시행한다.

제2조 (적용례)
이 준칙은 이 준칙 시행 당시 법원에 계속 중인 사건에 대하여도 적용된다. 다만, 이 준칙 시행 전에 서울회생법원에서 시행하던 실무준칙의 규정에 따라 생긴 효력에는 영향을 미치지 아니한다.

부 칙 (2018. 12. 3.)

제1조 (시행일)
이 준칙은 2018. 12. 3.부터 시행한다.

제2조 (적용례)
이 준칙은 이 준칙 시행 당시 법원에 계속 중인 사건에 대하여도 적용된다. 다만, 이 준칙 시행 전에 서울회생법원에서 시행하던 실무준칙의 규정에 따라 생긴 효력에는 영향을 미치지 아니한다.

부 칙 (2019. 1. 21.)

제1조 (시행일)
이 준칙은 2019. 1. 21.부터 시행한다.

제2조 (적용례)
이 준칙은 이 준칙 시행 당시 법원에 계속 중인 사건에 대하여도 적용된다. 다만, 이 준칙 시행 전에 서울회생법원에서 시행하던 실무준칙의 규정에 따라 생긴 효력에는 영향을 미치지 아니한다.

부 칙 (2019. 3. 25.)

제1조 (시행일)
이 준칙은 2019. 3. 25.부터 시행한다.

제2조 (적용례)
이 준칙은 이 준칙 시행 당시 법원에 계속 중인 사건에 대하여도 적용된다. 다만, 이 준칙 시행 전에 서울회생법원에서 시행하던 실무준칙의 규정에 따라 생긴 효력에는 영향을 미치지 아니한다.

부 칙 (2019. 6. 17.)

제1조 (시행일)
이 준칙은 2019. 7. 1.부터 시행한다.

부 칙 (2019. 11. 25.)

제1조 (시행일)
이 준칙은 2019. 11. 25.부터 시행하되, 2019. 10. 28.부터 적용한다.

부 칙 (2019. 12. 16.)

제1조 (시행일)
이 준칙 중 제301호는 2019. 12. 16.부터, 제504호는 2020. 1. 1.부터, 제374호는 2020. 2. 1.부터 각 시행한다.

제2조 (적용례)
이 준칙은 이 준칙 시행 당시 법원에 계속 중인 사건에 대하여도 적용된다. 다만, 이 준칙 시행 전에 서울회생법원에서 시행하던 실무준칙의 규정에 따라 생긴 효력에는 영향을 미치지 아니한다.

부 칙 (2020. 4. 27.)

제1조 (시행일)
이 준칙은 2020. 4. 27.부터 시행한다.

제2조 (적용례)
이 준칙은 이 준칙 시행 당시 법원에 계속 중인 사건에 대하여도 적용된다. 다만, 이 준칙 시행 전에 서울회생법원에서 시행하던 실무준칙의 규정에 따라 생긴 효력에는 영향을 미치지 아니한다.

부 칙 (2020. 6. 2.)

제1조 (시행일)
이 준칙은 2020. 6. 2.부터 시행한다.

부 칙 (2020. 7. 22.)

제1조 (시행일)

이 준칙은 2020. 7. 23.부터 시행한다. 다만 준칙 제219호 제3조 제2항, 준칙 제262호 제2조 본문은 2020. 9. 7.부터 시행한다.

제2조 (적용례)
이 준칙은 이 준칙 시행 당시 법원에 계속 중인 사건에 대하여도 적용된다. 다만, 이 준칙 시행 전에 서울회생법원에서 시행하던 실무준칙의 규정에 따라 생긴 효력에는 영향을 미치지 아니한다.

법원에서보는- 채무자회생법

2020년 8월 25일 인쇄
2020년 9월 07일 발행

법률 & 출판

편집인 : 채무자회생법실무자
발행인 : 양갑수
발행처 : 法律&出版
서울 서초구 법원로 2길 7-4, 104호(서초동, 동용빌딩)
전화 : 02-521-8199 팩스 : 02- 589-0332
등록번호 : 25100-2005-000110
www.법률서적.한국

ISBN : 978-89-97476-64-0 93360
가격\ 24,000원